◎国际商务案例集◎

# 跨文化管理案例

张智远　编著

中国财经出版传媒集团
经济科学出版社
Economic Science Press

图书在版编目（CIP）数据

跨文化管理案例/张智远编著.—北京：
经济科学出版社，2015.12
（国际商务案例集）
ISBN 978-7-5141-6438-1

Ⅰ.①跨⋯ Ⅱ.①张⋯ Ⅲ.①跨国公司-企业管理-文化管理-案例 Ⅳ.①F276.7

中国版本图书馆 CIP 数据核字（2015）第 315752 号

责任编辑：杜　鹏　张　力
责任校对：郑淑艳
版式设计：齐　杰
责任印制：邱　天

## 跨文化管理案例

张智远　编著

经济科学出版社出版、发行　新华书店经销
社址：北京市海淀区阜成路甲 28 号　邮编：100142
总编部电话：010-88191217　发行部电话：010-88191522
网址：www.esp.com.cn
电子邮箱：esp_bj@163.com
天猫网店：经济科学出版社旗舰店
网址：http://jjkxcbs.tmall.com
北京万友印刷有限公司印装
710×1000　16 开　23.75 印张　460000 字
2016 年 12 月第 1 版　2016 年 12 月第 1 次印刷
ISBN 978-7-5141-6438-1　定价：49.00 元
(图书出现印装问题，本社负责调换。电话：010-88191510)
(版权所有　侵权必究　举报电话：010-88191586
电子邮箱：dbts@esp.com.cn)

# 总　　序

20世纪末的第二次全球化大潮使世界各国和地区的市场进一步融合，任何一国的企业，无论是否有意参与国际竞争，都已置身于国际商务环境之中。与此同时，中国自2001年加入WTO以来，对外贸易和对外投资迅猛发展，中国企业"走出去"开展跨国经营、参与国际竞争的意愿逐渐增强。为适应21世纪我国对外贸易和对外投资发展的需要，增强我国企业的国际竞争力，我国教育部于2005年首次批准设置国际商务本科专业。至今，国际商务专业已走过了10年的风雨历程。在这十年里，国际商务专业在国内学术界的争议声中不断成长，逐渐被社会认可，被市场需要。如今，国际商务专业已发展成非常有前景的热门专业。

经过10年的努力，国际商务专业的学科属性已基本成型。国际商务是一个独立的自足（Self-contained）的学科，是从各相关学科中吸取国际化经营所需的专业知识进行有机的融合而形成的新的学科体系（王林生，2013）。国际商务是在全球性、区域性、国家、地区、产业和企业多个层面上货物与服务进出口、国际生产制造和对外直接投资的综合活动（王炜瀚，2013）。由此可见，国际商务是一个十分庞大的学科，其实践领域可以涵盖国际贸易、国际投资、国际金融、国际商法、国际市场营销、跨文化管理、国际商务谈判等方方面面。

为进一步培养应用型、复合型、职业型高级国际商务专门人才，教育部于2010年批准设立国际商务专业硕士学位。国际商务人才培养目标突出目标市场及具体专业技能培养，突出国际化技能和国别技能培养，突出高层次国际商务人才培养。要实现上述目标，学生在校期间除了多参加实践活动之外，在教学活动中的案例教学显得尤为重要。

但目前，市场上与国际商务学科相关的案例集普遍存在零散、系统性差、时间滞后、无法满足国际商务教学实践等特点。因此，编辑、整理、收集为国际商务专业学生课堂教学使用的专门的案例集就显得尤为迫切且十分必要。

本套丛书既可满足高校培养应用型、复合型、职业型高级国际商务专门人才之需，弥补国际商务专业所需的各种技能训、练基地缺乏之需，也可满足为政府及企业国际化提供借鉴材料之需。

本套丛书由王云凤教授担任总主编，分别由郭天宝、王素玉、张智远、刘铁明、李建民、关嘉麟、李可七位老师编写。本套丛书能够出版，与吉林财经大学国际经济贸易学院教师多年形成的齐心协力、合作共赢的氛围是分不开的，它凝结了吉林财经大学国际经济贸易学院教师多年的科研和教学心血与宝贵经验。本套丛书由2014年吉林省财政专项国际商务专业硕士案例库建设项目资助。由于编写水平有限，疏漏或不当之处在所难免，敬请同行专家、学者及读者批评指正。

编委会

2016年2月

# 前　　言

伴随着全球化愈演愈烈，我国的各类企业都在争先恐后地"走出去"。其中有许多方面的因素。首先是从2003年开始，我国政府施行"走出去"战略，鼓励各类企业在发挥各自优势的基础上"走出去"。其次是伴随着我国经济实力的增强，我国的国有企业和民营企业中都诞生出一批优秀的企业，它们在国内的市场上已经占有了绝对的优势。但是，它们想要做大做强，仅靠国内市场，还是很受限制的，那么它们就只有勇敢地去开拓国际市场了。再次是真正成为世界级企业的伟大梦想一直萦绕在我国企业界人士的心中，这仿佛成了他们的一块心病，正如张瑞敏所说："一国之内无名牌"。这就意味着一代又一代的企业家无时无刻不在想着如何让中国企业站在世界的舞台上尽情地演艺。最后是我国经济发展的客观需要。我国的经济总量成为世界第二位之后，我们对国际市场的渴望已经是箭在弦上不得不发了。那么就需要一批国内的企业勇敢地去尝试、去创新、去征服、去开拓。

我国经济在经历了30多年的高速发展之后，国内市场空前壮大，而且潜力无限。这也促使世界级大企业纷纷来到我国开拓和占有市场。世界"五百强"企业之中，大多数都早已经在我国悄悄地建立了自己的营销网络，谁都不想放弃我国经济发展和市场潜力带给它们的丰厚利润和机遇。这使得本来有利于我国企业的国内市场一下子变得到处"危机四伏"，到处充满了竞争。这种状况反而从另一个方面倒逼我国各类企业为了化解危机、壮大自己，纷纷开始了"走出去"的伟大尝试和开拓。

不管是我国的企业"走出去"，还是世界的公司"走进来"，它们在跨国经营过程中毫不例外地都会遇到一个永恒的、共同的难题——

"跨文化管理障碍"。当两种或者更多的文化相遇，它们各自不同的文化和传统都会在企业的日常经营中时时刻刻地、淋漓尽致地表现出来。这些不同的文化，虽然有一定的共同点，但往往还是差异化会更多一些。这就给企业经营出了一道不小的难题，即"文化休克"现象无处不在。

鉴于以上问题，本书将我国企业在"走出去"的过程中遇到的困境，以及世界级的公司来到我国经营过程中所遇到的文化问题，通过案例的方式一一展现出来。本书由三个部分构成：首先是各国的商务文化简介和梳理；其次是我国企业"走出去"的跨文化管理案例集；最后是外国企业进入我国的跨文化管理案例集。通过这些案例的整理和分析，希望能够给即将"走出去"和"走进来"的企业提供一些可资借鉴的经验和启示。

本书既可以作为高等院校国际商务、国际经济与贸易、工商管理等专业跨文化管理课程的配套参考文献，也可以作为各类企业跨文化管理人员的参考资料。

本书在编写过程中，参考了大量的国内外同行、专家和学者的著作、教材、论文、报刊及各类媒体报道等资料，在此深表谢意，遗漏未列出的参考文献，敬请作者谅解。

由于编著者水平有限，本书中可能有许多研究不深入之处或者表述不到位的地方，敬请读者谅解和批评指正。

本书之所以能够顺利得以出版发行，得益于多方面的支持和帮助。首先需要感谢经济科学出版社的大力支持；其次是学院领导和同仁们的帮助；最后还有我的学生王俊和吴迎春对于案例的编写和整理给予了很多的帮助。对以上各个方面的帮助和支持一并深表感谢。

编者
2016 年 12 月

# 目 录

## 第一部分　各国商务文化篇 …………………………………………… 1

美国商务文化 ………………………………………………………… 3
加拿大商务文化 ……………………………………………………… 7
德国商务文化 ………………………………………………………… 10
瑞典商务文化 ………………………………………………………… 13
英国商务文化 ………………………………………………………… 17
芬兰商务文化 ………………………………………………………… 20
瑞士商务文化 ………………………………………………………… 22
日本商务文化 ………………………………………………………… 24
韩国商务文化 ………………………………………………………… 28
意大利商务文化 ……………………………………………………… 35
法国商务文化 ………………………………………………………… 37
巴西商务文化 ………………………………………………………… 39
哈萨克斯坦共和国商务文化 ………………………………………… 41
沙特阿拉伯商务文化 ………………………………………………… 42

## 第二部分　中国企业篇 …………………………………………………… 45

TCL跨文化管理案例分析 …………………………………………… 47
中石油跨文化管理案例分析 ………………………………………… 71
华为跨文化管理案例分析 …………………………………………… 76
浙江吉利控股集团有限公司跨文化管理案例分析 ………………… 87
上汽收购双龙案跨文化管理分析 …………………………………… 99
阿里巴巴公司跨文化管理案例分析 ………………………………… 112
联想公司跨文化管理案例分析 ……………………………………… 119

双汇跨文化管理案例分析 127
海尔跨文化管理案例分析 138
中远集团跨文化管理案例分析 144
中国铁建集团跨文化管理案例分析 153
东莞喜来登公司跨文化管理案例分析 158
中兴通讯跨文化管理案例分析 163
明基跨文化管理案例分析 169
格兰仕跨文化管理案例分析 175
珠海格力电器股份有限公司跨文化管理案例分析 179
中国海洋石油总公司跨文化管理案例分析 185
中国国家电网巴西控股公司跨文化管理案例分析 197
长沙中联重工科技发展股份有限公司跨文化管理案例分析 203
三一集团有限公司跨文化管理案例分析 213
中国五矿集团跨文化管理案例分析 219
中石化跨文化管理案例分析 228

## 第三部分　外国企业篇 241

沃尔玛跨文化管理案例分析 243
可口可乐公司跨文化管理分析 250
迪士尼跨文化管理案例分析 256
星巴克公司跨文化管理案例分析 263
百事可乐公司跨文化管理案例分析 271
宝洁公司跨文化管理案例分析 278
肯德基公司跨文化管理案例分析 284
耐克公司跨文化管理案例分析 289
通用电气跨文化管理案例分析 296
家得宝跨文化管理案例分析 300
微软公司跨文化管理案例分析 304
克莱斯勒公司跨文化管理案例分析 308
阿迪达斯跨文化管理案例分析 314
德国大众公司跨文化管理案例分析 321
雀巢公司跨文化管理案例分析 327
联合利华跨文化管理案例分析 333

诺基亚公司跨文化管理案例分析……………………………………… 338
丰田公司跨文化管理案例分析………………………………………… 344
雷诺—尼桑联盟跨文化管理案例分析………………………………… 351
三星集团跨文化管理案例分析………………………………………… 357
法波集团跨文化管理案例分析………………………………………… 364

# 第一部分 各国商务文化篇

# 美国商务文化

## 1. 美国商务时间观念

美国人秉承单一时间观念文化,把时间看作是有形资产,能够节约、消费、损失、找到、投资和浪费。在商务场合,准时守信相当重要。

## 2. 商务文化

### 2.1 热情坦率,讲究效率,珍惜时间,直入主题

美国人属于性格外向的民族。他们的喜怒哀乐大多通过他们的言行举止表现出来。直接了当是尊重对方的表现,与美国人谈判表示意见要直接,"是"与"否"必须表达清楚。

### 2.2 重合同,法律观念强,讲究实际,注重利益

美国是一个高度法制的国家,美国人的法律意识根深蒂固。美国人认为,交易最重要的是经济利益,他们往往以获取经济利益作为最终目标。为了保证自己的利益,最公正、最妥善的解决办法就是依靠法律,依靠合同。美国人从不掩饰自己对物质利益的追求,在商务谈判中也表现出"快人快语",甚至直奔物质利益这一实质性问题。

### 2.3 自信心强,不轻易让步;全盘平衡,一揽子交易

美国人有一种优越感,美国人喜欢的谈判方式是在双方接触的初始就阐明自己的立场、观点,推出自己的方案,以争取主动。谈判者较注重大局,善于通盘运筹,喜欢搞全盘平衡进行一揽子交易。所谓"一揽子交易"主要是指美国商人在谈判某一项目时不是孤立地谈他的生产或销售,而是将该项目从设计、开发、生产、工程甚至还要介绍销售该项目涉及的产品等一系列办法,以及该企业的形

象信誉、素质、实力和公共关系状况等，最终达成一揽子交易。

## 3. 企业文化

### 3.1 重视自我价值的实现

美国著名的苹果电脑公司认为，要开发每个人的智力闪光点的资源。"人人参与"、"群言堂"的企业文化，使该公司不断开发出具有轰动效应的新产品。强力笔记本式苹果机就是其中之一。IBM公司认为，责任和权力是一对孪生兄弟，要使职工对工作负责任，就必须尊重人、信任人，并给予实际的自主权。3M公司新事业开拓小组的所有组员都是自愿来参加的，他们有高度的自主权。只要小组达到公司的绩效标准便可得到好处，即使失败了，公司也保证小组成员原来的职位和待遇。异想天开、离奇的想法在3M公司都能得到理解和宽容，科学的设想在3M公司总能找到归宿。

### 3.2 人际的竞争关系

首先，美国企业内部同事关系是一种纯粹利益竞争关系。同事间的伙伴友情让位于利益。竞争导致激励、紧张和不安的心理，因而，在工作现场看不到同事间的相互关心、合作和支持。其次，美国企业领导者与员工的关系是一种对立的关系。早期，美国企业组织规定的角色界限简直到了壁垒封严的程度：企业领导人与普通职工不仅不能在一起办公、一同用餐，不能乘用一辆汽车，而且连服装、风度也要标志出不同。如果企业领导人穿上工作服，与操作工一道工作，会被看作是失范行为。福特汽车公司在提升干部时，凭业绩取人，严格按照"贵以授爵，能以授职"的原则行事。福特公司前总裁亨利·福特说："最高职位是不能遗传的，只能靠自己去争取。"

### 3.3 奖励创新

美国许多企业都用不断创新来保持自己的优势。杜邦公司成功的经验是发扬不停顿精神，不断开发新产品。3M公司的成功在于创新有绝招，招招都很妙。3M公司不轻易扼杀一个设想，如果一个设想在3M各部门找不到归宿，设想者可以利用15%的工作时间来证明自己的设想是正确的。3M公司还能容忍失败。"只有容忍错误，才能进行革新。过于苛求，只会扼杀人们的创造性。"这些是3M公司的座右铭。成功者受到奖励、重奖，失败者也不受罚。3M公司董事长威廉·麦克唐纳说："企业主管是创新闯将的后台。"

### 3.4 求盈利是第一位

美国企业的一切行为都是为了利润最大化。利润的多少是衡量企业行为的唯一价值尺度。盈利多少不仅决定企业的前途和命运、兴旺和衰败，更决定企业在社会中的形象和地位。企业的知名度，企业家的荣辱也往往以获利能力多少来判断。所以，在美国企业中，盈利是第一位的。尽管处于不同情势下的企业对获得最大利润这终极价值目标的表达方式各不相同，有的公开标榜"以盈利求发展"为宗旨，有的甚至故意否定获取利润的价值目标，提出什么"不追求财务指标"而倡导对职工的"负责"精神，但都并非意味着企业放弃他的终极价值目标。相反，正是为了获得最大利润，才需要对职工"负责"，满足职工的各方面需要，以激励他们的积极性，提高生产率和服务质量。

### 3.5 实用主义和务实精神

在美国文化中，实用主义和务实精神占很重要的地位。在其哲学里，实用主义和实用的价值观占有绝对优势，并且体现在企业管理上和企业文化模式中。第二次世界大战以后，现代管理学派把现代自然科学和技术科学的最新成果如计算机技术、通信技术、系统论、控制论、信息论以及先进的数学方法和数学模式等广泛应用到管理中来，形成了一系列的组织管理方法和组织管理技术，产生了"管理科学"；企业文化也取得了很好的发展，在企业制度文化方面制定了详细的规章，形成了一套完整的管理程序。在企业运营的各个环节中，都有明确的职责、明确的规则，赏罚十分分明，但又十分机械。由于企业管理和操作的程序化在一般情况下可以大大减少失误，保证大的工程能及时正确地运行。它可以说是务实精神的较大体现。

### 3.6 极不平衡的分配制度

美国很多大企业CEO年薪一般都在1 000万美元以上，中型企业CEO的收入也在100万美元以上，普通员工只在5万~10万美元之间。从这可以明显看出美国劳酬差别是十分明显的。承认差别，拉大差距，故意制造差别距离，是美国企业的传统。其认为，差别距离本身是一种激励，有利于激发职工的积极性。而劳酬的无差别距离激发不起人们竞争意向，容易导致职工怠惰、消极情绪。从刺激员工积极性考虑，美国企业宁肯让一部分员工失业，让其吃救济，也不愿缩小工资差别，降低刺激性而保持全员就业。在美国人心目中，失业率保持在一定水平，并非是件坏事情。

### 3.7 能力与地位是平衡的

美国企业十分注重对员工的考评，认为这不仅是强化积极工作行为，纠正消极工作行为的手段，而且是决定对职工的奖惩、去留和晋升的主要依据。考评必要定量和客观，依据科学测评方法对员工工作行为结果作严格量的考评，而不过多关注员工的工作行为动机方面和其他方面的问题。只要员工达到了考核指标，就被认定为考评合格，予以奖励或晋升。通过定量考评而决定晋升，体现了其所奉行的能力主义。依据能力选取人才，把能力高低作为员工晋升的依据。能力主义拒绝以家世、资历、年龄做选材依据，也反对把学历、文凭作为晋升的凭证，从而能够较好地保持晋升依据的客观性、公正性，并会促使人们努力提高和发挥自己的能力。在能力主义法则面前，能力和地位及收入是平衡的。

美国是崇尚理性主义和推崇个人主义、追求人权的国家，管理也以专业化和制度化著称（科学管理），强调竞争，能力至上，其管理文化推动了企业的发展。

**【资料来源】**

[1] http://book.sina.com.cn/longbook/1078800802_businessculture/113.shtml.

[2] http://www.xdjjw.net/xiandaijiaoji/shangyeyanjiu/2011-08-19/3307.html.

[3] http://wenku.baidu.com/view/c44ff2a6f524ccbff121845d.html.

# 加拿大商务文化

## 1. 时间观念

在加拿大较正式的场合,约定的会见、谈判、会议时间,不论宾主都要严格遵守,"过时不候"是约定俗成的。不仅开始时间一丝不苟,结束的时间也毫不含糊,许多正式会议,其每项议程的起始时间安排,都精确到秒,而且很少出问题。

会议如此,工作也是这样。加拿大工作节奏并不很快,许多时候员工甚至可以自己选择合适的上班时间,但一旦"敲定"就得按时到达,否则就可能因为自身过失的原因被解职,而且会一直背着不良记录。上班守时,下班也一样,如果下班钟一响,一个员工把手里做了一半的工作扔下就走,那是谁也不会责备半个字的,因为在加拿大人看来,按时下班是每一个员工的自由。

## 2. 商务文化

加拿大是一个多元化的国家,本国人很少,地广人稀,有很多英国后裔和法国后裔。因此在商务谈判中,英国后裔和法国后裔所表现出来的风格是截然不同的。

与英国后裔商谈时,从进入商谈到决定价格这段时间,细节要求到位,商谈过程比较艰苦,也很费时间。不过,一旦签订了契约,就稳如泰山了。

与法国后裔商谈时,则恰恰相反,他们非常和蔼可亲,容易接近,对客人很亲切。但是正式进行商谈时,就难以捉摸,十分费劲。而且签订契约之后,也仍会有改变。

加拿大商人大体而言属于保守型,不喜欢产品的价格,经常波动。

## 3. 企业文化

### 3.1 以人为本,尊重员工

加拿大企业非常尊重员工,注意发挥员工的主动性和积极性,在制定企业发展规划和战略等重大决策时注意听取员工意见。如加拿大皇家银行等企业都把尊重员工和多样性作为必须共同遵守的价值理念。

### 3.2 注重共同价值理念，团队精神的培养

其主要做法，一是确立企业员工共同遵守的价值理念。二是企业在招聘员工时就向应聘者介绍本企业的企业文化和有关制度规定，注意考查应聘者对本公司价值观的看法，一般只招聘那些对本公司企业文化认同的应聘者。三是企业在确立企业理念、制定企业愿景时让员工参与，广泛听取员工意见，认为只有员工参与制定和认可的企业文化才能为员工执行，才能统一员工的行动。四是对员工进行企业文化考核。一些企业定期将企业理念和行为准则细化为一些非常具体的题目，以案例等方式对员工进行考核，强化员工对企业文化的认同，对暴露出来的问题及时予以纠正。

### 3.3 建立稳定的员工队伍，实现可持续发展

在加拿大，企业员工"跳槽"是一个平常的现象，但企业的经营管理者并不希望这种现象在自己的企业里经常发生。他们普遍认为，稳定的员工队伍是企业持续、稳定发展的依托，也有助于企业文化的形成和作用的发挥。因此，他们非常重视培养、建设一支稳定的员工队伍。其主要做法，一是用共同认可的企业价值理念和愿景来吸引和凝聚员工。二是加强员工培训。企业一旦聘用员工，一般都制订一套有针对性的培训计划，结合员工职业生涯规划同步推进，使员工的个人发展与企业发展融为一体。三是为员工提供较好的福利保障。四是实行多种员工奖励制度。对为企业提出合理建议并被采纳的员工、对为企业做出特殊贡献的员工都要给予奖励。五是重视与员工的沟通交流，建立和谐的人际关系。除正式的渠道外，管理者十分看重非公务、非正式的交流形式。他们认为，与员工在非正式场合沟通更自然、亲切、轻松、开放，员工在正式场合不便提的意见，不便说的话，在非正式场合能轻松自然流露出来。

### 3.4 诚实守信，依法经营

加拿大是一个法治社会，法律体系相当健全，人们的法律意识和法制观念非常强。遵守法律，依法办事成为加拿大人的自觉行为。这一点在企业文化中有着充分的反映。他们认为，遵守法律、依法办事是企业文化内容的重要组成部分。企业经营管理者必须依法经营，依法管理员工。同时，员工也必须遵守法律和企业的相关制度。通常，企业都印制了《员工手册》，对员工该干什么，不能干什么，以及相应的奖惩办法等都有明确规定。加拿大企业强调责任意识，这种强烈的责任意识首先表现为企业的社会责任。加拿大国际林木产品有限公司每年要砍

伐大量林木，尽管加拿大森林资源十分丰富，但公司始终遵守"砍一棵树栽种两棵树"的规定。温哥华港务局以"促进和扩展货物和人员畅通，最大限度地造福于加拿大人民"为经营理念，突出强调了造福加拿大人民的社会责任。责任意识还表现在企业对客户资料保密和员工对自己行为负责的要求上。加拿大皇家银行在把"完美服务、团队精神、高度负责、诚实守信、多样化"确立为自己经营管理的价值理念。

### 3.5 注重企业标识，网站建设，宣传企业形象

企业标识是企业文化建设的一个重要内容。非文字化的企业标志可以跨越语言和文字障碍。加拿大企业十分重视企业标志的设计和宣传，将标识印制在企业员工的名片、文件资料、商品以及企业的所属物上。这些企业标志共同特点是设计简洁，色彩鲜明，企业特色体现明显，容易为人理解和识别，令人印象深刻，难以忘记。建立企业网站，运用互联网进行宣传，是加拿大企业展示企业文化、宣传企业形象、扩大企业知名度的重要手段。

【资料来源】

[1] http：//travel.ce.cn/news/zhxw/200808/16/t20080816_16511498.shtml.

[2] 金思宇，姚立新．加拿大的企业文化和品牌塑造 [J]．企业文化，2009 (12)．

[3] 张昆．加拿大企业文化对我们的启示 [J]．中国石化，2004 (6)．

[4] 姜勤．感悟加拿大的企业文化 [J]．中外企业文化，2008 (8)．

# 德国商务文化

## 1. 时间观念

德国人守时观念极强。在德国,"遵守时间"不仅被视为一个人教养程度的体现,而且也被德国人自豪地称为德国文化的一个组成部分。凡是稍微正式些的活动,他们必先做出计划,请人做客或举行活动,一般会在一两个星期之前就发出邀请。正式活动的邀请中还会附一张回执,告知被邀请人,如不能参加也请在规定日期前通知主人。在这种情况下,如果被邀请人不作任何回答,会被认为是不礼貌的。德国人勤勉矜持,讲究效率,崇尚理性思维,时间观念强。

## 2. 商务文化

在公关谈判中,德国商人不仅讲效率,而且准备周详,瞧不起"临阵磨枪"、缺乏准备的对手;喜欢在商谈前即准确地做好谈判议程安排。在谈判中,他们倔强好胜,表现得较为固执,难以妥协,因而交易中很少让步。但他们重合同,讲信誉,对合同条文研究得极为仔细与透彻,合同一旦签订,任何对合同的更改要求都不会得到他们的理会,同时执行合同也十分严格。德国人在交谈中很讲究礼貌。他们比较看重身份,特别是看重法官、律师、医生、博士、教授一类有社会地位的头衔。对于一般的德国人,应多以"先生""小姐""夫人"等称呼相称。但德国人没有被称为"阁下"的习惯。

## 3. 企业文化

### 3.1 强调以人为本,提高员工素质

这主要体现在注重员工教育、大力开发人力资源方面。德国企业普遍十分重视员工的培训。如德国的大众公司在世界各地建立起许多培训点,主要进行两方

面的培训，一是使新进公司的人员成为熟练技工；二是使在岗熟练技工紧跟世界先进技术不断提高知识技能。

### 3.2　强烈的责任意识

德意志民族有一个古老的信条，那就是："上帝给每个人都指定了一项天职，每个人都有责任尽力做好"。这种对上帝负责的态度，无疑对德国人非凡的敬业精神的形成是有所影响的。还有一个广为人知的说法，那就是如果操作规程上要求一个螺丝要拧 12 圈，德国人绝对不会只拧 11 圈。正是德国人那种做事认真负责、一丝不苟的态度，给德国企业产品的高质量提供了保证，也成为德国人参与国际竞争的一个制胜法宝。

### 3.3　牢固的质量意识

德国企业对产品质量的重视，可以说是世界之最。他们认为没有物美价廉的产品，只有精品和次品。德国的许多产品都是以精取胜，成了世界知名的品牌。强烈的质量意识已成为企业文化的核心内容深深植根于广大员工心目之中。他们普遍具有精益求精的意识和注重诚信为本追求产品质量完美、提供一流服务已成为企业员工的自觉行动。

### 3.4　和谐的人际关系

在德国企业，上司给下属布置工作，通常是先问："你现在有时间吗？如果有时间可不可以帮我一个忙？"然后再交代工作。德国的企业家们认为，在和谐的气氛中，能激发人的潜能，从而最大限度地发挥员工的创造性。反之，如果气氛不和谐，员工不会乐于作贡献，生产将受到影响。因此，德国企业十分注重人际关系，努力创造和谐、合作的文化氛围。

### 3.5　优秀的服务品质

德国企业十分重视客户，注重诚信合作，致力于创造一流服务。西门子公司提出的经营理念是："我们希望顾客回来，不希望产品回来"。因此，它们努力满足客户的每一个要求。德国企业普遍注重以诚信服务客户、塑造品牌、树立企业形象。高德霍夫公司从铁匠铺起家到成为世界一流的拖车跨国公司就是德国企业发展的一个缩影。它们迅速发展壮大的很重要原因是，按照客户的要求研发产品。对客户提出的合理要求，他们没有说"不行"的，产品的加工制造几乎没有缺陷。就这样，在和客户的合作过程中，逐渐树立了自己的品牌，增强了企业的核心竞争力，使企业不断发展壮大。

### 3.6 实事求是，一切从实际出发

德国企业非常注重实际，以精湛的技术、务实的态度和忠诚的敬业精神进行经营。它们将企业文化建设融入企业管理注重实际内容不拘泥于具体形式说得少而做得多。

### 3.7 注重人才培养与选拔

除了最高决策层之外，德国企业拥有各方面的优异的管理人才，以高薪吸纳了大批优秀管理人才和科研专家并为其发挥才能提供广阔的空间，使他们产生一种自豪感、凝聚力和向心力。"人才就是资本，知识就是财富。知识是人才的内涵企业的无形财富，人才则是知识的载体是企业无法估量的资本。"德国的戴姆勒—克莱斯勒公司有一种好的传统，即选拔人才并不注重其社会地位的高低而是注重本人的实际能力。在尊重人格、强调民主的价值观指导下，德国企业普遍重视职工参与企业决策。以及企业人员的人际关系努力创造和谐、合作的文化氛围。

### 3.8 重视文化重组与文化整合

为解决企业兼并重组中的文化冲突，保持和谐的文化氛围，保证企业兼并重组目标的实现，企业在公司并购、重组时十分注重企业文化的融合。

### 3.9 重视有效的形象宣传

那些在德国乃至世界各地树起的"奔驰""大众""西门子"等具有国际竞争力和时代气息的德国跨国集团的品牌意识已经成为企业实力的象征。

总之，德国企业文化是规范、和谐、负责的文化。规范就是依法治理，从培训中树立遵纪守法意识和对法律条文的掌握，从一点一滴做起，杜绝随意性和灵活性。和谐就是管理体制的顺畅人际关系的和谐。负责就是一种企业与职工双方互有的责任心，即职工对企业负责任，企业对职工也要负责任，企业与员工共同对社会负责。

【资料来源】

[1] http：//blog.sina.com.cn/s/blog_5e0ef5cf0100csj3.html.

[2] 米远超.德国企业文化特征［J］.黑龙江科技信息，2012（11）.

[3] 佚名.德国的企业文化（N）.中国文化报，2005（6）.

[4] 金秀荣.感受德国的企业文化［J］.中外文化企业，2002（11）.

[5] 文暄.德国企业文化的启示［J］.军工文化，2011（1）.

# 瑞典商务文化

## 1. 时间观念

瑞典人为他们的守时和严格遵守日程安排而感到自豪，而且希望他们的生意伙伴也能同样做到这一点。来自重复性文化的商务访问者通常对时间和日程是很随意的，所以跟瑞典人谈生意时要注意这一点。

## 2. 商务文化

文静，平静，工作计划很强，坦率，擅长提出建设性意见，做出积极的决策，政府制定严厉法案，不喜欢无休止的讨价还价，重视中间商或代理商。

## 3. 企业文化

彰显"民主开放、和谐创新、追求卓越、注重环保"特质的瑞典企业文化。

### 3.1 通过技术研发，发展高端技术提高企业劳动生产率

瑞典国土狭小，但在对外开放、吸引外资、国际经营等方面居于世界前列，尤其是从政府到全民都有较强的危机意识，重视以技术换资源、以技术换市场，重视博采众长、学习他人和别国的优势。政府设有专门部门和机构对企业研发进行政策指导和策划，引导企业与高校形成科研联合体，使瑞典成为目前世界上研发经费投入比例最高、科研成果最多的几个国家之一。

### 3.2 实行高福利、高工资、高税收政策，营造和谐稳定的企业内外环境

北欧国家素以"从摇篮到坟墓"的福利而著称于世。1932年，瑞典社会民主党上台执政，大力推动社会福利建设，各种社会保险和社会保障措施日臻完

善，名目繁多的福利制度让公民享有高质量的生活和工作。包括：9年一贯制义务免费教育，全民终生享有免费受教育权；医疗体制灵活，公民每年除象征性地交100元挂号费以外，其他治疗全部免费；企业雇员每年可享受5周的法定带薪假期；等等。另外，在抚养儿童、养老、失业、工伤、女性就业等诸多领域同样有着健全和完备的制度保障。当然，"羊毛出在羊身上"，高工资、高福利的背后是高税收，瑞典通过较高的税收为社会保障筹措资金，再由中央政府通过公平和平等的分配机制支出（转移）到每一个公民。这样的社会文化背景，使瑞典人文化素质普遍较高，热情好客、纯朴诚实、谈吐文明、行为规矩、重诺守时，收入差距可控。体现在企业行为中，就是一种诚信、自强、认真、严格、细致的性格特征和工作作风。

瑞典的一些企业之所以能够在激烈的国际市场竞争中得以生存发展，形成了小国家、大企业，小产品、大市场的局面，很大程度上得益于他们坚持以市场为导向，构建"战略、管理与文化"三位一体的经营体系，实现了文化与管理的紧密融合。它们认为，影响企业发展的因素80%来自市场，20%靠自身，而这20%的因素很大程度取决于企业文化，因此，建设企业文化应以市场为导向，根据市场的变化不断调整企业的文化战略。

它们凭借敏锐的市场洞察力，及时发现市场的微妙变化，在质量、安全、环保、服务、市场研发等方面做到以变应变，适应市场的要求。它们有这样一个共识：企业要取得和保持在行业中的国际领先地位，最重要的是有明确的使命和目标，知道企业的前进方向。对企业员工来说，在相同的基本价值观和目标愿景的推动下，能够更好地努力工作，提高技能，实现企业、员工和客户的价值。

重视使命、愿景、核心价值观在企业经营管理中的重要地位，注意发挥员工参与确立企业价值理念和制定企业愿景的积极作用，努力培育企业核心价值理念体系。

## 3.3 以人为本

只有充分发扬民主精神的企业才能做到真正的"以人为本"。平等是民主的基石，而瑞典企业文化正是世界经济论坛评出的"最平等国家"。IKANO是瑞典林雪平市最大的商城之一，IKANO的企业的领导和员工，能集中表现出海盗式的平等精神。平等意味着没有特权，没有等级观念。在IKANO，平等氛围无处不在。公众场合里根本分不出谁是老板谁是员工，大家见面都直呼其名，清洁工和老板同桌进餐，员工更无须为老板让座，每个人都活得很有尊严。以上所说的只是平等的表象，真正的平等是要让每个员工都有话语权。当年，海盗出海的时间和活动地点，就是通过成员间的民主协商确定的。在IKANO，员工可以随时和老板探讨问题，老板听得非常认真，看不出一丝的敷衍。

IKANO 只是瑞典企业文化的一个缩影，瑞典企业文化都善于听取员工的意见，注重与员工的沟通和交流，员工的话语权不存在任何障碍。瑞典社会普遍认为，在一切资源中，人是最宝贵的资源，企业高度重视员工的主体地位和作用，给予员工优厚的待遇并提供培训进修的机会，"以人为本"的理念真正深入人心，这就是瑞典企业文化不断提升管理水平和竞争力的基础。

### 3.4　遵纪守法

　　瑞典人大多能做到自觉遵守公共秩序，维护公共环境。在瑞典，无论是在机场、车站，还是在银行、商店，人们都严格遵守秩序，见不到拥挤、插队的现象。在庆祝瑞典国王卡尔十六世古斯塔夫 60 岁生日的焰火晚会上，林雪平市万人空巷，数万名兴高采烈的市民携家带口秩序井然地来到河边观看焰火，散场后草地上干干净净的，看不到任何的遗弃物。在这样盛大的集会上，竟然没有一个维持秩序的警察。由此可见，绝大多数的瑞典人都是遵纪守法的好公民，很难想象遵纪守法的好公民会去经营违法乱纪的企业。

　　瑞典是一个高度法治的国家，有着非常完备的法律体系。现代瑞典人对规则和法律的尊重更胜于他们的海盗祖先。今天的瑞典，法律拥有至高无上的地位。瑞典每年新生效的法律、法规、条例达数百项之多。瑞典企业对遵纪守法有着高度的自觉性，将其视为企业对社会的责任。瑞典企业文化在经营中所要涉及的法规有很多，这里仅以环保问题为例。瑞典的《环保法》把环境保护具体化和制度化，企业是环境保护的重要主体。瑞典企业文化认真贯彻执行《环保法》，将治理环境污染的成本转化为企业的经济成本。本着"谁生产，谁负责"的原则，所有企业都自觉承担对废弃包装和废弃物回收利用的义务，大量原先被焚烧和填埋的废弃包装与废弃物得到重复利用，既减轻了环境的负担，又节约了资源。瑞典企业文化这种遵纪守法的意识和高度的社会责任感给瑞典带来了清新的空气和优美的环境，达到了人与自然的和谐。

### 3.5　开放的国际观

　　哈佛大学教授、著名管理学大师迈克尔·波特在他的重要著作《国家竞争优势》一书中指出："瑞典虽是小国，但是国民拥有宏观的国际视野。""瑞典的中立立场和国人旅游的悠久传统，更排除了企业国际化的障碍。对瑞典人而言，到海外工作是个人事业发展上很正常而且很重要的一项经历。许多大规模的瑞典公司早在 19 世纪末就已国际化了。"波特的这些论述，一方面指出了瑞典人开放的习性；另一方面指出了瑞典企业国际化的战略取向。早期的北欧海盗自称维京人。在北欧的语言中，"维京"这个词语包含着两重意思：旅行和掠夺。波特的论述似乎已经触摸到了瑞典的海盗文化。

## 3.6　瑞典人具有国际性

　　大多数瑞典人都会两种以上外语,有的甚至能够流利地说中文。我国改革开放以来,瑞典的跨国公司和知名品牌纷纷抢占中国市场,利乐、爱立信、ABB、伊莱克斯、宜家、萨博、沃尔沃和 H&M 等著名的瑞典跨国公司已经为中国人民所熟悉,它们强势地进入,带有海盗式的侵略性。以利乐公司为例,利乐在全球共有 48 家销售公司,45 家包装材料和封盖厂以及 11 家灌装机组装厂。它凭借先进科技手段,通过无须冷藏的纸盒、纸袋包装,改变了中国消费者的生活方式。我国《反垄断法》出台前,利乐公司占有中国 95% 的无菌纸包装市场,屡被质疑是无菌纸包装市场的垄断者,瑞典企业强大的国际竞争力由此可见一斑。瑞典企业的全球战略决定了瑞典国家的外向型经济模式:近年来,瑞典的进出口额占同期 GDP 的比例均在 70% 以上,2006 年达 87.7%。瑞典企业开放的国际观为国家创造了巨大的社会财富。

【资料来源】

　　[1] http://book.sina.com.cn/longbook/1078800802_businessculture/98.shtml.

　　[2] http://wenku.baidu.com/link?url = M0VgLiSzgBGBGUV6KtUnI1NO8_5UuJrqhAk9iD0UpAkaLAlCs4Kkl_IslxBq9k6uOXrpds6U0rBcKhxGedB9vG5GemkgEpJGlCISr75YD33.

　　[3] http://finance.sina.com.cn/leadership/mroll/20090519/11566245340.shtml.

　　[4] http://www.thldl.org.cn/news/1007/46217-2.html.

# 英国商务文化

## 1. 时间观念

英国人时间观念很强。他们对工作时间和休假时间有着明显的区分，是绝对不会把它们混淆在一起的。工作是工作，休息则休息。英国人喜欢安排好每一天，工作时就有条不紊地忙碌，休息时就尽情放松。在英国，每个雇员都可以有休假，通常一周左右。休假可以提前申请，于是在办公室的年历上就用不同的颜色清楚地表明了谁在什么时候休息。即使公司再忙，英国人相信他们休息的权利也不能被剥夺。

## 2. 商务文化

### 2.1 不轻易与对方建立个人关系

即使是本国人，人们个人之间的交往也比较谨慎，很难一见如故。他们不轻易相信别人、依靠别人。这种保守、传统的个性，某种程度上反映了英国人的优越感。但是你一旦与英国人建立了友谊，他们会十分珍惜，长期信任你。在做生意上关系也会十分融洽。尽管英国是老牌的资本主义国家，但那种平等和自由更多地表现在形式上。在人们的观念中，等级制度依然存在。在人们的社交场合，"平民"与"贵族"仍然是不同的。在对外交往中，英国人比较注重对方的身份、经历、业绩，而不是像美国人那样更看重对手在谈判中的表现。

### 2.2 对谈判本身不如日本人、美国人那样看重

相应地，英国人对谈判的准备也不充分，不够详细周密。他们善于简明扼要地阐述立场、陈述观点；在谈判中，表现更多的是沉默、平静、自信、谨慎，而不是激动、冒险和夸夸其谈。他们对于物质利益的追求，不如日本人表现得那样强烈，不如美国人表现得那样直接。他们宁愿做风险小、利润也少的买卖，不喜

欢冒大风险、赚大利润的买卖。

### 2.3 英国商人不能保证合同的按期履行，不能按时交货

据说这一点举世闻名。英国人为此也做了很大努力改进，但效果不明显。原因是什么？众说纷纭，较为信服的论据就是，英国工业历史较为悠久，但近几个世纪发展速度放慢，英国人更追求生活的秩序与舒适，而勤奋与努力是第二位的。另外，英国的产品质量、性能优越，市场广泛，这又使英国人忽视了作为现代贸易应遵守的基本要求。

### 2.4 缺乏灵活性

英国人通常采取一种非此即彼，不允许讨价还价的态度。因此，在谈判的关键阶段，表现得既固执又不愿花费很大力气，不像日本人那样，为取得一笔大买卖竭尽全力。

### 2.5 善于相互理解，能体谅别人

无论办什么事请，总是尽可能不留下坏印象，绅士风度处处可见。英国人懂得如何造就一个协调的环境，让大家和谐而愉快地工作。

### 2.6 职业感强烈

选择了一种职业，就一定要让自己的业务精益求精。商务交往中，他们重交情，不过分追求物质，一副大家风范。对商务谈判，他们往往不做充分的准备，细节之处不加注意，显得有些松松垮垮。

## 3. 企业文化

### 3.1 强调共同的感受，富有人情味

这主要是受基督教的影响。基督教信仰上帝，认为上帝是仁慈的，上帝要求人与人之间应该互爱。所以英国企业也非常注重在企业内部营造这种氛围，无论是上下级之间，还是员工之间，都强调共同感受，非常有人情味。

### 3.2 机智的实用主义

在分析英国人的性格时，可以说英国人是世界上最务实的人，所以它的企业文化也有一个鲜明的特色——讲究实用主义。看一个项目是否值得去做、员工的业绩如何，都以是否实用、是否取得实效为标准。英国企业常常力求通过短期的

发展计划以谋求迅速得到回报。英国企业的员工也都非常务实，对待工作脚踏实地，一丝不苟。

### 3.3　保守主义，排斥创新

英国管理制度非常严格，高度注重程序。英国企业因为受到保守主义的影响，非常注重制度、程序的制定，而且要求员工按部就班，中规中矩。英国企业对员工的管理体制也十分保守。如酬薪制度，英国企业一般付给员工的薪水较高，但是浮动部分少，假如经理年薪 8 万英镑，不管业绩如何都是 8 万英镑，不会因为表现出色而给 10 万英镑。

与美国、日本、德国相比，英国在员工培训方面的投入很有限，这主要是英国企业主保守思想作祟，害怕培训本身会消耗一定的时间和财力，也担心员工培训后会"跳槽"。员工也有保守思想，担心奖金会减少，担心暂时离职会丢掉工作。因为保守，所以英国企业比较注重经验，却排斥创新，较难接受新的想法和创意。它们在经营上也是墨守成规，缺乏冒险精神，与美国企业恰好相反。

### 3.4　强烈的等级意识

受长期等级社会的影响，英国人观念中仍固守着森严的等级制度。这种观念也渗透到企业文化中。首先，优秀的大学毕业生不愿意到企业工作，因为企业界在英国被视为不太高的社会层次；其次，英国企业主的价值观念中，也非常讲究社会地位和等级差异，他们不是用优异的业绩来证明自己的价值，而是千方百计地使自己加入上流社会；最后，英国企业中管理层和员工之间的等级差别大，在一定程度上影响了员工的积极性。

### 3.5　鄙视竞争，避免竞争

英国人讲究绅士风度，即便在企业竞争和市场竞争中，英国企业仍然标榜绅士作风。英国企业发展的目标使自我满足而非出类拔萃。英国企业既没有美国的利润导向诱因，也缺乏日本的市场占有率意识，所以同行之间多合并而少竞争。另外，英国企业还有一种习惯，就是当国内的某种产业形成竞争优势时，就会禁止新设备出口，以避免在国际市场的竞争，维持英国独占的路子。但是在当今社会，竞争是避免不了的，所以，很多英国非常具有优势的产业在不知不觉中萎缩。

【资料来源】

[1] http://bj.xdf.cn/publish/portal24/tab12944/info659236.htm.

[2] http://wenku.baidu.com/view/c72323c158f5f61fb73666d5.html.

[3] http://wenda.so.com/q/1362420615063843?src=9999.

# 芬兰商务文化

芬兰是一个美丽而自由的国度，她有着众多的美誉——"森林王国""千湖之国""欧洲绿色之肺"等。在芬兰，平等和法制是社会重要的价值观。所有社会分子人人平等并享受同等法律权利。人人平等已被写入芬兰宪法。同时，诚实守信、严肃认真、守时等也是芬兰人的优秀品格。芬兰的企业在发展中传承了芬兰这个国家和国民的优秀品格塑造了独具特色的企业文化。

## 1. 时间观念

芬兰人时间观念很强，这也是许多发达国家里人们的一贯作风，跟芬兰朋友交往一定要守时，否则将被视为无礼貌。

## 2. 商务文化

在初步报价中含有太大的砍价余地并非明智之举。芬兰人不喜欢集市上的讨价还价。给出切合实际的报价，然后根据对方对价格和条款的还价作出调整。芬兰人做决定是一个循序渐进、深思熟虑的过程。他们可能需要更长的时间来考虑。

## 3. 企业文化

### 3.1 平等及无差别待遇

在芬兰工作，人人享受平等及无差别待遇。在芬兰的企业中，不管职位高低，同事之间都不使用敬称，这便是人人平等的体现。高层管理人员会询问并考虑到基层员工的想法与意见。

### 3.2 严谨务实

芬兰人对自己的定位是既不属于西方也不属于东方，而是处于东西方交界的夹缝之中。既然在夹缝中，就要学会在夹缝中生存的艺术。芬兰人牢记前总统帕西奇夫的名言"认清事实是智慧的开端"。务实哲学让芬兰企业能够顺势而为，不断化解危机，不断提升企业竞争力。

### 3.3 信守诺言和准时芬兰

企业中，信守诺言非常重要。员工和雇主都应当按照提前协定的事宜工作办事。准时也非常重要。员工应当准时上班。8点上班意味着8点准点上班，而并非8点10分。迟到意味着其他同事必须等待迟到者，这是很不礼貌的行为。如果不能准时上班，需通知上级领导。许多单位都采用弹性工作时间，如上班时间为7～9点，下班时间为15～17点。此时员工必须自觉按照协定好的工作时长工作。

### 3.4 以人为本创造"信任与尊重" "信任与尊重"的芬兰模式是以人为本的典范

芬兰从20世纪90年代初期的经济衰退中恢复过来之后，创造了一种被称为"芬兰模式"的新型国家共识，即雇主、雇员与政府联合起来．共同做出决定并共同监督决定的执行。信任与相互尊重为芬兰模式提供了重要的基石。在芬兰，每个人都应该受到公平的对待。芬兰社会不同等级之间的权力差别很小，人们交谈的时候普遍称对方为"你"而极少称"您"。同时，芬兰是男女平等的社会。根据芬兰法律，歧视是一种犯罪，任何人都不能因年龄、种族、国籍、语言、宗教、信仰、观点、健康、残疾、性取向或性认同等原因而被歧视。因财产状况或怀孕而受到的歧视也被禁止。

### 3.5 注重人与自然和谐相处

芬兰人内心向往大自然尊重大自然。注重人与自然的和谐统一注重环保发展清洁技术产业成绩骄人。芬兰是世界上最早制定环保法的国家．在世界经济论坛评比中多次被评为世界最注重环保的国家。为保证经济可持续发展，芬兰大力发展循环经济，积极开发多样化能源产品在利用生物能源方面走在世界前列。芬兰制定了以环保产业立国的发展蓝图，拟在未来四五年内将环保产业打造成支柱产业使芬兰成为世界竞争力最强的环保产业大国。

【资料来源】

[1] http：//book. sina. com. cn/longbook/1078800802_businessculture/101. shtml.

[2] 芬兰企业文化．北欧之星教育咨询公司网站，http：//www. studyadviser. com/？p=1400.

[3] 张惠玲，张凤琴．芬兰的企业品格 [J]．中外企业文化，2008（12）．

# 瑞士商务文化

## 1. 时间观念

瑞士人的时间观念很强,习惯按时赴约,喜欢谈论体育、旅游、政治及关于瑞士等话题。在商务活动中,拜访公私机构均须预先约定,并一定要守时赴约。最好在7时至7时半之间打电话到主管办公室要求订约。

## 2. 商务文化

瑞士人作风严谨、保守并讲究信誉。但有时也带有顽固的一面,与他们洽谈业务,必须要有耐心。一旦对方决定购买你的产品,几乎就会无限期地一直买下去。相反,如果对方流露出了"不"字,你也就没有必要继续努力了。因为他们很少轻易改变主意。

## 3. 企业文化

### 3.1 高度重视产品质量

瑞士是一个极为特殊的国家,它的地理位置、国家体制等在世界上都与众不同。被德国、法国、意大利等环绕的瑞士,民族多样,语言也多样,狭小的国土上,法语、德语、意大利语、英语并行不悖。这种特殊的语言环境,让瑞士人具有了先天的语言优势,他们往往具有很强的跨文化沟通能力,这使得他们在进军国外市场时更能够适应本地化。同时,瑞士国内消费的高水平、消费者群体的多样与高端性,决定了瑞士企业在生存之初就必须做出令这些挑剔的国内顾客满意的产品。如果企业的产品能够打入瑞士市场,那就相当于拿到了进入欧洲市场的通行证。因此瑞士的企业高度重视产品的质量。

### 3.2 创新能力强,注重细节

瑞士企业的研发活动,主要集中在医药行业、制造业、精密仪器等专业领域。瑞士的中小企业或术业专攻,或为大企业配套生产。中小企业研发活动呈现出以下特点:第一,专攻某些极小的新兴科技领域,处于价值链的高端;限于比较狭窄的专业技术范围,但不乏高精尖技术。第二,与大企业建立研发合作联盟,参与其特定研发领域的活动,融入以跨国公司为中心的全球知识体系之中。瑞士企业以其精细化的思路,将产品做到极致,即便是一块小小的点心,都让人感觉到像是一个小艺术品。闻名于世的瑞士钟表、瑞士军刀是瑞士企业在产品质量上的充分体现;精准定位细分市场,迅速切入并稳固竞争地位;形成互补的协作配套,强化产业集群的优势;四面出击式营销;严格控制成本,提高效益。

### 3.3 瑞士企业选择市场进入精准,定位细致

它们往往都是进入一个非常细分的市场,然后迅速在这个狭小的领域占据大部分市场份额,将产品做到极致,累积市场门槛。大部分瑞士企业都选择做高端,即便是制造业也是高级制造业。瑞士企业擅长小规模的高附加值的精密产品,即便是产量有限,但是他们却能够凭借精良的做工成为这个行业的代名词,利润颇高;服务业发达,瑞士企业即便是在金融、保险等领域,也坚持高端的定位,如私人银行业务;瑞士企业协作配套能力强,中小型企业要么具有核心的技术优势,要么与大企业捆绑,将让某一配套产品做到最好,背靠大树。

# 日本商务文化

## 1. 时间观念

日本人把守时当作一个人的品德、衡量一个人的标准。日本人有守时的习惯，尤其是"不迟到"这点更是多数日本人天生养成的习惯。在企业、公共机构或与他人会面的方面，必定"正确守时"，这已成为常识。关系亲密的人之间也有迟到的，不过也会事先邮件通知。

## 2. 商务文化

### 2.1 以礼著称，讲究面子

日本是注重礼仪的国家，日本人所做的一切，都要受严格的礼仪的约束。比如，见面鞠躬，不仅家里人之间如此，商店开门营业、走亲访友，见面都要行礼。再如，"对不起"是日本人的口头禅，即使是在我们看起来是正常的要求与行动，也要附之"对不起"。另外，日本人和中国人一样讲究面子，要面子是日本人最普遍的心理。

### 2.2 等级观念根深蒂固

日本人的等级观念根深蒂固，他们非常重视尊卑秩序。一般能担任公司代表的人都是有 15～20 年经历的人。他们讲究资历，总希望谈判对手能与自己地位相当。因此，与日方谈判时，派出的人员最好官阶、地位都比对方高一级，这样会有利于谈判的进行。还应注意的一点是，日本妇女在社会的地位较低，一般都不允许参与大公司的经营管理活动，在一些重要场合也是不带女伴的。所以，在正式谈判时一般不宜让妇女参加，否则他们会表示怀疑，甚至流露出不满。

### 2.3 具有强烈的群体意识，慎重决策

日本文化所塑造的日本人的价格观念与精神取向都是集体主义的，以集体为

核心。日本人认为，寻求人们之间的关系和谐是最为重要的。任何聚会和商务谈判，如果是在这样的感觉和气氛下进行的，那么它将存在一种平衡，一切也就进行得很顺利。正因为如此，日本企业内部做出决策时会吸收各层管理人员的意见，再由有关负责人集中意见做出决策。由于实行自下而上的集体决策，决策过程就十分烦琐。集体观念使日本人不太欣赏个人主义者，其谈判都是率团进行，同时也希望对方率团参加，并且最好人数相当。如果对方忽视了这一点，日本人会觉得是极大的失礼。

## 2.4 信任是合作成功的重要媒介

日本人很注重做生意时和谐的人际关系。在商务谈判中，有相当一部分时间和精力是花在建立良好的人际关系中。许多谈判专家都认为，要与日本人进行合作，朋友之间的友情、相互之间的信任是十分重要的。因此，如果与他们建立了互相信赖的关系，几乎可以随便签订合同。

## 2.5 耐心是谈判成功的保证

日本人在谈判中的耐心是举世闻名的。日本人的耐心不仅仅是缓慢，而是准备充分、考虑周全，洽商有条不紊，决策谨慎小心。耐心使日本人在谈判中具有充分的准备，他们往往千方百计地获悉对方的最后期限，将对方磨得精疲力竭以后，突然拍板表态，让对方在毫无思想准备的情况之下措手不及。

## 2.6 通常不选择法律途径解决纠纷

日本人不喜欢谈判中有律师参与，如果有可能，日方代表团就不包括律师。他们觉得每一步都要同律师商量的人是不值得信赖的，甚至认为带律师参加谈判，一开始就考虑日后纠纷的处理是缺乏诚意的表现，是不友好的行为。当合同双方发生争议时，日本人通常不选择诉诸法律。他们善于捕捉时机签订含糊其辞的合同，以使将来形势变化可以做出有利于他们的解释。他们通常愿意在合同处理纠纷条款中这样写：如果出现不能令双方满意的地方，双方应本着友好的原则重新协商。

## 3. 企业文化

日本著名企业都是以人为中心，以文化为导向的管理模式，在它们的企业哲学之中是不提财富、利润的，它们追求人的发展，社会的和谐，国家的强盛这些长期目标。可以归纳为以下几个方面。

## 3.1 产业报国（方向性明确）

日本大公司都与政府的扶持有关。日本人有强烈的爱国心和责任感，他们认为公司是社会的一部分，对国家和社会负有责任，公司要有益于社会和国家。他们绝不会将"赚取利润"这个任何企业都必须达到的目标放在首位，更多的是强调企业的责任、强调企业对社会、国家乃至全人类所负的责任。

## 3.2 强烈的人文色彩

上下同心协力，尊崇神佛，心存感激，和亲一致，光明正大，礼节谦让，感恩报德等都规定了道德规范和行为准则，强调公司内部的和谐、亲密，彼此互相尊重，亲密合作，减少冲突，降低内耗，以和为贵。公司注重培养员工的亲密感、归属感，增强员工的向心力和凝聚力。

## 3.3 群体意识

组织被看成一个命运共同体，强调组织整体利益，个人绝对服从组织；倡导个人对组织群体的归属和忠诚，与组织共存亡。

## 3.4 日本企业对员工的要求

（1）与欧美企业鼓励个人发展不同，日本企业要求遵守规矩，有上下级意识，信息共享，要求"及时报告，及时联络，及时相谈"，而且"公司事务人人有责"。如听到有电话铃响了三声就必须接听，不管是不是你的；事务性杂事要尽举手之便，不可视而不见。

（2）要具有献身精神，日本人有极端的敬业精神，工作是第一位，在日本企业，如有需要，加班被认为是应该的，要自觉自愿——即使只是留在办公室里吃快餐，也不能一到时间就下班；而且只有在事先申请、并获得批准的情况下，才能得到加班费。

（3）注意细节（利他），最周到、最细腻地把方便提供给他人，而尽可能地不添麻烦，时时刻刻懂得眷顾他人：赴约时，不能迟到，也不能太过早到，那会打扰他人的时间安排；用后椅子等要复位，别让人感觉零乱……

（4）恭敬谦和，重视礼仪：出门男士先行，等电梯女士按铃；见到长辈要鞠躬敬礼。

日本的企业文化的最具代表性制度（被称为日本企业"三大神器"）的是："终身雇佣制""年功序列制""企业内工会"（其核心就是为营造员工对企业的"忠诚"意识和企业内"人和"的观念。企业对员工终身雇用，使员工有稳定感；员工把企业当成"家"，从"家"中按照自己的年龄、资历领取相应的薪金；企业内即使出现矛盾包括劳资矛盾，都属于家庭内部矛盾，由企业内工会解决）。这是日本企业文化的结晶，从制度上贯彻了立足本民族文化的企业文化。

日本在自己的民族文化基础上，对西方的管理经验进行学习，吸收，并实现创（坚持了三大组织文化精髓：终身雇佣制，年功序列制，企业内工会），更多地保持了东方人本色彩，也造就了一大批有国际竞争力的企业。

【资料来源】

[1] http：//jp.hjenglish.com/businessjp/p550329/.

[2] http：//www.chinadmd.com/file/wrsix6zoewac36ei66c6wuwt_1.html.

[3] http：//wenku.baidu.com/view/c44ff2a6f524ccbff121845d.html.

# 韩国商务文化

## 1. 时间观念

大多数韩国公司重视准时性和遵照计划表，但是，由于交通拥挤，你的当地合作者可能有时候会开会迟到，如果对这样一个无法避免的拖延表现出生气，那将是无礼的。而一些小公司对准时性采取更加不严格的态度。

## 2. 商务文化

### 2.1 重咨询

韩国商人对贸易谈判是相当重视的。不对对方有一定的了解，他们是不会与对方坐在同一谈判桌前的。这种了解包括对方的经营项目、资金、规模、经营作风以及有关商品的行情等，而这种咨询了解一般是通过国内外的有关咨询机构。

### 2.2 重气氛

谈判地点的选择是很重要的，韩国商人尤其重视这一点。他们比较喜欢将谈判地点安排在有名气的酒店。如果是他们选择的地方，他们会按时到达，一般主谈，即"拍板者"总是走在最前面。初谈阶段，他们做的第一件事就是获得对方的好感，彼此信任，创造一个和谐信赖的气氛，然后才开始谈判。

### 2.3 重技巧

韩国商人逻辑性较强，做事喜欢条理化，谈判也不例外，尤其是较大的谈判，往往是直奔主题，开门见山，谈判的方法很多，而韩国商人则喜欢用下面两种：

一是横向协商法，即进入实质性谈判后，先列出需要讨论的条款，然后逐条逐项磋商。

二是纵向协商法,即对共同提出的条款,逐条协商;取得一致后,再转入下一条。

此外,韩国商人有时也把这两种方法结合起来使用。总之,一切以自己的需要为主。同时,谈判中,韩国商人较爽快,非常善于讨价还价,即使要挟也是进取性的妥协,以退为进。

### 2.4 重策略

(1)声东击西。在谈判过程中,韩国商人善于把中国古代军事思想运用到现代的谈判桌上,总是用不太主要的问题去佯攻,模糊掩盖他们的主要目标,对方一不留神,就会让他们钻了空子。

(2)"苦肉计"。谈判中,韩国商人惯于用"苦肉计",率先忍让去迷惑对方,达到自己的最终目的。

此外,韩国商人也会"因人施教",用"坚守原则法""拖延交战法"等去赢得谈判胜利。

## 3. 企业文化

韩国企业在继承和开发本国优秀企业文化的同时,积极吸收西方的先进企业文化,并将东方的儒家思想与西方的管理科学有机结合,培育出自己特有的企业文化,并且已在经济发展中产生了不可估量的作用。

### 3.1 深受儒家文化的影响

传统的韩国社会文化以儒家思想为核心,自高丽末年起,儒学在韩国就相当盛行,到了李朝时代更把儒教定为国教。韩国人从思想理念到行为规范都深受儒家思想的影响,进而间接影响到韩国的企业文化。比如,历史上韩国人奉行君为臣纲、父为子纲、夫为妻纲、长幼有序、君臣有义的文化精神,因而韩国企业的员工、下属就非常尊敬和服从经营业主、上司。相应地,经营业主、上司也以权威和慈爱对待员工、下属。再如,受以家庭为中心的儒家思想的影响,韩国多家族制企业,即使非家族制运营的企业,在用人上也往往实行以"血缘""地缘""学缘"为中心的管理。另外,在韩国的家族制企业中,受长子优待、长幼有序、不均等相续制度的影响,常常由长子继承企业的所有权。

### 3.2 企业奉行"彻底第一主义"

韩国人有很强的民族自尊心,很多韩国企业在发展之初就会定下高标准。与日本企业传统上"位居第二""回避风险""以稳求实"的经营理念不同,韩国大型企业集团大多奉行"彻底第一主义",强调人才第一,产品第一,服务第一。

韩国企业特别是大企业奉行的"第一主义"并不是响亮的空口号,而是其企业文化不断进取的动因。追求第一的意识激励着韩国的企业,并使许多企业跻身于世界一流的行列。但是,韩国企业有时甚至为了达到这种高标准,不惜一切代价,冒险向海外投资,这也是韩国企业文化不同于日本企业文化的地方。日本企业的经营理念中以"稳"求"实",回避风险的思想仍占着统治地位。而韩国企业文化中更加强调勇于向外扩张发展,以此来达到"第一"的目标。

### 3.3　企业家良好素质投影到企业文化中

韩国的企业家被赋予很高权威的同时,也必须以身作则,在经营管理中讲究领导艺术。作为企业精神的代表,韩国企业家在给企业员工起到表率作用的同时,还要具备带领企业员工一起前进的统帅能力。受儒家文化和西方文化的共同影响,韩国企业家勤劳敬业,既有东方人的吃苦耐劳精神,又有西方人的实干作风。很多韩国企业家都是白手起家、历经磨难,顽强地带领自己的员工奋发图强,最终创造出骄人的经营业绩。一般而言,企业家的良好素质会投影到企业文化之中,有些韩国企业文化甚至可以说是企业家个人价值观的群体化。比如,韩国企业重视人才,企业经营者在人才使用上充分信任员工,疑人不用,用人不疑,为其创造各种工作条件。而且经营者会及时肯定员工的成绩,并根据其绩效给予嘉奖和报酬。一定程度上说,对员工工作能力的信任和工作成绩的嘉奖,也是对企业家自身价值的肯定。

### 3.4　博采众长

韩国企业文化的形成,首先与韩国的社会文化有关。韩国的文化是多元结构的,韩国人的价值取向也是多方位的。韩国文化受儒家传统文化的影响最深,却也并不排斥和吸收西方优秀文化。由于将东西方文化融合,这两种异质文化一经融合在一起,产生出了不可估量的能量。韩国在这种社会文化的影响下,创造出了独具一格又具有丰富内涵的企业文化,致使韩国人既有西方人的实干作风,又有东方人的吃苦耐劳、不达目的不罢休的精神。

### 3.5　实业兴国

走实业兴国之路,为国家振兴做出贡献,这种意识已成为韩国企业界强大的驱动力。韩国人视民族自尊第一,是韩国社会一个十分显著的特点。韩国著名的大企业常常把自己看作国家经济创造的承担者,具有明确的国家意识和使命感。在企业内部,只要谈到公司的未来,无一不将自己的成长与对韩国未来的影响相联系。现代企业集团的创始人郑周永对员工讲话时说:"为了同先进国家并肩而立，我们必须竞争，而且要胜利。竞争的战场就在车间。"大宇财团的领袖金宇中率先垂范，发扬一种为振兴韩国而献身的精神，他说："任何一个时代，如果没有个人牺牲，就没有我们后代的幸福生活，也不可能牢固奠定幸福发展的基础。"强烈的责任感来自于大宇的"牺牲精神"，振兴大宇，振兴韩国，是大宇员工的共同目标。正是在这种意识的支配下，韩国企业创造出了东亚奇迹。

### 3.6 和衷共济

在韩国企业文化中，儒家伦理思想与家族主义情感的结合构成了企业文化关于人性的独特观念。在企业里，"和"是人们向往并努力争取达到的一种境界：上下一致，维护和谐、亲密的气氛。这种"和"表现出一种家族主义和家庭观念，形成一种归属感、认同感，使企业员工自觉自愿地为企业做贡献。浦项钢铁公司的创始人朴泰俊认为，浦项就是一个庞大的交响乐队，每一个员工都有其不同的特点与个性，每一台机器都有它的特殊性能，要有效地指挥这些人和机器，必须达到最完美的和谐。并且，公司形成了许多使员工与决策者之间保持独特联系的制度，如任何员工都可以把自己的意见和建议直接寄送给总经理，高层管理人员定期与全体员工进行交流等，从而有效地形成了上下沟通的信息网络，创造了和谐的"一家人"气氛。而在大宇，"爱厂如家""共存共荣"也是几万人共同的价值观。"大宇家族"的字眼，不仅常挂在金宇中嘴边，也化为"大宇家族之歌"，唱在全体员工的嘴上，装在全体大宇人的心里。这种爱厂如家、共存共荣的团队精神，也是大宇精神的核心。韩国的企业文化创造了企业的一种文化氛围，使得韩国原有的家文化随着商品经济和工业化的发展得到了新的发展。企业也如同一个大家庭，企业与员工一荣俱荣，一损俱损，休戚相关。

### 3.7 以人为本

缺乏丰富资源和技术准备的韩国人十分清楚人力资源开发的重要性。三星集团的经营理念即是：人才第一是永远不变的主题。由于儒家文化重人的传统，同时也是由于现代管理的需要，韩国人很自然地把人的价值注入企业之中，形成以人为中心的管理方式，员工的参与意识蔚然成风。浦项的创始人朴泰俊把公司的组织形象地比作一个等边三角形：工厂经理位于顶端，底层由工人们组成，是公司最重要的部分。其要旨在于把全体员工作为管理的出发点和归宿，视员工为一切创造力的源泉，而努力开发这一源泉则是企业家的责任。这个富有哲理的比喻构成了浦项企业文化的核心，奠定了浦项式管理的基石。正是以这样的企业文化为依托，浦项制铁在经过20余年的努力后，一举成为让日本这个实力雄厚的钢铁巨人真正害怕的世界第三大钢铁企业。韩国的企业文化建设正是坚持以人为本，培养、凝练成一种向上的企业精神，树立起强大的精神支柱，才使员工有了一种共同的理想和追求，从而产生了强大的向心力和感召力。以人为本的人力资源思想，已成为韩国企业发展的重要因素。

## 3.8 力求创新

浦项的领导者坚信"资源有限，人的创造力无限"，在日常管理中，"力求创新"成为贯穿于全部管理工作的主线。为了适应市场竞争的需要，浦项建立了高效、灵活的管理体制，扩大各级管理部门的权限，强化基层管理。为了调动每个员工的积极性，还创造了独到的自主管理模式，负责解决生产中的各种难题。同时，企业文化本身也是一个动态的概念，检验其成功的标准就是看其是否能顺应时代发展的趋势和对市场状况是否有迅速应变的能力。三星集团的企业文化就在具有一般优秀企业文化共性的基础上，仍然不断提出新的管理哲学，如强化迎接挑战的创新理念，以质量取代数量，向海外发展，加速全球化以及将"人才第一"的观念推及至"人类第一"的观念，等等。创新是韩国企业极力提倡的工作精神，而成功即意味着不断地创新。

## 3.9 集体主义，又不失个性

韩国企业激励每一个员工成为集体的一分子，特别强调自豪感和团结协作关系，激励全体员工发扬团结一致的集体主义精神，同心同德地为企业做贡献。韩国企业的社训或经营思想大多体现了这一理念。如LG集团的"和睦团结、开拓精神、研究开发"，起亚集团的"团结、诚实、创造"等，都是集体主义的体现。韩国企业文化中的集体主义与中国的集体主义有很大的区别。中国企业在强调集体主义时特别强调集体利益高于个人利益，重视为了集体利益牺牲个人利益，强调个人对集体的奉献。而韩国企业文化中的集体主义是一种手段，一种追求整体卓越的手段，即通过全体一致的追求来实现整体利益最大化。尽管"人和"的儒家文化对韩国影响根深蒂固，但由于受美国个人主义影响，韩国的企业文化又表现出崇尚竞争，重视发挥个人能力。在韩国企业，对员工晋升、业绩、人品、工作态度、专长等是非常重要的指标，如三星集团的用人原则是"能力第一主义"，而鲜京集团则明确提出"以人为主，以能力为主"，鼓励竞争。

## 3.10 高权力距离，人情软化差距

韩国企业的家族化以及所有权与管理权合一，造成韩国企业高度集权化，企业领导层享有巨大的权威，员工的参与程度低。但现阶段这种高度集权的决策方式是与韩国企业集团创业历史比较短、韩国经济高速增长、经营环境变化快、家族式生产方式的发展特色相适应。为了弥补高度集权带来的不足，韩国企业在软性企业管理中"情治"做得很成功。在韩国企业中，领导层在享有权威地位的同

时，非常重视调和与和睦，尤其是在不同行政阶层间，非常重视与其下属的人际关系，尽力体谅下属的需求和感受。韩国文化不鼓励公开发表个人观点，然而韩国人喜欢在非正式场合各抒己见。非正式场合的接触被认为是上下级建立互相信任关系的重要手段。经理会不断创造出各种交往机会，如邀请其下属共进晚餐，下属也可以单独邀请经理去自己家中聊天。这种非正式沟通弥补了高度集权所产生的信息交流不畅、员工与管理者之间不和谐关系等缺陷。

### 3.11　强男性主义，又不失女性主义传统

韩国文化一直被认为是东亚儒家文化的一部分，具备了儒家文化的诸如"仁义""忠诚""谦让""中道"等核心价值观的内容，体现出女性主义传统。在企业中表现为通过内部的团结与和谐，实现共同的努力；避免极端的对立，用妥协的办法解决矛盾；采用集合形式的业务方式；重视非物质激励等女性主义特征。但同时由于特殊的历史进程和地缘地理背景，韩国在进入近代以后，先后融合了佛教和基督教等外来文化，在思想领域实现了对儒家核心价值的改造与异化。正是这种东方的伦理与西方的文明相结合，加上面对外来入侵而建立的"应激—反应"模式、"恨"心理，使韩国人具有强烈的"自励"与"排他"的忧患与团结意识，成就强男性主义价值取向。在企业中表现为军事机构的运作模式，特别强调组织纪律；高权威、高排序意识；超长时间、超大强度的狂热工作精神；工作责任优于家庭责任；崇拜能力、英雄，渴望成功；追求卓越，力争最好的"第一主义"原则；等等。

### 3.12　稳中求变的不确定性规避

首先，韩国企业用勤劳进取和勇于冒险来规避不确定性。韩国自然资源的匮乏以及社会的动荡，使韩国人产生了一种生存危机心理。为了尽量减少这种生活的不确定，韩国人显得尤为勤奋。在相当长的时期里，韩国企业的员工每天工作10～12小时，比日本人工作时间还长。认真的工作态度和勤勉的劳动意识成为韩国企业文化的一个重要特征。但由于受美国文化的影响，韩国企业富有积极性和挑战性精神，大胆向新领域投资，冒险向海外进军，以变求稳。

其次，利用派系规避不确定。员工利用血缘、地缘、学缘等派系关系求得自保，避免被淘汰。面对派系林立的现状，企业主通过控制派系之间的利害冲突，使派系之间公平竞争，达到更有利于企业稳定发展的目的。

最后，培养家庭共同体意识规避不确定。韩国企业尽力给予员工安定的工作关系和良好的工作环境。例如，众多的优秀企业都制定了诸如"对员工采取家庭成员式待遇"、"通过提供经营情报诱导员工参与企业经营"、"终生员工"等一系列制度，积极培育劳资共同体意识与劳资和解气氛，从而使企业的经营活动能

够在稳定的劳资关系中同步顺利进行。

### 3.13 长短结合的长期导向型

首先，韩国企业是融合儒家文化和西方文化的优良结合体，企业不仅重视股东短期收益，还重视与客户、环境的协调发展，更注重以社会责任为前提的可持续发展。

其次，韩国企业家既具有长远发展的眼光，又能着眼于中短期的变化。如SK集团的领导层高瞻远瞩，以展望十几年以后的眼光探寻新的产业，同时又秉承"在前进中寻找变化，在变化中寻求发展"的理念，强调短期适应性，成为世界一流企业。

最后，企业重视员工的短期培训与长期开发。不少企业都设置了专门的培训中心，规定每个员工最少接受系统正规培训的时间。有的企业还出资将有潜质的员工送到国内外大学攻读硕士、博士学位，培养具有世界眼光的下一代经理。例如，作为韩国企业界第一巨头的三星集团，首创了韩国企业界独立办员工培训院校进行正规化教育的先例。为了使员工的素质达到和保持在高水平上，每年投资1亿多美元让员工脱产学习，每个雇员在三星自己的学校里平均每年得到约16天的培训。

从以上分析可以看出，韩国企业文化的典型特征是"儒学为体，西学为用"。韩国企业文化将西方企业文化特别是美国企业文化的精华与积极合理的儒家思想相互补充、相互融合。

韩国人本主义的企业文化，对其企业发展乃至整个经济的发展，曾发挥过不可忽视的促进作用，但同时它也存在着较明显的局限性。韩国企业的家族化，给企业文化涂抹上浓重的"唯上是从"的封建色彩，阻碍着广大员工的积极性，尤其是创造能力的发挥。而韩国企业文化大力宣扬的"和衷共济"也仅限于企业内部，着眼于企业的内部合作，对企业间如何相处缺乏全面、认真的研讨。很少有人致力于探讨企业间在公平竞争原则下，彼此合作、进行各种交流的可行途径。

总的说来，韩国企业文化强调团结、创新、勤勉、人和的精神意识，这些是善于创造的韩国人在不断实践中反复总结、兼收并蓄、去粗取精的智慧结晶。

【资料来源】

[1] http://book.sina.com.cn/longbook/1078800802_businessculture/56.shtml.

[2] http://www.emkt.com.cn/article/26/2658.html.

[3] 马菊萍，陈丽珍. 解读韩国企业文化 [J]. 中外企业文化，2005 (6).

[4] 乔凡芸. 论韩国企业文化及其对我国的启示 [J]. 东南大学学报（哲学社会科学版），2000 (9).

# 意大利商务文化

## 1. 时间观念

与德国和瑞士相反，意大利人时间观念不强，特别是出席宴会、招待会等活动时，经常迟到。在商务活动中签订合同通常会拖很长时间。

## 2. 商务文化

虽然意大利人以善于社交、热情外向而著称，但在做生意谈判时不会草率，也不轻易动感情。他们谈判时精力充沛、思维敏捷，有时在对方没说完之前，就猜测到下面的内容，所以经常会突然打断对方的谈话，而对某些问题进行答复和评论。与德国人对产品质量、性能、交货日期的高度重视相比，意大利人希望花较少的钱买到质量、性能尚可的产品，而对产品性能、质量及交货日期等关注次之。因此，谈判中双方争论的焦点往往是在价格上。另外，意大利人在谈判中做决策较慢，并不是因为需要集体商议，而是不想仓促答复，所以向他们提出限制期限是很有必要的。

## 3. 意大利企业文化管理

### 3.1 建立信任

由于意大利人在商务活动中往往凭感觉行事，与同事及客户建立彼此间的信任与融洽关系对成功共事很重要。在信任建立过程中，意大利人喜欢面对面的讨论和了解，而非通过电话、传真或电子邮件，所以，多进行面对面的沟通是很有必要的，最常见的方式是喝咖啡或共进午餐。另外，当外国人对意大利文化和语言表现出兴趣时，意大利人会感到非常骄傲和惊喜，这是与意大利人减少心理距离，建立关系的有效途径。

## 3.2 有效激励

意大利人注重工作和生活的平衡，希望在完成大量艰苦工作后，得到假期或旅行方面的奖励，以便与家人或朋友共度闲暇时间。他们也认为和谐的工作环境和物质奖励同等重要，其中包括同事关系。所以对于意大利人而言，灵活的工作时间安排或额外的假期是比只增加薪酬或奖金更为有效的激励方式。另外，提供职业发展机会是提高员工满意度和激励员工的另一个重要方面。尤其对许多年轻员工而言，提供在公司内部公平晋升的竞争机会是一个重要的激励因素。

## 3.3 相互沟通，解决冲突

意大利人倾向于避免解决冲突，因为他们担心最终会影响工作关系，不擅长将工作和个人感情分开，所以当与同事有争议时，最好能够跟他在私下和间接沟通。与同事保持非正式的关系有利于减少工作中的误解。若通过非冲突的、礼貌的方式来讨论问题，意大利人会乐于接受。在沟通中，意大利人会采取微妙的方式，如他们选择在和对方喝咖啡或吃比萨饼谈论问题，并在开始交谈时谈些其他话题（如天气或健康状况），然后再涉及核心问题。另外，由于在工作中等级制的影响明显，在问题反馈时不要轻易越级处理，向主管上司寻求意见和反馈要耐心。

## 3.4 注重沟通风格

富含情感的交流是意大利文化的重要体现。他们喜好沟通，容易流露情绪，愿意充分表达自己的想法和感受。意大利人也擅长辅以表情、手势和密切的个人接触来增添讲话的生动和感染力。当他们解释或反驳一个观点时，习惯于触摸对方（例如肩部或臂）并认为这会使对方感到更舒适从而更好地注意谈话内容。而回避身体接触的人会被意大利人认为冷酷、傲慢、不友好。

# 法国商务文化

## 1. 时间观念

在法国，私人空间和个人活动的时间是绝对不能被耽误打扰的，所以下课、下班、放工，法国人是很守时的，到点就走。但是平时的生活休闲活动，法国人都是自由涣散的，一切慢慢来，随心所欲，准时在这个时候就显得并不那么重要了。

## 2. 商务文化

法国人不喜欢谈判时提过多的私人话题，喜欢用法语作为谈判语言，善变，珍惜人际关系，每个人所担任的工作范围很广，凡事不勉强，创造气氛。

法国人工作强度很高，而工作态度极为认真。法国人属于"边跑边思考的人种"。法国人很珍惜人际关系，在尚未达成朋友之前，他们是不会和你做大宗生意的。

法国人在商谈时做出决定的速度较慢，同时，他们立场极为坚定，坚持在谈判中使用发育，明显地偏爱横向式谈判。

## 3. 企业文化

### 3.1 公众意识

法国企业在经济生活中所表现出来的合作与均等思想尤为显著。法国企业在成长和发展过程中，始终把法国人的利益放在首位，这不仅是为了法国人的物质利益，而且也是为了法国人的尊严。这种广泛的公众意识，是法国文化非功利因素和共产思想的体现。

### 3.2 人性化和民主化

由于自由、平等思想的广泛影响，法国企业在用人机制上体现出对员工的尊重和信赖，进行民主化的管理。天津梅兰日兰的老总说："我判断一个员工不是看他是中国人或是法国人，而是看他是否有能力和经验。我们取消管理中间层，经理下面是主管，主管下面是工人。"贝纳通公司为员工创造了和谐的企业文化，建立授权式管理，充分显示对员工的肯定。皮尔·卡丹则说："用人不在于学历，也不在于多少，而在于能力。"他往往在集中决策后，放手让自己的员工去执行。在法国，工会是有法人资格的，工人用法律的形式确定自己参与企业管理的权利。法国的企业内部和社会都非常重视员工发展，给他们以良好的培训。

### 3.3 科学与创新

法国企业对技术先进与落后是非常敏感的，它们深知，只有在技术上不断创新，处于领先地位，才能使企业在国际竞争中立于不败之地。空中客车公司有"人无我有，人有我优"的发展思路，不断改进技术，使空中客车的产品能与美国的波音飞机相抗衡；"我要的是第一"则是布依格建筑集团总裁的座右铭；而"独树一帜，不断创新"是皮尔·卡丹的风格。可以说，法国的企业都视技术为生命，法国人爱幻想的性格也正说明了这一点。

### 3.4 敢于奋斗，勇于挑战

法国人天生浪漫、自负并且不服输。众多的法国企业都为自己设定一个挑战的对手，不管其来自企业的内部还是来自企业的外部，它们都会全力以赴地去奋斗，迎接挑战。家乐福始终把沃尔玛作为自己的挑战对手；空中客车则把波音公司视为对手。虽然在这些对峙中，他们总处于劣势，但他们以法国文化特有的自负和不屈，不停地完善自己，挑战对手，永不言败。夏奈尔和皮尔·卡丹挑战的是自我，不满现状、永远追求卓越、艺术的灵感和乐观的精神使他们取得了非凡的成就。

总之，法国文化的特殊性使法国企业文化与其他西方国家的企业文化有明显的不同，体现出独特的个性。

【资料来源】

[1] http://wenku.baidu.com/link? url = M0VgLiSzgBGBGUV6KtUnI1NO8_5UuJrqhAk9iD0UpAkaLAlCs4Kkl_IslxBq9k6uOXrpds6U0rBcKhxGedB9vG5GemkgEpJGlCISr75YD33_.

[2] 刘安.中法企业文化比较研究[J].天津商学院学报，2002 (3).

# 巴西商务文化

## 1. 时间观念

在巴西南部，商务人士越来越看重严格的计划表和准时性，尤其是在圣保罗——全国的商业首府，但是对于贪玩的人来说，时钟以不同的速度在转动。在那里，你或许会发现你要等待你的当地伙伴一个小时或者更长时间。但是，商务访问者还是应该准时。

## 2. 商务文化

巴西人是很有名的难对付的杀价高手，他们不害怕非常直接地拒绝你的开价。然而，这样直率并不是有意地想无礼或者发生冲突，他们只是想让你知道他们的观点。所以，要为漫长的谈判程序留出足够的时间，同时在最初出价时要留足余地，为让步留出空间。在整个谈判过程中，要尽量少沉默，因为巴西人似乎一直都在说。

## 3. 企业文化

### 3.1 "劳工友好"型的保护制度

巴西人的劳动观念和中国人很不相同，虽然说对于工作他们同样认真负责，但是与中国人不同，该休息该放松的时候，他们也绝不含糊。

对巴西人来说有些事比钱更重要。巴西人每年的法定带薪假日有30天，有时候他们会申请调休，利用长假去旅游。

巴西人享有一些世界上最"劳工友好"型的保护制度。虽然巴西和中国一样，还处于发展中国家阶段，可是巴西工人却享有一流国家的待遇，如保证每年的13个月工资、伙食津贴和交通补助。

## 3.2 沟通式工作

在巴西办事,常常能听到"繁文缛节"一词,这便是官僚主义带来的各种烦琐程序。当一个指令下达时,别指望立即得到跟进和贯彻,达到较高效率,而是需要和大家交流想法,得到大家的理解,他们才会积极配合。因为在巴西,"沟通"是至关重要的,不主动沟通,就会失去支持。

## 3.3 注重个人能力的发挥和企业家的作用

拉美人追求自由、独立的个性和个人主义决定了拉美企业注重个人能力的发挥,强调企业家树立典范作用,从而为企业构建价值观、经营理念和行为准则。

## 3.4 大度包容,敢于冒险,勇于创新

多源文化的交融,使得拉美文化具有开放性和包容性,这样的文化特点使拉美企业更善于引进和吸收其他文化的最新成果,具有很大的亲和力,以及很强的融合力。秉着这样的包容大度,拉美企业更善于和国内外企业打交道,有很强的适应性,使企业始终有力争走出去,做大,做强的决心。拉美企业文化中还强调创新,创新是企业的发动机,是企业生存之本。

## 3.5 重契约,轻感情

由于受拉美历史文化中功利主义和实用主义的影响,在拉美企业中,普遍奉行的理念是强调制度,尊重秩序,注重建立详细严格的规章制度,且赏罚分明,企业与员工的关系主要靠"契约",而不是靠情感来维系。巴西石油公司规定,不管是对员工、顾客、竞争对手、合作伙伴、供应商、股东、政府以及其他社会分子,公司都以正直、尊严、尊敬、忠诚、适度、守信、高效为最高的价值标准。巴西石油公司非常尊重员工的个人自由,认为只要不影响公司形象或利益,员工们的私事是他们自己的事,公司不加以限制或干预。

## 3.6 注重区域经济发展,发展民族经济

民族主义思潮在拉美人心中根深蒂固,主张经济民族主义,保护民族工业,维护本国资源。

【资料来源】

[1] http://book.sina.com.cn/longbook/1078800802_businessculture/69.shtml.

[2] http://cn.latincomercio.com/investment/3878.html.

[3] 张贯之,张芯瑜. 浅谈拉美历史文化与拉美企业文化——以巴西石油公司为例 [J]. 高教研究,2012.

# 哈萨克斯坦共和国商务文化

## 1. 时间观念

哈萨克斯坦的管理者们承认他们虽然常常忽视时间观念，但是"我们在与外国人进行谈判的时候，我们会尽可能的准时！"大多数来自于时间观念较强的国家的访问者都会说，尽管他们尽力了，但是仍然很少准时。

## 2. 商务文化

与哈萨克商人进行商务往来，必须了解他们的文化历史和习俗，他们很尊重和欣赏那些对他们的礼俗了解的人。在向他们推销中国商品时，一定要注意价廉物美。当地商人讲究经商的灵活性，无论你的开盘报价多么低，他们也不会轻易就接受你第一次所报的价格，所以在商务谈判时对此应有准备，留有必要的余地。

## 3. 企业文化

由伊斯兰教引发的伊斯兰文化是中亚五国的主流文化之一，对中亚各民族影响深远。在商业贸易方面，伊斯兰教要求人们在签订契约是信息充分、公平对待、不欺不诈，在履行契约时不折不扣、诚实兑现，合理竞争公平交易、互惠互利。

在决策方面，中亚五国强调平等，做事讲究原则，更喜欢据理力争，他们的决策过程是参与决策者都会为自己的见解据理力争，这是一个非此即彼的博弈过程。

在人际交往方面，中亚文化更注重"理"。以理为中心的文化注重实际，追求功利而牺牲道义，偏重于人的作用和价值实现，以自我实现为价值取向，强调个人行动的自由，权利，竞争和独立。

【资料来源】

[1] http://www.tech-food.com/kndata/1067/0134957.htm.

[2] 张荣予. 中国企业在中亚五国的跨文化管理研究 [D]. 新疆大学, 2009.

# 沙特阿拉伯商务文化

沙特阿拉伯位于亚洲西南部的阿拉伯半岛，东滨海湾，西临红海，同约旦、伊拉克、科威特、阿曼、也门等国接壤。"沙特阿拉伯"一词在阿拉伯语中意思是"幸福的沙漠"。沙特阿拉伯是伊斯兰教的发源地。独特的地理位置和悠久的历史文化造就了沙特阿拉伯人独具特色的时间观念，谈判风格，和企业文化。

## 1. 时间观念

沙特阿拉伯人时间观念不强。在沙特阿拉伯会面须先预约。以公司类别而定，上班时间千差万别，夜间上班的公司也很多。会面时最好约对方到咖啡店单独谈判。

## 2. 商务文化

沙特阿拉伯人在商务谈判时非常重视信誉，因此获得对方的好感和信任是非常重要的。他们注重谈判的早期阶段，他们会在这一阶段对一些谈判问题进行摸底和试探。沙特阿拉伯人的谈判节奏较缓慢，在商务谈判时，沙特阿拉伯人常被往来人员打断。沙特阿拉伯人认为这是"家庭"的延伸，不认为是失礼。遇到这种情况要有耐心，同时最好预约到外面单独洽谈。沙特阿拉伯人不相信谈判代表，总要求与制造商直接谈判。法律限定该国商业必须由本国商人经营。沙特阿拉伯人总是身兼进出口，零售商经营商品种类奇杂。沙特阿拉伯商人往往兼营多种商品，且善于讨价还价。与沙特阿拉伯人做生意需要有耐心。

## 3. 企业文化

### 3.1 传统的家族经营模式

这是传统部落酋长会议和家族会议的翻版。维系这类企业生存与发展的不是严格的规章制度和法律条文，而是具有强大渗透力和感染力的传统习俗。企业像一个大家族，员工是这个家族中不同辈分的成员，总裁的职责是处理这个大家族里发生的琐事和纠纷。

### 3.2 注重传统，在不少阿拉伯企业里财务管理制度仍在沿用传统的理财方式

把财务管理建立在信用和诚实基础上，使道德、感情等人性化因素与理性化财务管理纠缠在一起，很不适应愈加广泛和激烈的国际化竞争。甚至一些规模很大的家族公司也都缺乏严格的财务管理制度。有的年产值达5亿美元的大企业居然只有一个银行账户。家族成员将自己的盈利统统放入这个账户，各部门及大大小小的分公司都可从这个账号中提款。

### 3.3 个人魅力和感召力是凝聚群体最有效的手段

阿拉伯企业总裁通常认为企业的人事管理不能完全依靠严密的规章制度，而应注重在日常相处中施加人格影响、让手下员工口服心服才更有效。因此，许多公司的负责人都与下属员工保持着良好的友情关系，主张给员工适当权限，充分发挥他们的创造力建立一种宽松和谐的劳资气氛。他们相信宽松和谐的人际环境会激发出员工们的忠诚和创造力。宽容精神是阿拉伯人在人事协调上的一大特点他们主张用人格魅力和公关手腕来协调公司的人事关系。

### 3.4 稳定的雇佣关系

在阿拉伯企业里，开除雇员的事例极少发生。在半个世纪前，很多阿拉伯企业完全依靠亲戚管理。员工几乎相当于"仆佣"。阿拉伯业主把这些"仆佣"视为自己家族成员的一部分不可随意弃之。如今员工的"仆佣"身份已经取消，开始进入管理层，但旧时传统仍或多或少地保留下来。

### 3.5 平均原则

它决定了在传统阿拉伯家族企业里的分配制度。企业的利益共同拥有、平均分配，这是家族和睦团结的保证。但这种"财产共享"不等于家族同姓者都可占

有一份财产。在同一个家族内不同成员分享的利益不同要视贡献、血缘远近等主客观因素而定。不同家族拥有不同财产分享细则这些细则融合了伊斯兰教的继承法和具体家族的习俗。但少数现代意识较浓的家族正在逐渐接受按劳分配制度。由于家族企业是血缘关系和经营原则的结合，因此，达成利益分配的共识是家族产业得以延续的前提。这一共识在受到严重冲击时会直接导致企业分裂。

【资料来源】

刘磊. 阿拉伯企业文化及管理特色 [J]. 阿拉伯世界，2004（5）.

# 第二部分 中国企业篇

# TCL 跨文化管理案例分析

> **摘要：** 时间进入 21 世纪，随着中国改革开放 30 年的发展，已经有一批中国知名企业成长到一定规模，继日本、韩国企业之后，它们都相继开始了国际化扩张和并购的行动，向着自己国际化的梦想靠近，比较著名的如 TCL、联想、海尔、华为等企业。但中国企业在以跨国并购的方式走向国门的短短几年中，都遇到了各种各样的困难和挑战。
>
> 本案例分析从知名消费电子公司 TCL 集团的两个跨国并购案例分析入手，阐述其跨国并购整合历程，用比较、归纳的方法，寻找这两家公司在跨国并购中面临的问题及成功失败的要素。
>
> **关键词：** 中国企业；跨国并购；评估；资金；人才

## 1. 相关背景介绍

### 1.1 TCL 集团介绍

TCL 集团股份有限公司创立于 1981 年，是全球性规模经营的消费类电子企业集团之一，广州 2010 年亚运会合作伙伴，总部位于惠州市仲恺高新区 TCL 科技大厦。

旗下拥有 TCL 集团、TCL 多媒体科技、TCL 通讯科技、通力电子等四家上市公司。形成多媒体、通信、家电和部品四大产业集团，以及房地产及投资业务群，物流及服务业务群。

### 1.2 历史沿革

TCL 的品牌之路可以分为三个阶段。

第一阶段是从 1985 年至 20 世纪 90 年代初期，在此之前的 1980~1985 年是企业的创业阶段，那时 TCL 的前身 TTK 是一个生产录音磁带的小公司，尚未有 TCL 品牌。1985 年，创办了 TCL 通讯设备有限公司，正式启用 TCL 品牌，TCL

是中国第一个也是唯一一个只用英文名字注册的公司名称和品牌名称。

第二阶段是进入20世纪90年代之后，TCL在电话机保持国内同行业领先地位的同时，TCL王牌彩电从无到有迅速崛起，从1992年投产到1996年，开始确定了TCL品牌的内涵，开始引入CI体系，打造企业形象，同时品牌也进入了多元化时代。

第三阶段是从1998年以后，随着TCL集团的国际化起步，TCL品牌也开始踏上了国际化之路，在TTE和TCT两个国际化项目正式运营后，TCL品牌进入了一个新的阶段。

## 2. 案例分析

### 2.1 TCL并购动因

#### 2.1.1 适应总体战略的要求

TCL要成为世界级的电子企业，首先应该成为一家国际化的企业，只有拥有全球化的业务才有可能与那些国际巨头同台竞技，而这就要求将其海外业务销售收入占整个销售收入的比例提高到50%以上。

TCL要实现从2003年的282.5亿元销售收入到2010年的1 500亿元的总收入目标，需要连续几年实现超过25%以上的高增长率，因此仅仅把业务增长的视野局限在国内市场，显然很难承载起一个中国级企业向国际级企业跨越的重任。

2003年，TCL的彩电业务收入137.8亿元，占总收入的48.8%，手机业务收入94.5亿元，占总收入的33.4%，仅这两项共占总收入的82.2%，其他三个产业对TCL总收入的贡献较小，而且在短期内也没有大规模增长的可能。因此，要想实现企业的收入成长目标，必须大幅度提高彩电业务和手机业务的增长率，但由于国内市场的增长空间很小，TCL不得不将眼光瞄准海外市场。

2003年，由于东南亚市场的开拓，TCL彩电的海外市场增长幅度已达到了195%，但总收入水平却较小，企业要想通过产品在海外市场的自然增长来达到总收入的高增长在短期内是不可能实现的事，而且TCL要想拥有国际竞争力还必须先提高技术水平，至少具有核心技术的研发能力，这也是在短期内无法靠自身力量完成的任务。因此，TCL只有采取国际并购的方式，并购同类企业以快速扩大企业规模，吸收被并购企业的渠道和技术资源，提高国际市场份额，才能满足销售收入大幅度增长和增强竞争实力的战略目标。

#### 2.1.2 发展历程带来的影响

TCL集团从广东惠州的一个国营小厂开始起步，在缺少资金和技术的情况下，仅仅凭借国家的改革开放政策，在短短20年多年间成长为中国著名的大型企业集团。TCL 能取得如此大的成就依靠的是快速抓住机会，不断地调整企业的发展步伐，从 1981 年的磁带到 1985 年的电话机、1992 年的彩电、1993 年的电工、1997 年的信息产业、1999 年的移动通信和白色家电，TCL 一直在扩张冲动和成本压力下不断地尝试新的产业，实现了从生产单一产品的企业向多元化企业集团的转化。

TCL 电话机在三年内做到全国同行业第一，为产业转型积累了大量的资金，TCL 通讯的上市初步确立了"TCL"的品牌价值，也初步确立了 TCL 在资源短缺的背景下整合资源、借力打力、寻求突破的企业经营风格。

TCL 在资金不足和没有许可证的情况下进入彩电行业，并在较短的时间内取得全国第一的成绩，这更加强化了其整合资源的能力，同时也构筑了庞大的营销网络。TCL 手机在三年内做到全国第一，凭借的是国家对手机行业的保护政策和 TCL 在手机实用外观技术上的创新以及渠道扁平化的营销创新。TCL 电工在 4 年内做到全国前三名，靠的是 TCL 品牌的影响力和营销网络。TCL 信息产业只有 PC 的成长业绩较好，其他项目则陷入亏损，这主要是因为 TCL 原有的优势在 IT 的行业影响力较弱。TCL 凭借了庞大的营销网络和大规模制造的优势并借助了与战略合作伙伴的合作关系以 OEM 的方式进入白色家电行业，也取得了不错的成绩。在实施多元化战略时，TCL 在所进入的行业中都是后来者。但由于那些行业的成长空间很大，市场中机会很多，TCL 在短时间内都能够实现很好的业绩，但由于缺乏技术积累，TCL 的发展后劲严重不足，在每个产业领域里的高成长都只能持续几年时间，然后都会遇到增长趋缓的尴尬和困境。尽管在业务的发展中曾遭遇过一定的困难，但 TCL 善于抓住市场中的机会，敢于承担风险，能够充分利用企业在品牌、营销网络和制造能力等方面的优势，快速地进入新的领域，迅速上规模，由规模出效益，并形成新的利润增长点；同时，TCL 凭借在资本运作和国际合作方面的丰富经验，率先引进国际战略投资伙伴，为企业进一步施行国际化战略奠定了基础。企业成长历程中的经验和所取得的成绩使 TCL 的管理团队逐渐形成了"大不一定强，不大一定不强"的观念，他们深信要实现企业的跨越式发展就必须及时抓住市场中的每一个机会，只要战略方向正确，越主动就越能在以后的发展中占据更大的优势，多元化的成功是这样做到，国际化也会如此。

### 2.1.3　应对市场的压力、行业环境的威胁、摆脱市场对业务发展的限制

2003 年财务报表数据显示，TCL 公司主营业务收入同比增长 29%，利润总额却比去年同期减少 5.8%，实际业绩已出现明显倒退。总利润减少的原因来自彩电与手机两个主业的收入与盈利水平持续恶化。公司手机年销量为 982 万台，同比增长 57%，不过销售收入却只增长了 13.4%，毛利率则下降了 7.2%，导致全年毛利下降 15.6%。由于手机业务一直是 TCL 集团利润的主要来源，毛利这样大幅的下降，最终导致了公司 2003 年总利润的下降。到了 2004 年一季度，手

机销量同比下降10.7%，销售额同比下降28%。

公司彩电年销量1 165万台，同比增长45%（销售额同比增长32%左右），不过，国内市场只同比增长16%，海外市场增幅高达195%，成为推动TCL彩电销量增长的主要力量。与此同时，公司的毛利率则由2002年同期的21%下降至18.6%，这导致彩电的毛利只同比增长16%左右。以上数据表明，在严峻的市场形势下，TCL公司两大主要业务的业绩正在逐渐下滑，企业的发展遇到了市场空间不足的限制，需要得到技术研发和市场销售方面的强力支撑，才能突破产业机会与自身能力的鸿沟。因此，企业必须通过国际并购引入先进技术和大力开拓国际市场（尤其是欧美市场），减小对国内市场的依赖程度，以满足公司保持高速增长的要求。

### 2.1.4 通过并购增强市场力量

手机行业与彩电行业的需求下降，生产能力过剩，价格战频频，使竞争非常激烈，竞争者数量众多而且势均力敌，依据市场势力理论，在这种情况下，最好是进行横向并购，以改善行业结构。

（1）通过并购欧美企业，TCL可以顺利进入欧美市场，扩大原有的市场范围，产品的市场占有率会大幅提高，对国内市场的竞争也会起到推进作用。

（2）并购使竞争对手减少，使行业相对集中，在一定程度上降低竞争的激烈程度。

（3）并购将使TCL的资产规模快速增大，可以避免盲目增加生产能力，减少建设费用支出。

（4）并购将使企业对市场经营环境的控制能力得到增强，增加长期的获利机会。

（5）并购所获得的先进技术、品牌、国际营销渠道和客户资源将弥补TCL的劣势，配合大规模制造、供应链管理与成本等方面的优势，将会巩固TCL的核心竞争力，并增加竞争优势。

### 2.1.5 跨越市场的进入壁垒

TCL集团的国际化开始于1999年，以东南亚为起点大规模拓展新兴市场，在逐渐打开市场的以后，就先后并购施耐德和GO-VIDEO，但并购结果并不成功，使TCL进军欧美彩电市场的愿望没能实现。

欧美市场与东南亚等新兴市场有着全然不同的特点，它们不仅是最重要的国际市场，而且经过100多年的发展，也是全球最成熟的市场，消费数量稳定，年平均增长率保持在3.5%左右；品牌竞争格局也相对稳定，飞利浦、汤姆逊、索尼、松下、夏普、三星和LG等品牌占据了绝大部分市场份额；消费者对品牌的认知度、忠诚度较高，给后进入市场的企业设立了一个很高的门槛，加大了新品牌产品的进入难度。

欧洲市场还对中国CRT彩电设有价格限制和全年40万台显像管电视的出口

配额；美国在2003年初步裁定12家中国彩电企业出口存在倾销行为，将对中国彩电企业征收高额的反倾销税。

因此，TCL通过国际并购进入欧美市场则可避开上述的各种壁垒，而且还可以利用被并购方原有的运作系统、经营条件和管理资源，将大幅度降低进入一个成熟市场的风险，有利于企业今后的顺利发展。

### 2.1.6 并购机会的吸引

汤姆逊的彩电业务和阿尔卡特的手机业务正在衰落，但它们的产业技术、品牌影响力和欧美的主流市场通道对于中国企业仍然具有相对的优势。

（1）获得先进的技术。TCL进入手机行业比较晚，缺乏技术积累，不具有核心级的技术研发能力，不能提供高附加值的产品，一直是市场的跟随者。随着国际手机巨头凭借技术优势加快手机的更新速度，同时展开强大的营销攻势，使TCL在营销网络和外观设计上的优势不复存在，正逐渐丧失原有的市场份额。因此，TCL希望通过并购来获得先进的手机技术。阿尔卡特的研发团队在手机业务上拥有芯片级的开发能力，拥有2G和2.5G的核心技术。TCL通过并购则可以增强技术竞争实力，加快新产品的开发，并且利用专利与各方合作达成交互许可协议，将产品向保护知识产权的市场出口。再把研发及人力成本转移至国内，与低廉生产成本优势相结合后，TCL进军海外市场时就可以避免专利和产权问题的困扰，而且还能增强国内市场的竞争能力。汤姆逊公司拥有的34 000余项彩电专利和1 000多名员工的研发队伍可以使TCL能够整合全球研发资源，从技术商品化层面跨入核心技术积累阶段，在中国消费电子企业中占据领先的地位，从而大幅提升竞争能力。

（2）获得价值低估的资产。汤姆逊公司从2000年开始业务转型，亏损的彩电业务所占比例不断缩小，其资产价值也不断下降，股价从2000年8月的81.5欧元降到了2003年4月的10欧元左右，因此，汤姆逊公司为了全面完成业务转型和提升其股价，急切希望剥离彩电资产，并以较低的估值来达到扔掉包袱的目的。

阿尔卡特公司从2001年起就忙于寻找对象接受其长期亏损的手机业务，先后与多家企业接洽以后都未有结果，手机业务的亏损不断加大，已成为急需处理的不良资产，因此，阿尔卡特公司只能选择降低估值以剥离这部分资产。

TCL则可以通过并购得到这些低估的价值，并且将双方的资源进行整合后，利用自己在低成本和国内营销渠道的优势，使这部分资产在技术和品牌方面的潜在能力得以充分发挥，在短期内得到巨大的收益。

（3）获得协同效应。第一，经营协同效应。通过并购，TCL的资产规模在短时间内会大幅增加，企业的声誉和品牌影响力也会得到提高，可以给产品带来更高的附加值；企业在制造和供应等方面的成本优势与被并购方的技术资源优势可以互为补充，克服自己在技术积累上严重不足的缺陷，提高总体效率；双方的资源也可以在更大的范围内进行共享，使管理、研发和营销等方面的费用可以由更多的产品数量来分摊，从而降低单位成本，提高企业的获利水平。第二，财务协同效应。由于汤姆逊和阿尔卡特公司都是亏损企业，TCL并购它们以后，在合并财务报表时，母公司的盈利和被并购企业的亏损相抵扣，可以实现减少税收的目的：根据亏损递延条款的规定，企业可以达到合理避税的效果。并购以后，企业的负债能力要大于并购前两家企业的负债能力之和，企业通过增大举债而实现的投资收入将可以节省税收。2003年，TCL集团正在准备整体上市，并购汤姆逊公司将会使股票市场对企业产生正面的评价，进而影响股票发行价上涨，从市场上筹集更多的资金。

## 2.2 TCL并购汤姆逊彩电业务案例分析

### 2.2.1 并购背景及动因

（1）TCL并购汤姆逊彩电部门的背景及动因。20世纪90年代初期，我国彩电市场品牌林立，竞争激烈，但TCL却眼光独到，抓住了当时大屏幕彩电需求趋旺的商机，与香港长城电子合作生产大屏幕电视机，以优越的性能价格比进军竞争达到白热化的彩电行业，在我国电子行业刮起了一股"TCL旋风"。之后，随着国内彩电业的分化和竞争的进一步加剧，TCL利用低价格销售（当时国外进口的29英寸产品达到1 250美元以上，国内其他厂家为1 000美元左右，而TCL只有500美元左右）、低成本收购两个"双低战略"，19％年兼并了香港陆氏公司彩电项目，开创了国企兼并港资企业之先河；1997年又与河南美乐彩电实现强强联合，1999年，以资产无偿划拨方式，受让内蒙古彩虹电视机厂，2000年9月收购无锡永固电视机厂。一连串的并购活动使TCL的彩电生产规模和整体实力得到进一步发展和壮大。TCL在迅速扩张的同时，一方面加强对生产线的整合力度，提高产品质量；另一方面采用了"速度冲击规模"和"精耕细作"的渠道策略。在20世纪90年代中期，长虹等主要彩电厂家，依靠以大经销商为主的总代理制渠道模式，缺点是渠道层次多、渠道存货多、渠道价格混乱，无法深入二、三线城市，更不要提深入到县级市场。TCL深刻认识到了这一点，直接在二、三线城市建立销售分支机构，直接向零售店供货，TCL先后组建了7个大区、32个分公司、180个经营部、14 000多人的销售队伍和能覆盖到县级城市的销售网络，零售网点远远多于长虹，渠道末梢也更加细化、深入。这种本土的"通路营销"，使得TCL在2001年登临彩电业的"王座"，彩电年生产能力达到600万台，彩电产量占全球彩电总量的5％，以规模优势建立了"TCL王牌"在国内同行业难以动摇的领先地位。

进入21世纪后，随着中国加入WTO，国外家电企业纷纷采用本土化策略，开始了第二轮的在华投资热潮，开始抢夺以 PDP、LCD、背投等为代表的新显示方式彩电高端市场，国产彩电企业面临竞争白热化的状况及核心技术缺失现状。利润的缩小，市场的饱和，技术创新的压力，促使 TCL 集团把眼光聚焦国外市场。

1999 年，TCL 多媒体走出了跨国战略第一步，在越南开设第一家境外彩电生产基地，但直到 2001 年年底，越南项目才最终盈亏平衡。这种选择在欠发达国家建厂、做品牌，步履不乏稳健，但投资回收周期较长。因此，再走出国门时，TCL 就改变了策略：2002 年 9 月，TCL 以 820 欧元全资收购了德国施耐德（Schneider）公司（该公司年产彩电 100 万台，其销售市场主要集中在德国、英国和西班牙，在欧洲拥有颇为通畅的销售渠道）；2003 年 7 月，TCL 又以几百万元美元，就间接全资收购了美国 GOvedio 公司，从而拥有一个经销录像机、DVD 等视像产品年销售额 2 亿多美元的渠道公司。

欧盟彩电市场巨大，而中国作为世界彩电生产大国，其彩电产品却因高额反倾销税，被挡在欧盟之外长达 15 年之久。早在 1988 年 6 月，欧盟就接受了飞利浦等公司对中国彩电在欧洲倾销的起诉并开始了立案调查。此后，就开始了无休止的调查论证。其间欧盟在 1991 年 7 月、1994 年 10 月、1995 年 4 月、1998 年 12 月裁定对中国彩电征收的反倾销税率分别为 15.3%、28.8%、25.6% 和 44.6%，如此高的税率令中国彩电在欧盟市场的价格优势逐渐丧失进而无奈推出了欧盟市场。虽然经过中国家电企业多年不懈的抗争，欧盟于 2002 年 8 月 29 日终于对中国彩电打开了一条门缝，但是区区 40 万台的彩电配额在中国彩电七巨头之间分配基本毫无意义。同样的事情也发生在美国这个消费大国。2003 年 5 月，美国 5 个企业和团体状告马来西亚、中国彩电企业向美国倾销彩电。长虹、康佳、创维、海尔、TCL 等主要彩电企业均榜上有名，一年后的判决结果（长虹、TCL 等应诉的中国彩电厂家将被加征 20%~25% 的反倾销税，而没有应诉的企业税率则高达 78.45%）则彻底堵死了中国彩电企业直接出口进入美国市场的道路。

2003 年，在竞争白热化、利润下滑、欧美市场受阻的形势下，TCL 集团进一步明确了其愿景蓝图，提出了"龙虎计划"，详细规划了未来的发展战略：创建具有国际竞争力的世界级企业，以中国为背靠，拥有全球性分销渠道，拥有全球知名度与信誉度的品牌，拥有全球一流的科技与管理人才。在产品研发力、制造力和供应链管理能力、品牌和市场销售能力方面建立全球优势；未来 3~5 年要建立起多媒体电子和移动通信终端产品的全球竞争力，建立起家电、信息和电工产业国内领先优势，积极寻求拓展商机。企业战略发展策略的清晰化和明确化，对 TCL 集团的扩张起到了推波助澜的作用。

在 TCL 看来，采用国外代理商的力量，对企业而言，风险较小，但掌握不了目标市场的主动权，也无法及时跟进市场变化，拓展新的市场；而采用海尔集团的渐进式的"自我扩张型"国际化道路稳则稳已，但时不我待；在欧美市场推广一个全新的中国品牌，成本太高，风险也比较大，需要投入大量的资源，而欧美市场比较成熟，格局基本已经确定，接受一个品牌空间不是很大，打自己的品牌意味着要在一个已经成熟的市场中挤出一块份额，难度很大；同时为了避绕欧美市场的贸易壁垒，并购欧美知名品牌对当时的TCL是一个最佳的选择。并购汤姆逊和阿尔卡特都是基于相同的考虑。

当时汤姆逊已经找过几个公司洽谈，其中包括日本、韩国和中国的一些企业，但是谈了一年左右都没有结果。后来TCL通过摩根士丹利知道了汤姆逊的出售意愿，汤姆逊的品牌优势，技术积累及销售渠道对当时急于寻求海外突破的TCL来讲，无疑具有巨大的吸引力。

（2）汤姆逊合资出售彩电部门的背景及动因。1987年，通用电气与汤姆逊集团进行了业务置换与相应的资产置换。其中通电气将其价值几亿美元的处于亏损状态的电视业务卖给法国汤姆逊集团同时获得了汤姆逊的医疗系统事业。经过十几年的努力经营，汤姆逊不但没有把这一庞大体系扭亏为盈，反倒成为汤姆逊全球拓展业务的包袱。汤姆逊2001年在消费电子领域的销售额是65.41亿欧元，2002年下降为54.44亿欧元，2003年上半年更是同比下降33%，亏损8 000万欧元。

出售彩电业务之前汤姆逊在欧洲的市场份额仅为8%，在美国的业务也一直处于亏损。在中国市场，汤姆逊采取了保守政策，作为"彩电之父"的汤姆逊没有像飞利浦那样，大举在中国推出自有品牌的消费类电子产品，赚得个盆盈钵满，相反，由于中国迅速地向"世界制造基地"挺进，使得汤姆逊的彩电与DVD的竞争力一步步地丧失。汤姆逊成立北京兆维生产背投彩电，但市场反应平平。就在这宗合资宣布前的数月，汤姆逊中国的人事还在调整过程中。"中国制造"的压力使得这家每年靠着专利费就能坐收4亿欧元的电子巨头，已经越发地感觉到转型的迫切。对于一个有着庞大彩电基业的汤姆逊而言，转型无疑是非常痛苦的，如何把这个转型的代价减到最小，是他们最为关切的，因此最佳的结局就是找一家稳定而优秀的合作伙伴，将彩电与DVD业务全面打包出去，在能够继续盈利的同时，让公司能够有精力进行战略转型。

经过一年的寻寻觅觅无果后，TCL的合资并购意向对汤姆逊来说无疑是一个契机，可以甩掉一直亏损的彩电包袱。TCL已经是当时中国彩电龙头，与TCL合作，汤姆逊可直接享受到低成本优势及进入中国市场，而不需从头再来，进而可以节省时间与精力，直接获利；彩管一直是汤姆逊的传统强项，尤其是在大屏幕及超大屏幕彩管方面，它是全球最大的生产商，与后续合资公司的合作无疑会使汤姆逊从中得利并进一步打开中国市场的大门；与TCL的合作有可能拓展到彩电业务之外的领域；TCL 是一个很好的跳板来帮它打开市场声誉和政府关系等层面的局面。

### 2.2.2 TCL 合资并购汤姆逊的收获

从项目本身的收获来讲，市场渠道、品牌优势、产品技术、产业结构，这四个方面都是有收获的。但是这四个方面的收获没有原来期待的那么高。

首先，TCL 进入欧洲、北美市场，占据了一个重要的竞争者的角色，但是这块业务没有在期待的时间之内给 TCL 带来所期待的收益，而且市场份额总体来讲是在下降。欧洲市场大概是当时期望销售额的 25% 左右，北美市场也比预期的少了 30% 左右。品牌问题也令 TCL 高层颇感"意外"，由于汤姆逊早就打算将其彩电业务卖掉，因此并没有对其进行很好的保养和维护，加上并购后整合的缓慢，汤姆逊和 RCA 品牌在欧美市场可以说一个已经没落的品牌。

其次，并购使得产品技术方面得到了提高，但是并没有达到期望，主要是当时 TCI 期待的 DLP 技术，后来证明竞争力并不能够像 LCD（液晶电视）后期那样快速发展。LCD 上升得很快，这迫使 TCL 在主要的产品开发技术方面重新定位，要重新做 LCD 产品。到 2005 年下半年，TCL 最终决定还是把主要的技术资源收回到 LCD 上来，但为时已晚。技术判断的失误造成了技术研发方面落后，原来希望从汤姆逊得到的那一部分技术能力并没有发挥效果。实际上对市场技术走势的错误判断是导致 TCL 3 年亏损的最根本的原因。

最后，全球的供应链结构在理论上是做到了，但是 TCL 两大市场的销售没有获得预期的增长，两个工厂的效率不高，优势没有充分地发挥出来。液晶电视在管理、运作模式上与传统电视机的运营存在很大的差异，TCL 开始对这一点没有充分估计。并购后基本上续用了原来的团队，在 CRT 市场被证明行之有效的操作模式在推进 LCD 的时候就发现不行，这一影响是灾难性的。主要体现在 LCD 对整个供应链的速度、效率和销售的方式要求非常快，那段时间，面板平均一个月的价格贬损 3%~4%。如果供应链的时间长了，原来规划有盈利的项目到投产销售时就变成不盈利；存货风险激增，而且当时对销售商、渠道的跌价风险，也需要承担，导致损失加倍。问题首先在欧洲爆发出来。欧洲业务重组之后，TCL 开始尝试用一个比较精简的业务架构、订单式生产，像卖 IT 产品那样卖 LCD 产品。有客户、有订单才生产。这与以前根据对市场的预测，制订生产计划、生产产品，然后推到市场上去卖的做法有很大不同。现在主要供应有计划的客户，如法国、意大利、西班牙和北欧的几个国家。对一些支持不到的地方就放弃，如英国基本上没有做，德国也很少。当然这样会损失一部分中小客户，但是客户的面比较聚集，主要收缩在欧洲核心的地区。

### 2.2.3 TCL 合资并购汤姆逊启示

2004 年 6 月 22 日上午举行的"杰克·韦尔奇与中国企业领袖高峰论坛"

上，TCL集团股份有限公司董事长李东生向有"世界第一CEO"之称的杰克·韦尔奇请教如何把汤姆逊在北美的业务扭亏为盈，杰克·韦尔奇则回答道：我当时赚不了钱就把企业卖掉了，所以我没有任何的方法让这个业务再赚钱。这样的回答非常直接，足可见扭亏的困难性。

现在回头看来，2003年李东生的决策冒了非常大的风险。事实上，2004~2008年，占据集团销售额60%的TCL多媒体所完成的"惊险一跃"，从收购，到巨亏，再到扭亏为盈，恰恰证明了这一点。

TCL之前并没有国外大规模兼并的经验作为支撑决策的依据，经验的缺乏和判断能力的不足，也使TCL走了不少的弯路：

（1）技术走向判断失误。TCL期待从汤姆逊获得的DLP技术能使TCL走向技术领先优势，但后来证明竞争力并不能够像LCD（液晶电视）后期那样快速发展，TCL对技术、市场走向判断失误，也带来了后续供应链不足以支撑液晶电视营销模式的困境。

（2）人才储备的不足及流失。汤姆逊的高管在合资之后两三年内都陆陆续续离开了，有些是因为各种各样的原因自己离开的，有些是没做出业绩被更换的，但与此同时，TCL自己的团队却没有能够很快地培养起来，团队能力没有在短时间快速提高，导致整个过程比较失败。

（3）销售渠道问题。按照合资公司成立之时的协议，TTE只负责电视机的制造，而汤姆逊则负责"RCA""汤姆逊Thomson"以及"施耐德"品牌电视机在北美及欧洲的营销活动，这项条款可以说是相当失败的，销售渠道不控制在自己手中，这样对销售数量、人力成本都是一个很大的挑战。果不其然，在TTE成立5个月左右的时间里，欧美利润中心则出现了1.43亿元的亏损，欧洲"Thomson"品牌彩电的市场占有率下降到6%，而北美"RCA"品牌的彩电市场占有率也降低到7.8%，在这样的情况下，双方重新协商，汤姆逊愿意交出手中的欧美营销大权，以便TTE更好地发挥协同效应。

（4）高层的频繁更换。在中国企业，历来是一朝天子一朝臣，高层人事的变动往往会引发一系列的人事调整，造成人心不稳，无心于事。TTE的CEO在短短的4年内更换了好几次，从赵忠尧、胡秋生、李东升，到梁耀荣。这些调整还是因为人员准备不充分。一开始TCL想找一个有国际经验的人来做CEO。但是从最初签约到任命CEO，只有8个月。TCL没能够在外面找到合适的人。在内部找人只能相对合适。赵忠尧做了一年，欧洲出现了严重的问题，当时没有找到能够解决问题的办法，于是便寄希望于有更好产业经验的人，TCL就用了胡秋生。他做了半年多，因为身体有问题，加上压力大，也没有找到解决问题的方法，执意要离开。后来便是李东升代理CEO直至2007年9月梁耀荣上任。

但是TCL多媒体在遭遇并购整合、显像管彩电市场饱和、平板电视供应链调整、押宝 DLP 背投失败，足足四个低潮，海外、本土市场腹背受敌后仍然做到扭亏，其间的点点滴滴有很多是值得学习借鉴的。

第一，前期收购准备较为充分。

并购时，由于涉及 8 000 多海外员工和 10 多个国家的产业整合，TCL 的并购行为相对谨慎，花费了 1 000 多万欧元聘请专业公司打理，结果要发生的问题基本上都预料到了，基本没有突发严峻问题。

第二，资金链的安全保障。

如今的实体经济衰退令诸多企业感受到了现金流压力，TCL 却预先有了谋划。根据公开资料，TCL 多媒体的现金和银行结余在 9 个月里增加了 10.35 亿港币，达到 21.3 亿港元，流动比率 113%，现金流充裕。TCL 多媒体提前赎回了 1.4 亿美元可转债，公司不再有任何债务负担；4 年前的国际化之旅已经提前给 TCL 上了最生动的一课——现金为王。这才有了今日的未雨绸缪。2005 年和 2006 年，TCL 通讯和 TCL 多媒体都曾先后面临现金流枯竭而崩盘的危局。当时的 TCL 守住了两条底线，力保现金流、坚持不破产。为保现金流，TTE 裁员 450 人，并且通过谈判再次获得汤姆逊 2 000 万欧元的支持，同时通过在资本市场的数次融资，暂时渡过了难关。

第三，供应链管理和业务流程再造。

在快速的液晶平板电视市场，利润已经十分微薄，供应链缩短几天，可能就意味着多几个百分点的毛利润。2006 年 10 月进行的欧洲业务区重组，TCL 就尝试了产品零库存和订单式生产，将原来的"工厂—仓库—经销商"构成的链条简化为"工厂—经销商"的端到端供应，大大缩减时间。重组之后，80 位员工分散在欧洲和中国香港、深圳，前端是销售人员，后端的财务、人事、售后服务等支持部门统一集中在深圳总部，号称"无边界集中"，大幅减少运营开支。曾经年度亏损高达 26 亿元的欧洲区业务依靠这一模式得以扭亏。在最困难的 2006 年，TCL 集团虽然亏损接近 20 亿元，但经营现金流却是正数，为 11.3 亿元，而 2005 年这一数字为 20.4 亿元。"这表明我们在提高经营效率和经营业绩方面还在持续不断的努力。"李东生说。2007 年 9 月原飞利浦 DVD 业务负责人梁耀荣成为 TCL 多媒体 CEO 后，进一步加强供应链管理、毛利润管理和成本透明化等流程，在 6 个月内将 TCL 多媒体的供应链管理水平提升到国内领先水平。

## 2.3　TCL 并购阿尔卡特移动电话业务案例分析

### 2.3.1　并购背景及动因

早在成立伊始，TCL 移动就提出了"五个国际化"，研发、生产、销售、资本运作、内部决策和信息管理。到了 2002 年，随着国内市场竞争逐步加剧，TCL 移动决定主动"走出去"。当时主要出于以下考虑：国产手机的生命周期很短，企业想生存，或者很快适应市场变化，必须不断研发换代新产品，但这受制于运营商和政策环境。在此前提下，延长产品生命周期成为替代方案，而在解决这个问题上，国际化在当时是可行办法，因为在许多海外市场，手机产品的生命周期都比中国要长。最初，TCL 移动想到的是把产品直接卖到海外，但很快遭遇挫折。经过反思，TCL 认为自己缺乏几个要素：品牌影响力不足；没有打通运营商的营销渠道；国内的终端销售、宣传、渠道管理模式在海外无用武之地；最主要的瓶颈是没有 GSM 专利，自主品牌难以打入海外市场；而与人协商互免费用，却遭遇既交不起超过销售额五分之一的专利费，不交又招惹法律问题的两难境地。

2003 年 7 月，TCL 集团发布了所谓"龙虎计划"，旨在创建具有国际竞争力的世界级企业。2003 年 11 月，阿尔卡特通过荷兰银行找到了当时 TCL 移动的 CEO 万明坚。在得到新的合作意向后，TCL 迅速收集信息，两周之后就派员赴巴黎谈判。

这似乎是一场不错的"婚姻"，阿尔卡特似乎具备了 TCL 需要收购的国际化企业所需要具备的基本条件：国际知名品牌，国际化的渠道建设，先进的技术及专利，收购成本看似很小：阿尔卡特移动电话部门不到 1 000 人，没有工厂，只有研发和营销体系。由于双方合作意愿强烈，加之竞争对手虎视眈眈，TCL 未委托咨询公司开展尽职调查，只派专员进行了业务调查，并聘请摩根士丹利和安永协助谈判。同时由于来阿尔卡特方面的压力，该笔收购交易很快落实并定下了 18 个月止亏的短期目标。

TCL 通讯希望手机业务在本土、海外"两翼齐飞"。尽管意识到老牌外企同意放低身段接受兼并，业务一定不好做，但相信中国人比老外勤奋，通过并购扩大规模、有成本优势，能够以"成本领先战略"解决问题。事实上，这也是 TCL 多媒体并购汤姆逊彩电业务的出发点。

对阿尔卡特来说，它一直以来都在寻找一个重量级国际品牌来完成手机业务的战略重组。爱立信与索尼 2001 年 4 月的合璧就是阿尔卡特眼里的榜样。但合作之路总是走得不顺，美国企业伟创力 FLEXTRONICS 的婉拒使阿尔卡特最终未能遂愿。接着，"绣球"又抛向了诺基亚，但诺基亚明确表示没兴趣和没必要。传言转而开始向中国企业"倾斜"，熊猫，TCL，复星集团都曾出现过媒体的报告中，最终因为 TCL 方面对该并购的重视及积极跟进而达成了交易。

### 2.3.2　TCL 通讯的整合之路

(1) 内外交困（2004 年 9 ~ 12 月）。由于市场剧变，"规模扩大—成本降低"的战略遭遇现实的严峻挑战，新公司刚运作就发现业绩下滑，原因是多方面的。

兼并期间，外方工程师积极性受到影响，心神不定，激励和培训难以发挥作用，部分产品开发未按时完成，按时完成的，成本控制、出货时间也比预计要差。新产品性价比不高、毛利率不升反降；国内产品无法满足海外运营商的定制要求；人力成本问题也随之暴露。合资初期，仅单个法方人员的工资成本就高达中方人员的10倍。到2004年年底，TCL通讯每增加一名员工就要增加52万港元的费用。

2004年9月，诺基亚在全球展开了前所未有的大降价，部分型号降幅超过30%。低价竞争之下，合资公司营收大面积滑坡。祸不单行，海外市场失利的同时，自认为是"坚固堡垒"的国内市场业绩也大幅滑坡。2004年上半年的手机元器件短缺对本土企业造成很大影响，与此同时，2003年，联发科（MTK）的集成模式日趋成熟、芯片开始量产出货。2004年下半年，"山寨机"批量上市，第四季度，TCL、波导在中低端市场骤然感受压力。

面对跨国巨头和山寨机的夹攻，TCL在GSM市场的份额从第一季度的8.54%降到第四季度的6.52%。内外交困，两家公司（TCL移动和T&A）双双滑入了亏损状态，2004年亏损2.24亿港币。2004年12月，由于后院起火、销售队伍不稳，TCL通讯CEO万明坚因此下课，此时距离合资公司运营才四个月。手机业务在海外、本土市场腹背受敌，触发了2005年TCL通讯的战略重组。

(2)"瘦身"重组（2005年1~5月）。T&A不是聚宝盆，国内市场的崩盘更为严重（袁信成提出的"优化库存结构"导致了2005年全年的手机"大甩卖"）。国内业务良好的假设荡然无存，原本想入股的PE也放弃了。最终李东生决定缩小规模，锁定大运营商、生产自救。此时的TCL已不再追求进入"第一方阵"，而是确保现金为王，盈利第一。

当时T&A有300多名"有编制"的永久性员工、200多名合同工。法国的法律、政府和工会对企业裁员十分苛刻，永久性员工裁员成本动辄要赔足两年工资。通过钻研法律条文，TCL"帮助"阿尔卡特发现其有"召回"一批员工的义务，最终合资公司分阶段清退了480名员工，成功瘦身。法国员工从600多人降到120人，当时T&A主要保留精干的研发、销售和管理人员，仅此一项每月节约成本4 000万元人民币。而TCL更是说服阿尔卡特再付2 000万欧元予以补偿。

2005年5月，通过资本重组，合资双方提前落实了2004年约定的换股协议，T&A成为TCL通讯的全资子公司，阿尔卡特成为持有TCL通讯4.8%股份的"公众股东"。

该次重组运动，亦称"软着陆计划"自框架协议签署后即开始执行，并于2006年一季度完成。公司将法国大部分的研发及职能部门迁回了中国。此外，公司还关闭了法国的EMS运营，将生产转到了运营成本较低的惠州。

(3)整合资源（2005年6月至2006年3月）。2005年TCL通讯的国内业务亏损超过10亿元，把2003年的丰厚收益基本还了出去。2005年12月，TCL通讯的账上只剩4 000万元人民币。2006年，TCL通讯通过三笔融资，筹集资金共

7亿元，为整合重组、扭亏为盈做了迟到的财务准备。与此同时，海外、本土业务合并之后，整合了TCL与阿尔卡特两条线的采购、制造以及销售渠道，而通过市场、技术层面的整合措施，TCL通过渐渐实现了研发、生产、供应链的一体化。

调整产品定位：2005年下半年，TCL通讯明确了产品定位，精简了产品线，集中资源聚焦跨国巨头较少涉足的中低端市场。由于成功引进VLES低端系列产品及圣诞旺季的原因，公司在2005年第四季度的销量突破370万台，成为后续研发的基础。

研发从欧洲回到本土之后，降低了成本、提高了节奏。原先开发一款高端手机要花1 000万欧元、历时18个月，而经过整合，目前TCL通讯开发一款低端手机只需100万美元，加上中国工程师肯加班，研发周期也缩短至9~11个月，但中高端机的研发能力依然较弱。为了进一步提升研发效率，2005年9月，TCL通讯剥离部分研发资产成立合资公司捷开通讯有限公司（以下简称"JRDC"）。

国际化全方位地提升了企业的生产能力。早在惠州工厂供货初期，仅把产品放入集装箱运输就曾出过几次问题。而今，惠州工厂已初步具备了国际产品供应链的能力，库存从60多天缩短到30多天。

（4）海外市场持续盈利（2006年4月至2008年9月）。比起多媒体业务，TCL手机业务更早走出亏损泥潭。2005年第四季度，VLES系列产品分批上市，改善了毛利率，海外业务迅速盈利。全球业务2006年第一季度亏损港币7 700万元，第二季度首次获得盈利600万元港币，从此进入持续盈利。截至2008年第三季度，TCL通讯连续10个季度盈利。

持续盈利依靠的是海外业务，与海外并购密切相关。2005年，TCL通讯手机销量1 089万部，海外市场贡献750万部；2006年、2007年分别销售约1 200万部，海外市场连续两年销量约1 000万部。2007年10月，TCL通讯与阿尔卡特续签合作协议，将TCL通讯独家拥有阿尔卡特手机品牌的全球使用权延长到2024年。

产品方面有得有失：C6系列可以说是一个"玩笑"，而D6系列产品只能说是"失败"；而基于TI平台的U7系列及MTK平台产品的上市则帮助TCL提升了毛利率。

## 2.4  并购与整合中的问题分析

2005年，科健、首信、东信、熊猫手机退市。

2008年，联想出售手机业务、夏新卖楼减亏、创维以"2元"出售手机业务80%股权、波导转让联营公司股份。截至目前，国家颁发牌照的第一批、第二批手机厂商几乎全军覆没，除了TCL通讯。

尽管遭遇全球市场洗牌、本土份额骤减，TCL通讯仍以"孤悬海外"之势，"以外养内"、保持元气，成为国产手机的不死鸟。

海外并购拯救了TCL通讯。

当然现在谈论并购成功与否可能为时过早，也不能用简单的对错来论定，但这种尝试对中国企业国际化是一种有益的参考，TCL的经验和教训也能给大家以警示。

### 2.4.1　并购规划中的漏洞

（1）没有聘请行业内真正有实力的咨询公司。TCL谈汤姆逊项目的时候请了摩根士丹利作为投资顾问，且有专业的法律顾问，所以后期的经营和融合中遇到的问题相对少些。但在与阿尔卡特的合资上，TCL董事会主席李东生曾提到没有聘请专业咨询机构，以致"在经营过程中遇到了意料不到的问题"。其实，在投资银行进行并购的时候，也要请其他投资银行提供顾问服务，更何况国内企业进行国际并购的经验还不足，仅仅依靠在国内进行的并购活动得来的经验是不够的，所以必须要聘请具有公信力的中介机构提供专业的咨询服务。并且咨询范围与深度必须涉及可能出现的全部细节问题，如对并购价值进行评估、对可能遇到的风险做详尽的分析等。

面对跨国并购这样重大的战略问题，TCL既没有就阿尔卡特连续3年亏损的原因进行仔细的分析，也没有关于并购后企业如何获得利润发展空间、并购后哪些地方可以节约成本、如何整合、协同效应该怎样实现等这些细节上的问题，做通盘的考虑，就匆忙完成并购交易，没有做到知己知彼，失败也是必然的。其实TTE虽然有专业投资顾问做分析，并购后企业也仍然处于亏损中，李东生并没有及时吸取TTE并购的经验教训致使TAMP也重蹈覆辙，使企业陷入困境。

（2）没有特殊时期的整合管理者。大多数的并购工作都要经历两个重要的阶段。第一阶段是从并购谈判开始到协议达成，该阶段只是并购成功的前提阶段。第二阶段是交易完成后的整合阶段，大的跨国公司多在100天内完成整合，而该阶段的整合是此次并购成功与否的关键时期。而整合管理者就是在这一时期里，来引导新公司的每一个人走过两个组织合并过程中的崎岖之路，最终使两个组织有效地运行起来的人。

TCL并购汤姆逊彩电和阿尔卡特手机虽然完成了从并购谈判开始到协议达成的过程，但她却省掉了最不该省的一个过程即任命一名整合管理者。TCL在并购后，很快就任命了合资双方的高层管理人员。而TCL任命的这些高层本身又在总部任职，所以他们并不能把所有的精力都放在新成立的公司里，并不能同被并购方的高层就新公司的业务整合、预期任务目标的实现及怎样使两个具有不同文化的公司员工在文化方面实现融合等问题尽早达成一致，以致延误了整合的最佳时机，出现了协同效应不明显，文化整合失败的情况。但是，如果当时TCL公司任命一名对公司有深刻了解的整合管理者，新公司的情况就不会变得一团糟，因为整合管理者将是一个新型的领导者他们能够迅速地融入到各种复杂的形势中去，建立一个能让两个组织有效工作的机制和框架，并消除文化和感知上的差别，让他们彼此之间建立广泛的社会关系，提供灵活的整合框架，使并购工作取得短期成功。

### 2.4.2 并购后的整合不到位，没有发挥协同效应

（1）没有采取同化策略。2004年年底，TCL的管理层才发现两个并购公司问题很大，整合效应并没有发挥出来，企业还是按原来的习惯在运作，TCL基本处于失控状态。造成这种状态的原因是TCL的领导层并没有认识到接管的是两家近年来连年亏损的企业，他们并没想过要彻底地摧毁两个合资公司原有的治理模式，而代之以一种全新的管理模式，即采取同化策略。如TAMP合资公司不论在国际市场还是中国市场，仍采用了阿尔卡特与TCL移动公司两套班子，各行其是，运营体系混乱，无法发挥整合效应。由于被收购的公司原有的公司文化、企业发展战略、业务流程并没有给并购前的公司带来好的效益。而并购后TCL并没有在这些方面进行改变，还是保留了原有的一切，这样的并购显然是将被并购方的包袱背在了自己的肩上。这样企业亏损是难免的。

（2）文化整合的失败。企业并购后整合难，但最难的莫过于企业文化的整合。许多企业在并购前一般只重视战略和财务因素及协同效应，忽略两家企业并购后文化的兼容性。TCL在并购汤姆逊彩电和阿尔卡特手机后，由于不能很快地融合它们的文化，形成一个统一文化对它们进行统一的管理，不断出现原有员工离职现象，且离职人员的数量不断增加。TCL在购并之后，新企业中的主要职位多由TCL人员来担任，而且强行在新企业中执行原TCL的薪酬方式与销售模式。面对TCL的"文化强权"，原阿尔卡特手机的众多员工都选择离开也是必然。有一次，李东生想在一个周末的时间召开一个会议，却发现所有欧洲管理者的手机竟然是关机。而法国方面的管理人士则埋怨中国人天天工作，毫不放松。TCL集团多媒体电子事业本部总裁史万文曾表示，整合最大的困难仍是文化差异，比如，汤姆逊崇尚细节，而TCL则认为产品更迭速度更加重要。

在TAMP，当时万明坚打造的是一支统一着装、纪律严明、行动迅速、充满冲动和激情以及高度凝聚力的团队，而原阿尔卡特手机的员工则认为"在我们企业，我觉得除了对外的接待和晨训，大家没有必要统一着装，因为都穿着统一的制服，大家就感觉不到活力和创新的氛围"。虽然这只是一个原阿尔卡特手机的员工的想法，但这应该也是所有原阿尔卡特手机员工的想法，而这正是彼此间文化的差异，TCL并没有针对彼此间在文化上的差异做详细的调查，也没有就彼此的文化差异做交流和沟通。为了早日实现预期的业务目标，而忽视了对并购方文化的尊重与改变。另外TCL在并购后没有实现渠道的共享，仍由阿尔卡特原班人

马负责欧美市场,也加剧了文化整合的难度。没有良好的沟通机制,在意识到东西方文化的巨大差异后没有就差异做应对方案,而是依靠在中国本土的经验采取"文化强权",不去了解欧美职员对工作时间的理解与国内的不同;不去了解他们对公司的现在、未来有怎样的看法和意见;及对大家有争议的事情他们会怎样处理;他们的工作习惯等等。没有了解和沟通就无法形成一个共同认可的和可以接受的企业文化,这必然导致新公司的员工和管理者对于企业的发展、经营、管理等存在诸多差异主张,则导致整个企业并购整合的失败。

(3) 缺少互信机制。中国有句古话:用人不疑,疑人不用。管理层和员工之间只有建立相互信任,才能有良好的沟通和配合,才有利于公司共同目标的实现。在企业实现并购后,企业双方的股东都因为有利益在里面,因此都希望被派到新企业的员工对自己忠诚。然而 TCL 在并购汤姆逊彩电业务和阿尔卡特手机业务后,都出现了被并购企业原来的高管他们到底对谁忠诚的问题。在 TCL 与汤姆逊的总裁谈判的时候,这位总裁一直表现出会到新公司做总裁,他经常会跟 TCL 新公司的领导层谈来到新公司会怎么样,结果新公司成立第一天他就辞职了。在 TTE 这个新公司里,有很多汤姆逊过来的高管,他们有国际经营的经验,但 TCL 的人却不知怎么确定他们对公司是不是忠诚,而无法开展具体的工作。已经离开 TAMP 公司的原阿尔卡特中层管理人员说,TCL 缺乏收购技巧,在人事安排上调动生硬,充满了对阿尔卡特员工的不信任。这几种情形虽然只是几件小事,但在 TCL 的这两个新公司里面,这种小事却给公司带来了大的麻烦。这种麻烦表现在并购后双方的管理人员和员工之间没有在公开、公平的基础上建立相互信任,使大家彼此之间互相猜疑,且不敢就各自内心的想法和意见进行沟通,这必然会使公司里人心不稳,出现员工离职的现象。TCL 并购后的这两个新公司,由于没有建立互信机制,使团队无法形成凝聚力,加剧了新公司在文化整合上的难度,这种情形,公司业绩亏损也是不可避免的。

(4) 协同效应发挥不好。按国际经验,在企业兼并中,价值通常应来自整合所实现的成本缩减和收入增长,即"协同效应"。例如,关停、合并生产厂房减少生产成本,合并总部的职能部门、裁员以减少行政事务成本,以及在现有销售渠道中,对共有的产品组合进行交叉销售,而在不需要或极少需要整合的交易中所创造的价值,往往来自诸如在一个采购伙伴关系中,由于采购量更大而带来零部件价格更低;或者由于财务报表的改善带来的股票价格上升。

而 TCL 的两个新公司在成立后一直就没有实现协同效应。

首先,TAMP 合并后名义上是整合在一起的,但实际上由于两家股东结构不同,因此,双方的协同效应就没办法发挥,且并购后双方的品牌都是自己做自己的,没有实现品牌渠道的同享,也无法完成采购和销售体系的整合,没有体现规模效应。更谈不上优势互补。

其次，在技术和研发上，TCL 并没有利用好汤姆逊和阿尔卡特的优势技术和强大的研发机构，没有把握好彩电和手机市场的变化速度，引人注目的新品很少推出，导致协同效应没有发挥出来。

再次，在成本缩减方面，既没有关停亏损的和成本高的工厂，也没有在整体运营成本上有所行动，面对欧洲员工高昂的薪水，根本无从缩减成本，所以协同效应无法体现。

最后，文化因素导致协同效应不能实现。如 TCL 做了很多年彩电有很多模具，就想把现有的款式带到美国、欧洲去给他们看，看这些款式在美国、欧洲市场能不能用，如果能用就不用再研制了。在美国的人就觉得可以用，很好，但是带到法国去，法国人就不说话，后来才知道他们背后说"这个东西是垃圾"。其实这就是文化的差异让协同效应不能实现。

以上几点让我们看到 TCL 两个新公司协同效应没有像并购时所预想的那样得到很好的发挥，这也说明 TCL 没有建立很好的协同价值管理机制，使公司陷入了困境。

（5）渠道整合不利。在国内，渠道优势与灵活的市场反应能力是 TCL 竞争优势所在，也是过去十余年赖以成功的核心战略。然而在实现并购后，TCL 在渠道方面的竞争优势并没有表现出来。这主要源于其对渠道的整合不利。

由于原来的收购协议中，TCL 获得的是汤姆逊渠道的"使用权"，所以 TTE 一开始还是遵守汤姆逊的传统没有对原有渠道进行整合和调整。但 TTE 在又谈又吵了好几个月后，终于发现必须打破原来的计划，对渠道进行整合。欧洲原来的销售是由 TTE 委托汤姆逊集团全面代理 TTE 彩电在北美、欧洲、中东及非洲的售后、管理、营销、销售及物流，而这种代理整个就是两层皮，无法做到高效率。如一位参与了渠道调整的 TTE 人士曾提到："当时的效率低下很让人恼火，即使你讲话讲得满嘴起泡，甚至拍桌子，对他们都没有效果。人家该下班就下班，该请你吃饭就请你吃饭，结果造成新产品上市很慢。"由于渠道整合不利，TCL 的渠道优势和市场反应能力不能发挥作用。

TCL 在成立 TAMP 后不但没有对品牌联合运作，而且渠道的整合也基本采取自由的方式。由于两个产品设计不同，原 TCL 和阿尔卡特的手机各自为战，导致无法完成采购渠道和销售渠道的整合。TCL 手机的"直供"和"自营"的销售模式也并没有在欧美被很好推广。由于在渠道整合方面不够积极，TAMP 在迅速发展的国内市场中也贻误了良机。如当时国内的摩托罗拉、诺基亚等国际巨头开始改变在中国市场上的策略，积极推行渠道下沉策略，同时力推低端手机，这些举动使一向依赖于低端市场的 TCL 无以应对。

TCL 由于在渠道整合上没有做到积极主动，致使 TTE 的彩电业务和 TAMP 的手机业务不能保持原有的市场和销售，无法通过实现规模效应来降低成本，所以出现连续亏损。

### 2.4.3 成本控制上的失误

成本控制是每个并购企业实现收入增长，达到预期经营目标必须考虑和纳入并购日程的措施。由于TCL所并购的两个企业近年来都是亏损的，所以在这两个新公司成本的控制就显得更为重要了。然而TCL实现并购后在成本控制上确实出现了以下的失误。

（1）对人工成本的低估。在并购汤姆逊彩电业务时，TCL就对人工成本低估。当时并购双方曾有附加协议，即TCL必须负担汤姆逊2 000名左右的员工。在法国养活一个工人的费用，可以在国内雇用5~6个工人。细算一下，这样的人工成本确实很高。而TTE的副总裁童雪松也曾坦言："在法国想解雇一个人非常难，要解雇一个法国普通的研发工程师要花30万欧元，而一个研发中心有四五十人要解雇。"面对如此高的人工成本，TTE无论解雇与否成本都很高。虽然TCL在收购汤姆逊彩电成立TTE时吃了人工成本的亏，但收购阿尔卡特手机时，TCL移动方面认为阿尔卡特欧洲公司一共才不到600名员工，不是一个很大的包袱，真正合并过来后才发觉不是一件很简单的事情。实际上，在TAMP，最大的人力成本中心是其全资子公司SAS公司（TAMP的全资子公司，是TAMP手机研发和欧洲销售中心）。在并购时为了避免跨国劳务纠纷，TCL高层当时就以这些员工在原法国公司的薪酬，作为他们在TAMP公司的薪酬标准，并维持其原有职位。按TCL集团内部的算法，"这个公司虽然只有360人，但在人力成本方面却相当于10 000多人"。且欧洲劳工福利制度很完善，要解雇一个人同样会遇到上面TTE的副总裁童雪松所说的尴尬局面。

TCL在人工成本方面的失误，使本已扭亏困难的两个新公司陷入了险境，这不能不引起今后要进行并购的企业的重视。

（2）运营成本过高。在TTE和TAMP成立后，它们面临的不只是人工成本过高的问题，在运营中其他的成本也一直没有降下来。

在TTE，TCL当初和汤姆逊签署协议时约定，TTE只拥有合资后产生的专利权，对于以往汤姆逊所有的专利技术，仍须支付专利费，即便是因专利到期，技术进入公知领域，TTE仍然必须按照协议每季向汤姆逊支付专利费，这增加了TCL相当一块成本。TTE在自身分公司的销售成本上也没有实现很好的控制，如很远的国家只卖几台彩电，也要派人去，这不仅增加了人工成本，也无形中增加了在管理、运输等相关费用的支出。TCL还需要每年向汤姆逊采购相当数额的原材料，这部分运营成本是无法削减的。最重要的是TTE无法剥离没有价值的部分而降低成本，也无法把一些本来应该转移回中国、利用廉价劳动力降低成本产生竞争优势的部分转移出来。如关停亏损的工厂、裁员，把在国外生产成本过高而在国内可以生产的产品转回国内生产等。

而TAMP公司在并购后相当长一段时间都没有处于TCL的控制下，各种费用支出也没得到控制，造成运营成本很高。如手机的采购供应链、产品设计等仍在欧洲做，成本比国内高。并且受到当地劳工制度的制约，TAMP无法通过裁员来降低人工成本。在生产和销售方面，TAMP也并不是全部掌握了控制权，生产还是由原来阿尔卡特的代工厂在做，欧美区域销售还是由阿尔卡特的经营人员在进行，对于生产成本和欧美区域销售运营成本，TCL没有办法控制，运营成本仍居高不下。TAMP在当时普遍采用"人海战术"销售模式，这种销售模式的运营成本也很高。这一切都直接导致两个新公司的运营成本过高，加剧了亏损的增加。

#### 2.4.4 品牌战略上的问题

（1）对品牌地位的判断不准确。由于欧美市场是高度结构化的理性市场，已有的渠道资源已被分割殆尽，开辟新的渠道则是投入大、回报小、周期长，甚至可能血本无归。而TCL并购汤姆逊彩电和阿尔卡特手机正好解决了在国外自建渠道发展自主品牌要面临的各种困难和不测风险。并购后利用被并购品牌获得在欧美市场的品牌地位，扩大市场份额，取得竞争优势。理论上虽然是这样，但事实上TCL并没有对并购的两个公司品牌的现状做细致的调研，只是凭借原有的认识和想象作了简单的判断，事实证明TCL对品牌地位的判断是不准确的。如在北美市场，汤姆逊彩电以RCA品牌销售，这个品牌原本被看作是一个有实力的成熟品牌，有着比较大的上升空间。但开始实际运营后TTE公司很快就发现，RCA这个产品的市场位置比原来想象中的要低得多。TTE公司的一位高级主管曾经在美国市场上拦住一些路人做过调查，他发现，很多消费者知道RCA这个品牌，但他们同时也知道这个品牌已经老化了，在诸如沃尔玛等大卖场的某个偏僻的角落里才能找到它们落寞的身影。而经过现场的调查，事实也正是如此。TCL虽然是一时判断上的失误，但却为这个没落的品牌支付了费用，并失去了北美市场上的竞争优势，加剧了TCL的亏损。

（2）品牌营销本土化程度低。TCL品牌在中国可以说是家喻户晓，知名度很高。但在国外其他区域市场，真正了解TCL这个品牌的人为数不多。在与法国汤姆逊和阿尔卡特实现并购后，TCL目前在海外的品牌已达7个之多。虽然这两次在欧洲的并购对TCL品牌在欧洲市场产生了一定的影响，但TCL品牌对整个国外市场的影响还很小。所以TCL品牌营销本土化的策略需要根据不同的区域市场加大其品牌形象的推广力度，逐渐扩大自有品牌的输出。

实际上，无论是在欧洲还是在美国，即便是在主流媒体上做一个不到1/4版的小小报纸广告就要花掉近20万美元，而效果更显著的赞助某项赛事等方式更意味着天文数字的投入，这种高额的投入让TCL的领导者们很难适应。TCL如果要在海外建立即便是类似于汤姆逊和RCA这样的品牌地位，如果拿不出10亿美元级的投入也是不可能的。

由于 TCL 在品牌营销本土化方面的程度还很低，其并购后的汤姆逊、RCA 和阿尔卡特等品牌在面对国际市场激烈的竞争下，品牌的市场占有率也在不断下降，所以加强 TCL 品牌营销本土化要立足于各国的特有的文化、政治、经济、法律等背景，很好地利用各子品牌的渠道和资源，在产品、市场推广、公共关系以及销售渠道等方面实现全面的本土化营销策略。

### 2.4.5 技术上的遗憾

（1）核心技术在战略判断上的失误。TCL 进行海外并购的原因之一就是意识到自己在核心技术方面的缺失，想通过收购汤姆逊彩电业务和阿尔卡特手机业务来弥补自己在技术和研发上的不足。然而迅速发展的市场证实 TCL 在并购中对核心技术的战略判断失误。即 TCL 收购的汤姆逊彩电业务所获得的 CRT（阴极射线管）技术已经落后于时代，现在的主流产品是平板液晶电视。

在 TCL 收购前后，彩电行业正经历平板液晶电视的快速发展。从 2004 年开始，欧洲彩电市场的产品制造商们就开始迅速推动产品向平板电视的更新换代，以飞利浦公司为代表的平板液晶电视产品以非常快的速度降价，平板电视的需求迅速被拉升。但 TCL 没有预料到，新技术彩电的市场来得竟会这么快。尽管汤姆逊拥有可以利用的彩电专利有 34 000 多项，但 TCL 集团所获生产线和专利技术绝大多数，正是基于 CRT 显示技术。在平板液晶电视对 CRT 电视的替代过程中，这部分资产不仅不能给公司产生盈利，还给公司形成巨大的财务负担。

由于对这一核心技术判断的失误，TCL 后来虽然在国内市场的平板电视等高端产品上发力，但在欧洲，由于新产品推出延误，仍为 CRT 电视产品的价格迅速下滑所累，亏损严重。这一因素无疑是 TTE 并购失败的主要原因。

（2）获得专利技术上的遗憾。获得专利技术是 TCL 加强其产品竞争力的目标之一，而在收购中有关专利技术的获得上却留下了遗憾，给两个新公司增加了高昂的成本。

首先，TCL 收购汤姆逊的电视业务时约定合资后产生的专利由 TTE 所有，但对汤姆逊原有专利的协议条款是：年期条款规定"协议期为 5 年，并将于协议期满后自动续期 5 年"也就是说，Thomson 将从 TTE 身上收取专利使用费的年限长达 10 年，而这期间，即便是因专利到期，技术进入公知领域，TTE 仍然必须按照协议每季向汤姆逊支付专利费。需要指出的是，专利是有时间性的。在所有涉及模拟彩电技术专利的问题上，收购协议并没有对这些专利进行分类，特别是没有指出哪些专利行将到期，因为进入"公知技术"领域而无须付费。另外，TCL 收购汤姆逊的电视业务时，却没有得到利润最高的显像管制造这一块。

其次，TCL 收购阿尔卡特手机业务，不但没有买到未来增长点的 3G 业务，大部分阿尔卡特拥有的专利交互许可协议，合资公司"都需要与相关技术出售方就新的协议进行谈判"，实际上设置了未来快速推出相关技术新产品的障碍，使市场反应速度和成本都受到影响。

专利技术上的遗憾不仅增加了两个新公司的成本，也阻碍了新公司的发展，加速了TCL海外并购失败的进程。

**2.4.6 管理上的问题**

（1）管理缺乏系统性。管理也是一种核心竞争力，走上国际化经营之路的TCL要想实现多元化产业的高速增长和全面扩张，保持企业持续、稳步和健康发展，真正使TCL创建具有国际竞争力的世界级企业之战略目标成为现实，就必须建立规范的管理、完善的制度和健全的监督机制。而昔日的李东生宽容仁厚放权的行为，造就了其在各个行业的发展，但是放权到一定地步就造成公司内部出现"诸侯化"现象，滋生了以个人为中心，个人在管理上过度追求放权和自由度，不愿接受监督，不习惯按规则办事的现象。加上内部监督机制的缺失，仅仅依靠管理者自身对市场的感悟来促进企业的发展，而不是依靠机制和企业文化的促进，导致TCL的管理缺乏系统性。李东生也认识到这一点："我们整个管理缺乏系统性。"

（2）对并购企业管理失控。在收购阿尔卡特之后，新公司的管理层则是由万明坚出任CEO，下面两个总监由阿尔卡特方面出任，再下面是TCL员工和阿尔卡特员工。原以为阿尔卡特只管分红，不插手经营，但实际情况是，由于文化及管理差异，TCL在管理原阿尔卡特员工时还是需要两个总监的协助，这样一个公司里出现中西两种风格的管理，显得相当混乱，管理上有些失控。表现出人事变动太随意，领导架构不到位，任人唯亲甚至排挤老员工的现象。令原阿尔卡特员工感到TAMP公司没有组织，管理混乱，工作的随意性太大，无法适应。而且TCL原有管理层一度轻视TAMP合资公司整合的难度，没有投入太多的人力和资源，而由于国内市场业绩低迷，万明坚等又是TCL移动的高层，所以根本没有太多的时间与精力关注TAMP合资公司业务与管理。所以管理上出现失控现象也是不可避免的。

而在收购汤姆逊之后，TCL派往新公司的高级管理层由于对海外不了解，对欧美的企业文化和员工不懂，有的时候往往是过分地依赖他原有的团队，不敢主导企业的整合。而事实上没有哪个企业在并购了一个亏损的企业后，能够用他原有的团队去扭亏为盈。像汤姆逊这样一个公司，它的彩电业务已经亏损很多年了，所以如果说一点不改变它的管理团队，就用原班人马，这里什么样的人都有，有愿意在那儿混的，还有真的非常勤恳的人，但是他只知道一条路，再怎么逼他也只是沿着这一条路走，所以没有改变它的文化和团队，就等于没有管理，只是听之任之。所以TTE在管理工作上有些失控。

管理上的失控，不但使TTE和TAMP的整合不到位，也影响了协同效应的发挥，阻碍了两个新公司的发展，使并购失败。

(3) 缺乏具有跨国管理经营的高级人才。TCL 的管理层多是在国内经过多年打拼出来的人，多数没有跨国经营的经验。因此 TCL 缺乏具有跨国经营的高级管理人才，这主要体现在两方面。一方面，TCL 在国际品牌的收购过程以及收购后品牌管理过程中缺乏高级管理人才。并购后的汤姆逊和阿尔卡特两大品牌在 2005 年均出现消化不良等负面现象，原因之一就是缺乏具有国际并购经验的高端管理人才。另一方面，缺乏跨国营销人才。TCL 目前在海外的一万多名员工中已经有相当部分员工来自于世界各地，但这些员工主要集中于低层销售人员，而全球分公司经理或销售经理仍由总部派往。这些缺乏跨国经营经验的中、高层领导对当地的地理、气候、政治、文化、人文及市场等环境缺乏深入了解，对当地市场的反应速度较慢。如 TCL 移动通信有限公司国际事业部成立几年来，总经理由原 TCL 彩电事业部国内市场销售总经理担任，派往越南的办事处经理也是从总部派往的国内销售骨干。由于国外市场环境，特别是渠道模式与中国有较大差异，同时，他们还需花大量的时间学习当地语言、了解当地文化才能逐渐加深与当地经销商的沟通，使他们在国内的销售经验不能很快派上用场，市场开发的速度受到影响。TCL 移动通信越南办事处成立一年多，最终因渠道无法打开而被撤回，缺乏具有全球营销经验的管理人才应是办事处被撤回的重要原因之一。

　　我们的两个案例是中国电子行业的一个缩影，中国电子行业在国际化进程中普遍过高地估计自己，对危机认识不足，当并购机会来临时，常常因害怕机会稍纵即逝而匆促做出决定，进而将自己陷入被动的局面。

　　跨国并购是中国企业大规模海外扩张的必要策略，但同样重要的是，应该高度注意和认真研究这中种跨国战略隐藏的巨大风险。实际上，跨国并购的目的不仅是生产、市场和资本的扩张，还是利润的扩张，这方面存在着复杂的风险。寻求买家的这些企业往往有一个共同点，即准备出售的部门都是亏损或者不盈利且正在走下坡路的非前沿、非核心领域业务，某种程度上是急于甩掉的包袱。因此，在决定收购前，必须对整个亏损风险进行精确的计算和前景评估，并采取必要的应对措施。同时应以科学态度评价中国企业对世界跨国公司部分业务的收购，不要简单地赞扬收购了世界级公司。从根本上讲，中国企业海外并购工作的重点是并购后的整合运作，这里包括产品、技术、市场战略和整合，管理的整合。没有这个必要的整合过程，并购还可能失败。

　　海外并购是中国企业走上国际化的必经之路，也是全球化背景下企业经营的重要举措。但是谁都不会把下蛋尤其是下金蛋的母鸡卖给别人。所以中国企业在海外并购过程中，切忌盲目跟风。对于已经成功进行并购的企业，则必须以审慎的态度和睿智的思维来应付并购以后出现的苦难，其中，核心问题就是加强管理，提高管理质量。只有立足于自身，才能够在实施海外并购的过程中取得较为满意的结果。

**【思考题】**
1. TCL并购法国汤姆逊和阿尔卡特的动机是什么?
2. TCL并购完成后为何造成了亏损?
3. TCL并购案失败的启示是什么?

**【资料来源】**
[1] Lommerud, K. E, O. RS trauma and L. Sorgard (2005). National Versus International merge in unionized oligoPoly, Rand Joumal of Eeonomics, forthcoming.
[2] 陈志强. 鹰之重生 [M]. 海天出版社, 2008.
[3] 程涛. 在华本土化的阵痛: 阿尔卡特为手机业务发愁 [N]. 南方周末, 2004.3.25.
[4] [德] 艾尔布莱特·罗赛切. 品牌背后的故事 [M]. 广西师范大学出版社, 2006.
[5] 干春晖. 并购案例解读 [M]. 上海财经大学出版社, 2005.
[6] 黄篙, 李听肠. 兼并与收购. 中国发展出版社, 2008.
[7] 黄中文等. 跨国并购实物. 中华工商联合出版社, 2006.
[8] 李丰, 文照谋. TCL阿尔卡特短命婚姻的警示: 借船出海暗礁多, 2005.9.3.
[9] 李杨. 辗转求生——TCL通讯的海外并购. 中欧商业评论, 2008 (12).
[10] 全球并购研究中心. 中国并购报告 (2007). 人民邮电出版社, 2007.
[11] 全球并购研究中心. 中国并购报告 (2008). 人民邮电出版社, 2008.
[12] TCL多媒体科技控股有限公司. 2001年至2007年年报.
[13] 王胜利. 综述: TCL——汤姆逊之前世今生 [N]. 国际金融报. 2003.11.7.
[14] 赵平. TCL加冕彩电之王两强整合任重道远. 中国经营报 [N]. 2003.11.10.
[15] 支维墉, 李杨. TCL变形记——顺势明道与企业正常化 [J]. 中欧商业评论, 2008 (12).
[16] 支维墉. TCL多媒体"复活"启示录——供应链为王 [J]. 中欧商业评论, 2008 (12).

# 中石油跨文化管理案例分析

**摘要**：中国是一个油气资源贫乏的国家，长期以来，不得不依靠大量进口来满足国内的需求。随着中国经济的不断高速发展，国内对于石油能源的需求也变得越来越旺盛。政府及企业开始关注，如何才能有效获取资源以保障国内经济的发展，同时又确保国家的能源安全。作为国内石油三大巨头——中石化、中石油及中海油，长期处于石油工业的垄断地位。这三家国有企业肩负着重任，走上了一条由原本单纯的贸易逐步转为向海外进行投资、并购的道路。然而，这是一条崎岖艰难的路。中国的石油企业进行了一系列的并购，结果令人吃惊震撼：中国石油企业海外并购有着极高的失败率。这究竟是为什么呢？并不低的出价，真诚的态度，却屡遭失败的打击。中国的石油企业在海外的投资不尽如人意。

**关键词**：中石油；海外技术；文化障碍

## 1. 相关背景介绍

中国石油天然气股份有限公司（简称"中石油"）是中国油气行业占主导地位的最大的油气生产和销售商，是中国销售收入最多的公司之一，也是世界最大的石油公司之一。截至 2013 年年初，总资产达 3 478 亿美元。

中石油自成立以来，根据《公司法》《到境外上市公司章程必备条款》等有关法律、法规、规范性文件及公司章程，建立健全了规范的公司治理结构。该公司的股东大会、董事会、监事会均能按照公司章程独立有效运行。

中石油致力于发展成为具有较强竞争力的国际能源公司，成为全球石油石化产品重要的生产和销售商之一。中石油广泛从事与石油、天然气有关的各项业务，主要包括：原油和天然气的勘探、开发、生产和销售；原油和石油产品的炼制、运输、储存和销售；基本石油化工产品、衍生化工产品及其他化工产品的生产和销售；天然气、原油和成品油的输送及天然气的销售。

中石油以科学发展观为指导，加快实施资源、市场和国际化三大战略，着力加快转变增长方式，着力提高自主创新能力，着力建立安全环保节能长效机制，着力建设和谐企业，建成具有较强竞争力的国际能源公司。

## 1.1 中石油海外石油技术服务项目背景

### 1.1.1 集团公司发展海外石油业务

全世界石油天然气资源丰富，发展潜力很大。根据《油气杂志》统计，世界石油总量约为 4 138 亿吨，天然气液 373 亿吨，天然气 434 万亿立方米。而我国本国油气资源供给依然不能满足自身需求，供给矛盾越来越突出，加快利用海外油气资源已成为当务之急。20 世纪 90 年代以来，我国石油消费已进入加速增长期，2003 年为 2.67 亿吨，年均增长 1 173 万吨，年均递增 6.7%。在 2020 年以前，石油进口量将每年递增 1 000 万吨，预计到 2020 年，我国将进口原油 2.7 亿吨（进口依存度 60%），进口天然气 800 亿立方米（进口依存度 40%），在供应量和购买价格方面存在着较大的风险。因此我国现在要尽快开辟进口油气的多条运输通道，保证油气的安全输送；建设油气进口所需的基础设施，加快培养和建设国际石油贸易所需的人才队伍，完善我国国际石油体系。

### 1.1.2 集团公司进行海外石油勘探的成功实践

中石油经过 10 年的艰苦探索和实践，海外石油事业得到长足发展，取得了较好的经济效益和社会效益，并展示了油气投资业务的范围已扩展到世界四大洲 30 多个国家，正在执行的国际油气投资项目已达 43 个，完成国家贸易量 4 056 万吨。

## 1.2 中石油发展海外石油技术业务的必要性

### 1.2.1 为集团海外油气业务发展提供优质服务和坚强保障

工程技术服务业务紧紧围绕集团公司海外油气资源战略，集中优质资源、保障集团公司投资项目。海外 891 支各类服务队伍中，58% 为集团公司投资参股项目服务，物探专业承担了海外投资项目近 100% 的陆上和深海地震采集任务，以及 80% 以上的处理解释工作量；62% 的测井、录井队伍服务于集团公司投资项目。3 年来，海外工程技术服务业务 40% 的合同额和 43% 的收入来源于集团公司海外投资项目。

### 1.2.2 国内竞争加大，发展空间受限

当前，集团公司正在逐步开放国内市场，大量社会队伍进入中石油市场，工程技术服务业务面临的竞争形势和发展环境都发生了很大变化。综合分析来看，今后一个时期国内勘探开发工作量将基本平衡，很难再有大幅度增长，工程技术服务企业发展空间受到限制，而且市场竞争强度将持续加大。因此，大力开拓国际市场是工程技术服务业务实现可持续发展的根本出路。

## 2. 案例分析

### 2.1 项目概况

阿克纠宾油气处理厂位于哈萨克斯坦共和国西北部，阿克纠宾州让那若尔油田项目全部建成后，将100%地处理并有效利用石油，改善采油区的生态环境，为阿克纠宾州工业企业和居民提供清洁的"蓝色燃料"，并向国际市场输送产品。

### 2.2 项目的跨文化冲突

#### 2.2.1 语言

中石油外派人员的母语为中文，但中石油海外项目所在国家中没有用中文作为官方语言的国家，项目所在国的利益相关者几乎都不懂中文，加上油气生产与经营富含大量专业术语，更无法用中文进行沟通。项目所在国官方语言往往是其民族语言，如伊朗的波斯语、哈萨克斯坦的哈萨克语。中石油缺少通晓这些小语种的专业人员组成项目团队。因此，现有项目采用的是项目专业人员搭配翻译组成项目团队。但结果发现，由于对石油工程技术行业的不了解，信息传递过程中的衰减、翻译水平等因素，经常发生翻译人员没有起到促进沟通作用，反而新增加外部沟通误解和内部沟通误解的情况。

#### 2.2.2 地方习俗与行为习惯

在H国实施天然气管道项目时，其中一个地标要经过一座坟墓所在地，并需要对坟墓搬迁。我方按照约定的施工时间表，开始对坟墓地段进行施工，但未就坟墓的重要性征求当地长老的意见。在施工中间，一些当地人突然冲进施工现场，拦挡推土机和作业人员，阻拦施工。这些当地人十分气愤，觉得受到了侮辱，要求我方按照当地传统习俗，举行适当的仪式后，才能对其先辈的坟墓进行搬迁，以示尊重。但我方觉得已经依法办理和执行完所有法定程序，对方已经接受了赔偿款。现在要求举行仪式，可能是巨额敲诈的借口，不能答应。结果双方僵持不下，工程不得不暂停。我方报警后，警察来处理，告诉我方当地确实有这种习俗。最后由当地长老主持仪式，所有家族成员参加祭祀，仪式不到一个小时结束，结束后就允许我方开工，也没有要求我方支付任何仪式费用。

#### 2.2.3 宗教仪式与禁忌

中石油海外项目均在多宗教信仰国家，以伊斯兰教为主。伊斯兰教禁忌猪和猪有关的东西。而中石油外派人员多无宗教信仰，而且饮食以猪肉为主，曾经发生过外派人员要求伊斯兰信仰的当地人员带路采购猪肉，用猪肉菜肴宴请有伊斯兰教信仰的相关项目相关者的事件。伊斯兰教每天四次祈祷，对祈祷的场所、时间都有严格的要求，而项目的一些重要工序要求连续作业不能中断，如果中断或危及安全，或降低质量，项目遭受重大损失。

#### 2.2.4 对书面形式沟通的不同认识

无论文化异同，项目中需要各方沟通的信息量不会有多大差异，但沟通的方式有很大的差别。顾客聘请的欧美工程监督比我方使用较多的书面沟通方式，而中石油则使用较少的书面沟通方式，特别是当索赔事件发生时，我方认为让工程监督出书面文件承认他们自己或顾客方出了"差错"，是让他们很丢"面子"的事，搞不好上级还会因此处罚他们。这些事情我们私底下口头给他们说清楚，给他们留足"面子"，他们会感恩，在以后就会以他们方便的其他方式回报我们。结果在项目结束时，我方没有任何书面证据为我们主张的索赔提供支持，索赔全部被否定，而顾客根据监督开具的载明我方过错的书面材料对我方进行了大量的反索赔。

### 2.3 跨文化冲突的原因分析

#### 2.3.1 项目经理及项目关键岗位人员的语言能力不足

语言是沟通交流的基础，中石油海外项目经理及项目关键人员的受到语言限制，不仅与项目业主、政府监管部门的沟通也无法顺利进行，在由东道国和中方人员混合组成的项目团队内部交流也很难顺畅进行。单纯的语言翻译人员由于不懂油气专业知识很难搭建起油气项目生产、组织和管理的沟通平台。由于语言能力的不足，使沟通中的信息传递路线变长，失真，达不到进行项目各项管理的基础条件，导致沟通各方误解，产生冲突。

#### 2.3.2 短期内没有形成一致的项目价值观，没有建立起适宜的项目文化

海外项目团队每个项目成员对项目的价值观、项目目标如果没有形成统一的认识，在项目上心态各异，就谈不上协作配合，更不会"心往一处想，劲往一处使"，"道不同，不相为谋"，成员间互相猜忌而产生矛盾和冲突，很难产生信任感和亲密感。海外油气技术服务项目工期较短，客观上要求项目文化要快速建立起来，并且发挥作用，形成统一的项目价值观，明确共同的项目目标。

#### 2.3.3 项目团队成员文化意识淡薄，文化智力低

在跨文化的环境中，不同文化背景下的行为方式、思考问题的方法及法律意识形态、信仰表现方式都会不同，如果文化意识淡薄，文化智力低，就不能发现这是由于文化差异所造成，而基于自身文化去理解和解释这些行为和接受的信息，就容易造成错误理解，引发冲突。同样，文化智力较低，缺乏文化知识的项目成员也很难运用适宜的方法处置和化解冲突。

#### 2.3.4 在东道国没有严格树立守法诚信的形象

在国内的一些项目实施中，采取打法律"擦边球"的做法可以加快一些项目

环节。在受到更短的项目工期压力，国内土壤培养处的这些"擦边球"的做法也容易被下意识应用到海外油气项目上来。但实际上，东道国的执法、司法环境迥异于国内，而且守法与诚信是完全市场经济下行事的基本准则。这种"擦边球"行为对项目和项目组织的诚信度造成了极大损害，增加了项目于东道国项目利益相关者的冲突概率，恶化了冲突局面。

目前，中石油计划分两步实施"建设具有较强竞争力的国际能源公司"的经营目标。

第一步："十一五"期间，坚持持续有效快速发展，集中发展核心业务中国石油天然气股份有限公司不断拓展新兴能源业务，保持公司综合实力的国内领先地位，努力把中国石油建设成为国际能源公司。

第二步：到2020年，进一步巩固国内领先地位，国际化经营获得质的飞跃，世界石油公司综合排名进一步提升，利润增长和投资回报达到同行业国际水平；国际市场竞争力明显增强，成为全球石油石化产品重要的生产商和销售商之一；综合跨国指数大幅提升，建设成具有较强竞争力的国际能源公司。

与此同时，中石油应根据经验和教训，建立普适性的价值观内核，建立"速效文化"，保证项目与企业的战略相一致。

【思考题】
1. 中石油海外阿克纠宾油气处理厂的建设过程中为何困难重重？
2. 中石油国内"擦边球"的做法在海外项目中为何不灵通了？
3. 中石油在海外发展业务中需要加强培养什么样的项目团队？

【资料来源】

[1] 邹华耀，张元春，刘建章，史建南. Evolution of the Moxizhuang Oil Field, Central Junggar Basin, Northwest China [J]. Journal of China University of Geosciences, 2009, S1.

[2] 王育宝，吕璞. 中国石油石化产业国际竞争力分析 [J]. 资源科学，2005 (11).

[3] 明海会，张庆辉，辛勤. 哈萨克斯坦石油工业综述 [J]. 国际石油经济，2009 (02).

[4] 吴谋远. 愈走愈近的哈萨克斯坦石油公司 [J]. 中国石油企业，2005 (11).

[5] 李亚芬. 我国石油供求现状、问题及改善对策 [J]. 国际金融研究，2005 (03).

# 华为跨文化管理案例分析

**摘要**：华为公司，作为目前国内最大的民营企业成功闯入世界 500 强的第二家中国民营科技企业，在短短 20 余年的发展中不断壮大。随着全球化的兴起，华为公司致力于全球的定位目标也随之敲定，在开拓海外市场过程中，华为公司认识到必须正视文化差异对开展市场战略的影响。本案例从中西方差异的角度概述了影响华为公司北美市场战略的文化因素，指出了华为公司在北美市场上遇到的跨文化问题，包括跨文化团队建设压力、专利权保护之争和并购受阻。

**关键词**：跨文化管理；华为；企业文化；北美市场

## 1. 相关背景介绍

### 1.1 华为公司简介

华为技术有限公司是一家总部位于深圳、于 1988 年成立的生产销售电信设备的员工持股的民营科技公司，目前，华为公司已成为全球 IP 融合时代的领导者，他们的产品和解决方案已经应用于全球 100 多个国家，服务全球运营商 50 强中的 45 家及全球 1/3 的人口。2009 年华为实现全球销售收入 218 亿美元，2010 年实现合同销售额 340 亿美元，2011 年实现预期销售额 400 亿美元。2009 年，华为成为继联想集团之后，成功闯入世界 500 强的第二家中国民营科技企业，也是 500 强中唯一一家没有上市的公司。

2014 年 10 月 9 日，Interbrand 在纽约发布的"最佳全球品牌"排行榜中，华为以排名 94 位的成绩出现在榜单之中，这也是中国大陆首个进入 Interbrand top100 榜单的企业公司。

2014 年《财富》世界 500 强中，华为排行全球第 285 位，与上年相比上升 30 位。

2015 年，华为被评为新浪科技 2014 年度风云榜年度杰出企业。

## 1.2 华为国际化过程

华为"农村包围城市"的战略决定了华为的渐进式国际化，该过程可分为四个步骤。

第一步：进入中国香港。1996年，华为与和记电信合作，提供以窄带交换机为核心产品的"商业网"产品，这次合作中华为取得了国际市场运作的经验，和记电信在产品质量、服务等方面近乎苛刻的要求，也促使华为的产品和服务更加接近国际标准。

第二步：开拓发展中国家市场。重点是市场规模大的俄罗斯和南美地区。1997年华为在俄罗斯建立了合资公司，以本地化模式开拓市场。2001年，在俄罗斯市场销售额超过1亿美元，2003年在独联体国家的销售额超过3亿美元，位居独联体市场国际大型设备供应商的前列。1997年，华为在巴西建立合资企业，但由于南美地区经济环境持续恶化以及北美电信巨头占据稳定市场地位，直到2003年，华为在南美地区的销售额还不到1亿美元。

第三步：全面拓展其他地区。包括泰国、新加坡、马来西亚等东南亚市场，以及中东、非洲等区域市场。在泰国，华为连续获得较大的移动智能网订单。此外，华为在相对比较发达的地区，如沙特、南非等也取得了良好的销售业绩。

第四步：开拓发达国家市场。在西欧市场，从2001年开始，以10G SDH光网络产品进入德国为起点，通过与当地著名代理商合作，华为的产品成功进入德国、法国、西班牙、英国等发达地区和国家。北美市场既是全球最大的电信设备市场，也是华为最难攻克的堡垒，华为先依赖低端产品打入市场，然后再进行主流产品的销售。

另外，为配合市场国际化的进展，华为不断推进产品研发的国际化。1999年，成立印度研究所。2000年之后，又在美国、瑞典、俄罗斯建立研究所，通过这些技术前沿的触角，华为引入了国际先进的人才、技术，为总部的产品开发提供了支持与服务。

## 1.3 华为国际化的优势

### 1.3.1 产品性价比高、交付快

华为全球中48%的员工从事研发工作，每年将不低于10%的销售额作为研发投入，这些保证了公司的技术领先和储备，同时，由于华为人力资源成本比发达国家低，产品较之便宜很多。此外，华为管理灵活，员工高度敬业，能按时甚至超前完成工作任务。华为在国际通信运营商中已树立一个性价比高、快速响应的形象。

### 1.3.2 客户导向

华为根据客户需求提供产品和服务，在技术策略上，华为考虑的唯一因素就

是客户需求，反对技术人员闭门造车，鼓励员工与生产实践相结合。为了避免研发人员只追求技术先进而缺乏对市场的敏感，华为硬性规定每年必须有5%的研发人员转做市场。此外，华为的"保姆式"服务也是其客户导向的体现。

### 1.3.3 企业文化和执行力

华为的"土狼"文化强调团结、奉献、学习、创新、获益与公平，更强调积极进取，以绩效为导向。不管员工职位多高，只要达不到绩效都会被撤职，这给华为各层领导很大压力和动力，所以他们都十分努力地工作，执行力非常强。

## 1.4 华为公司的本土企业文化——狼性文化

作为一家优秀的中国企业，华为曾经以一部企业"基本法"赢得了创业期的辉煌。以"基本法"为代表的华为文化反映了任正非雷厉风行的性格和军事化的作风。他认为做企业就须要有狼的精神。因为狼又让自己活下去的三大特性：一是敏锐的嗅觉；二是不屈不挠、奋不顾身的进攻精神；三是群体奋斗。

### 1.4.1 垫子文化

在华为，加班是8小时工作时间之外必需的工作。每个员工桌子下面都有张垫子，供员工午休和晚上加班休息时用。

### 1.4.2 严明的纪律

华为实行的是军事化管理，纪律十分严明。

### 1.4.3 军事化管理

华为的军事化管理，使整个企业充满危机感和防范心理，员工的精神状态处于高度的紧张中。

### 1.4.4 文化洗脑

华为认为：如果认识不统一，就可能产生很多错误的导向，产生管理上的矛盾。所以华为强调既然文化节可以灌输，个性就可以改造。

### 1.4.5 领袖效应

华为企业文化的核心其实反映最深刻的是任正非的军人性格和军事化的作风。

## 2. 案例分析

华为公司的跨文化管理策略如何解决文化差异引致的冲突与矛盾，实现跨文化管理是华为公司首先要解决的问题。随着华为公司海外子公司的不断壮大与发展，华为公司主要通过以下几点策略来进行跨文化的管理。

### 2.1 本土化策略

本土化策略，即全球适应主张。是企业力图融入目标市场，努力成为目标市场中的一员所采取的策略。"本土化"的实质是跨国公司将生产、营销、管理、人事等全方位融入东道国经济中的过程，一般通过全面的调查、了解本土的实际经济、文化、生活习俗等情况而进行的一系列融入性调整。这样一方面有利于外来跨国公司生产出来的产品，能更好地满足本土消费者的需要，同时也节省了国外企业海外派遣人员和跨国经营的高昂费用、与当地社会文化融合、减少当地社会对外来资本的危机情绪，有利于东道国经济安全、增加就业机会、管理变革、加速与国际接轨。在墨西哥，华为的本土化战略相对而言比较彻底：华为完全按照本地的节假日作息，按照本地的风俗给员工过生日，按照本地员工的习惯上下班。即使如此，华为强势的企业文化还是发挥了有效的引导作用。华为的军事化管理方式毕竟名不虚传，尤其在中方员工没有加班费却也常常深夜加班的拼命精神影响下，拉美员工终于也接受了华为文化，工作卖力起来。而在印度，华为展开"魅力攻势"，以应对来自印度安全部门的"严格审视"：其中的一大措施就是推动华为的本土化，包括要求中方员工取"印度名"，任命印度本土高管，推动企业融入印度文化等。目前，华为在印度85%的员工为本土员工。据了解，华为计划投资3.5亿美元在印度第四大城市钦奈市附近设立电信设备生产厂并选定厂址。为打消印度当局的疑虑。华为甚至还表示愿意公布其网络系统的源代码，以证明其设备不存在安全威胁。华为无疑在此事上表达出了足够的诚意，印度方面也已表明将尽快解禁中国电信设备。毕竟目前来看，印度电信业的发展还是需要华为的帮助。正所谓"海纳百川，有容乃大"，印度所谓的"大国"在不断发起反倾销调查以保护自己稚嫩小花朵的时候，不如花更多时间想一想为什么自己没有"华为"们。

在本土化过程中，中国传统文化中所特有的包容性也起着很大作用。在华为的海外机构，大家都在努力创造这样一种氛围：在公司内部不论国籍、不分种族，大家都是华为的员工。随着中外两种不同文化的不断碰撞，然后又在华为文化的熏陶下互相融合，华为公司也逐渐呈现其多元化、国际化的特征。随着"本土化"经营策略的逐步实施，华为海外机构的中外员工比例不断发生变化。

## 2.2 文化相容策略

文化相容策略是在跨国公司的子公司中并不以母国文化或者是东道国的文化作为子公司的主体文化。母国文化和东道国文化之间虽然存在着巨大的文化差异，但并不互相排斥，反而互相补充，同时运行于公司的操作中，充分发挥跨文化优势。根据不同文化相容的程度又可以细分为两个不同层次。

第一，文化的平行相容策略。

这是文化相容的最高形式，习惯上称为"铲文化互补"。就是在跨国公司的子公司中并不以母国的文化或是开发国的文化作为子公司的主体文化。母国文化和东道国文化之间虽然存在着巨大的文化差异,但却并不互相排斥,反而互为补充,同时运行于公司的操作中,充分发挥跨文化的优势。一种文化的存在可以充分地弥补另外一种文化的许多不足及其比较单调的单一性。

第二,隐去两者的主体文化,和平相容策略。

隐去两者的主体文化,和平相容策略就是虽然跨国公司中的母国文化和东道国文化之间存在着巨大的文化差异,两者文化的巨大不同也很容易在子公司的日常运作中产生"文化摩擦",但是管理者在经营活动中却刻意模糊这种文化差异,隐去两者文化中最容易导致冲突的主体文化,保存两者文化中比较平淡和微不足道的部分。由于失去了主体文化那种对不同国籍的人所具有的强烈影响力,使得不同文化背景的人可以在同一公司中和睦共处,即使发生意见分歧,也很容易通过双方的努力得到妥协和协调。

随着商业全球化的发展,文化对于国际营销的影响力越来越突出。文化差异在各种人类关系中都是存在的,所有这些关系对于不谨慎的公司都是潜在的陷阱。在外国进行商业活动的过程中,最困难同时也是最重要的,就是理解文化观念的差异。因此,对于华为而言,将文化差异纳入整体营销策略以保证企业目标的实现将永远是一个重大的问题。华为设在乌兹别克斯坦的代表处员工经常参加本地员工的婚礼,利用节假日去各个城市旅游,观看芭蕾舞剧,了解当地文化、风土人情。每当员工过生日时,大家都会集体送上一份礼物表示祝贺。

## 2.3 跨文化培训策略

现在人们发现,很难说某个产品是由哪个国家制造的。同样,随着企业国际化水平的提高,企业的国籍问题也逐渐变得模糊起来,人们不再严格区分哪个公司是哪个国家的。随着国际企业成为世界上最主要的跨文化组织,在相当多的企业中,人力资源的来源日益呈现出国际化的趋势,不同肤色的人们越来越多地成为同事。来自不同国家、民族的员工具有不同的文化背景,员工的价值观、需要、态度、行为等具有相当的差异,企业内部存在的这种文化上的差异必然会引起文化冲突。同时,由于文化的差异,各国的管理理念、管理制度和管理方法不尽相同,导致企业内管理人员之间的管理理念和管理方法也不断产生冲击与碰撞。在企业日常运作和对外交往中,如果员工缺乏跨文化交流的知识和技巧,文化之间的差异就会产生误解和不必要的摩擦,从而会影响工作效率,降低企业的竞争力。因此,文化差异也是企业国际化、跨国经营中人力资源管理必须克服的障碍。华为的员工在出国之前都会在培训部门接受相关培训,如文化之间的差异以及相关产品等课程。日常培训还包括研讨会、语言训练、书籍、网站、讨论和模拟演练等。这些培养了具有不同文化背景的员工的适应能力,促进了不同文化背景的人之间的沟通和理解。通过持续不断的跨文化培训,在公司员工中逐渐形成了跨文化意识，学会了将文化差异只作为差异而不区分好坏，有助于员工在与不同文化背景的人打交道时，善于站在对方的角度考虑问题，大大减少了跨文化冲突。

## 2.4 共同的价值观管理

一个企业之所以能够成为优秀的企业，一个十分重要的原因，就是它成功地创造了一种能够使全体员工衷心认同的核心价值观念和使命感，作为企业核心价值观念的企业文化一旦被全体员工衷心认同或共有，它就会影响人们的思维模式和行为模式。华为除了在办公条件上对海外机构加以规范和管理外，华为的企业文化更是在一种无形的意识形态上约束着每一个员工的行为。即使是远在海外，来自华为总部的军事化管理风格仍然没有丝毫消减。华为认为，只有那些坚持为集体奋斗不自私的人们，才能结成一个团结的集体。同样，没有促成自己体面生活的物质欲望，没有以劳动来实现欲望的理想，就会因循守旧，故步自封，进而滋生懒惰。因此，华为提倡欲望驱动，正派手段，使群体形成蓬勃向上、励精图治的风尚。华为认为，团结协作、集体奋斗是华为之魂。在华为，成功是集体努力的结果，失败是集体的责任，不将成绩归于个人，也不把失败视为个人的责任，一切都由集体来共担，除了工作上的差异外，华为人的高层领导不设专车，吃饭、看病一样排队，付同样的费用。在工作和生活中上下平等，不平等的部分已用工资形式体现了。华为无人享受特权，大家同甘共苦，人人平等，集体奋斗，任何个人的利益都必须服从集体的利益，将个人努力融入集体奋斗之中。自强不息，荣辱与共，胜则举杯同庆，败则拼死相救的团结协作精神，在华为得到了充分体现。华为在这种共同价值观的整合下，整个企业爆发出了不可思议的战斗力。

由此我们可以看出团结协作、集体奋斗是华为企业文化之魂，塑造出独具华为特色的"狼性"企业文化。华为的奉献精神分三个层次：为华为奉献自己的价值；为客户奉献自己的价值；为整个社会、整个社区奉献华为的价值。华为要把自身打造成学习型组织，要求员工必须具备良好的学习能力，养成好的学习习惯。华为人认为，不创新是华为最大的风险。在创新的方式上，主张团队作战，不赞成个人英雄主义。"获益"与"公平"是华为企业文化的核心。华为企业文化建立的一个前提，是要建立一个公平、合理的价值评价体系与分配体系。《华为基本法》总结、提升了该公司成功的管理经验：分别从华为的核心价值观、追求、员工、技术、精神、利益、社会责任、基本目标、顾客、人力资本、核心技术、利润、公司的成长、成长领域、成长的牵引、成长速度、成长管理等方面说明了华为的发展方向。"企业家精神"、"创新精神"、"敬业精神"和"团结合作精神"是华为企业文化的精髓。

## 2.5　充分利用异国资源

文化差异的存在并不是一味地影响跨国公司的经营和发展，如果实施了合理有效的跨文化管理，异域文化也能给公司的发展带来新的思维和力量，帮助公司打造核心竞争力。华为公司跨国经营管理的实践告诉我们，针对文化差异进行跨文化管理，可以在拓展市场、开发人力资源以及提高管理柔性方面产生积极的作用。具体体现在以下方面。

### 2.5.1　市场开拓

在市场开拓方面，可以提高公司对于地方市场上文化偏好的应变能力以及拓宽产品市场，发现潜在消费群。

讨论华为的国际化进程，不能不提到亚洲和非洲地区的市场开拓。在非洲，华为的青年工程师们以其高度的忍耐力抗衡艰苦环境；在亚洲，他们又以"本地化"的贴身服务化解了文化差异劣势。华为正是依靠这些低成本的"知识力"，赢取了竞争对手的市场份额。

### 2.5.2　资源获取

在资源获取方面，提高企业从具有不同国家背景的人员中聘用员工、充实当地公司人力资源的能力。

提高公司的国际竞争力，华为的跨文化管理有利于融合不同国家的经理职员之间的文化传统和思想差异，形成跨文化沟通与和谐的具有东道国特色的经营理念，有利于企业开拓国际市场，增强企业的国际竞争力。

### 2.5.3　成本控制

在成本方面，减少了公司在周转和聘用非当地人士担任经理方面花费的成本，降低公司经营成本。

华为在实施跨文化管理的过程中加强对东道国文化的理解，更快、更便捷地择取信息，减少了市场开拓的盲目性，增强了市场的介入能力，从而降低了信息成本，也大大降低了谈判费用。在解决问题方面，站在了更为多元的视角范围和做出了更为严格的分析，进而提高了制定决策的能力和决策质量。在创造性方面，通过视角的多样性和减少关于一致性的要求来提高公司的创造力。在系统灵活方面，提高了组织在面临多种需求和环境变化时候的灵活应变能力。

## 2.6　影响华为公司北美战略的文化因素

霍夫斯坦特对文化下了这样一个定义：文化是在同一个环境中的人民所具有的"共同的心理程序"。他认为人们之所以具有不同的思维方式，是受到不同文化群体的心理程序设定的影响。因此文化并不是单独存在于思维方式之中的，而是通过具有相同社会文化或者受过相同思想教育的人们共同作用与思维方式的。

我们将从四个方面阐述影响华为公司北美战略的文化因素，分别为价值差别差异、思维方式差异、规范管理差异和语言差异。

价值观是整个社会文化系统中最深层次的，具有相对稳定的文化观念。

价值观一旦形成，很难彻底改变。如果现有的价值观受到外来文化所传播的另一种价值观的冲击，很容易导致价值观思想的混乱，而人类的行为也不可能同时受两种价值观的支配。在这样的情形下，跨国企业在开展国际化战略中要极力谋求价值观的统一和谐。

（1）权力距离。权力距离体现的是不同文化中下级对上级的服从和依赖程度，在一定程度上反映着企业文化中的上下级关系。通过霍夫斯泰德的研究数据可知，北美国家的权力距离较小，这就是说上下级的距离较小，具有更多的自由言论发表机会，并且上下级双方认为他们的关系是平等的。从权力距离体现的组织管理风格来看，在中国，企业的管理者在发布指令的时候通常是以告知的方式，在意见决策的过程中，领导者的自身意见起着决定性的作用。在美国，企业的领导风格基本上是协商型，领导不突出个人的地位和作用，主张与员工建立信任关系。企业实行的是集体决策，在决策方法上强调集体讨论，重视广泛听取和探讨下属人员的各种意见。中美双方价值观差异在权力距离上的体现，带给华为北美市场上战略的影响包括会议风格不同而内部沟通不畅问题。中方员工习惯性的附和领导的意见，管理者在决策中注重自身地位的不可动摇，自身对于新思路和创新解决方案的提出，常表现出犹豫不决的态度。与此相反的是北美员工更为自由的表达方式，权力距离对北美员工的制约力低，因此它们在意见表达上更为自由，形式多样，语言丰富，这在海派员工眼中或许成了对权力的挑战。

（2）回避不确定性。回避程度较高的文化对未来充满担忧，拥有较多的法规限制，极端主义，且强调持续是社会的主要特征；回避程度较低的文化体现在人们对未来的挑战充满信心，年轻人多抱有积极的心态，较少受到法规的限制。这一概念具有多种解释，这就导致了在分析北美文化和中国文化的过程中，从不同的角度得出了不同的理论。在华为北美研究所，提出新问题看法的员工绝大部分是公司在本地吸收人才，他们更具有创新精神和探索欲。但是，美国人对公司的文书要求极高，而且在约见客户的时候对时间地点具有非常详细的规定，从这一层面上来说，美国文化更倾向于回避程度较高的文化。华为公司在北美市场的跨文化内部管理工作中常常遇到此类问题。在西方，特别是管理思想更为开放的美国，管理秩序的开展是基于公司文化，并且随着业务的开展而不断更新。"勇于'挑战'管理秩序的人会成为下一任制定者。"这是美国一家通讯公司在成立之初写在公司管理章程中的一句话，它很好地反映了美国企业管理所重视的开放性。

（3）男性化—女性化。男性化—女性化维度也可称为事业成功与生活质量维度，因此这一维度的概念显而易见。和霍夫斯其他几个维度理论相比，男性化—女性化理论就中美双方来说，是差异最小的一个维度，两者都属于男性化为主导的文化。华为在北美市场，乃至全球市场的工作开展都离不开本地雇员的支持。特别是在北美市场，华为面临的问题是在其他已经获得成功的市场上尚未遇到的，为了攻克这些难题，强势出击、一击制胜的男性化文化在决策中起到了推波助澜的效果。2010 年 9 月，华为开始了与 T‐Mobile USA 的关于智能手机供货协议的谈判。在谈判中，华为公司凭借其极具诱惑力的定价策略获得了 T‐Mobile 的肯定，同时，男性化价值观对竞争获胜的追逐趋势华为公司与竞争者的采取了侵略性的比拼。但是，在这场谈判开始之前，华为公司内部由于中美双方对谈判风格的不同态度曾一度引起讨论。华为北美研究所中方员工主张先和 T‐Mobile USA 建立起友好联系方式，通过一些非正式的接触，了解对方并建立起互信的方式，从而敲开对方的大门，但是，本土的员工却不这样认为，他们认为应该用直接坦率的方式，用市场占有率的数据和华为的技术赢得对方的青睐，以客观的态度看待对方的谈判代表，以经济利益为第一考量因素。最终通过内部沟通和北美市场的考察，实行了北美员工的方案。华为公司内部本土员工的北美价值观中的男性化因素带动了公司谈判风格的转变，从而赢得了和 T‐Mobile USA 的供货协议。男性化为主导的为追求事业的成功，追求自我表现和竞争中获胜；女性化为主导的文化则更愿意以协商的方式解决问题，强调生活质量的提高，注重人际关系的培养和维持，很难讲中国是一个男性化还是女性化方式，但是美国确实被笃定的人做事男性化为主导的文化。

（4）个人主义——集体主义。个人主义强调个人为集体做出的贡献，注重个人价值的实现；集体文化把集体利益放在第一位，看重在集体中实现个人价值，认为集体中的个人是相互依赖，不可分割的。美国员工对待人际交往时，看重的是个人在集体中是否能够凸显出自己的个性层面，而中国员工在同样的环境下，则更倾向于不显露，更愿意"随大流"。在管理者层面，中方管理者习惯把收购项目的达成或者谈判的成功归结为整个团队的默契合作，而美方管理者更愿意在团队胜利中肯定个人因素的作用，更愿意在谈判成功中看到个人的突出表现。此外，从公司的国际化战略目标层面看，公司上层支持华为公司在北美取得全面的实质性的胜利，必须坚持个人价值的实现，让其更好地为集体利益服务，华为利益至上的基础上，依靠美国本土雇员特有的个人主义精神，充分满足个人价值的实现。

## 2.7　思维方式的差异

思维方式的差异严格意义上不能归为文化差异，但这却是由于文化差异所导致的。思维方式与文化的关系很复杂，文化影响思维方式的早期形成，而思维方式又反过来影响个人对文化的吸收和学习。中西方的思维方式受文化差异的影响，体现在以下几个方面：中方员工注重形象思维，北美员工注重抽象思维；中方员工注重综合思维。北美员工注重分析思维；中国人强调"统一"，西方人强调"对立"。

## 2.8 典型案例分析

华为进入北美市场之初时，从1999年起根据IBM咨询顾问的建议，参照IBM进行IPD变革，而受不确定性因素的影响，面对管理机制转变可能带来的未知的影响，以及大量新工作内容的加入而引发的工作压力，案例中的中方员工选择了不参与，这是因为中方价值观中对不确定性可能引起的变动会带来忧虑感和精神压力。与此相反，在2003年，华为和3com公司成立合资公司华为3com的时候，也面临了一系列的管理体系更新和公司文化重组，来自美国的员工把变革看作是令人心奋的挑战，对华为公司的文化培训充满期待，保持乐观的态度认为每一天都是充满新事物的。

同样是面对不确定的事物，中美员工则表现出截然不同的处世态度。中方员工更多的是一种保守的态度，在没有足够的把握下不敢去轻易地直面问题，直面挑战，而美方员工则更多的是一种积极的、渴望挑战、渴望接受新事物的，从而展示自己的一种态度。当然，这是由于两国不同的文化传统的所造成，当双方处于一种共同的情境下，很容易产生矛盾，甚至冲突，这时就需要上层机构针对双方的不同特点进行整合，优势互补，或者说求同存异，各自都能在组织中发挥自我巨大的能量，这样才能够是一个组织更加的强大。

经济的全球化为企业的跨国经营创造了巨大机遇，成为全球经济增长的关键因素。中国企业也纷纷实现国际化，但是我们必须认识到这是一个由浅入深的过程，与发达国家的跨国企业相比，我们还有很大的差距。华为的跨国经营实践已经证明，企业可以在异域文化环境中努力实现中国优秀民族文化与东道国文化的融合，建设具有本公司特色的企业文化，通过共同的价值标准、道德标准和行为标准，把具有不同文化背景的各国员工凝聚起来，实现多层次的有效沟通和合作。只有处理好不同的文化差异和找到适合中国跨国企业跨文化管理的模式，才能让中国跨国企业在迈出国际化门槛以后，走得更远，也走得更稳。

【思考题】

1. 隐去两者的主题文化，和平相容策略中，如何隐去巨大的文化差异？其可行性又有多少？

2. 华为是如何解决在权力距离中因会议风格的不同而导致内部沟通不畅的问题？

3. 针对某一国家具体采取某一策略的依据是什么?

**【资料来源】**

[1] 王月辉. 中国"狼企文化"探析 [J]. 北京理工大学学报(社会科学版), 2006 (2).

[2] 孙春英. 跨文化传播学导论 [M]. 北京: 北京大学出版社, 2009.

[3] 蹇温馨. 基于文化差异分析的跨文化管理研究 [D]. 华北电力大学, 2009.

[4] 华为高管: 创新能让美国高官消除成见, [EB/OL]. [2011-10-21]. http://tech.sina.com.cn/t/2011-10-21/17056212089.shtml.

[5] 传 T-Mobile USA 与华为谈判智能手机供货协议, [EB/OL]. [2010-09-04], http://it.sohu.com/20100904/n274700155.shtml.

[6] 张利华. 华为5000万从IBM买了什么 [J]. 中国机电工业, 2010 (2).

[7] 蒲勇进, 王傲. 进入美国, 华为需要更多"智慧" [J]. 对外经贸实务, 2011 (25).

[8] 谢鹏. 华为到底是一种什么文化 [N]. 商务周刊, 2006 (12).

# 浙江吉利控股集团有限公司跨文化管理案例分析

**摘要**：本案例通过吉利收购沃尔沃这一实例，从对人性的看法、人们对自身与外部自然环境关系的看法、人们对自身与他人之间关系的看法、人的活动导向、人们的空间、时间观念分析吉利跨国并购的文化差异。同时从识别文化冲突，理性看待文化差异、清除语言障碍是当务之急、合理制定企业并购整合策略、建立有效的文化沟通途径、促进企业人力资源管理模式的创新等方面来分析吉利公司跨文化管理的应对策略。

**关键词**：吉利集团；跨文化管理；跨国并购

## 1. 相关背景介绍

### 1.1 吉利汽车公司简介

浙江吉利控股集团有限公司（简称"吉利控股"）自1997年进入轿车领域以来发展迅猛，（连续3年进入世界500强）连续12年进入中国企业500强，（连续9年进入中国汽车行业10强）被评为国家"创新型企业"和"国家汽车整车出口基地企业"（2002年经营规模列"全国500强"第421位、"浙江省100强"第28位。2003年被评为"中国汽车工业50年发展速度最快、成长性最好"的企业之一。拥有台州临海、宁波、台州路桥、上海四大整车制造基地；2010年3月28日吉利成功收购沃尔沃。吉利·豪情、吉利·美日系列经济车型，美人豹，华普三大子品牌系列；两厢、三厢经济型轿车、都市跑车等七个汽车品种）2011年，吉利控股合并吉利汽车和沃尔沃轿车报表后销售收入达到1 400亿~1 500亿元，总资产突破1 100亿元，顺利跻身世界500强（吉利控股集团以"造老百姓买得起的好车·让中国汽车走遍全世界"为己任，为让更多的老百姓早一日拥有汽车，早一日享受快乐人生而不懈努力）。目前，吉利控股注册资本为8.30亿元，李书福及其儿子李星星分别持股90%和10%。李书福通过吉利控股掌握整个吉利系汽车产业的控股权。这种"拉长族谱（金字塔式）"的控股做法，仅仅以较小的资本杠杆，就能控制庞大的产业体系，而且便于融资。

### 1.2 企业文化

#### 1.2.1 理念

浙江吉利控股集团有限公司本着"沟通、合作、敬业、创新"的精神，不断推陈出新，积极参与国际竞争与合作，以先进的技术、优质的产品和细微的服务，全心全意地圆中国老百姓的汽车梦，实践着"造老百姓买得起的好车，让吉利轿车走遍全世界的"诺言！

#### 1.2.2 宗旨

发展民族汽车工业，为老百姓造买得起的好车，所以要以虚心的态度，向管理水平好的同行学习，向前辈学习，要多了解中国民族汽车工业的现状。谦虚好学，不断提高，是中国人的美德，对吉利这个新兴的汽车生产企业的发展来说尤为重要，良好的信誉、周到的服务、可靠的质量是公司发展的立足点，让国内外客户满意则是公司乃至吉利控股集团的一贯经营宗旨。

#### 1.2.3 创新

集团投资数亿元建立了吉利汽车研究院，总院设在临海。研究院已经具备较强的整车、发动机、变速器和汽车电子电器的开发能力，每年可以推出4~5款全新车型和机型；自主开发的4G18CVVT发动机，升功率达到57.2kW，处"世界先进，中国领先"水平；自主研发并产业化的Z系列自动变速器，填补了国内汽车领域的空白，并获得2006年度中国汽车行业科技进步唯一的一等奖；自主研发的EPS，开创了国内汽车电子智能助力转向系统的先河；同时在BMBS爆胎安全控制技术、电子等平衡技术、新能源汽车等高新技术应用方面取得重大突破；已经获得各种专利718项，其中发明专利70多项，国际专利26项；被认定为国家级"企业技术中心"和"博士后工作站"，是省"高新技术研发中心"。

#### 1.2.4 使命

造最安全，最环保，最节能的好车，让吉利汽车走遍全世界！

#### 1.2.5 核心价值理念

快乐人生，吉利相伴！Happy Life，Geely Drive！

## 2. 案例分析

### 2.1 从价值取向理论分析吉利跨国并购的文化差异

在吉利之前，中国已经出现了TCL收购英国汤姆逊、联想收购美国"蓝色巨人"IBM 的 PC 业务以及上汽收购韩国的双龙汽车等几大跨国并购案例，这些案例基本上均以失败或者亏损而告终。据研究表明，跨国并购的成功率比较低，在45%左右，吉利此次收购可谓顶着重重"阴影"。

下面运用克拉克和斯乔贝克的六大文化价值取向理论来具体分析中国和瑞典两国的文化差异，以及吉利和沃尔沃两家汽车公司之间可能存在的文化差异和冲突表现。

### 2.1.1 对人性的看法

我国深受儒家文化"人之初性本善"的影响，认为人性本善，奉行一种耻感文化，所以制度设计较为松散，制度实施灵活性过大。西方社会普遍认为人性本恶或人性是不确定的，所以他们会严格制度设计，认真把控制度的运行和实施，争取把犯错误的概率和危害降低到最低程度。因而，吉利和沃尔沃两家汽车公司在企业制度层面必然存在较大的差异，制度统一和融合的难度较大。

制度设计的不同导致双方企业权力距离的不同。中国是高权力距离的国家，集权化程度明显。瑞典权力距离比较小，差异性容忍程度高，提倡人人参与和平等决策。这种权力距离的较大差异会成为双方冲突表现的根源。

### 2.1.2 人们对自身与外部自然环境关系的看法

人们屈从自然、控制自然还是与自然和谐相处，是人们对于自身与自然环境关系的看法。中国古代奉行屈从自然，认为自然是神秘和伟大的，违背自然规律将受到自然的惩罚，新中国成立后，我们主张人定胜天，总想控制自然，随意破坏自然，虽然近年来我们提出科学发展观，但是我们国人和企业对于自然环境的重视程度仍然不够，和谐观念远远没有建立。西方社会在经历了许多发展弯路之后，早已经形成人与自然和谐相处的发展理念，体现在经济生产和社会生活的方方面面。

吉利同沃尔沃的发展历史相差甚远，造车理念明显滞后，技术水平和品牌形象存在巨大的差距，这都将对双方在工厂选址、车型引入、平台构建和营销方式等方面产生不利影响。

### 2.1.3 人们对自身与他人之关系的看法

中国奉行集体主义的价值观念，"和为贵"、"舍小家保大家"均体现了集体利益高于个人利益的价值取向，传统的家族思想导致员工对于亲近远疏和裙带关系特别重视。而瑞典则倾向于个人主义文化，个人发展赢得上级的支持和尊重，强调自身努力是成功的不二法门。这会对员工之间的交流、相处、职业晋升和工作氛围产生不利影响。

### 2.1.4 人的活动导向

人的活动导向是指文化中的个体是否倾向于不断行动。中国自古以来提倡"以静制动"、"以不变应万变"，主张无为而治，中国人面对问题时，总是习惯于静观其变，待到时机成熟才去解决问题。瑞典是一个活动取向的国家，人在社会中只有不断行动，不断做事，不断主动去解决各种问题才能获得自身的发展和进步。这会对双方的战略实施和其他一系列行动计划的施行产生较大的阻力。

### 2.1.5 人的空间观念

中国人倾向于把空间看成公共的东西，没有太多隐私可言，自己总是处于随时被打扰的状态。而瑞典人则重视个人隐私，极富家庭观念，他们会严格遵从上下班的时间，并且在下班之后关闭手机以免被打扰。这就对吉利公司工作任务的安排、时间的把控和生产流程的管理提出了极大的考验。

### 2.1.6 人的时间观念

对时间的看法主要涉及两个层面。一个是关于时间的导向，即一个民族和国家是注重过去、现在还是未来。另一个层面是针对时间的利用，时间是线性的还是非线性的。中国企业注重过去和现在，对于未来的预测和安排做得不尽如人意，所谓的长期导向则显得过于空泛。另外，中国人的时间是非线性的，缺乏明确的时间规划和安排，工作和生活总是被随意打扰和打乱。而瑞典是一个更加关注未来的国家，瑞典企业目光长远，注重企业长期的成长性和战略的完整性，并且他们的时间是极其线性的，工作和生活都安排得井井有条，很难会被随意的分割。这是吉利公司的管理智慧面临的巨大难题。

此外，瑞典的工会组织强大，工人力量不可忽视，如何协调好企业、工会和政府之间的关系也是一大难题。

## 2.2 吉利公司跨文化管理的应对策略

### 2.2.1 识别文化冲突，理性看待文化差异

文化的差异和冲突是客观存在的，吉利公司首先必须理性看待这种客观存在的文化差异。管理人员先应由浅入深，首先从两个企业表层的文化开始，即先要认识到中国和瑞典的文化差异。然后深入到企业的行为文化、制度文化、观念文化和道德文化等深层次把握文化特点。越到后面，工作越艰巨，因为文化因素是植根于每个员工内心深处的。这就需要吉利的管理人员积极耐心的收集企业的文化信息，与员工建立有效的沟通模式，从倾听和沟通开始。

### 2.2.2 清除语言障碍是当务之急

语言障碍是当前面临的最大问题之一，没有统一的语言就不会有有效的沟通，因而要组织员工学习中瑞两国不同的语言，尤其是要着力加强双方英语的沟通能力和理解能力。

### 2.2.3 合理制定企业并购整合策略

吉利公司不应把同沃尔沃公司之间的关系看成父子关系，而应该着力建立一种兄弟关系或者是夫妻关系。尽量保持沃尔沃公司管理制度和企业文化的完整

性，采取平行的企业管理策略，充分尊重沃尔沃公司的管理自主性，但同时，吸收双方文化的共同点和优势所在，培育新型的企业文化共识，建立新型的企业制度和企业发展的理念，只有具备了共同的核心价值观，两者才能最大限度和最好地融合在一起。

#### 2.2.4 建立有效的文化沟通途径

吉利公司要加大对于员工关于文化方面的培训，让员工认清文化的特质和客观存在的文化差异，中瑞两国风俗习惯、道德规范、法律以及宗教规范等也应纳入培训体系，以减少摩擦和冲突。同时，帮助员工掌握多种实用的、现代的和先进的文化沟通技巧，加强员工之间的协作和交流，适当建立团队模式，以小团队带动大集体的和谐相处。

### 2.3 吉利收购沃尔沃的原因

#### 2.3.1 吉利战略转型对技术和品牌的诉求

吉利从2007年开始就提出了战略转型：不打价格战，而是将核心竞争力从成本优势重新定位为技术优势和品质服务。吉利这样说也这样做了，而且成效显著。

（1）渴望技术。在北京召开的并购沃尔沃轿车协议签署媒体见面会上，吉利总裁李书福指出："在知识产权的内容上，我们是斤斤计较的。"一语道破吉利垂涎沃尔沃技术的天机。作为国际化的品牌，沃尔沃的知识产权和先进技术是毋庸置疑的，谁收购了沃尔沃谁就会得到一大笔技术财富，它的先进技术和安全性能、节能环保特点正是吉利实现战略转型最需要的。

（2）提升品牌。一直以来吉利汽车在价格和品牌上都给人以"草根"的印象，成本和价格一方面为吉利带来丰厚利润；另一方面又使吉利的品牌无法更上一层楼，没有可以打出去的牌子是个棘手的问题。依目前的形势看，吉利虽有三大品牌，但尚缺乏一锤定音的顶级豪华品牌，这个空缺沃尔沃正好可以补上，有了沃尔沃，吉利在行业内的品牌竞争地位无疑会大大提升。

#### 2.3.2 民营企业走出去的一种方式

吉利是民营企业，打入国际市场更困难，但只有进入了欧美发达国家市场，才能够越做越强。吉利需要打入国际市场的"通行证"，而收购品牌无疑是捷径。所以代表品牌市场的沃尔沃就毫无疑问地成了吉利走出中国的桥梁。

#### 2.3.3 学习系统的市场营销规模

沃尔沃通过体育营销和大成本的营销让自己的品牌和"绅士精神、挑战极限、高尚生活"紧密地联系在一起，锁定了追求生活质量、关注安全和环境并且又不爱张扬的用户群体。能够近距离地学一学外资品牌的营销策略，对吉利以及中国自主品牌的车企来说，都是未来走向世界的前提。

### 2.3.4 李书福个人性格因素

英特尔公司的拯救者格鲁夫曾经有句著名格言:"只有偏执狂才能生存。"在诸多方面,李书福就有点像这所谓的"偏执狂"。收购沃尔沃难度不言而喻,但对敢赌敢拼敢挑战的李书福来说,这是值得冒险的。

坚持李书福个人魅力的作用贯穿于整个收购过程,是吉利收购成功的支柱。对汽车梦的无比坚持,使其在数次遭到福特拒绝时并未放弃。尤其是面对沃尔沃工会的刁难时,"I Love You"的回答和承诺不转移工厂,打动了可谓剽悍的沃尔沃工会。

决心为确保收购成功,李书福曾表态,除了主业汽车和培养研发团队的学校外,其他产业全都可以清理掉。正是这种破釜沉舟的决心,使吉利最终成功收购了沃尔沃。

## 2.4 福特选择吉利的原因

### 2.4.1 吉利的尊重

福特是美国汽车及底特律工业尊严的捍卫者,吉利收购后的整合运营方案最大限度地满足了福特的要求:对沃尔沃内部,保留沃尔沃单独的运作体系,吉利不干涉沃尔沃的运营管理,高管团队给予保留,对工会承诺不转移工厂和不裁员。李书福一直承诺要为沃尔沃保留更多独立,这种尊重让福特对吉利产生了极大的好感,对收购的成功起了不可估量的作用。

### 2.4.2 福特担心技术为竞争对手所用

福特和沃尔沃拥有大量共享技术和专利,由于担心技术为竞争对手所用,因此福特并不热衷于将沃尔沃出售给大型汽车集团,以免增强对手竞争实力。而吉利得以凭借不对福特构成威胁的优势收购沃尔沃。

### 2.4.3 看中中国车市场

吉利背后的中国市场的确是块诱人的蛋糕,沃尔沃认识到要走出困境,眼下最大的机遇就是借助中国市场,但中国有个政策:海外并购都要在发改委备案,不允许自相残杀。所以,沃尔沃如果要选择中国,就只能选择吉利。

## 2.5 宏观分析

### 2.5.1 政治环境

(1) 国际关系。①瑞典是最早同中国建交的西方国家号称建设的是民主社会主义。中瑞关系平稳发展,两国在政治、经济、文化等各个领域和各个层次的交流与合作日益增多并取得显著成果。

②瑞典首相表示欢迎吉利与沃尔沃最终结盟,中国政府也对此事持鼓励态度,在经济和政策方面都给予了很多的支持。

（2）政策干预。①我国实行"走出去"战略。国务院推出《关于鼓励支持和引导个体私营等非公有制经济发展的若干意见》《关于鼓励支持和引导个体私营等非公有制经济发展的若干意见》等文件大力鼓励民营企业走出去，鼓励有条件的企业对外投资和跨国经营，加大信贷、保险外汇等支持力度，加强对"走出去"企业的引导和协调。

②我国实行海外并购都要在发改委备案的政策，不允许自相残杀。沃尔沃认识到要走出困境，眼下最大的机遇就是借助中国市场。所以回过头来看，当吉利在发改委备案时，沃尔沃如果要选择中国，就只能选择吉利。

③国内政策性银行加大对境外投资支持力度；在防范风险的基础上，简化境外投资的审批程序；在我国外汇储备存量较高和人民币汇率升值后，放宽了对外投资，这也为吉利集团收购沃尔沃提供了经济保证。

④国家出台的《汽车产业调整和振兴规划》明确指出："以结构调整为主线，推进汽车企业兼并重组。"兼并重组有多种形式，不仅是国内企业之间的兼并重组，也要利用国际金融危机带来的机遇并购海外的汽车企业。

众多政策的支持为吉利集团收购沃尔沃公司提供了地利之势。

### 2.5.2　经济人口环境

（1）国际经济环境。2008年9月以来，近200年来逐渐形成的华尔街金融版图，正遭遇"地毯式"的巨变。破产和另类成为华尔街的关键词。有着158年辉煌历史的雷曼兄弟公司轰然倒下，美林集团易主美国银行，大摩也寻求合并；美国最大储蓄银行——华盛顿互惠银行也在为避免破产苦寻买主……受这次金融风暴波及，西方各国经济普遍陷入衰退。而福特公司也因此债务缠身。

金融危机使本来就不稳固的沃尔沃市场雪上加霜，销售量下滑的情况十分严重。值得一提的是，2008年9月，沃尔沃轿车在其重要市场之一——美国的销量骤降51%。严酷的国际背景带来的经济高压使福特急于放低身价出售沃尔沃，对吉利公司来说真是天上掉下的馅饼。

（2）我国经济环境。虽然国际金融风暴对我国经济有一定影响，但是风暴并没有伤到我国经济的筋骨，只是一定程度上减缓了我国经济的快速增长，而吉利汽车公司汽车销量保持迅速增长，吉利战略转型不断深入，从销售情况来看，吉利的发展形势令人鼓舞。2008年吉利汽车国内销量22万多辆，比上年依然有一定涨幅，吉利的增长远远高于行业标准。

当前的国内国外的经济环境，便是吉利集团收购沃尔沃的天时。

### 2.5.3　社会文化环境

（1）从社会角度来看。中国的汽车行业的发展前景是远大的，汽车市场也是远未达到饱和，汽车的需求量在未来的几年内会呈现持续增长的趋势，人们对汽车安全和环保也越来越关注。而以安全闻名的沃尔沃汽车将注定受国内市场的欢迎，这也为吉利公司成功收购沃尔沃提供了支持。

（2）从民族文化来看。我国国内民族意识高涨，人们在买汽车时，会优先选择购买国产汽车。如果吉利成功收购沃尔沃，必定将让沃尔沃在中国的销量大幅度提高，这也是福特公司所想看到的。

（3）从广大民众的支持来看。此次收购如果成功，将使中国人心中的自豪感和中国力量得以体现和提升。因此这次事件也引起了广大民众的关注和支持，广大中国民众做坚实后盾为吉利的成功加大了筹码。

受到国内广大民众的支持，这就是吉利集团收购沃尔沃的人和。

在如此天时、地利、人和的环境下，吉利公司成功收购沃尔沃便顺理成章了。

### 2.5.4 技术环境

（1）总体技术落后。我国汽车行业技术落后，国产汽车业主要以成本优势，打价格战，在技术层面与国外有很大差距。在自主品牌企业造高档车难度大，造中低价位车的难度比较小，国内市场急需引进高档车生产核心技术。

（2）加强金融导向和支持。我国加大金融对对外高新技术投资的支持，充分发挥其政策导向功能，对国家重大科技专项、国家重大科技项目产业化项目的规模化融资和科技成果转化、高新技术产业化、引进技术消化吸收、高新技术产品出口等在贷款上给予重点扶持；运用财政贴息方式，引导各类商业金融机构支持高新技术引进和自主创新与产业化，使我国高新技术迅速发展，为吉利集团收购沃尔沃提供了技术条件。

（3）走引进技术之路。吉利从 2007 年开始战略转型，提出了不打价格战，要以品牌、技术、品质、服务赢市场，要造最安全、最环保最节能的好车，吉利对于沃尔沃公司的收购恰能补充在技术方面的不足。

## 2.6 现状分析

### 2.6.1 优势

（1）收购双方的销售市场互补，无重叠。沃尔沃公司一直坚持的销售理念就是造安全、环保、设计和品质都一流的高端豪华车型，而吉利公司是以造低成本的中低档车而发家的，直到现在，吉利一直坚持这样的传统。这样看两个公司的销售市场不单毫无重叠，反而互补，形成了更强、更全面的销售整体。

（2）吉利对此次收购作了充分准备。李书福早在 2002 年就开始研究沃尔沃这个企业，并于 2007 年敏锐洞察到并购沃尔沃的可能性，开始和福特进行正式沟通，同时要求财务负责人着手研究并购可能性与准备工作，李书福则亲自飞赴福特总部进行协商。虽被福特多次拒绝，但李书福坚信福特是战略性出售，继续跟踪并聘请了庞大的外部专业收购团队来进行辅导与协助，如并购事务顾问洛希父子公司、法律事务顾问富尔德律师事务所、财务事务顾问德勤会计师事务所、汽车公司整合咨询顾问罗兰贝格公司,以及全球知名的并购公关公司博然思维等。在专业机构帮助下,并购活动所有的危机点都在吉利的掌控范围内。正如中国古语所云:有备而无患,吉利凭借精心的准备和对并购的熟知程度打了一场有备之仗,最终击败众多竞争者并购成功。

(3) 吉利收购后的运营整合方案符合福特方面要求。福特作为此次金融危机中唯一没有倒下的美国大型车企,是美国汽车及底特律工业尊严的捍卫者,且时刻都努力体现一个负责任的形象,其十分关注出售后沃尔沃是否能够摆脱目前的困境赢得一个更好的未来。而吉利对沃尔沃未来的发展之路规划得相当明晰:一是通过采购沃尔沃设置在中国工厂生产的零部件,以降低采购成本。二是扩大销售规模摊薄整车成本。通过详尽的成本测算,准确地预测出沃尔沃销售35万辆即能实现扭亏。

相比之下,沃尔沃只占四大高端汽车33.86万辆的6.6%,比例虽然不大,但沃尔沃只需在中国扩展5万辆就能实现35万辆的全球销售而全面扭亏。吉利未来规划沃尔沃在中国的销售达到30万辆,国际市场达到35万辆,这是福特一直未实现的65万辆的销售目标,但事实上支撑这个规划的数据很简单,那就是扩大沃尔沃B级车在中国的销售,因为中国B级车市场总量是高端车的10倍以上,同时中国车市未来5年还将以每年20%的速度递增,凭借着沃尔沃的品牌与技术和吉利对中国市场的深度了解,沃尔沃只需拥有5%的中国B级车市场份额即可实现全球市场规划目标。广阔的发展前景、详尽的运营方案对沃尔沃来说无疑有很大诱惑力。

(4) 吉利有两次国际并购案的经验。在沃尔沃之前,吉利已经成功操作了两起跨国并购案:2006年10月控股英国锰铜,2009年3月全资收购全球第二大的澳大利亚自动变速器公司。

这两起并购案里面不乏供应商体系、技术知识产权的谈判和对吉利在资本运作、文化冲突方面的考量,为吉利提供了宝贵的并购经验。尤其是资本运作手法堪称经典:"这两个项目并购都是直接用海外资金,用并购的资产做抵押向海外银行贷款,或者在海外资本市场发债、发股"(李书福语)。

这次和福特的博弈,吉利获得了沃尔沃9个系列产品,3个最新车型平台,2 000多个全球网络,人才和品牌,以及重要的供应商体系,斩获颇丰,而付出的代价却不大,之前的国际并购经验功不可没。

(5) 吉利拥有职业的收购运营团队。以李书福为首,包括顾问公司的团队,吉利为并购案组织了200多人的全职运作团队,骨干人员中不乏业界巨擘:原华泰汽车总裁,曾主持过JEEP大切诺基、三菱欧蓝德、帕杰罗、奔驰E级和C级豪华轿车等七款车型的引进和国产化工作的童志远;原世界500强三甲之一英国

BP 的财务与内控高级顾问张芃；原菲亚特集团动力科技中国区总裁沈晖；国际并购专家，长期在英国 BP 伦敦总部负责重大并购项目的袁小林。如此多重量级的专家为吉利出谋划策，扫除了并购路上一个又一个障碍，获得最终成功。

（6）低成本优势巨大。中国出口产品的低成本是一个被广泛认可的事实，几乎所有的本土企业都享用着这样的廉价资源，虽然我国劳动力成本上涨，但对比其他国家仍有明显的优势。而且吉利公司在 2007 年之前，公司的发展战略就是"造老百姓买得起的好车"，这时吉利的核心竞争力就是低成本，低售价。

### 2.6.2 劣势

（1）双方差异。第一，文化鸿沟。沃尔沃在瑞典已有 80 多年历史，它的根在瑞典，它是瑞典人的骄傲，即使后来底特律文化的介入也没能改变根植于瑞典的文化情节，这是一种自它诞生就形成的文化特质。而只有 13 年历史的吉利正处于蓬勃发展之中，活力十足，同样有着中国文化特质。两者之间的文化鸿沟而只有 13 年历史的吉利正处于蓬勃发展之中，活力十足，同样有着中国文化特质。两者之间的文化鸿沟该怎样来填充，的确是个伤脑筋的问题。第二，管理上的差异。沃尔沃在相当长的时间里一直是全球汽车品牌的佼佼者，之所以目前在高档车的市场占有率上被抛到了后面，公司管理层对不同市场的变化考虑较少，产品与市场脱节是一个重要原因。但中国市场和欧洲市场有很大的不同，它强调客户至上，市场需要什么样的车就造什么样的车来迁就消费者。但是沃尔沃管理层却坚持走自己的路，照着当前全世界汽车工业发展低碳环保的方向走，而忽略市场的需求。这种战略方向上的分歧很难协调，成为吉利和沃尔沃牵手之路上不小的障碍。

（2）吉利缺乏高端品牌管理经验。吉利公司从创建以来一直都在坚持做中低档车的生产销售，从未涉足过高端豪华车的生产销售领域，而此次吉利公司收购的沃尔沃公司则是一家以生产和销售高端豪华车而闻名的汽车公司。对于缺乏高端管理经验的吉利公司来说将来对沃尔沃公司的管理将会成为其一大弊病！

### 2.6.3 机会

（1）政府支持。国家出台的《汽车产业调整和振兴规划》明确指出："以结构调整为主线，推进汽车企业兼并重组。"这一大好政策支持我国企业利用国际金融危机带来的机遇并购海外的汽车企业。

吉利并购沃尔沃，一是可以帮助中国自主品牌汽车企业尽快走向国际市场；二是可以嫁接国际知名品牌为我所用；三是可以彰显中国汽车产业的实力。因而得到我国政府政策和财力的支持。

（2）经济危机，金融风暴。全球性的经济危机导致欧美汽车市场的销售额急剧下滑，许多企业更是连年亏损，沃尔沃也不例外，同样亏损严重。与此同时，其母公司福特汽车在全球范围的销量也下滑厉害，国际汽车市场可谓风雨飘摇，世界汽车巨头纷纷变卖资产换取现金。因而许多外国企业的资产价值被严重低估，相比之下中国市场虽然也受金融风暴影响，但销售额仍缓慢增长，这正是中国企业出手的好时候。与此同时，通过海外并购，可以用较低的成本，获取到梦寐以求的汽车国际品牌、核心技术和国际营销渠道，这是中国汽车产业实现技术跨越的一个捷径。

所以金融危机带给我们更多的是机会，收购国际品牌企业打入国际市场的机会。

（3）福特基于战略选择出售沃尔沃。福特在 2006 年做了战略调整计划，即走"一个福特，一个团队"的自有品牌发展之路。接着相继以低价出售旗下企业。这次选中的是沃尔沃，这就为所有中意沃尔沃的企业提供了竞购平台，吉利得以拥有牵手沃尔沃的机会。

（4）中国汽车产品的海外需求不断增长。中国汽车的海外需求不断增长，尤其是轻型载货汽车，而本土生产的高端车型正在逐渐取代某些进口。另外，一向被认为缺乏竞争力的自主品牌轿车已经批量地进入国际市场，雄心勃勃的中国汽车企业正在积极尝试海外扩张，出口产品到欧美主流汽车市场。

#### 2.6.4 威胁

（1）中国市场中强大的竞争对手。中国高端豪华车销售市场可以说是一块大饼，想来分这块饼的人太多了，其中奥迪、宝马、奔驰这三大高端豪华汽车生产巨头占据了其中 93.4% 的股份，现在吉利收购沃尔沃想要从其中分得一小块饼真的是一个不小的难题。而且沃尔沃的市场主要集中在北美和欧洲，想要转战亚洲地区，又将会是一个难题。

（2）经济压力。18 亿美元的资金需求对于年盈利不足 2 亿美元的吉利而言，好比不吃不喝 10 年换一次交易，收购门槛不可谓不高；相比之下，对手"皇冠"财团则早早准备好了融资方案，这无疑降低了吉利的胜算。

另外，并购后需要的大笔投入资金对吉利来说也是个不小的挑战，处于经济方面的原因，福特要把沃尔沃交给吉利是相当不放心的。

（3）工会和法律的阻挠。沃尔沃工会提出的不裁员、不转移工厂等苛刻条件也为收购设置了重重障碍，这恰恰是很多中国企业难以适应的。除此以外，海外法律和政府监管就好比达摩克利斯之剑，随时可能斩断收购的希望。吉利能够获得并购成功的确是经历了重重考验。

（4）低价政策带来的副作用。由于近几年中国汽车的出口量增速极快，而出口平均价格又逐年递减，中国汽车利用低价冲击国际市场，并拿出一副以低价冲垮对手的架势，而不给自己留丝毫回旋余地，无异于为自己树立起众多强大的敌人，丧失良好的出口环境。

本案例通过探索吉利和沃尔沃的文化异同，为解决跨文化冲突提供可行的解决方法和策略。由于未调查吉利和沃尔沃员工阶层的价值观等文化差异，本案例还存在一些不足之处。尽管跨文化差异是客观存在的，但是双方应该保持积极的态度，正确处理跨文化冲突，促进文化整合，努力实现协同效应的最大化，通过并购，获取新的资源、技术以及人才，提高公司的软实力，增强公司的盈利能力。

**【思考题】**

1. 从文化差异的角度来看，吉利在收购沃尔沃的过程中面临哪些障碍？吉利又是如何消除这些障碍的？
2. 吉利成功收购沃尔沃是相互选择的结果，这样说的依据有哪些？
3. 基于现状，预测吉利收购沃尔沃的未来发展趋势。

**【资料来源】**

[1] 刘青. 企业并购中的整合问题 [J]. 经济纵横，2004 (7).

[2] 李良成. 吉利收购沃尔沃的风险与并购后整合战略分析 [J]. 企业经济，2011 (1).

[3] 理查德·R·盖斯特兰德. 跨文化商业行为 [M]. 企业管理出版社，2004.

[4] 周长伟. 人力资源管理中的跨文化培训 [J]. 中外企业文化，2003 (5).

[5] 阳泉. 跨国企业中的跨文化管理 [J]. 人力资源开发，2003 (2).

# 上汽收购双龙案跨文化管理分析

> **摘要**：2008年12月，中国车企海外并购第一案：上汽收购的对象韩国双龙汽车正式申请破产，也宣告了中国汽车的第一次海外并购正式失败。作为中国汽车企业走出国门，参与国际市场竞争的第一次尝试，上汽收购双龙曾经被看作是中国汽车业跨国经营的标志性事件。上汽并购双龙案在跨文化管理过程中面临多次危机，在并购以后一年半的时间内，先后经历了三次双龙工会罢工。随着金融风暴加剧，效益滑坡的双龙在资金流动性短缺时难以从韩国的银行贷到足够的款项，而且上汽在经营上所推行"调整结构提高效率"的计划一再遭到该企业强势工会的阻挠，因此双龙的经营状况持续恶化，最终上汽并购双龙案走向了失败的结局。
>
> 跨国并购是企业提升国际竞争力的主要途径之一。从跨文化的视角分析上汽并购双龙失败的原因，其失败的关键原因在于上汽对中韩国家文化差异、商业文化差异和双龙本身独特的企业文化认识不够。国内要进行海外并购的企业应该做好并购前的文化评估，提高管理者的跨文化意识，多学习借鉴其他先行者的经验，并把文化整合作为一项持续的工作来做。
>
> **关键词**：跨国并购；跨文化分析；文化差异

## 1. 相关背景介绍

### 1.1 上汽集团介绍

上海汽车工业（集团）总公司（以下简称"上汽"）是中国三大汽车集团之一，主要业务涵盖整车（包括乘用车、商用车）、零部件（包括发动机、变速箱、动力传动、底盘、内外饰、电子电器等）的研发、生产、销售、物流、车载信息、二手车等汽车服务贸易业务，以及汽车金融业务。上汽2006年整车销售超过134万辆，位居全国汽车大集团销量之首。2006年，上汽以143.65亿美元的销售收入，进入《财富》杂志世界500强企业排名。截至2013年年底，上汽集团总股本已达到110亿股。2014年，上汽集团整车销量达到562万辆，同比增长 10.6%，继续保持国内汽车市场领先优势，并以 2014 年度 1 022.48 亿美元的合并销售收入，第 12 次入选《财富》杂志世界 500 强，排名第 60 位，比上一年上升了 25 位。

## 1.2 历史沿革

1955 年 12 月，上海市内燃机配件制造公司成立。

1985 年 3 月 21 日，上海大众汽车有限公司成立，此后连续 20 多年领跑国内市场。

1995 年 9 月 1 日，经过一系列的改制，上海汽车工业（集团）总公司诞生。

1997 年 6 月 12 日，上海通用汽车有限公司成立，并迅速成为国内乘用车市场上的领先企业之一。

2002 年 11 月，上汽通用五菱汽车股份有限公司在广西柳州挂牌，现已成为国内微型车市场排名第一的企业。

2004 年 10 月 28 日，上汽集团正式收购韩国双龙汽车，成为中国汽车企业跨国并购第一案。

2006 年 10 月，上汽推出了自主品牌"荣威"和首款中高档自主品牌产品荣威 750，深受市场好评。

2006 年 11 月，上海汽车股份有限公司（1997 年在上海证交所上市，简称"上海汽车"，证券代码 600104）向控股股东上海汽车集团股份有限公司（简称"上汽股份"）定向增发股份，完成整车相关资产置入，公司业务性质发生重大变化，实现由汽车零部件生产制造向整车生产销售转变。

2007 年 3 月，上汽股份将持有的上海汽车的股份以及零部件资产和其他资产全部划转至上汽集团。上汽集团从而持有上海汽车 83.83% 的股份，成为上市公司的直接持有人。

2007 年 4 月，上汽股份宣布进入清算程序，并于 7 月 27 日完成了工商注销手续。

2007 年 9 月 17 日，为使上市公司的名称能更贴切地反映公司的业务特征和管控模式，股东大会通过议案，决定将"上海汽车股份有限公司"更名为"上海汽车集团股份有限公司"，同时公司在上海证交所的简称和证券代码仍为"上海汽车"和"600104"，"上汽股份"这一简称将不再使用。

2010 年 12 月，"荣威 550"荣获中国汽车工业科学技术奖特等奖。

2015 年 3 月 13 日，上海汽车集团股份有限公司与阿里巴巴集团合作，属于中型甚至大型车。

## 1.3 公司宗旨

满足用户需求，提高创新能力，集成全球资源，崇尚人本管理，以国际化的视野倾力打造卓越品牌，建立推动可持续发展的技术和经营体系，不断增强核心竞争能力和国际经营能力，将上汽建设成为国内领先并具国际影响力的汽车企业，为消费者、投资者和社会创造最大价值。

## 1.4 企业文化核心价值观

上海汽车工业（集团）总公司的英文名称缩写成"SAIC"四个字母与集团价值观的内涵有机结合，使现在的"SAIC"四个字母，既是上汽集团的名称，也是上汽集团的核心价值观。

### 1.4.1 "S"——即 Satisfaction from customer，满足用户需求

实施用户满意工程就是围绕"三心"目标，抓好三个管理，确保三种质量：一是让用户放心，提倡精益求精的质量意识，建立不制造缺陷、不传递缺陷、不接受缺陷的工作体系，抓好生产程序管理，确保产品质量。二是使用户称心，提倡树立"用户至上"的服务理念，建立全天候用户服务中心，抓好客户关系管理，确保服务质量。三是以用户为中心，提倡"用户为本"的管理关系，建立起拉动式的、环环相扣的内外用户链，抓好系统经营管理，确保工作质量。

### 1.4.2 "A"——即 Advantage through innovation，提高创新能力

全面创新工程是上汽持续发展的不竭动力。重点是技术创新、管理创新和机制创新。

技术创新就是通过"三个开发"，不断提高产品的技术含量和竞争能力。在"超前开发"方面，着眼未来的技术竞争，着手开展对汽车安全、节能、环保、新材料、新能源和汽车电子的研究开发，抓好世界起跑线项目。在"自主开发"方面，加快轿车产品技术开发的集成能力，以形成自主知识产权产品为目标，建立与产品开发流程相适应的开发系统。在"联合开发"方面，加强与国际大集团的合作，依托合资伙伴的技术优势，联合开发适合中国市场的产品，并不断加以改进。

管理创新主要体现在采购、生产、销售和服务等几个重要环节。首先是信息化管理。以集团IT公司为中心，实施管理统一、资源统一和基础设施统一，逐步建立上汽自己的采购平台、设计平台、生产平台和销售服务平台。其次是进一步推进精益管理。对零部件企业按照整体开发、模块供货和系统管理的要求搞好六大系统建设；对企业实施一体化管理，推动质量的提高、成本的降低、非核心业务管理的专业化和企业运作的高效化；对员工按照"人人成为'经营者'"的管理模式，调动广大员工的积极性和创造性。通过不间断的总结、整合和提升，逐步建立并形成以"经营者"管理机制为核心、以集团信息网络为平台，体现精益生产、精益管理、精益经营理念的上汽管理模式。

机制创新就是要进一步加强现代企业制度的建设，逐步形成和完善工厂发展

机制与员工激励机制。我们的成本比国外高，开发上比外国差距更大。要做好这些事情，首先就要靠人才。怎么培养人才、集聚人才、留住人才？如何形成人才优势？最核心的问题是机制问题。没有一个好的激励机制，就没有人才脱颖而出、人才辈出的源泉。

### 1.4.3 "I"——即 Internationalization in operating，集成全球资源

现在经济全球化趋势已日益明显，汽车行业整车厂联合兼并，零部件厂纷纷独立，都从原来的内配套转了出来。上汽集团在迎接 WTO 挑战的形势下，提出实施"引进来"与"走出去"并举的全球经营战略。"引进来"实施三大转变，就是进一步加强与国际著名公司合作，从国内市场转向全球市场、从国产化转向国际化、从单一制造转向多元经营。"走出去"实现三大突破，就是借助合作伙伴的成熟渠道和经营模式，争取全球市场份额，实现整车出口批量化、零部件出口规模化、海外公司建设本土化。

### 1.4.4 "C"——即 Concentration on people，崇尚人本管理

人本管理工程是上汽持续发展的基础和支撑，是提高集团核心竞争力的重要保证。按照"以真挚的情感留住人，以精彩的事业吸引人，以艰巨的工作锻炼人，以有效的学习培养人，以合理的制度激励人"的思路，努力构建上汽集团 21 世纪的人才高地。没有人才高地，就不可能建立经济高地。首先要培育和造就出一流的人才，然后由他们造就一流的产品和服务。

## 2. 案例分析

### 2.1 双龙并购失败案例概述

#### 2.1.1 百日整合期的短暂和平

2003 年年底，双龙的债权团决定出售手中的双龙股权，向全球招标，上汽参与竞标，并于 10 月底聘请上海通力律师事务所、德意志银行、瑞士银行等第三方机构进行第一阶段尽职调查，开始对韩国的法律、法规、风俗、文化进行全面了解。后来因中国蓝星集团突然加入，并被双龙债权团确定为优先谈判对象，上汽停止了与双龙的交涉。但 2004 年 5 月，蓝星因没有获得国家发改委批准退出并购，作为中国唯一一家获得发改委批准并购双龙的企业，上汽再次回到了谈判桌前。2004 年 7 月 27 日，上汽被双龙债权团确认为优先竞标人，双方签订了有约束力的谅解备忘录。上汽开始与双龙进行了为期 3 周的全面尽职调查，最终尽职调查结束后，双方进入最后阶段的谈判。在与债权团进行谈判的同时，上汽与双龙汽车工会也进行了紧张的谈判。2004 年 7 月 22 日，双龙工会举行了总罢工，要求与上汽签署一份特别协议方案，内容包括：建立劳资海外经营战略委员

会，允许工会参与董事会决策过程，保障雇用和设备不被转移等。2004年10月28日，特别协议达成。

2005年1月27日，上汽向双龙债权团支付了5 900亿韩元，获得双龙汽车48.9%的股份，成为双龙汽车的最大股东。同一天，在平泽工厂召开的董事会议上，蒋志伟被选为新任代表董事。双龙由此实行以苏镇琯和蒋志伟为首的2人代表董事体制。此前，上汽已经派出徐峰等3名高管进入双龙，分别负责管理资金和生产业务。

上汽以制订一个共同的行动计划作为进入双龙的切入点，聘请了一家曾经为通用汽车收购韩国大宇汽车提供咨询的跨国管理咨询公司，在其帮助之下针对收购双龙后的前100天做了一个整合计划。时任双龙社长的苏镇琯也给出了一个类似的方案，提议在双龙内部展开一个新开始、新思路、一条心的运动。韩方更注重如何尽快改进双龙的业绩，而"改进"必然需要资金的投入。上汽的计划在包含这些的同时，更强调企业的平稳运营和风险防范。最终的百日整合计划把双方的想法糅合到了一起。

在最初的一段日子里，中韩双方沟通顺畅，都表现得相当积极。早在收购时期，上汽就在内部聘请专人就韩国的风俗、人情、文化、传统等进行培训。进入双龙后，上汽给派驻韩国的每一个人发了一本名为《漫画韩国》的小册子，讲述的是韩国文化、民族传统的特点与形成背景。中方人员逐渐习惯了把喝酒作为与韩方沟通的契机，并成立了一个专项基金以适应在韩国盛行的送礼文化。从2004年年底开始，包括苏镇琯在内的30名双龙高管和专员开始集中接受每天1小时的中文教育，要求要能够自由地进行与业务相关的对话。到2005年1月从事行政和生产的职员也开始申请学习中文。

然而，整合并不全是其乐融融。2005年3月15日，上汽向双龙派驻了5名人员出任双龙高管，他们是出任首席副总经理的张海涛，总管企划、财务、管理、采购等业务；副总经理朱熹元，同时兼任企划与财务本部部长；副总经理沈剑平，同时兼任管理及采购本部常务副部长，担任技术研究所所长助理；常务崔玉子，负责董事会及经营管理委员会。25日，陈虹和张海涛被任命为新任董事。至此，在双龙的4名公司董事中，有3名来自上汽。同时，陈虹接替苏镇琯担任双龙汽车董事会主席。对此，韩方高层曾表示过不满。"韩国是一个很讲论资排辈的国家，他们觉得上汽派来的人太年轻，没有经验。"相关人士表明，"总体来看，中方人员缺乏跨国经营经验，甚至不曾完整地运作过一个汽车制造企业。这在韩国企业里是不能服众的。"

而上汽方面也日益察觉，在表面融合的背后，上汽与双龙之间有一层无形且难以突破的隔膜。尤其当上汽希望从双龙研发部门获取技术支持时，这种隔膜体现得更为明显。当时，双龙的研发中心中国人难以进入，核心的技术文件、试验规范也无从获得。

### 2.1.2 解雇苏镇琯引发反响

苏镇琯在双龙汽车工作了30多年，曾经在生产、销售、企划等双龙几乎所有的部门工作过。1999年年底，苏镇琯被朝兴银行任命为双龙社长。当时的双龙濒临破产境地，苏镇琯在产品和营销方面采取了进攻性的做法。从工人做起的苏镇琯成为社长后依然喜欢泡在生产现场，能随口叫出每一个工人的名字。苏镇琯的家住平泽附近的安诚市，但他一周内有三四天会住在工厂的宿舍里，直到2004年双龙准备出售的时候才将管理总部搬到首尔。

在上汽高层看来，"苏镇琯对双龙是有创始人价值的"，不论是胡茂元还是蒋志伟都曾多次在公开场合表示对苏及其团队的认可。然而，上汽没有料到的是，在企业的整合期间，苏镇琯不但没有起到正向的推动作用，却不断地在施加反作用力。一种说法是，主观上苏镇琯不愿双龙被出售，上汽进入后他又失去了对董事会的控制权，所以他和双龙在研发部门设置壁垒，不让上汽轻易获得双龙的核心技术资源。苏镇琯的潜在对抗，让上汽在进入双龙的第一年里处于被动的无为状态。而更让上汽不能容忍的是，有迹象表明，苏镇琯私下与有关财团达成交易：如果上汽收购失败，该财团会支持苏以管理层持股的方式继续运作企业。

2005年11月5日，上汽以企业经营不振为由，罢免了苏镇琯在双龙的职务；同时，任命48岁的双龙产品开发部部长崔馨铎为新任代理总经理。这一人事震荡让双龙内外人士感到惊讶。韩国企业的职务等级大致分为社长（总裁）、理事、副社长、常务、常务补充等。崔馨铎属于常务一级，但在双龙50多个核心管理层中，排名第15左右。双龙上下，包括崔馨铎本人都没有想到崔会接替苏成为代表理事。

### 2.1.3 公会罢工以及上汽所作反应

解雇苏镇琯及其亲信，让上汽在进入双龙一年之后赢得了企业的实际控制权，但罢免所引发的震荡和不满让这种控制权依然难以发挥实效。双龙工会在第一时间里提出强烈抗议，不是出于对老领导的不舍，而是他们相信罢免行为的真正目的在于剔除技术转移的阻力，以实施一个旨在让双龙在中国实现国产的S-100的计划。

2005年11月9日，双龙工会举行了记者招待会，主题为"阻止双龙汽车作用降低及汽车产业技术流出的总罢工"，并以87%的投票通过率决定将针对上汽不履行特别协议和特别工会协议及对继续雇用有威胁的S-100计划展开全面斗争。在之后的罢工中，双龙工会要求蒋志伟自动辞职。双龙内部的矛盾在不断升级，冲突围绕着"追加投资、技术转移、裁员"展开。

双龙工会与上汽对这场并购从一开始就有着各自不同的诉求与解读。上汽对双龙的定位更大程度上是针对其研发能力，而双龙员工与工会要求明确的是平泽双龙工厂在上汽全球战略中的位置和作用，因为平泽工厂的存在与发展才是他们的未来所在。在双龙工会方面看来，他们最需要的是资金，以便尽快投入生产线的扩建和新产品的研发，让双龙的产品大量出口到中国。

双龙工会开始使用各种方法向上汽施压，敦促上汽兑现加大对平泽工厂投资的承诺，而保证双龙的核心技术留在平泽，这被他们视为保住平泽工厂的最大砝码。

进入双龙后，上汽曾提高双龙向中国出口的幅度。其下属汽车营销企业——上海汽车工业销售总公司与双龙签订了3年的销售合同，并公布了2005年向中国出口2 000辆双龙汽车的计划，2004年这一数字为457辆。一个多月以后，因为关税过高，上汽最初以进口双龙整车的方式大批进入中国的计划遇阻，上汽希望以进口KD件的形式到中国组装、生产。因为苏镇琯与双龙工会的强烈反对，上汽后来停止了这一计划。

2005年6月，上汽通过流通市场，增持双龙股份到50.91%。10月18日上汽发布了S-100计划。这一计划的核心内容是，双龙与上汽在中国以50:50的比例合资建厂，2007年年底使双龙产品实现国产化。S-100就是第一款在中国进行改型、国产的双龙SUV凯龙的代号。阎庚敏说，工会对这一计划进行了分析，得出的结论是"计划将导致双龙核心技术和人才的流失，而且零部件图纸也会流失，供应商会成为受害者，这将导致产业链的大规模重组和地区经济的崩溃"。

为印证这一结论，也为了掌握S-100计划在中国实施的进程，2005年11月24日，双龙工会派调查团到中国进行实地调查，12月，工会再次派出代表来到上汽，要求与上汽集团董事长胡茂元进行沟通。此后，2006年3月，S-100计划未获发改委批准，理由是担心国内的生产设备投资过剩。双龙工会不断要求上汽尽快履行"把双龙产能扩建到30万台"和追加投资的承诺，但上汽表示，已经在企业日常运营费的支付上履行投资承诺。

此时的双龙SUV在韩国总体市场中的份额已经从2000年年初的35%下降到20%，韩国政府结束对柴油的各种补贴，使柴油与汽油的价格从相差一半，到几乎相差无几，而双龙的大部分产品是以柴油为动力的。2005年，双龙预计全年销售17万辆的目标，只完成了14.1万辆，亏损达1 043亿韩元（约1.08亿美元）。2006年5月30日，上汽向双龙工会提出，双龙面临经营危机，希望辞退部分员工，中断福利。但双龙工会不认为裁员是解决危机的办法，并以在双龙总部前抗议集会的形式表示愤怒。

同时上汽又在6月26日与崔馨铎为代表的双龙管理层签订了L计划。该计划内容规定，上汽有权在中国使用凯龙车型的相关技术，并制造、销售基于该技术变更设计的衍生产品及零部件，以此推进修改后的S-100项目。双龙工会得知这一消息后，认为在没有工会参加的情况下签署L计划是对工会的不尊重，此外，凯龙的全部开发费用约 3 000 亿韩元，而上汽现在只付出 240 亿韩元。他们据此认为："这是上汽转移双龙技术的正式开始。"

积蓄已久的质疑与潜在对抗让上汽陷入并购双龙后最大的信任危机当中，L 计划与裁员行动让对立最终达到沸点，以罢工的形式爆发。2006 年 7 月 10 日，上汽向工会方面发送公文，提出应裁减生产工人、管理层共 986 人。7 月 13 日，双龙工人开始了第一轮罢工，持续 6 个小时。他们成立了"爱国斗争实践团"，开始在全韩国范围宣传"技术流出"的严重性。7 月 21 日，150 名双龙工人在首尔和平泽的大街上以三步一拜的形式发起抗议，并向平泽市民宣布长期斗争的计划。同一天，工人们在平泽市政府门前抗议集会，并与市长面谈。双龙的管理层试图与工会负责人进行商谈，和平解决罢工，但遭到拒绝。8 月 9 日，150 名双龙工会成员聚在市政府门前，要求"上汽集团撤回与双龙汽车签署的技术转让合同，停止结构调整，增加国内投资"。并表示，10 日将全面中断平泽工厂的工作，14 日开始展开无限期的全面罢工。8 月 15 日，罢工中的双龙工人包围了公司大楼，因为他们得知上汽双龙召开了临时股东大会，决定由上汽股份副总裁美国人墨斐接替蒋志伟出任上汽双龙的代表理事。工人们封锁了平泽总部的正门，并打碎了主楼一层的三块玻璃。8 月 16 日，双龙工会开始实行所谓的"玉碎罢工"。

但上汽没有就此表示妥协。8 月 18 日，上汽冻结了双龙汽车包括工资、税金在内的所有现金支付，直到工会停止罢工为止。同时还决定，将对支付期限为 60 天的、向合作企业支付货款的汇票延长期限。这样，双龙 1 750 多家相关合作企业开始陷入现金流枯竭的境地。在中国，上汽集团按照最坏的程度做准备，包括其在中国的银行的流动资金支持问题。上汽的意见是，不是不让步，是要在有道理的地方让步，要努力在双龙建立一个正常的劳资秩序。上汽方面表示，要对生产线上人员进行重新安置，编成率（根据生产能力投入到生产线上的车辆比率）要达到丰田汽车水平的 85%。如果有员工拒绝人力的重新安排，必须接受无薪休假或辞职。

8 月 25 日，劳资双方在平泽工厂举行了关于工资及团体协约的谈判，就以下内容暂时达成了协议：撤销 544 人裁员计划，维持当前的工人数；到 2009 年年末，每年都向开发新车型和发动机、改善经营和售后服务网方面投资 3 000 亿韩元；冻结今年的工资和所有津贴；对部分工人福利制度中止实行 2 年等。双龙汽车将向中国的银行贷款 2 亿美元，以实现今年的投资计划。但两天后，这一协议经过双龙 5 326 名工会会员的投票，以 62.89% 的反对票数被否决了。

罢工依然在继续，上汽方面也做好了罢工要继续两周甚至更长时间的准备。但是，疲劳、与家人的长期分离也让工人的坚持到了极限。就在此时，新的工会换届让罢工出现转机。8 月 30 日，双龙工会终于在当天下午与上汽签订了协议。

协议内容包括：管理层撤回解雇计划，保障雇用；到2009年为止每年投资约3 000亿韩元开发新车；冻结工资和津贴，未来两年冻结部分福利条件等。历时49天的双龙"玉碎罢工"就此结束。

#### 2.1.4 短暂的协同期

罢工期间，拥有丰富国际化经验的菲利浦·墨斐被派往韩国接替蒋志伟担任双龙的代表理事。罢工结束后，以墨斐为核心的双龙管理团队，开始了新的征程，实施包括改善结构性成本、降低采购成本、提高运营绩效以及提升产品品质在内的振兴计划。同时，双龙开始了品牌重塑计划，在2007年年底推出的Chairman200以及高低端两款SUV，打造全系列的产品，而不仅仅局限在RV这个层次。韩国双龙还在海外市场采取提升经销网络效率和用户满意度等措施，并推行双龙汽车和上海汽车的双品牌战略，与上海汽车公司成立合资公司，最大限度地提高营销网络的效率。同时，双龙也加快在中国的销售网络布局。在他们的努力下，双龙汽车和上汽在产品设计、零部件采购和营销网络等方面的协同效应开始逐渐发挥。通过精简开支、加强管理，2006年双龙汽车主营业务实现盈利，2007年整体实现扭亏为盈，2008年2月推出的新车型也受到市场好评。

#### 2.1.5 双方走向分裂

随着金融风暴加剧，韩元严重贬值，韩国金融机构的压力超大，对韩国企业的输血功能退化。效益滑坡的双龙在资金流动性短缺时难以从韩国的银行贷到足够的款项，而且上汽在经营上推行"调整结构提高效率"的计划一再遭到强势工会的阻挠，韩国产业银行（KDB）也停止了对双龙放贷，施压于上汽，使得企业经营状况加剧恶化。到2008年12月，双龙累计现金缺口达到了604亿韩元。据当时的估算，在2009年，双龙汽车的资金缺口将达到6亿美元，而到2010年1月，还将有2亿欧元的可转债到期。

2008年12月初，韩国双龙汽车公司对外表示，已经要求其控股股东上汽集团对其进行紧急注资，帮助其解决现金匮乏的困境。韩国双龙方面称，该紧急资金将用于开发新车，而非用作营运资金。但上汽集团表示不会向双龙汽车直接注资，而是希望与双龙在产品开发、采购、销售等方面不断加大协同效应，来继续双龙的发展。

2008年12月底，双龙汽车公司宣布，已无力支付原定于本月24日发放的韩国工厂全体员工的月薪。上汽要求双龙汽车裁员2 000人，答应要求后，上汽将提供2亿美元资金援助。在此期间，上汽与双龙的矛盾进一步激化。2009年1月初，上汽还是向双龙注资259亿韩元，双龙汽车工会成员希望这笔资金将用于支付拖欠他们的总计290亿韩元的工资。然而，这笔看起来"可观"的救助金，连支付工人的工资都还不够，更谈不上双龙的整体运营。

2009年1月10日，上汽发布公告称，为重整企业，双龙汽车董事会于2009

年1月8日做出决议,同意该公司按照韩国法律相关规定,向韩国当地法院申请进入企业回生流程,并于1月9日向法院提交了相关申请。这意味着双龙汽车将进入类似于破产保护的程序。2009年2月6日,韩国法院批准双龙的破产保护申请,正式启动双龙"回生"程序。

## 2.2 失利关键问题及原因分析

### 2.2.1 双方的文化差异

上汽对中韩商业文化差异认识不够。从商业文化差异上看,韩国商业文化具有明显的独特性。韩国独特的商业文化源于其文化的特性。韩国文化一直被认为是东亚儒家文化的一部分,具备了儒家文化的"仁""义""忠""孝""中庸"等核心价值观的内容。但同时由于自身独特的制度演化路径,它在进入近代以后先后融合了佛教和基督教等外来文化,实现了对儒家核心价值的改造,使儒家的"忠孝仁义"伦理高度制度化,成为具有韩式特征的伦理政治—新儒教伦理。新儒教伦理更强调责任感,忠诚爱国;重视家庭,强调组织成员之间的协调合作、意见一致;重视教育,崇尚人才等。韩国的企业文化因此也充满了新儒教伦理特色,体现为高度集权的组织结构和高层领导的权力体制,以及权威性管理行为。尽管韩国人个性较强,但当他们组织成团体,并对组织拥有归属感、认同感时,就形成守纪律、讲服从和步调一致的强力型的组织文化。在业绩评价和奖励制度上,论资排辈仍然主导着韩国企业的奖励文化。但显然上汽并没有完全了解这一独特的企业文化。2005年3月,上汽向双龙公司加派了5名高层管理人员,除蒋志伟58岁以外,其他人的平均年龄为44岁,最年轻的只有37岁,对于韩方管理者和员工来说太年轻,没有经验,不足以服众。而2005年11月3日,上海汽车公司以双龙汽车销售业绩不佳为由,更换了总经理苏镇琯等经营班子,赢得了企业的实际控制权,提拔48岁的双龙产品开发本部部长崔馨铎为新任代理总经理。这一人事震荡让双龙内外人士感到惊讶。双龙上下,包括崔馨铎本人都没有想到他会接替苏镇琯成为代表理事。而且对于辞退苏镇琯的理由,上汽在辞退之初并没有说明清楚,而是在后来来自上汽的高管在一些场合提出,辞退苏镇琯是因为他有道德和腐败问题,曾经涉嫌以大大高于市场价的价格购入一块地皮。这一说法反而激起了部分韩籍职工的反感,因为韩国文化比较反感事后说这些。韩国商业文化的另一大特色就是其强大的工会。工会的强大来源于韩国的民族主义精神。"自励"与"排他"下的忧患与团结使得韩国民族主义精神一方面图强自立,为民族不惜流血牺牲;另一方面又极具警惕性,怀疑外国人,尤其是邻国。正是由于韩国民族的这种自立与忧患使他们把经济发展作为国家的头等大事,在政治民主化进程曲折回还的背景下始终注意保持经济发展的持续与稳定。如在朴正熙时期,强力推行"发展主义",即国家和地区把发展作为最重要的目标,大力扶持大型企业，通过军人高度集权，摧毁一切不利于经济发展的障碍。韩国经济就在这样的高度权威主义指引下高速发展，成为"亚洲四小龙"之一。也正是韩国的"发展主义"，造就了韩国工人阶级的形成和成长。韩国的发展主义虽然打着振兴民族经济的旗号，但其实质代表的是资本的利益，韩国政府以一种十分明显的支持资本反对劳工的态度来处理劳资关系，对资方违反劳动法视而不见，但镇压任何劳动骚动却十分迅速和残酷。长期以来，经济上的残酷压榨，政治上的专制，正是造就战斗性和旺盛斗志世界闻名的韩国工人阶级的直接原因。

上汽在还没入主双龙的时候便体验过双龙工会的强势。当时双龙工会举行总罢工要求上汽签署一个特别协定就是为了维护自身工人的利益，又防止企业技术被转移。上汽本来就是以外人的身份入主双龙，而且还是以发展中国家的企业的身份，这让韩国人心理比较复杂。在这种背景下，上汽却没有充分理解韩国的工会文化，而是以现代企业管理者的姿态来到双龙。与同工会处好关系相比，上汽更注重政府和公共关系，搞市民联欢，在平泽市建立奖学金计划，但对本厂职工的亲近和关怀却有限。同样以外来者身份进入韩国的通用汽车却每年春节都要邀请韩国职工一起爬山，还会在传统节日穿上韩国传统服装，表示对本土文化的尊重。与通用相比，上汽显然对韩国的企业文化理解不够，还是按照中国文化的思路办事。

韩国商业文化中还有一个特点就是很多韩国企业雇员不善于在正式会议上表达自己的观点，尤其是反对意见。在韩国人看来，公开场合提出不同的看法可能会使其同事或领导感到尴尬甚至滋生抵抗情绪。韩国文化本质上不鼓励公开表达个人观点，除非双方有很密切的私人关系。然而韩国人喜欢在非正式场合各抒己见，有时是单独与领导在非正式场合交流。韩国经理与下属非正式交往的次数很多，非正式场合的接触被认为是上下级建立互信关系的重要手段。显然上汽的管理者也认识到了这一点，也学会了通过喝啤酒等非正式方式与员工进行沟通，但是这种认识还只是停留于表面，并没有深入其本质，至今中方管理者仍然不理解"为何在讨论会议上一声不吭甚至一团和气的职工，一旦以劳工代表的身份坐到罢工的谈判桌前，就换了一副强硬的面孔。"这种对工会文化的不适应使得管理者一直把精力主要投放在与工会的斗争中，而无暇去进行企业的正常经营管理。

### 2.2.2 对对方的了解不足

上汽对双龙本身特殊的企业文化不了解。企业本身的特殊企业文化是企业在较长的经营过程中形成的、为全体或大多数成员所认可和遵循的价值观念和行为规范。对自治的渴望就是双龙的企业文化之一。2000~2004年，转入债权团重组这段时间，被很多员工认为是双龙汽车最辉煌的时期。这几年，双龙汽车进入实质上的自治阶段。这种对"自治"年代的怀旧，在双龙汽车的韩籍工人、管理人员当中相当普遍。在他们眼里，那几年不仅意味着节节上涨的工资，更意味着化屈辱为力量、独立奋斗、改变命运的成就。而上汽并不理解双龙汽车的这种特殊感情。接手仅仅一年半，上汽就雇用通用汽车的墨菲，试图大刀阔斧地减员增效。对于外资大股东的这种强势主张，双龙汽车老员工自然会产生本能的抵制，而这种情绪正好为工会所用。如在2004年上汽接管前，双龙汽车内部正如火如荼地开展保持创新的"精英革新运动"，强调创新和挑战。而上汽的领导来了以后，"就不容许搞了，说没有必要"。这种对双龙汽车特殊企业文化的不了解和尊重，自然容易被双龙工会利用，从而不断发起罢工。

### 2.3 改革调整

#### 2.3.1 作好并购前的文化评估

做好对被并购企业所在国与中国的国家文化差异的评估。对国家文化差异的评估，要找出双方国家文化的共同点和差异点，并且要追寻被并购国形成这些特殊文化的原因，从而才能进一步理解认清双方国家文化差异。在这个基础上，衡量这种国家文化差异是否过大以及其融合的难度有多大，进而提出相应的解决方法。不然就会像上汽并购双龙一样，由于没有做好文化评估，在并购后陷入被动的与工会的争斗中。

#### 2.3.2 提高管理者的跨文化意识

提高管理者对不同文化的理解和尊重意识。对并购企业的文化整合依赖于高素质的管理者。要培养管理者民族平等的意识，尊重不同国家的文化，理解文化差异，从而才可能赢得被并购企业员工的信任和尊重，顺利地开展文化整合工作。一个不尊重被并购企业各种文化的管理人员，只可能让被并购企业员工产生抵触情绪，从而影响并购整合行动的顺利进行。

#### 2.3.3 多学习借鉴其他先行者的经验

学习被并购国的其他外来并购者在被并购国的经验。这些先行者在之前的并购整合行动中，已经实践了消除他们之间文化差异的方法。不论这些并购整合行动成功与否，都应该了解他们就消除双方差异采取的行动。并且对他们采取的措施要了解其原因，分析这些措施成功或失败的原因，从而吸取有用经验，结合自身企业的实际和被并购企业的实际，采取措施进行并购整合。而不能仅凭自身企业的管理经验对被并购企业进行管理。

#### 2.3.4 高度重视文化整合

把文化整合作为一项持续的工作来做。文化整合是一项长期的工作稍有不慎便可能前功尽弃。文化整合的开展要遵循循序渐进的原则。对于不同层次的文化，要采取不同的态度。国家文化作为文化的核心层次，是不可能改变的，因此对它应该采取的基本态度是"了解差异，尊重差异，存而不论"。被并购国的商业文化处于文化的中间层，也是很难改变，对它应该"了解差异，适应对方与坚持敌我相平衡"。被并购企业本身的特殊企业文化则处于文化的表层,应该"在了解、尊重的基础上建立共同的文化体系"。要通过与并购企业所有员工一起不断的持续努力,形成新的能为大家所认同的企业文化,从而实现企业并购行为的成功。

文化整合是企业进行跨国并购所要进行的最重要的工作之一。只有通过了解双方的文化差异,并采取措施消弭这些差异,才能成功地实现并购整合,从而推动企业并购行为的成功,使跨国并购行为真正推动本企业的发展。

上汽这次跨国并购虽然失败了,但是确是一次具有开拓意义的尝试,为整个中国汽车行业迈出国门,走向国际尝试了充满风险的第一步。对于没有太多国际化经验的中国车企,各种磨难、坎坷是不能回避的必要经历。跨文化管理是企业进行跨国并购所要进行的最重要的工作之一。

**【思考题】**

1. 既然上汽在一开始秉承着引进技术的宗旨入股双龙,为何不事先调查双龙工会对此事的态度,却在入股后步步受其牵制?

2. 为何双龙工会三番五次进行罢工后,一开始选择不妥协的上汽却最后与工会达成了协议?

3. 在金融危机时,双龙公司为何不加紧与上汽的合作输出技术以渡过危机,却反而仅仅依靠银行贷款度日,以至于后来申请破产保护的窘境?

**【资料来源】**

[1] 韩婷. 上汽并购双龙汽车案例探析——文化整合视角的审视与借鉴[D]. 东北财经大学, 2007.

[2] 独木. 上汽"韩国困局"[J]. 大经贸, 2007 (1).

[3] 袁庆宏. 中国企业跨国并购中的劳资关系问题——上汽双龙公司在韩工厂罢工风波引发的思考[J]. 中国人力资源开发, 2007 (3).

[4] 丁杨, 张耀东. 上汽双龙申请破产保护[N]. 经济观察报, 2009.1.12.

[5] 夏雪. 上汽:"壮士断臂"弃双龙?[J]. 中国机电工业, 2009 (2).

[6] 唐炎钊, 王子哲, 王校培. 跨国并购文化整合的一个分析框架——论中国企业跨国并购的文化整合[J]. 经济管理, 2008 (10).

# 阿里巴巴公司跨文化管理案例分析

> **摘要**：随着中国经济的发展，中国企业逐渐壮大，它们在借鉴了美国企业和日本企业的成功之后，总结其取得巨大成功的秘密是企业文化建设对企业发展具有重要的作用。阿里巴巴的成功也是离不开其独特的文化。在很多公开的场合，马云都在宣扬阿里巴巴的企业文化，"让天下没有难做的生意""做102年的公司"这样的价值观和文化定位，很多普通老百姓都耳熟能详。马云自己也承认，企业文化的成功造就了阿里巴巴的成功。阿里巴巴的飞速发展离不开对企业文化的关注和投入，在阿里巴巴只有一样东西不能讨价还价，就是企业文化。然而阿里巴巴在发展过程中也遭遇了一些危机，并给企业文化落地带来了较为严峻的挑战。例如，雅虎中国2006的失败是企业文化的失败，是患了典型的企业文化错位症后的必然结果。
>
> **关键词**：阿里巴巴；雅虎中国；企业文化；文化错位

## 1. 相关背景介绍

### 1.1 阿里巴巴企业文化的发展历程

第一阶段：2000年3月至2001年3月，湖畔花园创业时代，企业文化为"可信、亲切、简单"。"可信"即诚信，后来演变为核心价值观，并衍生出"诚信通"产品；"亲切"反映了企业员工之间、企业与客户之间亲如一家的关系；"简单"既指阿里巴巴产品应用简单，也指企业人际关系简单。

第二阶段：2001年4月至2004年7月，华星时代，企业文化为"独孤九剑"。"独孤九剑"有两个轴线。一是创新轴：创新、激情、开放、教学相长，其中激情是核心；二是系统轴：群策群力、质量、专注、服务与尊重。贯穿创新和系统轴线的是简易，即防止内部产生官僚作风，防止办公室政治。

第三阶段：2004年8月至今，创业大厦时代，企业文化为"六脉神剑"。"六脉神剑"指的是客户第一、团队合作、瞧变化、激情、诚信、敬业。

## 1.2 阿里巴巴的文化特点

阿里巴巴一直主张：企业文化要做到"润物细无声"，不要挂在墙上，而要印在员工心里；不依靠任何大张旗鼓的宣传，于细节处施以点点滴滴的影响，浸润每一个员工。比如，关心员工的生活起居，策划阿里员工的集体婚礼、趣味运动会、单身舞会，建立STAFF CLUB，创办内部邮件杂志"感动阿里"，内刊"阿里人"等。

在招聘新人时，公司就注重选择那些价值观符合公司标准的人。公司要的是那种个人价值观能够与公司价值观相一致或相近的人，认为只有这样的人才是阿里巴巴需要的人才。做事之前要先学会做人，这是阿里巴巴一贯的行事作风。一个成长型的企业，处于一个新兴的行业里，思想的统一性与文化的统一性是必需的。阿里巴巴在人员的培训方面，与其说是在培训还不如是在努力为阿里巴巴创造一个满足员工多元需求、充满活力与趣味的立体学习环境。在这个立体学习环境中，阿里巴巴根据员工的层级、职能，将笼统学习细分为：阿里党校、阿里夜校、阿里课堂、阿里夜谈和组织部，另外针对庞大的销售队伍还组建了专门的销售培训部门，"送课下乡"项目确保了培训学习资源到达一线员工。

阿里巴巴为了让员工有一个很好的工作氛围，打造了一个轻松又有活力的集体。只有员工快乐工作，才能快乐生活，才能更有激情。工作不再仅仅是养家糊口、买车供房的手段，也是人生中充满激情、享受其中的过程。

## 1.3 阿里巴巴的价值观特点

阿里巴巴的使命简单说就是"只要是商人就一定要用阿里巴巴"的目标和"让天下没有难做的生意"。这样的价值观其实已经明白无误地确定了阿里巴巴的业务方向和发展战略是为商人服务的、易操作的生意平台，同时也让人们理解它"成为全球十大网站之一"的手段不是盲目整合而是因其商业平台的扩大。而正是因为有了这样的定位，阿里巴巴从诞生那一刻起就与其他的网站不同：阿里巴巴有明确的盈利模式——通过为商人服务盈利，这点与互联网泡沫时期的其他想通过烧钱先吸引眼球再找盈利模式的众多网站有着显著不同。更重要的是，和所有成功企业一样，阿里巴巴特别强调文化的落地，马云甚至把价值观考核与员工的收益紧密挂钩。正是靠着这种强制式的洗脑，阿里巴巴的核心员工对阿里巴巴和阿里巴巴的核心价值观有着极高的认同度。很显然，企业和员工自上而下有了明确的目标和核心价值观，阿里巴巴想不成功都难。2001年，正是互联网的冬天，马云却面对媒体诚恳地说，他相信，只要他和他的公司坚持"为客户提供建议和资讯，帮助客户成长"的价值观不变，互联网的冬天对于他来说并不是度不过去的寒冬。事实证明了马云的正确。正是因为为众多中小商户搭建了交流、互通的平台，又建立了"诚信通"这样的交易保障消除人们对虚拟的互联网的怀疑心理，阿里巴巴迅速成为中国中小企业的首选交易平台，也得以迅速走出困境。

## 2. 案例分析

### 2.1 行为模式层的塑造

就文化而言，行为模式和基本理念体系是统一的整体：基本理念体系指导行为模式，是行为模式出现的内在原因；行为模式体现着基本理念体系，并强化或者重塑基本理念体系。因此，文化整合不能单单从其中一个层面着手，而必须使两个层次保持平衡和匹配，使其与基本理念体系达成和谐协同的局面。从行为主体来看，企业文化设需要协调三类主体的行为：领导行为、员工行为和楷模行为。此外，企业文化的建设需要赢得政府、客户、合作伙伴及大众舆论支持，因此还需要重视对外的沟通，即企业公关行为的协调。

#### 2.1.1 领导行为

做决定时不是考虑利润，而是从使命出发，和使命没有关系的不做，如放弃在杭州做地产业的决定。马云是"阿里巴巴"的每一款新产品推向市场前的"第一测试员"，他不会用的就不能推向市场。重视文化建设，不断讨论企业核心价值观的内涵并将其固化，前后花费将近两年时间创业的"十八元老"虽经历了无数艰难和挫折，仍坚守在各个岗位上，没有内斗，也不轻言离开按照"客户第一、员工第二、股东第三"的原则做事，重视对明星团队的打造。

#### 2.1.2 员工行为

阿里巴巴员工工作非常有激情，曾令新入职员工认为自己进入了"疯人院"；也有欲轻生的员工在阿里巴巴找回了生活的意义和激情；同事之间、团队之间，有话直说，提倡面对面解决问题，群策群力，不拉帮结派，不搞小动作员工必须遵循诚信原则，不拿回扣，否则就得离开公司；销售员工从零做起，毫无怨言，不计较得失；员工自发建立了各种组织，丰富业余生活，开开心心工作。

#### 2.1.3 公关行为

对内公关：重视企业使命的宣传和推广，每一个员工，包括保安、清洁工都明确使命感；新员工入职时接受企业文化"百年阿里"的培训；不定期地开展"整风运动"，纠正企业内的不良思想，如"汪庄会议"。

客户公关：不仅自己上市圈钱准备过冬，也积极帮助中小企业过冬，帮助客户发现自己的金矿，帮助客户赚钱，致力于客户的成长。

政府公关：积极寻求政府的帮助与合作，与浙江省政府合作，帮助中小企业进军电子商务的"晚期工程"。

## 2.2 关于保障体系的分析

《基业常青》"造钟，不是报时"这一篇章中，作者柯林斯和波拉斯认为企业最重要的工作是建立一种"造钟"机制来取代单纯的"报时"机制，从而规避领导人更替给企业带来的不确定性，为企业的持续发展奠定基础。这就是我们所说的对企业的流程、机制的固化，减少对人的依赖。它不仅仅发生在企业成立初期，在企业日后的发展中依然存在，不同的是从非常规的、非程序化的、非结构性的活动转变为日常的、程序化的、结构性的活动。保障体系自启动之后，四个环节在逻辑上是顺次发生、周而复始的，但在实际操作中，四个环节有可能同时发生，在时间和程序上并未严格分离。

### 2.2.1 流程优化

建立起客户导向的内部流程，在坚持原则的基础上用客户喜欢的方式对待客户，帮助客户成长。采用事业部架构和控股子公司的管理体制，分工职责明确在团队中实行优势互补和分权制，简化流程，提高效率。

### 2.2.2 制度安排

建立规范的文化管理制度来实现对文化的控制强制的轮岗制，销售人员和后台人员互换，以便"拥抱变化"。不仅员工频繁调换，高管同样经常进行岗位轮换。在招聘过程中，只选"同道中人"，价值观必须和公司价值观一致"休养生息"政策，在培训中不能让员工太累，加强优秀企业文化的案例的表彰和推广实行老员工带新员工的"师徒制"，向新员工传递企业文化实行"政委体制"。

### 2.2.3 执行力

10名阿里巴巴的员工用一个月的时间（持续工作，不回家）集体完成了淘宝网的设计和运行。阿里巴巴的执行细则不论是对员工、客户，或是对产品服务，还是对员工培训计划都做了极其细致的规定，保证所有工作按时、高效地完成在高层领导的重视下，阿里巴巴塑造了"现在、立刻、马上"的高效执行文化。

### 2.2.4 绩效评估

绩效考核指标中包含价值观"六脉神剑"的30项指标，是员工的具体行动指南，价值观是绩效考核的否决性的条件，任何违背价值观的员工都会被开除。以员工工作结果为导向的绩效考核体系，采取末位淘汰制，并和报酬挂钩，对高管人员采取根据他们在前一年度制定的目标结合本年度的完成情况进行考核。

## 2.3 阿里巴巴吞并雅虎中国2006

阿里巴巴是以企业间（B2B）电子商务为主的企业，主要面向中小企业。经过6年的发展，阿里巴巴成为全球最大的网上贸易市场，是最大的商人社区。阿里巴巴公司最初的目标是通过其网站为我国中小进出口企业提供行业进出口供求信息，为国内外进出口商建立一个信息沟通和交易谈判的准公共网上平台，使得中小企业能够绕过传统外贸进出口代理公司，低成本、直接快捷地与外商沟通进出口事宜。2005 年 8 月 11 日，阿里巴巴与雅虎签署合作协议，阿里巴巴收购雅虎中国全部资产，其中包括雅虎中国门户网站、搜索门户"一搜"、在线拍卖业务、3721 网络实名服务、媒介与广告销售、无线业务与移动应用、雅虎电子邮箱与即时通讯工具"雅虎通"；同时，阿里巴巴还将获得雅虎领先全球的互联网品牌在中国的独家使用权及雅虎中国 10 亿美元的投资。届时，雅虎将拥有阿里巴巴 40% 的股份和 35% 的投票权，并购后的雅虎中国将全部交由阿里巴巴经营和管理。

## 2.4 "芝麻开门"不是能打开每一个山洞（雅虎中国 2006 的失败案例分析）

### 2.4.1 雅虎中国 2006 的失败案例概述

接手雅虎中国后的马云才感觉整合雅虎中国并不容易，看起来整合是阿里巴巴和雅虎之间的事，其实是要整合 7 家企业的企业文化，作为阿里巴巴的子公司，雅虎中国已经失去了雅虎的味道。

2006 年 5 月，原本已经整合在一起的阿里巴巴实名产品和雅虎竞价产品两套渠道系统又回复到单据运营的状态。从 2005 年 9 月开始，阿里巴巴雅虎通过撤销一部分大区经理，把竞价和实名统一到一个组织架构之下，而现在，两块业务重由两套班子分别管理，直接促成这次渠道架构重新调整的，则是"五一期间"，三四家较大的雅虎经销商联名向马云建言：公司现在的市场状态已经到了必须进行改革的时候，否则下半年的销售收入"已经不再是由 3 亿元变 2 亿元，2 亿元变 1 亿元的问题，而是彻底退出市场的危机。"马云于是从 5 月 10 日就着手渠道的调整，雅虎中国总经理田健重新直接掌管渠道和搜索业务。

### 2.4.2 雅虎中国 2006 的失败原因分析

对于雅虎中国 2006 的结果，有人分析认为，对中国电子商务有深刻理解的马云对搜索引擎和门户的认识有限，直接导致 2006 年雅虎的整改举措几乎全盘溃败。但很大程度上，正是企业文化的错位对接导致了雅虎中国在并入阿里巴巴后的战略方向迷失。

不论从哪个角度来看，雅虎中国与"只要是商人就一定要用阿里巴巴"和"让天下没有难做的生意"这样的企业文化理念相差甚远：雅虎中国是一个门户网站，它的电邮是公认较好的产品，收购 3721 后重要的业务是上网助手和搜索。在马云入主前，雅虎中国带有很浓厚的周鸿伟色彩，它的核心文化是通过先进的网络技术帮助网民更有效、更方便地使用互联网。

阿里巴巴在并购雅虎中国后,在企业文化上所采取的策略不同于一般并购的文化融合,而是文化更换。事实上,马云整合雅虎中国的失败之处正在此。阿里巴巴正式兼并雅虎中国后不久,600多雅虎中国的员工从北京乘"雅虎专列"到杭州阿里巴巴总部"认亲",包括域名在内的几乎所有3721品牌都被阿里巴巴取缔、雪藏,原3721的上网助手被更名为"雅虎助手"和"阿里巴巴网络实名",都能看出马云意在替换企业文化的苦心。

但此时马云并没有意识到阿里巴巴因为已经确定了公司的客户"商人"、公司的业务是做"商人的交易平台",所以它的核心价值观能很好地落地,并予以顺利的执行。而在与雅虎中国融合的过程中,根据阿里巴巴原有的文化基础上提出"客户第一"的新价值观显然有些想当然的成分,企业的文化融合并不是一个短时间能够见效的过程。实际上在雅虎中国本身原有的门户文化依然存在的情况下,这样新价值观根本就没实际的可执行性。"客户第一",客户到底是谁?雅虎中国根本无法准确地进行定位。

做一个形象的比喻,雅虎中国的文化错位和阿里巴巴本身的文化匹配正好比传说故事"阿里巴巴与四十大盗"中的主人公"阿里巴巴"。他知道进入山洞获取财宝需要正确的口令,马云也知道紧念"让天下没有难做的生意"这样的企业使命,就像牢记"芝麻开门"是开洞的钥匙一样重要;而在雅虎中国的问题上,马云却认为犯下了一个严重的错误,并不是每一个山洞的开门口令都是"芝麻开门"。

"客户第一"的新价值观成为一句空谈,就必然决定了雅虎中国发展战略的迷失,雅虎中国在2006年的多次变脸是最好的佐证。雅虎中国此前因为是较早具备搜索功能的门户网站而在高素质网民中树立的良好口碑,也在迷失中被用户的不满所取代,原3721的忠实用户群也大量流失。

发展战略的迷失最直接的体现就是人员的动荡。2006年,上至CEO,下至普通员工,雅虎中国的人员震荡贯穿全年。特别是每一次的高层变动都成为业界关注的焦点,成为雅虎中国迷失的重量级广告。其中谢文的离职最值得玩味:一个互联网曾经的风云人物与知名的互联网公司高调合作,如果不是有着不可调和的矛盾和冲突,谢文不可能在短短的几十天后离职。以文化视角看,谢文的离职有两个原因:对公司的发展战略有着根本分歧,所谓道不同不相为谋;对阿里巴巴的文化不认同,门户网站的企业文化和电子商务网站的企业文化差距太大,不可调和。

在表面上过于追求集团的统一、步调一致,导致有一些在阿里巴巴B2B、淘宝C2C适应的东西在雅虎并不适用。

其实,造成阿里巴巴2006年的矛盾境地的原因并不复杂:简单地说,雅虎中国的失败是企业文化的失败,是患了典型的企业文化错位症后的必然结果。合并后的马云势力范围大面积扩张,从电子商务到门户、搜索、邮箱与即时通讯,所有的互联网热点几乎都被包括其中。多重管理风格的同时存在、人员组成的复杂性,各个业务的自成体系等等多方面的经营难题在马云获得雅虎中国的那一刻起就摆在了马云面前。解决不好这些问题,"1+1=2"的效果是很难达成的。而这些问题曾经有很多人去尝试解决,我们在互联网的领域里尚未找到成功案例。如果是简单的互联网企业联盟,这种合并除了创造了一个中国互联网新的庞然大物之外,还有什么实际意义吗?这个集团中,除了阿里巴巴的电子商务业务在国内居首屈一指的位置之外,其他的业务很难占据国内第一的位置。合并后并不会改变这种现状。这种简单的业务互补的合并并不是互联网企业最好的合并方式,既然不能避免中国互联网企业的再度大规模兼并,我们只能期望大家能够真正做到产品间有机结合、基础上的整合而不是简单的求大、求广。另外,技术与创新永远是互联网发展的原动力。从阿里巴巴并购雅虎中国案例,可以得到三方面启示,一是要正确选择目标企业;二是要合理确定并购形式;三是要强化风险意识。

【思考题】
1. 就文化而言,如何保证行为模式和基本理念的平衡和匹配?
2. 如何用"造钟"机制来取代单纯的"报时"机制?两者有什么区别?
3. 在企业并购中,文化冲突是否是不可避免的?

【资料来源】
[1] 骆正清,张薇. 创业型企业的企业文化落地——以阿里巴巴集团为例 [J]. 中国人力资源开发,2013 (13).
[2] 翁佳慧. 企业文化个案研究——以阿里巴巴为例 [J]. 消费导刊,2008 (1).
[3] 唐文龙. 阿里巴巴:如何"领舞"中国电子商务 [J]. 企业研究,2008 (11).
[4] 郑作时. 阿里巴巴:让天下没有难做的生意 [M]. 杭州:浙江人民出版社,2007.
[5] 叶恒珊,杨俊. 阿里巴巴"挖空心思"让公司员工快乐. [EB/OL]. http://news.hexun.hexun.com/2010-10-13/125117003.html.
[6] 徐蕊. 阿里巴巴的成功因素分析启示 [EB/OL]. http://cio.ctocio.com.cn/eeb/431/7669431_2.shtml.
[7] 杜荣飞. 阿里巴巴收购雅虎中国启示录 [J]. 新理财,2007 (6).
[8] 宋保强;孙立彬. 雅虎兵败中国 [J]. IT 时代周刊,2006 (18).
[9] 李直. 雅虎中国沉浮,企业文化错位酿苦酒 [J]. 人力资本,2007 (4).

# 联想公司跨文化管理案例分析

> **摘要：** 2004年12月8日，联想集团有限公司宣布将协议收购IBM个人电脑事业部，整个并购过程于2005年5月1日完成，交易总额为12.5亿美元。这家拥有着中国传统文化的本土企业正式进军美国市场。但是，并购初期由于中美文化的巨大差异以及企业文化的不同，联想遭受了巨大的损失。并购后联想五年间3次更换CEO，同时，公司业绩并不乐观，公司连续亏损，在股价方面，联想宣布并购后股价大幅下降。如何解决跨文化冲突成为此次并购的重中之重。最终，经过不断的探索，联想创新文化整合模式，最终取得了成功。
>
> **关键词：** 联想；IBM；并购；跨文化管理

## 1. 相关背景介绍

### 1.1 公司介绍

联想集团有限公司成立于1984年，由联想集团和IBM个人电脑事业部组合而成。联想公司主要生产台式电脑、服务器、笔记本电脑、打印机、掌上电脑、主机板、手机等商品。从1996年开始，联想电脑销量位居中国国内市场首位。目前联想的总部设在纽约的Purchase，同时在中国北京和美国北卡罗来纳州的罗利设立两个主要运营中心，通过联想自己的销售机构、联想业务合作伙伴以及与IBM的联盟，新联想的销售网络遍及全世界。联想在全球有19 000多名员工。研发中心分布在中国的北京、深圳、厦门、成都和上海，日本的东京以及美国北卡罗来纳州的罗利。

### 1.2 历史沿革

1984年11月1日，20万元，11人创立联想，当时名称是：中国科学院计算技术研究所新技术发展公司。

1985年推出第一款具有联想功能的汉卡产品联想式汉卡，"联想"这一品牌名称由此而来。

1988年6月23日，香港联想开业，新技术发展公司与导远公司和中国技术转让公司共同创办香港联想，采用英文名称：Legend. 第一次使用了联想作为公司名称。

1989年11月，联想集团公司成立，第一次在国内把联想作为企业及集团名称。

1990年推出联想电脑，联想开始生产及供应联想品牌个人电脑。

1994年2月14日，联想股票在香港上市，联想品牌首次在海外财经市场亮相。

1996年，联想首次超越国外品牌，市场占有率位居国内市场第一，并持续6年稳居榜首。

1999年联想电脑以8.5%的市场占有率荣登亚太市场PC销量榜首。

2002年8月，联想成功推出万亿次计算机，成为国内首台实测速度超过万亿次的高性能计算机。

2002年12月3~7日，LEGEND WORLD 2002技术创新大会圆满举行，标志着联想在产品技术上已经取得了实质性的进展。

2004年联想集团将其英文名称修改为Lenovo Group Limited，并成为国际奥委会全球合作伙伴。

2004年12月8日，联想集团和IBM签署收购IBM个人电脑事业部的协议。

2005年8月10日，联想集团公布2005年第一季度业绩，期内实现纯利3.57亿港元，是联想收购IBM全球PC业务后，首次计入该业务的季度财务报告。

2006年10月，联想与NBA（美国职业篮球协会）宣布结成长期的全球性市场合作伙伴关系，并同时启动投资上亿的联想扬天"明日巨星计划"。

2007年4月，北京奥组委和国际奥委会联合宣布联想集团成为北京2008奥运会火炬接力全球合作伙伴。联想成为奥林匹克运动历史上第一家源自中国的奥运会火炬接力合作伙伴。

2008年，成为全球500强企业。

2011年1月18日，联想集团宣布成立新的业务集团——移动互联和数字家庭业务集团（简称MIDH）。

2012年7月7日，在2012年《财富》世界500强中联想集团的排名提升了80位至第370位。

2012年10月11日，联想电脑销量居世界第一。

2013年1月5日，联想宣布新的组织结构，建立两个新的端到端业务集团：Lenovo业务集团、Think业务集团。

2015年4月15日，联想发布了新版logo，以及新的口号"never stand still"

(永不止步)。

### 1.3 企业文化

企业文化是联想的竞争优势。联想多元化、来自不同文化背景的精英人才，共同秉承集团称为"联想之道"的价值观。"联想之道"的核心理念："说到做到、尽心尽力"。

### 1.4 公司理念

在过去的十几年里，联想集团一贯秉承"让用户用得更好"的理念，始终致力于为中国用户提供最新最好的科技产品，推动中国信息产业的发展。面向未来，作为IT技术与服务的提供者，联想将以全面客户导向为原则，满足家庭、个人、中小企业、大行业大企业四类客户的需求，为其提供有针对性的信息产品和服务。

### 1.5 公司业绩

连续七个季度成为全球前五大电脑厂商中增长最快的厂商；全球第三大个人电脑厂商，市场份额达12.2%的历史新高；全球企业笔记本电脑市场排名第一位；在包括中国在内的全球新兴市场排名第一位；在全球商用笔记本电脑市场排名第二位；在全球一体台式机市场排名第二位。

### 1.6 业务战略

凭借正确的战略和有效的执行，集团保持强劲的增长势头。联想的"保卫和进攻"战略（"Protect and Attack"）进一步加强集团在中国以及全球企业客户等核心市场上的地位，同时积极寻求新的高增长机会，包括新兴市场和全球消费电脑市场，以及移动互联网及数字家庭等领域的机会。

## 2. 案例分析

### 2.1 美国市场中国文化的崛起

2004年12月8日，联想集团有限公司宣布将协议收购IBM个人电脑事业部（PCD），希望借此成为一家拥有全球知名品牌、丰富产品组合和领先研发能力的大型跨国企业。美国交易委员会2005年3月批准了外商投资，整个并购过程于2005年5月1日完成，交易总额为12.5亿美元（联想向IBM支付6.5亿美元现金，以及价值6亿美元的联想集团普通股）。并购后两家公司将在电脑销售、服务和客户融资领域长期战略合作。此次并购使联想成为全球排名第三的年收入约达 130 亿美元的 PC 厂商（按 2003 年业绩计算）。此次收购的资产包括 IBM 所有笔记本、台式电脑及相关业务（包括客户、分销、经销和直销渠道）；"Think" 品牌及其相关专利；IBM 深圳合资公司（不包括其 X 系列生产线）；以及位于大和（日本）和罗利（美国北卡罗来纳州）的研发中心。并购后的联想集团将在纽约设立全球总部，在北京和罗利设立两大运营中心。新联想集团将拥有约 19 000 名员工（其中约 9 500 名来自 IBM，约 10 000 名来自联想集团）。

### 2.2 并购整合的内容

#### 2.2.1 人力资源整合（战略整合）：留用外方人才

新联想启用杨元庆担任董事局主席，而 CEO 则由 IBM 高级副总裁兼 IBM PC 事业部总经理蒂芬·沃德担任。而实践表明，留用蒂芬·沃德稳定了军心，实现了平稳过渡。对员工的去留，新联想承诺暂时不会解雇任何员工。这些措施都使 IBM PC 部门的人员流失降到了最低。

#### 2.2.2 客户整合（管理整合）：留住客户

新联想通过全球销售、市场、研发等部门悉数由原 IBM 相关人士负责，将总部搬往纽约，在全球发行的《纽约时报》和《华尔街日报》上刊登巨幅广告等方式稳定了市场，留住了客户。

#### 2.2.3 文化整合（管理整合）：融合双方优秀的企业文化因素

为了跨越东西方文化的鸿沟，减少文化差异，增加交流，融合双方优秀的企业文化因素，形成新的企业文化，新联想将总部搬往纽约，且杨元庆常驻纽约总部。

#### 2.2.4 品牌整合（产业整合）：保留 IBM 的高端品牌形象

新联想在今后五年内无偿使用 IBM 产品，并完全获得"Think"系列商标及相关技术。与此同时，新联想确定了国内"联想主打家用消费，IBM 主打商用"的策略，两条产品线将继续保持不同的品牌和市场定位，并在性能和价格方面做出相应配合。

### 2.3 中美文化整合面临挑战

#### 2.3.1 企业文化存在巨大差异

从联想和 IBM 企业文化比较表中可以看出，联想与 IBM 在经营管理和企业文化方面存在巨大的差异。联想文化中有很浓的制造企业的因素，强调执行和服从，例如在联想，开会迟到要被罚站，即使是高层会议也是如此，这一点在尊重个人的 IBM 来说基本是不可能的。同样，IBM 的一些文化也很难在联想内部实行。蓝色巨人 IBM 的文化属于比较传统的美国文化，注重个人，员工在工作中的授权比较大。而联想在国内向来以严格和强调执行力而著称，下级对于上级的命令要严格执行，而且上级对下级的干涉也较多。这一点很可能导致 IBM 的员工与中国管理者和员工发生较多的冲突；IBM 是一个非常程序化的公司，员工都遵守各种程序化的流程；联想则是一个发展速度快、带有国有民营色彩的公司。这种差异在企业文化整合上产生了挑战，IBM 个人电脑业务部门有近万名员工，分别来自 160 个国家和地区，如何管理这些海外员工，对联想来说是一个巨大的挑战。

**联想和 IBM 企业文化比较**

| 比较项目 \ 并购双方 | 联想 | IBM |
| --- | --- | --- |
| 公司愿景 | 高科技的联想、服务的联想、国际化的联想 | IBM 就是服务；战略是 IBM 奋斗的目标；扬弃硬件市场，开拓软件市场 |
| 核心价值观 | 服务客户；精准求实；诚信共享；创业创新 | 尊重个人；顾客至上；追求卓越；创新是 IBM 保持年轻的源泉 |
| 管理风格 | 比较专制，比较层级化，员工存在"唯上"的现象 | 比较民主，员工具有参与意识 |
| 员工对企业文化的认同 | 认同度较高 | 认同度很高 |

### 2.3.2 中美文化存在巨大差异

根据 Hofstede（1980，1991）提出的文化维度理论，从以下五个方面来考察中美文化差异。第一，个体主义与集体主义维度。美国人在个体主义上得分最高，排名世界第一；而有中华文化背景的群体（如新加坡及中国香港、中国台湾）在个体主义上得分则很低。第二，权力距离维度。美国接受程度较低，表现为人与人之间较为平等；中国接受程度较高，表现为社会等级分明、权力距离大。联想中国员工倾向于远离权力中心，对上级管理者有敬畏心理；IBM 的员工则更多地提出质疑，上级也会采用协商的管理风格。第三，不确定性回避维度。中美文化背景下人们忍受模糊和不确定性的威胁程度不同。具有美国文化背景的 IBM 员工更敢于冒风险，并且希望管理者给出精确的要求描述；中国文化背景下的联想员工则对上级模糊的指令没有怨言，更多靠自己的悟性。第四，事业成功与生活质量维度。美国与中国相比更注重家庭和生活质量，中国更注重事业成功。这导致 IBM 的美籍员工不愿在下班时间工作或者在节假日加班；而联想的中国员工则会为了薪酬、晋升而欣然加班加点工作。第五，长期导向和短期导向维度。中国在长期导向上面的得分远远高于美国。由此导致 IBM 具有短期导向，美籍员工更关注季度和年度利润成果，管理者对员工的绩效评估中注重利润；而联想的思维和行动都是长期导向的。

## 2.4 联想在美跨文化整合失利

### 2.4.1 五年间3次更换CEO

收购成功的那一刻联想虽然风光无限，但之后的整合过程却让其饱尝艰辛。2004年12月8日，联想任命原IBM副总裁美国人Stephen Ward担任新联想CEO。但并购第一年的财报显示计入重组费用后单季度净亏港币9.03亿元。2005年12月21日，联想集团宣布任命原戴尔副总裁美国人William J. Amelio为新联想CEO。但2008～2009财年年报却出现了更加巨大的亏损，全年净亏2.26亿美元。当然，除了跨文化整合不利之外，也有金融危机的影响。联想集团于2009年2月5日宣布，创始人兼董事柳传志将重新担任董事局主席，现任董事局主席杨元庆将转任CEO，原CEO William J. Amelio将在担任公司顾问至2009年9月后离职。

### 2.4.2 经营业绩波动

联想集团公布的截至2006年3月31日的第四季度财报数据显示，该集团收入除税及重组费用前亏损港币3.17亿元，计入重组费用后第四季度净亏港9.03亿元。联想在香港发布2008/09财年第四季度及全年业绩报告。联想这次交出的是一份巨额报亏业绩。联想发布的财年业绩显示，联想集团全年销售额为149亿美元，全年除税前溢利（不包括重组费用/一次性项目）为2 900万美元，全年重组费用为1.46亿美元，全年净亏2.26亿美元。

在股价方面，2004年12月8日，联想宣布并购后股价大幅下降，而12月9日联想股价高开低走，一度涨幅达到7.4%，但最终收盘价仅报收于2.575港元，较上一交易日下跌3.74%，较宣布并购前已经下跌了15%，这说明联想此次并购遭到投资者看空。其次在2004年12月8日至2005年1月31日近两月间，联想股价跌幅达到21.5%；相比同样呈下跌趋势的国内竞争对手方正股价跌幅更大，达-12.11%；相比同期恒生指数-2.14%的跌幅，联想明显逊色于大市。

### 2.4.3 联想失利原因分析

在联想收购IBM初期，由于中美文化之间的巨大差异，以及联想传统中国与IBM美国本土文化之间的碰撞，新联想在市场前进中遇到了巨大的阻力。如何有效解决文化差异成为此次收购案的重点，也决定了新联想的未来。在并购初期，由于企业间文化的差异，导致联想跨文化管理遇到"瓶颈"，在5年间3次更换CEO，如何有效沟通双方之间的员工，充分调动员工积极性，这个问题在公司内部逐渐显露。同时，中国传统企业在美国市场的异军突起也面临了巨大的挑战，两者之间文化的碰撞导致新联想无法在短时间内有效借助美国市场优势抢占全球份额，从而造成在并购初期，公司业绩下滑，股价大幅跌落。

## 2.5 创新文化整合模式，新联想崛起

联想并购 IBM 全球 PC 业务之后，随即任命原 IBM 的副总裁沃德为新公司的 CEO。在新联想随后公布的 13 位集团管理层中，来自 IBM 的人士占了 6 席，包括 CEO、全球首席运营官、首席市场官、产品开发负责人等重要职位，均由原 IBM 人士担任。在 IBM ThinkPad 笔记本营销上，延续了品牌、业务流程，并最大限度用了原销售人马。此外，新联想还组成了过渡时期领导团队"T & T"（Transition and Transformation Team），通过不断沟通与互相了解、学习对方的优势，理解不同国家民族的文化特点，尽可能尊重外方员工的价值观。这样做的好处是，在并购之后马上构建起了跨文化管理团队，留住了被并购企业的核心人才，从而可以有效地实施海外人员本地化战略。与此同时，联想注重对自身高管的培养，要求高层领导每天至少抽出一个小时来学习英语。联想也注重内部沟通机制的建设，杨元庆亲自指示内部沟通部门，必须在内部开展形式多样的活动，履行文化沟通的职责。

终于，经过不懈的努力，2007 年 8 月初，联想集团发布了截至 6 月的第一财季报告，净利润达 6 684 万美元，是 2006 年同期 521 万美元的 12.8 倍。董事会主席杨元庆在财报电话会议中表示，并购 IBM 的全球 PC 业务已经有两年多，"可以把这次并购看成是一次成功的并购"。

并购企业应根据企业的并购战略目标和并购方式，以及并购双方企业文化发展的现状，选择恰当的文化整合模式。同时，企业文化整合要与企业其他专项整合同步运作，从而使新的企业文化适应并购后企业所面临的新的内外部环境，更好地促进企业的经营管理。联想并购 IBM PC 部是一次典型的"蛇吞象"跨文化并购案例，虽然联想在并购初期经受了很大的挑战，但是，联想借鉴国际上先进企业文化，最终形成一套自己独具特色的企业文化，最终取得了巨大的成功。联想并购的成功，给世界范围内所有企业敲响了一个警钟，企业并购不能仅仅局限于公司形式上的并购，如何有效解决跨文化之间的矛盾才是重中之重，只有有效解决跨文化冲突，才能真正算得上一次"成功的并购"，才能取得巨大的发展。

【思考题】
1. 联想集团有限公司收购 IBM 个人电脑事业部起初失利的原因是什么？
2. 为什么联想集团有限公司收购 IBM 个人电脑事业部最终得以成功？
3. 从联想集团有限公司收购 IBM 个人电脑事业部这个案例中，你在关于跨文化管理方面有什么启示？

**【资料来源】**

[1] 裴学成，杨叶倩. 跨国并购中的文化整合——以联想并购 IBM 个人电脑事业部为例 [J]. 中国市场，2013（3）.

[2] 唐炎钊，王业峰，唐蓉. 中国企业跨国并购文化整合模式的动态选择研究——基于联想并购 IBM 的 PC 业务的案例分析 [J]. 战略管理，2010（2）.

[3] 牛力娟，周淼. 中国企业跨国并购中文化整合模式的选择及其启示——以联想集团并购 IBM 个人电脑事业部为例 [J]. 云南财经大学学报，2006（4）.

[4] 陈尧. 浅谈并购企业中的跨文化人力资源管理——以联想并购 IBM 个人电脑事业部为例 [J]. 商业文化，2011（6）.

[5] 张骏. 联想个人电脑事业部跨文化管理研究 [D]. 中国海洋大学，2008.

[6] 夏文博. 联想并购 IBM PC-D 的跨文化整合管理案例研究 [D]. 大连理工大学，2013.

[7] 盛军，孙峰. 跨文化管理对联想并购案的现实意义 [J]. 沿海企业与科技，2005（5）.

[8] 方芳. 从联想并购 IBM PC 看跨文化经营的风险与管理 [J]. 当代经理人，2005（6）.

# 双汇跨文化管理案例分析

**摘要**：2013年5月29日，双汇国际控股有限公司和美国史密斯菲尔德食品公司（SFD）联合发布公告称，双汇国际将以总价71亿美元收购史密斯菲尔德。目前中西方有关跨国并购文化整合模式的探讨基本上是基于文化适用观点，根据并购双方的接触程度及其解决接触中产生冲突的方式，提出了四种文化适应模式，即同化模式、融合模式、隔离模式和消亡模式。在跨国并购中文化整合模式的选择不能拘泥于单一的模式也不能一蹴而就，应根据并购双方在跨国并购中文化整合情况的变化在确定主要文化整合模式的基础上分阶段采取适宜的文化整合模式。并购后企业肯定需要一个磨合期。企业走出去的时候都需要一个过程，去美国投资相对比较稳定，但是它的市场竞争更加激烈。而中国企业在跨国管理这一块是一个薄弱环节。对双汇来说最大的挑战是如何处理好跟美国方面的关系，包括政府关系、员工关系，以及股东关系、消费者关系。

**关键词**：并购；文化整合模式；关系管理

## 1. 相关背景介绍

### 1.1 公司介绍

双汇坚持走规模化发展、品牌化经营、产业化联动的创新之路，用30年的时间打造出了一个资产200亿元、员工7万人、年肉类产销量370万吨、年销售收入500亿元的特大型食品集团。

双汇集团始终坚持围绕"农"字做文章，围绕肉类加工上项目，实施产业化经营。以屠宰和肉类加工业为核心，向上游发展饲料业和养殖业，向下游发展包装业、物流配送、商业、外贸等，形成了主业突出、行业配套的产业群，推动了企业持续快速发展：80年代中期，企业年销售收入不足1 000万元，1990年突破1亿元，2013年达到472亿元，年均复合增长率30%以上。

双汇集团实施六大区域的发展战略，立足河南、面向全国在黑龙江、辽宁、内蒙古、河北、山东、江苏、浙江、湖北、河南、江西、四川、广东、安徽、广西、上海等 18 个省市建设了 20 多家现代化肉类加工基地，在 31 个省市建有 300 多个销售分公司和现代化的物流配送中心，在美国、西班牙、日本、韩国、新加坡、菲律宾以及中国香港等国家和地区建立有办事机构，形成了纵横全国、辐射海外的生产销售网络，使双汇产品走出河南、遍布全国、走向世界。

双汇集团坚持引进先进的技术和设备，改造传统肉类工业。先后投入 40 多亿元，从欧美等发达国家引进先进的技术设备 4 000 多台/套，通过消化、吸收和再创新，实现技术与国际接轨。双汇集团率先把冷鲜肉引入国内，实行"冷链生产、冷链销售、冷链配送、连锁经营"，实现了肉类的品牌化经营，结束了中国卖肉没有品牌的历史，开创了中国肉类品牌。

双汇集团坚持技术创新，建立了国家级的技术中心、博士后工作站，培育了 600 多人的产品研发队伍，围绕中式产品的改造、西式产品的引进、屠宰行业的精深加工，做出了 1 000 多种的产品群，满足不同层次的消费需求，双汇肉制品、双汇冷鲜肉均是"中国名牌"产品，已成为广大消费者一日三餐首选的肉类品牌。

### 1.2 历史沿革

1958 年 7 月，集团公司前身——漯河市冷仓成立。

1969 年 4 月，变更为漯河市肉类联合加工厂。

1984 年 7 月，万隆当选厂长。

1992 年 2 月，第一支"双汇"牌火腿肠问世。

1994 年 1 月，合资成立华懋双汇集团有限公司。

1994 年 8 月，以漯河肉联厂为核心组建并成立双汇集团。

1996 年 9 月，双汇食品城一期工程全部竣工。

1997 年 7 月，双汇集团通过 ISO 9002 质量认证体系。

1998 年 12 月，"双汇实业" 5 000 万 A 股股票在深交所成功上市。

1999 年 12 月，"双汇"商标被认定为"中国驰名商标"。

1999 年 12 月，双汇集团被列为国务院 512 家重点企业。

1999 年 12 月，漯河双汇商业连锁有限公司成立。

2000 年 12 月，双汇工业园二期工程全面竣工投产。

2000 年 12 月，双汇集团经国家人事部批准建立企业博士后科研工作。

2001 年 5 月，肉制品车间通过对日出口注册。

2001 年 12 月，双汇集团技术中心被评定为国家级技术中心。

2002 年 2 月，与日本火腿公司合资成立河南万东牧业有限公司。

2002年10月，与杜邦合资成立杜邦双汇漯河蛋白有限公司。
2002年12月，唐山双汇食品有限责任公司投产。
2002年12月，宜昌双汇食品有限责任公司投产。
2003年2月，与日本吴羽、日本丰田合资成立南通汇丰新材料有限公司。
2003年3月，双汇工业园三工程开工建设。
2003年9月，浙江金华双汇食品有限公司投产。
2003年10月，上海双汇大昌有限公司、内蒙古双汇食品有限公司投产。
2003年12月，双汇集团通过ISO 14001认证。
2004年4月，广东双汇食品有限公司投产。
2004年5月，山东德州双汇食品有限公司投产。
2004年7月，阜新双汇肉类加工有限公司投产。
2006年10月，武汉双汇食品有限公司投产。
2007年荣获中华人民共和国农业部颁发的中国名牌农产品。
2007年荣获农业部颁发的农业产业化国家重点龙头企业。
2008年4月，望奎双汇北大荒食品有限公司投产。
2008年7月，哈尔滨北大荒双汇食品有限公司投产。
2008年荣获中华人民共和国民政部颁发的中华慈善奖。
2008荣获农业部农产品质量安全中心颁发的无公害农产品证书。
2008年荣获中国肉类协会颁发的中国肉类食品行业强势企业。
2009年6月，淮安双汇食品有限公司投产。
2009年8月，济源双汇食品有限公司、黑龙江宝泉岭双汇北大荒食品有限公司投产。
2010年8月，绵阳双汇食品有限责任公司新建项目投产。
2011年9月，南昌双汇食品有限公司投产。
2011年11月，郑州双汇食品有限公司投产。
2013年7月，芜湖双汇食品有限公司投产。
2014年1月，南宁双汇食品有限公司投产。

## 1.3 诚信体系以及质量理念

双汇把诚信体系建设与企业的发展愿景、管理文化有机结合起来，确立了"开创中国肉类品牌，促进中国肉类产业升级"的企业使命；制定了"消费者的安全与健康高于一切，双汇品牌形象与信誉高于一切"的质量方针；形成了"诚信立企，德行天下"的企业文化；实现了企业的生产经营管理与诚信体系建设的高度统一。

双汇集团秉承"产品质量无小事，食品安全大如天"的质量理念，铁腕抓质量,铁心保安全,把国际先进的ISO 9001、HACCP、ISO 22000、ISO 14000等管理体系和信息化技术应用到供、产、存、运、销等各环节,不断完善质量和食品安全内控体系,严把采购、生产、销售关,实行进厂原料批批检验、生猪在线头头检测、出厂产品批批检查,开放式办工厂、透明化办企业,自觉接受消费者、媒体、政府等社会各界的监督,赢得了消费者的信赖。

双汇集团经过30年的发展,做大了产业、做优了产品、做响了品牌,在传统的肉类工业中走出了一条新型的工业化道路。双汇每年消化2 000万头生猪、70万吨鸡肉、7万吨植物蛋白,年转化粮食1 000多万吨,带动170多万人从事与双汇相关的种植、养殖及原料采购、产品销售,年增加农业产值600多亿元,增加社会各类人员收入100多亿元,为地方经济和中国肉类行业做出了突出贡献。

2013年9月26日,双汇控股母公司万洲国际成功并购美国最大的猪肉加工企业——史密斯菲尔德公司,成为拥有100多家子公司、12万名员工、生产基地遍布欧美亚三大洲十几个国家的全球最大的猪肉加工企业,使双汇品牌走出国门,迈向世界。

### 1.4 企业文化

双汇集团凭着"优质、高效、拼搏、创新、诚信、敬业"的企业精神,以"产品质量无小事,食品安全大如天","消费者的安全与健康高于一切,双汇品牌形象和信誉高于一切"为质量方针,为加强现代企业制度建设,率先引入系统管理理念,于1994年引入ISO 9000质量体系,建立了一整套质量保证体系,完善了质量管理组织机构,通过了ISO 9000、ISO 14001、ISO 22000和HACCP认证,并先后通过了对日本、新加坡等国的出口认证,双汇的质量信誉和品牌价值得以不断提高。

改革与创新是双汇文化的核心,双汇集团通过持续推行管理创新、技术创新和思维创新,使企业发展获得了无限动力。以人为本,善待人才,回报人才,留住人才的用人机制,以及"用数据说话,按标准办事,看业绩评判"的考核机制,造就了大批管理、科研、经营人才,造就了双汇优秀的管理队伍、生产队伍、科研队伍、营销队伍。通过技术创新,有效化解成本竞争、质量竞争、产品品牌形象竞争的市场压力,改进和提高企业的产品技术和赢利水平。通过思维创新,实行"新产品、新包装、新价格、新结构、新形象"的五新策略,实现了新形势下的新突破,成就了行业发展的"双汇奇迹"。

双汇品牌,承载着双汇优秀企业文化的全部,代表着双汇的信誉,代表着双汇的产品品质,发展和弘扬双汇这个中国品牌,是双汇人永远的使命。

## 2. 案例分析

### 2.1 万州国际IPO失利概述

万洲国际IPO失败后，只有在最好的假设前提下，并购产生的债务本息才能偿还，但这个前提存在的概率非常小。

2013年5月，双汇国际（A股上市公司双汇发展的控股公司，已更名为万洲国际）宣布以总对价47亿美元收购全球最大的生猪与猪肉生产商史密斯菲尔德（Smithfield）全部股份，并承担史密斯菲尔德24亿美元的债务，一举成为迄今中国企业最大的赴美并购案（参见《财经》2013年第18期"双汇创纪录收购钱景"）。

2014年4月，因为认购不足，路演数周的万洲国际宣布中止在香港上市。IPO失败，说明收购时所规划的协同效应并未实现。在投资者眼里，背靠中国市场、手握全球最大猪肉生产能力的万洲国际不是白天鹅，而是丑小鸭。

理想很丰满，现实很骨感。IPO失败之后，并购所产生的70多亿美元债务，立即成为压在万洲国际身上的一座大山。

### 2.2 万州国际IPO失利原因概述

协同效应成空：万洲国际收购史密斯菲尔德之后，为何难以产出当初宣传的协同效应，以至今日进退维谷呢？

#### 2.2.1 两家公司商业模式截然不同

并购之前，双汇国际的主要资产是所持A股上市公司双汇发展股份。双汇发展实际上是个流通企业，而史密斯菲尔德是传统的养殖企业。截至2013年，史密斯菲尔德的生猪出栏量为1 600万头左右，而双汇发展在国内的出栏数字约为31.77万头。

双汇发展的猪肉很多是从散户即饲养农民那里收购生猪来屠宰加工，再依靠分销商等渠道进行销售。这种方式可以将养殖成本、养殖风险转嫁给养猪散户，存货成本和应收账款成本转移给分销商，这使得双汇发展在国内取得商业模式上的成功。

史密斯菲尔德则自己大量饲养生猪，再向零售商如沃尔玛、Kroger、Costco等美国大超市以及大型餐饮连锁店如麦当劳、赛百味、汉堡王销售生鲜猪肉和肉制品。这种商业模式将提高史密斯菲尔德的资金投入、存货及应收账款周转压力，进而降低史密斯菲尔德的运营效率。从下表可以看出，史密斯菲尔德的现金周转天数在70天左右，总资产周转率不到2%，而双汇发展的现金周转天数控制在10天以内，总资产周转率高达5左右。另外，史密斯菲尔德的财务杠杆高达2倍多，而双汇发展的财务杠杆控制在1.5倍左右。

从成长性和盈利状况也可以进一步说明两个公司商业模式的不同。双汇发展的总资产收益率高达20%，而史密斯菲尔德只有平均约3%，双汇发展的净资产收益率平均高达30%，而史密斯菲尔德只有10%左右。因为以养殖为主的史密斯菲尔德是重资产企业，而双汇发展是轻资产的流通企业。

从成长性来看，双汇发展2007～2012年的收入复合增长率高达13%，而史密斯菲尔德只有7%。说明双汇发展还处在一个较高成长的阶段，而史密斯菲尔德的成长已经饱和。从盈利能力来看，双汇发展的毛利润、经营利润和净利润都要比史密斯菲尔德要高很多，而且一直处于增长的状态，而史密斯菲尔德在2009年和2010年，受经济周期影响，还出现了亏损的状况。

从这些盈利指标和营运效率指标来看，史密斯菲尔德是一家规模很大但是效率和运营能力不高的公司，万洲国际去收购史密斯菲尔德看中了史密斯菲尔德更强的管理能力这一点是站不住脚的，因为双汇发展自己是一家在管理上比史密斯菲尔德更有效的公司。

不幸的是，万洲国际又不太可能把双汇发展的运营模式移植到史密斯菲尔德从而提高它的运营效率和盈利水平，因为双汇当初在收购时曾承诺史密斯菲尔德管理层"六不变"。双汇也不太可能为了学习史密斯菲尔德商业模式而开始大规模养猪，这将降低他们现有良好的利润率、风险控制和现金流管理。

### 2.2.2 品牌效应和进口猪肉成本降低也是不可行的

首先，中国是个传统的猪肉消费国，几千年来国内的猪肉生产和消费基本自给自足，进口猪肉在国内的需求不高。其次，国内饮食习惯的改变，传统的猪肉消费量增长趋于平缓，人均猪肉消费量不太可能大幅度增加。因此，通过万洲国际并购史密斯菲尔德来拉动史密斯菲尔德对中国的猪肉出口是不太可行的。史密斯菲尔德2012年国际部的销售收入为14.667亿美元，而2013年国际部的销售收入为14.685亿美元，几乎没有增长。

美国市场上猪肉也是基本趋于饱和状态，双方通过进出口的关联交易达到降低成本的动力并不足。另外，美国生猪养殖中90%是使用瘦肉精的，而中国明令禁止瘦肉精。而且，以前存在的中美生猪养殖成本的差异也荡然无存。2013年5月前后，美国生猪养殖成本一般在4.5～5元/斤，中国则在6.5～7元/斤。当时美国生猪成本存在优势，让万洲国际觉得收购时机合适。然而，之后美国爆发"猪腹泻"提高了美国生猪养殖成本，而中国的生猪出栏价格不断下降。从2013年12月开始，国内生猪价格一路下降，到2014年4月，已经降至约5.2元/斤。2014年，双汇发展从史密斯菲尔德进口的第一批到港的325吨猪肉，万洲国际支付的含税价格在6.8～7.5元/斤，已经没有了明显的成本优势。运费及税费的因素也将增大进口的成本。

#### 2.2.3 收购后整合效果存在疑问

万洲国际在并购中提供的条件束缚了整合史密斯菲尔德的能力。从双汇发展与史密斯菲尔德的财务数据的对比来看，双汇发展的年销售额在40亿美元左右，史密斯菲尔德在130亿美元左右。然而，史密斯菲尔德的利润率要比双汇发展低得多，且波动很大。因此我们可以看得出史密斯菲尔德是一家规模比双汇大得多、但运营效率差很多的公司。

并购完成后，万洲国际本应该从战略上进行整合，提高史密斯菲尔德的运营效率，将一些不符合公司战略的业务或者子公司剥离出去，进而降低史密斯菲尔德的运营成本和负债率。然而，在这笔交易中，万洲国际在收购史密斯菲尔德的时候承诺管理层"六不变"，即运营不变、管理层不变、品牌不变、总部不变、不裁减员工、不关闭工厂。在这六点不变化的情况下，留给双汇可变的空间已经很小了。

上文提及，双汇发展与史密斯菲尔德的商业模式是有区别的，在承诺运营不变的情况下，史密斯菲尔德很难将双汇发展的高成长、高利润、高现金运营模式复制到美国的市场中。在管理层不变、不裁减员工、不关闭工厂的束缚下，任何管理大师也难以施展拳脚提高史密斯菲尔德的经营效率。

### 2.3 高盛收购双汇案例分析

#### 2.3.1 高盛收购双汇的动机分析

高盛收购双汇的动机可能包括以下几点：①分散化投资，规避风险的目的。美国高盛本身是投资银行业的公司，投资于双汇集团这种肉类加工企业是高盛多元化经营的表现。从高盛2006年在我国的收购案中，我们就不难看出，高盛并购的除了双汇集团的其他三个上市公司分别是进行铝制品生产、玻璃器皿生产和空调生产的公司，这充分地体现了高盛收购双汇的分散风险动机。②投资中国的具有成长性并在行业中具有显赫地位的公司，把控长期利润的目的。目前双汇是中国最大的肉类加工基地，肉制品国内市场占有率达到35%，是肉类加工企业的老大；另外，中国的肉类加工量在全部肉制品产量中仍然只占较低的比例，而肉制品本身同样具有巨大的增长空间，预计未来5年食品加工行业的年增长率将达到25%。双汇的这种特质，应该也是高盛选择收购的一个重要原因。③充实、包装、出售的目的。高盛的主营业务是投行业，并且高盛在此行业做的顺风顺水，所以不要奢望高盛会有将一个被收购企业持续经营下去的想法。高盛收购双汇的动机很可能也包括：以其充足的资本投入到双汇中去，促进双汇的进一步发展，从而提高双汇在公众心中的形象和地位，抬高股价，从而在合适的时候抛售股票，以赚上一笔为目标的想法。④整合中国肉制品加工行业，实现垄断利润的目的。

#### 2.3.2 基本模式

高盛收购双汇的基本方式是多元化的收购方式，高盛是集投资银行、证券交易和投资管理等业务为一体的国际著名的投资银行。而漯河市双汇集团是以肉类加工为主，跨行业、跨地区、跨国经营的特大型食品集团。从两个公司的业务类型上看，可见高盛与双汇的业务上几乎没有任何的关联性。可见高盛收购双汇的方式是多元化的收购方式。

### 2.4 双汇与杜邦合资案例分析

#### 2.4.1 合资概述

杜邦在中国大豆蛋白市场的强势表现又有了新进展。继杜邦分别在湖北云梦县和郑州市建立了两家生产大豆蛋白的独资企业之后，杜邦在中国的第三家蛋白生产企业——杜邦双汇漯河蛋白有限公司宣布成立。

与以往不同的是，新的蛋白企业不再是独资企业，而由杜邦蛋白技术国际公司和河南双汇实业集团有限责任公司合资成立。据称新公司将采用杜邦全球领先的大豆蛋白分离技术、设备和经营管理经验，依托双汇集团丰富的市场经验和销售管理优势，对河南省及中国其他地区丰富的大豆资源进行深度加工和开发，生产满足人们健康需要的大豆蛋白产品。

#### 2.4.2 早期投资策略：区域分散

杜邦投资中国策略大致如此：厂房尽量设在贴近客户的地方，在众多领域，众多地点进行广泛投资，这样是为了使公司业务更好地符合中国市场的需要；每一个投资项目可能都不是很大，但一定要贴近市场，贴近客户，这样能使公司充分了解市场和合作伙伴；北到长春，南至深圳。杜邦通过这样一些小项目积累，既保证了在中国能有一个适当的规模，也为其后一些大中型企业做了准备。

### 2.5 中国企业的跨文化管理

改革开放以来，伴随着国外投资的涌入和我国企业不断走出国门，我国的中外合资企业得到了快速发展。我国在引进国外资金、技术以及管理制度的同时，在中外合资企业的跨文化管理方面也进行了不断地探索。但即使如此，中外合资企业管理的文化冲突仍然不能得到很好的解决，具体表现为：中外双方经营思想、管理观念、管理方式和员工行为的不协调，这大大影响了合资企业的运营效率，有时甚至会直接导致企业的破产。跨文化的问题会通过以下几个方面对企业的运营造成负面影响：

#### 2.5.1 发展模式的冲突

由于思想观念方面的差异，强势方的管理人员不了解当地的基本情况，以我为主、以己度人，盲目使用"自我参照原则"，把自己过去在其他地方行之有效的经营管理模式直接复制到企业，甚至还有歧视当地员工的现象，这会直接导致出现文化冲突，影响企业的运营效率。

### 2.5.2 行为方式的冲突

中国几千年的传统文化，深深影响着社会的每一个角落。中国传统文化有"求稳怕变"的特点，这使得中方员工缺乏商务活动中的冒险精神，在决策过程中偏于保守，在激烈的市场竞争中把握机会的能力相对较差。而外方人员则往往富于创新和冒险精神，在采用新技术，开创新市场方面具很强的主动性。另外，外方人员做事直率而中方人员做事含蓄。这些都会造成文化冲突的出现。

### 2.5.3 管理方法上的冲突

主要表现在外方管理体制数字化、程序化、制度化；而中方管理缺乏完善的制度和程序，管理过程中也不太重视数字的作用，主要依赖经验的判断。这在公司的运营过程中往往会导致双方的意见难以达成一致，影响公司的有序发展。

### 2.5.4 激励手段的冲突

主要表现在绩效评估、人员激励、决策制定等方面。例如对员工的绩效进行评价时，外方往往注重实际业绩，而且只关心工作的结果，不理会与工作无关的事情。而中方人员不但注重实际业绩和结果，而且很关心一个人的思想道德、行为规范等方面的表现以及工作的过程。这会直接导致双方在人员的评价和激励方面出现冲突，造成公司人力资源管理的混乱。

### 2.5.5 组织沟通方式的冲突

主要表现在外方通常只注重程序上的沟通忽视非正式渠道的私下沟通，而中方则比较看重非正式渠道的私下沟通。在此情况下，出现误解增多、信息不畅是难免的。

### 2.5.6 决策过程的冲突

在有较大风险的经营行为的决策过程中，中方与外方管理人员往往会产生争议。从决策方面看，西方人强调自我，注重个体和直言不讳的表达方式，他们将征求大家意见以求得共识再做出决策看作是笨拙和低效的决策方式。而中国的管理者通常群众观念较强，形成了群众决策、民主集中的决策风格，往往使决策议而不决，又因为强调达成共识，使决策过程拖延缓慢。另外，由于中国传统的等级制度的影响，形成了中国企业当中上下级之间较大的权力距离，即企业当中的管理者等级秩序严格，权力较大者拥有相应的特权，下属对上级有强烈的依附心理。出于这些的存在，使中国企业里高层管理人员拥有比他们的西方同事更大和更广泛的权力，而中、低层管理人员得到的授权则远远小于西方的同等级人士，因而形成了中国的中、低层管理者不善于做出决策的行为特征。这些都会造成公司运营效率的低下。

### 2.5.7 思维方式的冲突

西方文化强调理性的思维习惯和强调公平的意识表现在社会制度上是以法治国，表现在企业运作上则是企业制度的建立和完善。并且因为有了制度，才可能对每个员工一视同仁，才能实现真正的公平。在这种文化理念的影响下，外方的制度建设通常非常完善，小到每个工作岗位的职务分析，大到绩效考核的整套方案，都有完整的书面材料。相反，中国人的传统管理思维都是以人治为主，很少有管理者注重制度的建设，程序的建设，而是上任者根据自己的喜好各干一套，延续性很差。因此在企业的日常管理中将不可避免地存在"人治"的痕迹。另外，在人事制度方面，中外差异也是很大的，表现在中国人比较注重德才兼备、人际关系等，而西方则把经营管理能力放在第一位。这些都会在公司内部造成不和谐，影响公司的运营。

充分了解双方企业文化的差异，认识到其存在的客观性。文化整合一直是跨国并购中一条难以跨越的沟壑，阻碍了太多被认为是"天作之合"的强强联合、著名的"七七定律"指出的就是跨国并购中文化整合的重要性：70%的跨国并购没有实现期望的商业价值，而其中70%失败于并购后的文化整合。因此，双汇必须充分认识到文化差异的客观存在性，并且在收购前就着手了解和分析自身和史密斯菲尔德企业文化的差异所在，进行文化整合的成功性分析，形成有关双方在不同国家文化背景下企业文化的差异性分析报告，从而确保整个文化整合过程不会成为成功进行跨国并购的障碍，这是双汇成功进行文化整合的前提，也是双汇成功完成此次跨国并购的前提。

在文化整合的过程中立足于"求同存异"。史密斯菲尔德作为一个发展成熟的国际知名企业，有着其全体员工高度认同的强势企业文化，而双汇虽然在国内已是一流的成功企业，也拥有了与国际接轨的文化氛围，但是与史密斯菲尔德相比仍不成熟，特别是在跨国并购的经验方面有所欠缺，再加上此次跨国并购文化整合的主要模式是融合模式，因此，双汇需要把"求同存异"作为文化整合的核心理念，充分吸收史密斯菲尔德先进的企业文化来创造"共同点"，同时放弃史密斯菲尔德无法认同的文化因素，允许其在"大同"的基础上存有"小异"，通过增进跨文化理解来实现积极的融合和适应，促进双方企业文化的交融与发展。

鼓励全体员工积极参与。虽然位于战略层面的文化整合需要企业的最高领导者进行决策，但在具体的实施过程中还是需要双方员工的积极参与，只有当双汇和史密斯菲尔德的管理层和员工都认同整合后的企业文化时才标志着文化整合真正意义上的成功，因此双方员工的参与至关重要。双汇作为并购方，需要采取积极主动的态度引导文化整合，除了让双方员工都及时了解文化整合的最新动态之外还要通过各种途径获得员工的心声，通过各种文化交流活动搭建跨文化交流平台，鼓励员工参与到文化整合的全过程，这将加速双方文化的融合和全体员工对彼此文化的认识，促进员工认同企业新文化。

　　成立专门的文化整合团队。由于双汇的跨国并购文化整合经验比较欠缺，因此在文化整合过程中可以成立专门的文化整合团队、该文化整合团队的成员主要由双汇和史密斯菲尔德双方的管理层、员工代表和外聘的专业人员共同组成，其中外聘的国际化专业人员所处的地位与双方管理层和员工代表同等重要，可以弥补双汇经验方面的不足，减少文化整合中可能出现的问题、该文化整合团队需要负责此次跨国并购文化整合的全部事宜，这将形成统一的文化整合领导层，确保文化整合过程中各项具体策略的顺利执行，加快文化整合的进程，从而帮助双汇顺利完成此次文化整合。

　　跨文化管理的问题是当今经济一体化时代跨国公司和外企面临的日益严重的问题。目前国内对此的研究还远远不够，因此，加强这方面的研究，亦是跨文化研究方面的新领域。其重点应放在探讨跨国企业中的有效沟通，指出合资企业的跨文化冲突与文化包容问题，并根据跨文化理论研究探讨跨文化管理的策略和解决方案，包括本土化策略、多元文化相容策略文化、混合型管理、共同价值观管理和跨文化培训等策略。近年来，跨文化培训对员工带来的三方面效果即顺应功能、心理健康和跨文化身份的出现等，可以看作是跨文化管理方面采取的积极措施，应该值得进一步研究和探讨。

【思考题】

1. 万洲国际收购史密斯菲尔德给我国公司跨国并购方面的启示？
2. 如何缓解跨文化管理方面的问题？
3. 高盛收购双汇有哪些意图？

【资料来源】

[1] 赵振兵. 国有企业投资与经营风险研究 [J]. 河北企业，2014 (7).

[2] 丁远. 双汇并购落差：从白天鹅到丑小鸭 [J]. 2014 (7).

[3] 黄伟东，琳敦. 文化整合从并购前开始 [J]. 中国企业家，2005.

[4] 林坚，章志平. 论企业文化对增强企业核心竞争力的作用 [J]. 当代财经，2005 (9)：77 - 80.

[5] 贾晓光，朱清香. 企业文化与可持续发展研究 [J]. 燕山大学学报，2007 (8)：67 - 69.

[6] 吴照云，王宇露. 企业文化与企业竞争力———一个基于价值创造和价值实现的分析视角 [J]. 中国工业经济，2003 (12)：79 - 84.

# 海尔跨文化管理案例分析

> **摘要：** 本案例以海尔公司为例探讨跨文化企业管理问题，着重探讨海尔公司在实行跨文化管理的过程中，一直以文化适应、文化融合为主导，探索出了各种解决员工文化冲突的方案。海尔全球化文化的融合，展现了海尔品牌全球化、本土化的风采。更是深刻感受到海尔企业文化的凝聚力和文化魅力。
>
> **关键词：** 文化冲突；文化融合；品牌文化

## 1. 相关背景介绍

### 1.1 海尔集团介绍

海尔集团是全球领先的整套家电解决方案提供商和虚实融合通路商。公司1984年创立于青岛。创业以来，海尔坚持以用户需求为中心的创新体系驱动企业持续健康发展，从一家资不抵债、濒临倒闭的集体小厂发展成为全球最大的家用电器制造商之一。2013年，海尔集团全球营业额1 803亿元，在全球17个国家拥有7万多名员工，海尔的用户遍布世界100多个国家和地区。

### 1.2 海尔在美大事记

1984年，张瑞敏接手海尔前身青岛电冰箱总厂。
1999年4月，选址美国南卡罗莱纳州，开始在海外投资办厂。
2000年5月，美国海尔工业园竣工投产。
2001年年初，面对美国政府严格要求的政府采购，海尔以过硬质量中标。
2001年4月5日，美国南卡州政府为了感谢海尔为当地经济发展作出的贡献，无偿将美国海尔工厂附近的一条路命名为海尔路，这是美国唯一一条以中国品牌命名的道路。
2001年年底，海尔成功进入美国五大超级市场。
2008年11月8日，海尔集团首席执行官张瑞敏到美国海尔工业园视察。美国海尔工厂所在地坎姆顿卡绍县县长克莱·阿姆斯特朗和经济部长尼尔森·林赛专程赶来会见张瑞敏首席执行官，感谢海尔在当地给卡绍县居民提供就业岗位，并给张瑞敏首席执行官颁发了"就业发展贡献奖"。

2008年2月16日，第57届NBA全明星赛在美国新奥尔良体育馆隆重举行。作为NBA唯一家电赞助商，海尔品牌LOGO在球场周围十分醒目，海尔成为赛场上闪亮的品牌"明星"。海尔与NBA共同推出了"Haier, Shooting Star——海尔混合投篮比赛"，吸引了全球NBA球迷的目光。

2009年4月30日，美国海尔工厂建厂十周年。海尔已经由之前以缝隙产品进入美国市场、名不见经传的中国品牌，成长为在美国主流渠道销售产品的本土化品牌。

2010年4月15日，美国《商业周刊》发布2010年"全球最具创新力企业50强"名单，海尔集团排名第28位，是唯一上榜的中国家电企业。

2013年1月10日，美国管理咨询公司波士顿（BCG）公布了2012年度"全球最具创新力企业50强"榜单。海尔集团排名第八，是中国唯一进入前十强的企业；同时，也是消费及零售领域排名最高的企业。

2014年9月25日，美国著名财经杂志《财富》正式发布了2014年"最受赞赏的中国公司"排行榜，海尔位居"最受赞赏中国公司"榜单前五位。

2015年3月31日，海尔在京发布电视模块化战略，并联合阿里巴巴推出海尔阿里Ⅱ代电视，这是双方首次推出可定制的模块化电视，用户更换模块即可实现电视的软硬件升级。

### 1.3 品牌价值

中国最有价值品牌研究始于1994年，由睿富全球排行榜资讯集团与北京名牌资产评估有限公司共同研究并发布，自2002年海尔集团以489亿元（人民币）的品牌价值首次问鼎中国最有价值品牌榜首以来，2012年，海尔集团以962.8亿元（人民币）连续11年蝉联中国最有价值品牌。

2014年（第20届）中国最有价值品牌研究揭晓，海尔以品牌价值1 038亿元继续稳居中国百强品牌之首，连续13年蝉联最有价值品牌榜第一名。

2015年1月27日，"BrandZ最具价值中国品牌100强"发布，海尔集团位居家电行业榜首。

### 1.4 海尔文化

海尔生产是"现代化、国际化、集团化"的社会化大生产。它将融入整个人类社会生产的长河，像马克思所说的那样"按照美的规律来进行生产"。将"给所有的人腾出时间和手段"，让他们最充分地发挥自我和完善自我。换句话说，海尔生产要成为符合历史发展规律的生产，是人的全面发展的创造性活动，具有使人获得审美的性质。

海尔文化的核心是创新。它是在海尔20年发展历程中产生和逐渐形成的特色文化体系。海尔文化以观念创新为先导、以战略创新为方向、以组织创新为保障、以技术创新为手段、以市场创新为目标，伴随着海尔从无到有、从小到大、从大到强、从中国走向世界，海尔文化本身也在不断创新、发展。

员工普遍认同：主动参与是海尔文化的最大特色。当前，海尔的目标是创中国的世界名牌，为民族争光。这个目标把海尔的发展与海尔员工个人的价值追求完美地结合在一起，每一位海尔员工将在实现海尔世界名牌大目标的过程中，充分实现个人的价值与追求。

海尔充分了解美国当地员工的文化习惯，并对本身的管理作出了灵活的调整，有效调动美国员工的积极性和创造性，员工在海尔这里找到了归属感、认同感，对海尔忠诚度得到了很大提高。

## 2. 案例分析

自海尔在美国南卡罗莱纳州投资办厂开始，到拥有一条以海尔命名的大道，再到位于美国纽约曼哈顿百老汇大街并已成为纽约标志性建筑的美国海尔大厦；从面对严格要求的政府采购中得投标，到成为美国认可的中国品牌，海尔取得这些成就的原因在于海尔能够尊重当地美国文化，培养了忠诚、高效的美国海尔人，海尔成功融入当地文化，同时，在产品上不断创造奇迹，生产人性化的产品，符合美国制定的质量标准。现具体分析如下。

### 2.1 尊重美国文化，培养美国员工高忠诚度

美国人重视家庭，海尔在管理上不仅关注员工，还维护员工家庭荣誉。在一次客户意见处理中，美国公司负责人戴维在向张瑞敏汇报工作时提出了自己的设计意见，结果在17小时以后在海尔国际培训中心大厅，戴维看到了由他设计的冰柜，在感叹高效的同时，又看到了冰柜竟然在海尔下面有自己和妻子名字！他和他妻子的名字成为这款冰柜的品牌！这让戴维十分感动，在后来AE以双倍于海尔年薪35万美元的诱惑下，他坚持留在海尔，不为所动，还说是海尔给了他梦想和方向。

### 2.2 企业温情，弘扬优秀中国传统文化

让美国员工感动的是，海尔给了他们家的温暖。每当员工过生日，管理人员总会送上鲜花和贺卡；有的员工表现突出，他家人的照片会被挂到车间的墙上；

哪位员工生病了，管理人员就会带上礼物去看望他。这种在美国企业没有的温情，让美国员工感到了东方文化特有的人情味，它打破不同民族语言的屏障，融入美国员工的心中。

### 2.3 重视员工培训，当地融智

海尔总裁张瑞敏认为，美国海尔实现本土化的方向和目标是能够在当地融智，说白了就是用当地的人做当地的事。只有通过人员的本土化实现融智功能，才会实现真正的本土化海尔。无论是海尔的洛杉矶设计中心，纽约的海尔贸易公司，还是南卡罗莱纳州的生产中心，海尔的人力资源管理完全实施本土化策略。在美国的生产中心的管理人员都是美国人。期间，海尔青岛总部会要求美国海尔员工定期来到中国青岛总部接受培训，进行文化熏陶、经验管理。

### 2.4 张弛有度，个性管理

美国人张扬个性。在车间，有美国员工边工作边听音乐，负责人告诉他这不符合公司规定。该员工停止听音乐，同时正要摘下贴在窗上的歌手照片时被负责人劝下，得知贴照片可以时，很是兴奋，工作积极，心服口服。

### 2.5 转变管理策略，获得美国员工认同

"6S"管理——在中国国内，站"6S"脚印意味着检讨不足，是表现不佳员工反思错误的管理方法。但是在美国人的价值观中，这样意味着侵犯人权，不愿意站大脚印。张瑞敏提出将"6S"管理思想转变成积极的一面，改成当天表现最优秀的员工分享成功经验时，站在大脚印上面。这样，获得了美国员工的认同，提高了员工积极性。

### 2.6 充分放权

海尔美国贸易公司是海尔同美国家电公司的合资企业，其总裁迈克尔·杰马原是美国家电公司的前执行副总裁，在企业中拥有独立的自主管理权，海尔在这家公司要做的只是制定经营战略。

### 2.7 严格质量与效率控制

美国高度重视环保。美国提出进入美国的冰箱美国海尔在质量上要达到美国2003年的能耗标准。海尔在美国设计、在美国设厂，严格质量控制，生产相互A级节能冰箱。美国当地民众把海尔当做自己的品牌，值得信赖。

### 2.8 迅速研发、适应美国消费者个性化需求

海尔在美国销售的产品大多是针对美国市场设计的，对崇尚实用、个性的美

国消费群体，海尔锐意创新，迅速研发，能够凭借体贴入微的功能人性化的设计，获得美国人内心的认同，融入美国文化。

### 2.9 海尔集团融入当地文化

#### 2.9.1 海尔在意大利

在意大利的海尔工厂，员工们形成的是一个多国家、多民族、多文化的团队。员工中，有1/4是意大利人，其余3/4分别是罗马尼亚、斯洛文尼亚、尼日利亚、摩洛哥等不同国家的人。他们语言不同、习俗不同，但是他们有同样的爱好，那就是在休息的时间喝上一杯热的咖啡。了解到这一共同爱好后，意大利海尔工厂管理者特意在车间里安装了一台咖啡机，不但给员工提供了方便，还加深了员工之间的交流。因为加深了沟通，意大利海尔工厂的员工从来没有发生过因种族歧视或文化冲突而引起的不愉快事件。

#### 2.9.2 海尔在巴基斯坦

巴基斯坦海尔工业园有当地员工1 000多名，员工信奉伊斯兰教，每天都要祈祷。在每个周五，员工都要身穿传统服饰，集中进行一次半个小时的祈祷。在没有建立祈祷室之前，员工只能在厂房旁边的空地上铺一块地毯祈祷。如果遇到天气变化，很不方便。海尔非常尊重当地员工的文化习惯，为了满足员工宗教信仰的需求，管理人员在厂房的旁边建立了一个100多平方米的祈祷室，为当地员工提供祈祷场所。有了良好的祈祷环境，巴基斯坦的海尔员工每天虔诚地祈祷，专注地进行工作。

#### 2.9.3 原因分析

海尔一直以文化适应、文化融合为主导，探索出了各种解决员工文化冲突的方案。海尔全球化文化的融合，展现了海尔品牌全球化、本土化的风采。更是深刻感受到海尔企业文化的凝聚力和文化魅力。

海尔尊重当地美国文化，培养了忠诚、高效的美国海尔人，海尔成功融入当地文化，同时，在产品上不断创造奇迹，生产人性化的产品，成功实现对人和对产品双重管理，最终取得在美跨文化管理的成功。海尔使中国文化与美国当地文化融合在一起，人情味、张弛有度、尊重个性、尊重人权，同时保持自己独特的经营理念，迅速反应、要做就做质量最好。这样中美文化的融合，是海尔在美国深深扎根，拥有持久旺盛的生命力和强韧的发展潜力。

### 2.10 海尔获得的荣誉

2014年3月，《财富》杂志授予海尔集团主席兼CEO张瑞敏"全球50位最伟大领袖"奖。

2014年1月，《快公司》杂志授予海尔全球最具创新力公司称号。

2014年9月16日，海尔集团获得"2014全球竞争力品牌中国TOP10"称号。

2014年9月5日，IFA海尔获4项大奖Smart Window成全球智慧冰箱领袖。

2014年9月，世界影响力组织授予海尔2014"全球智慧家电品牌领袖大奖"。

2014年12月26日，海尔集团荣膺"最具世界影响力中国品牌"称号。

2015年8月22日，海尔连续14年入选"中国企业500强"，并继续蝉联家电行业第一。

2015年6月26日，海尔连续四年蝉联中国轻工业百强企业榜单榜首。

2015年6月25日，海尔入选"德国Plus X大奖"，海尔荣获"2015年度最具创新品牌大奖"，旗下型号为HW80-B14266A的滚筒洗衣机和HRF-800DGS8的对开门冰箱成功入选。

2015年6月16日，World Brand Lab：海尔连续12年蝉联"中国500最具价值品牌"家电行业榜首。

**【思考题】**

1. 海尔为何能在海外取得成功？
2. 海尔成功融入海外文化靠的是什么？
3. 简述海尔通过什么方法成功博得海外工作者的好感？

**【资料来源】**

［1］徐良，苏芳雯.海尔大文化——成功的秘密［J］.特区企业文化，1996（5）：31-36.

［2］韩正忠.海尔在美国成功的奥秘［J］.广东科技，2002（1）：35-38.

# 中远集团跨文化管理案例分析

> **摘要：** 中国远洋运输集团 COSCO（下简称中远），作为民族航运业的杰出代表，经过 40 多年艰苦卓绝的拼搏开拓和风雨洗礼，目前已成为一家以运输为主业，以航运、现代物流为重点，以贸易、工业、金融、上市公司、IT 产业等相关行业为支柱的特大型国有企业。企业的跨文化经营与管理越来越受到人们的重视与关注，能否克服文化差异带来的文化冲突，实行有效的跨文化管理，是当今跨文化企业取得经营成功的关键。在中远 40 多年来的发展脉络中，我们可以清晰地看到一种巨大的来自文化的力量，那就是中远先进企业文化的传承、积累、丰富和完善。简言之，就是始终高举"艰苦创业、爱国奉献"这一民族精神的大旗，以世界的眼光谋划企业的未来，在不断地求新、求变、求发展中壮大自己。本文首先介绍了企业文化的相关概念，并通过介绍中远集团企业文化的特色，说明了建立优秀企业文化对于企业经营管理的重要性。最后总结出中远集团在文化建设上尚存的一些问题及改进对策。
>
> **关键词：** 企业文化；物流企业；安全文化

## 1. 相关背景介绍

### 1.1 中远集团介绍

中远集团是以航运和物流为主业的跨国企业集团，在致力于为全球客户提供航运、物流服务的同时，还能够在船舶及海洋工程的建造和修理、码头、贸易、金融和信息技术等多个领域为客户提供优质服务。成立之初是一个仅有 4 艘船舶、2.26 万载重吨的小型船运公司。发展至 2012 年，中远集团已经成为以航运、物流码头、修造船为主业的跨国企业集团，已经确立起在国际航运、物流码头和修造船领域的领先地位，稳居《财富》世界 500 强。2012 年在《财富》世界 500 强企业中排名第 384 位。截至 2011 年，中远集团拥有和控制各类现代化商船近 800 艘，5 600 多万载重吨，年货运量超 4 亿吨，远洋航线覆盖全球 160 多个国家和地区的 1 600 多个港口，船队规模稳居中国第一位、世界第二位。其中集装箱船队规模在中国排名第一位、世界排名第六位；干散货船队世界排名第一位；专业杂货、多用途和特种运输船队综合实力居世界前列；油轮船队是世界超级油轮船队之一。中远集团在全球范围内投资经营着 32 个码头，总泊位达 157 个。

在中国本土，中远集团分布在广州、上海、天津、青岛、大连、厦门、香港等地的全资船公司经营管理着集装箱、散装、特种运输和油轮等各类型远洋运输船队；在海外，以日本、韩国、新加坡、北美、欧洲、澳大利亚、南非和西亚 8 大区域为辐射点，以船舶航线为纽带，形成遍及世界各主要地区的跨国经营网络。在 50 多个国家和地区拥有千余家企业和分支机构，员工总数约 13 万人，其中驻外人员 400 多人，外籍员工 4 000 多人，资产总额超过 3 000 亿元人民币，海外资产和收入已超过总量的半数以上，正在形成完整的航运、物流、码头、船舶修造的全球业务链。

截至 2012 年，中远集团已形成以北京为中心，以中国香港及美洲、欧洲、新加坡、日本、澳洲、韩国、西亚、非洲等九大区域公司为辐射点的全球架构，在 50 多个国家和地区拥有千余家企业和分支机构，员工总数约 13 万人，其中驻外人员 400 多人，外籍员工 4 000 多人，资产总额超过 3 000 亿元人民币，海外资产和收入已超过总量的半数以上，正在形成完整的航运、物流、码头、船舶修造的全球业务链。中远集团是最早进入国际资本市场的中国企业之一，早在 1993 年中远投资就在新加坡借壳上市，在境内外控股和参股中国远洋、中远太平洋、中远国际、中远投资、中远航运、中集集团、招商银行等上市公司。2010 年 5 月 30 日，中国远洋成功入选英国著名财经媒体《金融时报》发布的全球 500 强企业排行榜（FT Global 500），名列第 450 位，这是中国远洋自 2008 年以来连续第三年蝉联该榜单。

作为一家中国的跨国公司，中远很早就注重承担广泛的"企业公民"责任。中远集团明确提出自身的使命为"逐步发展和确立在航运、物流和修造船领域的领先地位，保持与客户、员工和合作伙伴诚实互信的关系，最大限度地回报股东、社会和环境"。2001 年，中远集团建立起了包括国际环境管理体系、职业安全卫生管理体系在内的综合管理体系，成为中国首家获得三大管理体系认证的企业。2004 年，中远正式加入联合国"全球契约"计划，更加自觉和积极地践行"全球契约"十项基本原则并努力实现可持续发展。中远集团可持续发展报告连续四年被联合国全球契约评为了典范报告，成为唯一连续四年登上全球契约典范报告榜的亚洲企业。

## 1.2 企业形象

由中国远洋运输（集团）总公司的英文 China Ocean Shipping（Group）Company 的英文缩写 COSCO 组成。以蓝色为基本色。该标志是中远集团在开展业务活动中广泛使用的视觉形象,对外展现中远集团的良好风貌,对内具有凝聚和激励员工奋发向上的积极作用。中远集团的标志在造型表现上,突出反映了中远集团的行业特点和经营理念。标志为蓝色,代表海洋,象征着中远集团与大海的不解之缘,也象征着中远集团锐意进取的精神。

象征图形是由中国远洋运输(集团)总公司的英文缩写 COSCO 组成的抽象船形图案。该标志是中远集团在开展业务活动中广泛使用的视觉形象,在造型表现上突出反映了中远集团的行业特点和经营理念:基本色为蓝色,象征着中远集团与大海的不解之缘;全幅图案构思精巧,立意深刻,象征着中远集团这艘巨轮乘风破浪、锐意进取、走向世界的企业精神。

### 1.3 企业价值观——全球发展、和谐共赢

——全球化,已成为中远集团在新时期发展的一个最显著最鲜明的特征。进入 21 世纪以来,中远集团全球化进程进一步提速,经营服务、资本运作、文化管理、合作竞争、社会责任、外交资源全球化成为重要特征。

——发展,就是"科学发展观"要求的全面、协调、可持续发展。无论国际经济形势如何复杂多变,全体中远人都能在科学发展观指引下,从容应对各种危机,化解各种风险,战胜各种挑战,把握发展机遇,为实现"百年中远"的世纪愿景而不懈努力。

——和谐,中远集团在发展中始终不忘对创建社会主义和谐社会所承担的责任和义务,并积极为创建和谐社会作出更多的贡献,在报效祖国、报效民族、回馈社会的过程中,实现企业与社会的和谐,实现企业发展目标和员工个人理想的完美融和,注重发展与客户和合作伙伴的和谐关系,积极投入对环境的改善和治理,达到企业与环境的和谐共处。

——共赢,中远集团一贯追求的是在友好合作、互惠互利中达到利益最大化。只有这样,才能发展可持续的久远合作伙伴关系,更重要的是,这种长远的合作关系,正是中远人向对方传递自身企业文化底蕴,用中远文化来影响对方的契机和过程,从而由相交、相知到相亲。

### 1.4 企业精神——求是创新、图强报国

企业精神是企业文化的灵魂,是企业倡导、职工认同、长期推动企业发展壮大的一种精神力量。"求是创新、图强报国"作为中远集团企业精神,反映了中远集团坚持按客观规律办事,把握和驾驭市场经济运行规律,尊重科学、锐意进取,不断创造新优势和新业绩的精神;同时也突出地强调了中远职工热爱祖国、报效国家,以党和国家的事业为己任,无私奉献的崇高品德和高尚境界。"求是"的"是",包括两层含义,一是真理,二是客观规律。坚持真理,一切按客观经

济规律办事，是现代企业经营管理的本质要求，也是中远在改革和发展过程中要遵循的根本原则，更是中远集团长足发展的重要前提。"创新"，是一个国家乃至一个企业持续进步和发展的原动力。中远事业，要在改革中继承，在创新中发展，以科技进步为动力，不断增强企业核心竞争力，形成强劲的竞争优势。"图强"是集团基本的战略和方针；"报国"是中远集团的出发点和落脚点；"图强"、"报国"的前提是"求是创新"。

### 1.5 经营理念——全球承运、诚信全球

经营理念是企业在长期生产经营实践中全体员工认同并遵循的企业群体意识，是促进企业高效经营、强势发展的一种精神力量。中远人在全球经济一体化的21世纪要实现由从事全球航运到全球物流承运人的转变，进而跻身世界500强，就要坚持以诚取信，以信养诚。"诚"乃为人第一要义，"信"乃为事第一准则，唯诚唯信，诚信合一，为我全球物流承运人经营之本。

### 1.6 发行企业背景邮票

《中国远洋运输》特种邮票首发仪式2011年8月8日在北京举行，以纪念新中国远洋运输事业诞生50周年。中远集团总裁魏家福在此间表示，特种邮票的发行，有利于人们进一步了解和认识远洋运输这一行业，提高中国远洋运输事业知名度，扩大行业影响力。该邮票一套两枚，面值共2.40元。两枚邮票分别以"集装箱"船和"散货"船这两种从事外贸运输的主力船型为代表。邮票图名分别为：集装箱运输和散货运输。集装箱运输的邮票主体为"中远亚洲号 MV. COSCO ASIA"，邮票背景为中国的上海港，是中国具有代表性的集装箱码头，寓意着中国的远洋运输事业扬帆远航，蓬勃发展；散货运输的邮票主体为"新盛海 MV. XINSHEGHAI"，邮票背景为澳大利亚的悉尼港，是世界具有代表性的散货码头，寓意着中国远洋运输事业成国际化发展，享誉全球。

## 2. 案例分析

### 2.1 中远集团企业文化的特色

为了振兴国家远洋事业，几代中远人拼搏进取，敬业团结，共同铸就了奋发向上、坚不可摧的中远精神。随着中远各项事业改革的不断深化，中远人更加敏锐地感觉到企业文化的重要性，认为21世纪的竞争将是知识的竞争、文化的竞争，企业文化将是企业发展的推动力，是一种新型的生产力。

#### 2.1.1 中远企业文化的物质层面

（1）建设健康向上的文化环境场所。中远的文化建设，尤其是船舶文化建

设,通过不同形式的企业文化、社区文化、街区景观和仪式活动,给人们身心带来娱乐,而且在潜移默化中影响着人们的观念和思想。

(2) 卓越的技术设施。中远集团集几十年工程设备运输理论和实际操作经验,引进现代物流管理理念,自主开发了公路大件运输计算机决策系统等软件,为工程物流项目的开发和操作提供了信息技术保障。此外,中远还和 Sybase(中国)公司建立了合作的关系,通过引入 Sybase 公司先进的理念、丰富的数据交换经验以及良好的应用集 Internation Orchestractor(现已改成 Unwired Orchestractor),构建了中远物流公司的数据交换平台。

(3) 完善的客户服务设施。中远有一套完整的测评系统——客户完全满意测评系统(TCSS),为发现服务中的不足,提高服务质量,中远物流每年花费几十万元,聘请专门的第三方中介机构做客服调查。此外,中远实施整车物流方案,整车运输的关键是,在保证厂商要求的运输时间的前提下,如何增加回城利用时间率。中远物流于 2000 年年底与沈阳金杯客车公司签订了成品车物流服务合同,中远物流为金杯客车提供北京及周边地区的成品车物流服务。

### 2.1.2 中远集团企业文化的制度层面

(1) 船舶的半军事化管理。由于中远集团的主业是服务于国内及国际间的航运,所以船舶的管理也是遵循国际管理实施的。船上的每一个岗位都有国际通用的详细的规范及职责。而且,在 20 世纪 70 年代末远洋大发展时期,集团聚集了一大批退伍和海军,由此船舶的半军事化管理就基本形成。

(2) 建立学习型组织。优化管理体系,将创建学习型组织作为企业发展目标。要成为学习型组织,着力于知识创新,这有利于隐性知识的交流、传播,且利于建立转化和共享的组织结构。知识创新的组织结构应该追求等级制的效率和团队任务制的灵活,因此可以构建一种新型的包括只是基地、业务操作和项目团队三个层面的组织结构。中远推行的 TMT 项目管理(Technology、Management、Training)和质量、安全和环境保护管理体系,以及通过认证的质量管理体系,建立了一整套规章制度和 SOP 标准,在物流运作中不断完善、持续改进,为客户提供了精益的物流项目运营控制和管理体系。

### 2.1.3 中远集团企业文化的精神层面

(1) 坚持学习和创新的思维模式。我国企业要谋求全球化发展,就必须瞄准世界一流或同类行业一流企业的卓越绩效,将本企业的经营、管理、体制、机制,生产、营销、人才、技术方面与之逐项进行比较,这样才能找到实际的差距。近年来,中远集团积极开展了与世界先进企业的对标活动,例如,中远积极学习借鉴美国通用电气公司六西格玛先进管理经验,大大提高了管理能力和服务水平。对于二级专业化船运公司,中远根据不同船队的特点,要求经营班子主动对标,向国际同行看齐,而不能满足于国内最大。中远集装箱船队以目前世界最大的马士基海陆公司为标杆,采取了船舶大型化和规模化、确立枢纽港战略等重大调整发展战略,近年来又重新进入了快速发展的轨道。

(2) 坚持以人为本,强调安全文化。中远集团从事的国际远洋运输,一方面具有情况复杂、危险性大、安全隐患多的特点;另一方面又具有安全责任重大、事关企业信誉,有时甚至关系到国家利益、国家荣誉和国家对外形象的特点,因此,抓好企业的安全工作,是中远集团需要始终考虑的关键问题。经过长期实践摸索,中远逐渐形成了安全文化建设的独特思维模式。形成了"安全就是生命""昨天的安全不能代表今天的安全,更不能代表明天的安全""安全不仅仅是不出事故"等八个观点。中远集团利用人们喜闻乐见的宣传和教育形式传播安全文化,并把安全文化建设穿插在丰富多彩的活动之中,如寓教于文、寓教于管、寓教于法、寓教于法。

(3) 建立勤勤恳恳、任劳任怨的船员队伍。由于集团的半军事化管理,使船员养成了一种坚守岗位,奉献务实的工作作风。从最初集团的 9 亿元资产到现在的 1 300 亿元资产,船员所付出的代价是可想而知的。所增加的每一分钱都凝结着船员的汗水。在集团内部,几乎每一个高层都有或多或少的跟船历史,这一传统使领导更加体会到船员的艰辛和为企业付出的代价。所以,对船员的尊重和对他们所创造价值的认可,是集团内的一个良好风气。这也形成了集团文化的一个重要组成部分。

(4) 自觉履行社会责任,弘扬民族文化。中远集团很早就积极承担企业公民责任,加入联合国全球契约,积极践行人权、劳工标准,以及环境发展方面的原则,实现可持续发展。中远慈善基金会于 2005 年年底报经国务院批准正式成立,是我国首家有企业发起成立的非公募、非营利性的慈善基金会。其原始基金由中远集团各成员单位捐赠,共计 1 亿元人民币。中远慈善基金会的成立,是中远集团长期以来企业自身发展的同时,积极承担社会责任,支持慈善事业,关注民生,回馈社会的生动体现。

## 2.2 中远企业文化存在的问题及原因分析

### 2.2.1 尚未形成统一的企业文化的物质载体

企业文化的物质载体是企业文化得以形成与扩散的重要途径与手段。企业的标识、环境、包装、纪念物等应体现企业的价值取向,其存在的目的是传递企业文化的信息,是意识形态内容的物质化,并使之传播、延续。统一的企业形象必须是文化的反映,才能有灵魂,有个性。CIS 的设计开发,实质上通过视觉识别系统的设计开发,充分展示企业的经营理念、企业宗旨的一种标志。应与企业文化紧密结合,面向客户和社会公众传递企业形象,而不仅仅是某种理论模式的简单套用。

#### 2.2.2 组织结构层次过多，阻碍沟通

中远集团意识到金字塔式管理不仅对企业经济效益有影响，而且极大影响到企业文化的建设，阻碍了企业内部沟通。近年来中远通过各方努力，逐步转化为扁平化管理，然而目前虽然有相关的制度，渠道，但并未得到很好的执行，部门之间缺乏沟通，不能共享资源；下级的意见得不到真正的重视，打击了职工的积极性。这些都不利于建立和谐透明的企业氛围，阻碍了优秀企业文化的建设。

#### 2.2.3 缺乏系统的思想、科学的管理理念

首先，根据中远集团发展的历史和建设过程的实际情况，中远的管理大部分属于经验性管理。上级往往不能信任下级管理，不能充分发挥下属的工作积极性和创造性，增加了管理的难度。此外，管理目标不明确，绩效考核标准不一致。其次，有效的制度和切实可行的行为规范是企业文化落实的保障。现阶段中远的日常工作制度的制定更多地考虑的是部门的利益，本位主义，揽权却责，一直互相矛盾，增加了内耗，降低了企业运转效率。最后，缺乏对企业文化地位的正确认识。中远集团的企业文化建设多是集中在党群工作的建设，且仅限于理论，没有切实落实到实践中去，没有充分认识到企业文化建设对企业经营、管理与发展的重要意义，简单认为企业文化建设不能产生直接的经济效益。相应的，企业文化建设的领导体制的建立也因此存在问题，经营者参与程度也不够。

### 2.3 对策思路

#### 2.3.1 优化组织结构，实现权责对等

权责对等强调的是职权和职责的对等和一致。在进行组织结构设计时，既要明确规定每一管理层次和各个部门的职责范围，又要赋予完成其职责所必需的管理权限。职责与职权必须协调一致，要履行一定的职责，就应该有相应的职权，这就是权责一致原则。实现权责对等的管理体制不仅有利于激发员工积极性，自发地在工作上保持竞争力，也对构建活力，平等的企业文化大有好处。

#### 2.3.2 流程制度化，提高执行力

企业文化作为软性约束力，必须靠制度强化才能有效地发挥起作用。麦克尔波特提出了五力模型，成为竞争战略的经典名著，对于中远而言做好战略规划具有重要意义。"战略靠执行、执行靠制度、制度靠流程"在整体战略确定以后，应该把流程中的每一个环节都用明确的制度文件规范下来，避免出现口头规定的不确定性和易变性。每一个岗位都有一个节点，每一个节点上都有一个熟悉各种规程和制度要求的员工。员工通过遵守各种规定好的技术要求和经济指标，竭尽其所能地发挥出自己的才智，从而创造出优秀绩效。

#### 2.3.3 准确定位企业文化在管理中的作用

企业文化建设是企业管理的首要任务，它可以整合企业，内聚人心。通过软

性的管理方式将个人的行为、思想以及沟通方式与整个企业有机的整合在一起，形成相对稳固的文化氛围，使组织自动生成一套自我调控机制，以一种适应性文化引导着企业的行为和活动。中远应当在企业文化建设中首先准确定位文化建设在管理中的地位及作用，并统一企业全体员工的认识，以此为今后的文化建设起到指引和巩固作用。

　　文化就是明天的经济，要进一步推动企业的发展，要真正成为世界第一流的企业，就要借助企业文化力。要治理企业，必须把文化作为先导。文化如果愿意正确有效地进入管理的全过程，就会产生巨大的精神价值和经济效益。通过分析了中远集团在企业文化建设方面的卓越成效可以看出，中远集团是否能在竞争中获得更大成功，在某种程度上取决于它能否顺应时代的发展和战略的要求适时调整自己的主导文化。尽管近几年我国学者对企业文化的研究出现了前所未有的重视，大多数企业也将文化建设提上议程，但是真正将企业文化的研究成果运用到实际，以理论指导实践，还有很长的路要走。

　　北京时间2015年8月18日0点27分，经过26天的航行，中远集团"永盛"轮再次成功穿越北极东北航道，顺利抵达瑞典的瓦尔贝里港锚地，18日5点20分，"永盛"轮靠妥瓦尔贝里港码头。去程大捷标志着此次"再航北极、双向通行"之旅取得了阶段性的胜利，为回程的成功打下了坚实基础，坚定了必胜信心。中远集团安监部总经理蔡梅江、中远航运副总经理翁继强等上船慰问了船员及随船专家，中央电视台等媒体记者在现场进行了采访。

　　这次再航北极，永盛轮在大连港起航，挂靠几个国内港口后，7月22日从江阴港出发，正式开启行程。永盛轮8月2日驶过白令海峡，8月7日经桑尼科夫海峡进入拉普捷夫海，8月9日顺利通过维利基茨基海峡，并到达此行北纬最高点78度05分。与2013年的首航不同，这次起航时间较2013年早，经过的冰区更多，难度更大；而且，首次取道拉普捷夫海，从桑尼科夫海峡进入维利基茨基海峡。航行过程中，永盛轮船员发扬勇挑重担、不惧艰险的光荣传统，以过硬的船艺和严谨的作风，克服了海上浮冰、大风巨浪、极地环境特殊等困难，在岸基的指导下，成功操控船舶再次穿越了北极东北航道，充分展现出中远人的奉献精神、坚强意志和精湛技艺。

　　永盛轮于欧洲卸货后，将在附近港口受载，并于9月初启程再度穿越北极东北航道回国，首度实现双向通行北极，提高北极航行的商业价值。按计划，将于9月上旬抵达维利基茨基海峡西口，9月底回到国内。

【思考题】
1. 中远集团是如何保持企业文化并使之深入人心的？
2. 中远集团目前存在的问题是什么？

3. 中远集团是如何决策解决现存的一系列问题的?

【资料来源】

[1] http://www.cosco.com/中远集团官网.

[2] http://baike.baidu.com/view/757912.htm?fr=aladdin 百度百科.

[3] 乐亚鸣. 我国物流企业文化建设研究——以中远集团为例 [J]. 商业现代化, 2013.

[4] 娄丁玲. 浅谈中远集团差异化战略的选择与运用 [J]. 交通企业管理, 2010.

# 中国铁建集团跨文化管理案例分析

> **摘要**：2009年，中国铁建与沙特阿拉伯签订合同，承包沙特麦加轻轨项目。签订合同时，中铁建认为盈利在8%~10%。然而，2010年10月，合同还没执行完，中国铁建就宣布亏损了41.53亿人民币。由于对当地投资环境和文化缺乏了解，中国铁建对工程成本和工程量的预算严重不足。沙特麦加当地恶劣的投资环境加大了投资项目的财务风险，中国铁建对此没有引起足够的重视，最终导致原本可盈利12.07亿元人民币的项目严重亏损了41.53亿元人民币。
>
> **关键词**：国际化；文化差异；财务风险

## 1. 相关背景介绍

### 1.1 中国铁建股份有限公司公司介绍

前身是铁道兵的中国铁建股份有限公司，由中国铁道建筑总公司独家发起设立，于2007年在北京成立，并于2008年成功在上海和香港上市。公司业务涵盖工程建筑、房地产、工业制造、物资物流、特许经营、矿产资源及金融保险。近几年，中国铁建跻身于"世界500强企业"、"中国企业500强"和"全球最大250家工程承包商"排名之列。

### 1.2 历史沿革

1948年，中国人民解放军铁道兵成立。
1990年，中国铁道建筑总公司注册成立。
2007年，整体重组改制设立股份有限公司，中国铁建股份有限公司正式挂牌成立。
2013年，中国铁建在年度"全球最大250家工程承包商"排名第1位。
2014年中国铁建在"世界500强企业"排名第80位、"中国企业500强"排名第6位。

## 1.3 企业文化核心价值观

### 1.3.1 企业精神

中国铁建提出的"不畏艰险、勇攀高峰、领先行业、创誉中外"精神成为企业的精神食粮，也为企业发展注入了新活力。

中国铁建的前身是中国人民解放军铁道兵，曾经创造了名垂史册的辉煌业绩，形成了"逢山凿路，遇水架桥，铁道兵前无险阻，风餐露宿，沐雨栉风，铁道兵前无困难"的铁道兵精神。在新的历史时期，这支队伍发扬铁道兵特别能战斗的精神，与时俱进，勇攀高峰，再创新业，努力做大做强企业，拓展两个市场，实现领先行业，世界一流，在国际竞争中永立不败之地。

### 1.3.2 企业价值观

（1）诚信、创新永恒。中国铁建的核心价值理念是诚信和创新，以创新为根本动力推进企业发展，以诚信为最大智慧赢得天下用户。

（2）精品、人品同在。中国铁建的最高价值取向是造就对人类和自然充满关怀的建筑艺术品和高素质的员工队伍，精品人品二位一体，缺一不可，使建筑产品人格化。

### 1.3.3 管理方针

"以人为本、诚信守法、和谐自然、建造精品"是中国铁建的企业管理方针，是中国铁建苦练内功增强凝聚力的指导思想，更是中国铁建现代企业管理思想、管理原则、管理艺术、管理目标的集中体现。

"以人为本"是中国铁建管理思想的立足点；"诚信守法"是中国铁建积极倡导和坚持的工作理念；"和谐自然"是现代建筑企业必须坚持的理念；"建造精品"是中国铁建生产经营活动管理的根本目标和质量要求，是立足于社会、回报社会和满足用户的基本要求。

## 1.4 企业荣誉

中国铁建承揽并建成了大量具有标志性和代表性的铁路、公路、城市轨道交通及其他工程项目，并获得多项优质工程奖项，其中鲁班奖71项，国家优质工程奖142项，詹天佑土木工程大奖47项。

2010年获得全国优秀质量管理小组1个，全国质量信得过班组1个，全国工程建设优秀质量管理小组55个，全国工程建设质量管理小组活动优秀企业2个。

2010年，公司共承担国家及省部级的在研项目84项。共有170项科技成果通过省部级鉴定、验收和评审，成果达国际领先水平的24项，国际先进水平的59项，国内领先水平的36项，国内先进的14项。

公司2010年度获国家科技进步奖4项，获省部级科技进步奖50项，财政部中央级建筑施工科技研发项目奖2项，中国勘察设计协会行业奖6项，省部级勘察设计"四优"奖49项，詹天佑土木工程大奖7项，受理专利382项，授权专利259项，获第十二届中国专利奖优秀奖一项，省部级工法190项。

为整合科技力量，加强了高新技术企业建设，2010年有22家下属公司被认定为高新技术企业，其中2家为国家级高新技术企业。

## 2. 案例分析

### 2.1 中国铁建在沙特麦加失利案例概述

2009年2月10日，中国铁建与沙特签订了《沙特麦加萨法至穆戈达莎轻轨合同》，承建麦加轻轨。项目全长18.06公里，线路两端的终点为麦加禁寺和阿拉法特山。合同约定采用EPC总承包模式，即设计、采购、施工加运行、维护总承包模式，合同金额约为120.70亿人民币。根据合同，2010年11月13日轻轨开通运营，达到35%运能，2011年5月完成所有调试，达到100%运能。

在执行合同中，2009年该项目就已开始出现亏损，但中国铁建并未停工谈判，而是调集国内技术骨干不计成本地赶工期，赶工成本超出数十亿元。另外文化因素严重制约了工程的正常进行，施工地点主要集中于穆斯林地区，中方不得不大量招纳回民员工，对各方的制约因素较多，而且由于国际工程中普遍存在语言和工作习惯问题，也导致了工程进度被拖延。

在完成该工程后，中国铁建于2010年10月25日发布公告宣布该项目巨额亏损，金额达到人民币41.53亿元。公告发布当日直接导致中国铁建的股票下挫，股价下跌。

### 2.2 在沙特麦加失利案例原因分析

为什么这么个赫赫有名的拥有强大实力和规模的特大型综合建设集团公司会在沙特麦加完成不了一个轻轨项目的建设呢？

#### 2.2.1 宗教信仰因素

沙特是一个十分重视宗教信仰的国家，而中国铁建承建的沙特麦加轻轨项目因为是为"朝觐"而修建的，所以施工地点主要在穆斯林集中的地区。

#### 2.2.2 两国法律规定的差异

沙特国内的劳工法严格规定了当地劳工的最低工资和每天工作时数，加班必须报由政府批准；而且沙特劳工法还明确规定，在节假日不工作。这与我国国内劳工政策相差甚远，而中国铁建在分析决策阶段做项目的整体预算和计划时，是按照国内施工的特点执行的，所以在施工阶段遇到这种困难，不仅与当地劳工发生冲突，更严重的是，无限期的延误工期，使得本来报价就低的轻轨项目面临了更严重的财务风险。

同时，沙特拆迁难度被大大低估了。中国铁建解释称，到项目全面铺开后，实际工程数量比预计工程量大幅增加；业主对项目 2010 年运能需求较合同规定大幅提升、业主负责的地下管网和征地拆迁严重滞后。这导致项目工作量和成本投入大幅增加，计划工期也出现阶段性延误。

### 2.2.3 不了解当地投资环境和自然环境

中国铁建在竞标沙特麦加轻轨项目时，采用的是低价拿标的方式，之后企图通过变更和索赔等方式来获得盈利。为了中标，中国铁建将竞标价格压低到比沙特本地公司还低 10 亿美元的 17 亿美元，该报价不仅包括项目建设的费用，还包括项目建成后运营 3 年的管理费用，因此造成工程几乎没有利润的情形。同样因为急于拿下沙特工程，中国铁建并未对沙特的环境进行详细的考察，报价的 17 亿美元是参照中国广州轻轨的报价标准来制定的。但是麦加工程的难度和工程总量远远高于中国铁建的预期，因为工程地处中东，许多设备材料是从欧洲、中国和其他第三国采购的，各种税收、保险费、手续费、运费再加上劳务费，设备的成本远远高于国内。另外由于工程采用美国和欧洲标准，与国内的标准完全不同，最终导致亏损 41.53 亿美元。

此外，中铁建空调设计最初是按照室外温度 38℃进行设计的，最后提高到按照室外 46℃进行设计，标准提高带来了成本增加。这种成本增加完全是由承包商自己的疏忽造成的，因为气象资料是可以获得的，麦加炎热干燥，常年温度在 40℃~50℃，地表温度超过 60℃，按 38℃进行空调设计的确是个不该犯的低级错误。

由此可见，正是中铁建不进行实地考察，为中标而低价投标的行为为巨亏埋下了隐患。

虽然中国铁建自身实力和规模强大，但是国际投资受东道国的政治、经济、文化、法律等种种外部因素的制约。对国际市场缺乏系统的了解、对东道国的投资环境不熟悉是企业境外投资失利的最主要原因。因此，在进入一国市场之前首先应当对当地的投资环境、法律制度、文化风俗、宗教信仰等情况进行详细的调查，科学地评估该地区的投资风险，进而做出正确的投资决策。

同时，还要提高自身应对风险的能力。建立风险预警系统，识别并评估文化差异带来的财务风险，并在项目执行过程中及时发现未识别出的风险加以解决并补充进风险预警机制，形成防范风险的动态过程，及时调整、灵活应对。

【思考题】

1. 什么造成了麦加失利案？

2. 中国铁建失败案例的启示是什么？
3. 为什么在出现亏损时，中国铁建仍不计成本地继续赶工？

**【资料来源】**

［1］刘植荣. 中铁建沙特高铁项目巨亏暴露国际工程管理短板［J］. 中华建筑报，2011（2）：1-5.

［2］任冬冬. 文化差异对国际工程项目的财务风险影响研究［D］. 河北经贸大学，2014（5）.

［3］张国栋. 中国铁建沙特巨亏溯源——遭遇海外拆迁难［J］. 第一财经日报，2013（11）：1-2.

［4］曹茜. 对外承包工程失利的原因分析及法律对策研究［D］. 山西大学，2012（6）.

# 东莞喜来登公司跨文化管理案例分析

> **摘要：** 随着经济全球化进程的加快，跨国经营的企业数量逐渐增加。近年来，中国经济的迅速发展吸引了大批国外酒店集团的入驻，其先进的管理理念和品牌优势为中国酒店业带来了活力，酒店自身取得了很好的业绩。但是由于跨国酒店在多元文化的条件下进行管理，势必遭遇文化冲击。如果文化冲击得不到有效控制和缓冲，甚至会演变成文化冲突，进而导致跨国经营失败。因此，跨文化管理已经成为跨国酒店进行跨国经营管理面临的重点和难题之一。
>
> 国内外专家学者对跨文化管理理论和实践的研究方面已经取得了丰硕的成果。但针对跨国酒店这一特殊行业领域进行跨文化管理的研究还不多见。本案例以在中国实施或管理的跨国酒店——东莞喜来登酒店、作为研究对象，采用案例分析的方法对其进行简单的阐述和研究。希望就中美两国文化差异和管理模式等方面取得跨国酒店在华实施文化管理的有益经验，希望通过对跨国酒店及其他跨国经营企业实施跨文化管理提供一定的借鉴意义。
>
> **关键词：** 文化差异；跨文化管理；企业文化

## 1. 相关背景介绍

### 1.1 东莞喜来登大酒店介绍

东莞喜来登大酒店是由东莞昌明集团酒店管理有限公司投资兴建，聘请世界著名酒店管理集团喜来登海外管理集团管理，是东莞市第一家按照国际五星级标准建造的酒店，于2003年6月正式营业，酒店还建有商务中心，商场，健身房，各式餐厅等配套设施。

东莞喜来登大酒店的主要管理任务由外籍经理们负责，包括开拓中国其他省市和海外客源市场、与酒店用品供应商的联系合作、制定并努力完成管理任务等。业主管理公司因熟悉当地政策环境，负责协调酒店经营与当地公众的关系，并负责管理酒店中餐厅、商场等部门的具体运作。喜来登酒店具有中国、美国企业文化特点，面临较为复杂的内外部文化环境，表现出中美企业文化的差异以及员工个体文化素养的差异。

## 1.2 东莞喜来登酒店文化差异分析

### 1.2.1 中美文化差异比较

（1）美国企业文化。美国企业文化其主导文化是科学文化、独立人格和科学文化精神下形成的契约社会和法制结构，使美国企业文化充满逻辑原则、理性精神、契约规则和高度开放性特质，重视法制与公平竞争，但人与人之间的凝聚力与和谐精神不够。美国民族文化下形成的企业文化特点是：①浓厚的个人主义色彩，奉行能力主义。这里的个人主义不同于自私，其核心是每一个人都是自己前途的主人。强烈的个人奋斗意识，使追求卓越、永不自满、求变求进原则成为美国企业文化的重要特征。在做决策时，美方管理者更看重自己的意愿。②奉行功利主义，以利润最大化为企业追求的终极目标。表现在酒店经营目标和职工考评两方面。酒店制作营业额的每日详细报表来评估阶段性利润目标的实现与否。对职工考评，拒绝以身世、资历、学历、年龄作为晋升和评定工资报酬的标准，而是以能力高低为依据。③重视法律和契约。对员工实行聘任制，签订合同。企业按合同履行对员工的义务，员工努力完成分内工作才可享受规定权利。④倾向硬性管理。重视生产经营目标的设计和组织机构和规章制度的制定。酒店所有工作流程都有章可循，这种管理使酒店在创建初期就产生管理效益。

（2）中国企业文化。受中国传统文化的深刻影响，企业文化普遍具有如下特点：①由于儒家文化中重义轻利的传统影响，企业伦理成为企业文化的中心内容，讲究诚信，富好行德，周济社会，捐赠国家，法在企业文化中显弱，而情成为企业文化主体。在酒店的业主公司每年年末的新年晚会，上下同乐，员工还会以各种形式获得礼品，充分体现出情在公司文化中的重要性。②中国的社会主义市场经济还在探索发展的阶段，由于长久以来受到集权经济的影响，所以企业的自主经营、自负盈亏未得到充分发挥，企业家在决策时对政府领导有依赖性，不能完全以市场为导向。③中国的法制建设还有待完善，在经济活动中企业交往更看重人情网络，不太信奉法律程序。④领导之间以关系为上的成分较重，日常工作中带有很大的私人感情因素。员工习惯宽松的制度环境，愿意低工资却不太愿意接受严格的管理和相应的高薪。由以上的比较可见，企业文化差异与各国的文化传统、生产力水平、社会人文环境紧密相连。因此，在管理中，要改变一种管理模式容易，但要改变一种文化特质却非常困难，这需要长期塑造、构建和各方面的协调。

### 1.2.2 中美员工的文化行为差异

（1）中美员工不同的行为基础。研究认为人的行为受三个因素的影响：具体的成事期望、社会规矩和个人能力。①大多数中方员工内向谦虚，习惯于中庸之道，对具体工作的期望值没有美方员工高。在工作中发现，即使是外国的实习生在工作时也十分自信，积极主动参与群体合作，有良好的敬业精神和职业素养。②社会规矩反映在共同的社会规范上，这些规范从本质上部分地影响员工的行为，比如中国的行动一致、集体奖励、平均主义原则、论资排辈、和谐原则与美国的个人主义、能力原则、金钱本位论等，而这些因素反映在个人身上就是中美员工不同的言行。③中方员工对于发挥个人能力是有许多顾虑的，不求有功但求无过的思想阻碍了多数人发挥积极性，让管理者以为中方员工能力不够，但实际是管理者缺乏调动中方员工潜能的有效方法。

(2) 中美员工需求的不同。根据帕特里西亚派尔舍勒的跨文化管理一书对中西方员工的马斯洛需要做了进一步的研究：中方员工以和谐平稳的需要占据更为重要的位置，而达到自我实现需要后更在意别人的承认和认可，重视自己在集体中的作用。美国社会物质条件优越，福利保障完善，美方员工的生理与安全低级需要程度远远超过中方基层员工。追求物质需要仍是大部分中方基层员工的主导需要。喜来登酒店的外籍管理者，具有一定的工作经验和成绩，有较高文化素质，他们来东莞工作的目的在于以此为平台，1~2年后回国升职，在这里的工作是任务性质的，自我价值的实现是他们的主导需要。但是业主公司管理者的主导需要与此不完全相同。人的行为由其主导需要决定，必须以满足这一层次或这一层次以上的需要为原则来激励员工，才是有效的。

## 2. 案例分析

### 2.1 东莞喜来登酒店的跨文化管理现状

#### 2.1.1 未建立起统一的企业价值观

酒店两个管理公司的员工未建立起统一的企业价值观，员工之间的文化敏感度不够，并且文化意识需要进一步加强。酒店所有权、经营权以及管理上的分离，不利于调动双方员工的积极性，使形成一个统一协调的工作环境。

#### 2.1.2 沟通、语言交流方面存在一定的障碍

在酒店英语的普及不够，内部沟通不畅。如酒店的会议中，若是业主方主导，其并不标准的普通话和流利的广东话，让喜来登的绝大多数外籍参与者不知所措；若由外方主导，长篇大论的英语演讲，让业主方也是一头雾水，即使有翻译，也比不上直接沟通来解决问题的效果好。因此，会给管理带来一定的不便。

#### 2.1.3 培训效果不佳

培训仅停留在介绍制度、宣传历史上，培训内容没有从员工的需要出发，其

形式单一，员工参与性不强，普遍认为培训枯燥、费时、费力。

#### 2.1.4 缺乏既熟悉当地文化环境又精通管理的中国自己的高层管理者

在中国境内的国际酒店中，中国籍的高层管理者凤毛麟角，所以人才培养不仅是酒店个体的困难，也是中国酒店业面临的挑战。

#### 2.1.5 尚未建立起调动员工积极性的有效机制

酒店正式运营时间不长，还正在探索适合自己的激励机制。不同文化背景的员工有不同的需求，单一的激励方法无法满足多种需要。当下对员工实行住店优惠和设置喜达屋关爱之星奖项，还不足以调动起所有员工的积极性。

### 2.2 酒店跨文化管理的建议

#### 2.2.1 立足长期的经营观点

①酒店的投资者和喜来登管理公司都要有长期经营好酒店的打算，在制定企业战略决策时需立足长期才会有可观的回报。②美方要想开发中国这个市场，获得丰厚利润，不是一朝一夕可以完成的；对于中方投资者，长期稳定的合作关系有助于进一步引进美国先进的技术、管理知识，培养自己的管理者，获得长期利益。因此，在经营中协调双方的利益非常重要，双方应为了共同利益，精诚合作，从整体出发，兼顾双方需求，实现双赢目标。同时在激励方面，工资是调动员工积极性的关键因素，但各个国家由于文化不同而导致对工资的态度和政策不同。因此应根据不同文化背景的员工的不同需求，而采取多种形式的激励、奖励办法，并制定一套长期有效的激励机制。

#### 2.2.2 实现企业价值观的整合与重塑

不同文化背景下的人有不同价值观，并为自己的文化感到自豪，视自己的价值观为正统。在企业中要消除种族优越感，加强文化间的尊重和理解，以平等的态度交流。价值观是企业文化的核心，决定着其他层面的文化。在多元文化企业中，价值观整合好，会使其他层面的文化整合问题迎刃而解。相反，若价值观的冲突得不到解决，则其他层面的文化摩擦也无法从根本上改变。价值观的整合与重塑必须立足新时代的经济发展，并赋予新的内涵。既要积极倡导互动式学习，不断通过批评、信息反馈和交流达到价值观的认同，又要大力弘扬创新精神，引导企业员工冲出各自狭小的文化圈，积极、主动地超越和完善自我，谋求新的、更高层次的文化融合，找到两种文化的结合点，发挥多文化优势，实现企业价值观的整合与重塑。

#### 2.2.3 重视跨文化培训

跨文化培训是防治和解决文化冲突的有效途径。要控制文化差异，搞好跨文化管理有赖于一批高素质的跨文化管理人员。因此应加强高层管理者的培训、学习，从高等院校选拔高素质人才。同时在选择外派经理时，尽可能选择有过多文化环境下工作经历及掌握对方语言的人,不仅要具备良好的技术和管理水平,还必须思想灵活,平等意识强,善于与不同文化下的人合作,有较强的应变能力。

#### 2.2.4 提高跨文化沟通的艺术和技巧

跨文化公司要处理好四个方面的沟通工作,即东道国分公司与母国总部的沟通、分公司内部不同文化背景员工之间的沟通、分公司所在国其他组织与企业的沟通、分公司与当地公众环境间的沟通。

#### 2.2.5 加强跨文化冲突的管理技能

总之,只有精心培育东莞喜来登酒店的企业文化,并自觉地将这种独具特色的文化注入酒店的经营管理活动之中,才能产生巨大的文化管理效能。跨文化管理就是要实现一个企业内部多种文化的融合,形成国际企业具有跨文化特色的企业文化。在东莞喜来登酒店,中美文化融合是形成东莞喜来登企业文化特征的最终关键,而文化融合的关键则在于中美双方能正确对待外来文化,选择外来文化中与自身素质相契合的共同点,并适当改变自己,获得双方员工的承认和接纳。这样,两种文化才可以在酒店特点的企业条件下结合起来,形成一个文化意义上的群体,给员工以相近的企业文化归属感。在公司管理中有一致的价值取向与奋斗目标,形成合力,用文化力促进生产力的提高。

只有正确认识中美文化差异,做到相互理解,求同存异,发挥多元文化的交叉优势,才能实现文化融合,建立自己的企业文化,用文化力增强酒店的市场竞争力。

【思考题】
1. 在激励员工的体制中,需要考虑到哪些因素?
2. 在多元文化企业中,需要在哪些方面实现价值观的整合?
3. 在选择企业管理者时,应注重哪些因素?

【资料来源】
[1] 陈文耀. 比较文化与管理 [M]. 上海:上海社会科学出版社,1999.
[2] 王树林. 国外企业经营管理比较 [M]. 北京:华文出版社,2000.
[3] 胡军. 跨文化管理 [M]. 广州:暨南大学出版社,1995.

# 中兴通讯跨文化管理案例分析

> **摘要**：在经济全球化的今天，各行各业面临着前所未有的发展机遇和挑战，国际化的发展道路已经成为国内企业发展的必由之路。国际化的过程中必然也会面对对他国企业的收购等相关商业行为，面对陌生的经营环境，不同的法律制度和差异化的文化氛围，如何成功地收购国外企业显得尤为重要。中兴通讯在全球化的过程中，开拓德国网络服务市场的进程中，详细了解了当地的文化差异对企业收购产生的影响，并作了详细的评估，从而成功地收购了阿尔卡特—朗讯在德国的网络运营团队，在德国市场上迈出了巨大的一步。
>
> **关键词**：跨文化并购；中兴通讯；阿尔卡特—朗讯网路服务团队

## 1. 相关背景介绍

### 1.1 中兴通讯集团介绍

中兴通讯股份有限公司（全称：Zhongxing Telecommunication Equipment Corporation，ZTE，简称"中兴通讯"）是中国大陆研发生产通讯设备和终端的公司。

总部位于深圳，1985年成立。总部位于广东省深圳市南山区科技南路55号，全球第四大手机生产制造商，在香港和深圳两地上市，是中国最大的通信设备上市公司。

中兴通讯为全球160多个国家和地区的电信运营商提供创新技术与产品解决方案，通过全系列的无线、有线、业务、终端产品和专业通信服务，满足全球不同运营商的差异化需求。

### 1.2 中兴发展历程

1996年获得孟加拉交换总承包项目，深圳中兴新通讯设备有限公司成立（由航天系统691厂、深圳广宇工业集团公司与中兴维先通共同投资组建），首创"国有民营"经营机制。

1997年，深交所A股上市。

1998年设立美国研究所（新泽西、圣地亚哥、硅谷3家），获巴基斯坦交换总承包项目，金额为9 700万美元，是当时中国通信制造企业在海外获得的最大一个通信"交钥匙"工程项目。

2007年，入选"影响中国十佳上市公司"，国际化战略获突破，公司国际营收额占公司总收入额的六成左右，国际收入首次超过国内，MTO战略获得重要进展，成为Vodafone、Telefonica、Telstra等一流运营商终端供应商，与美国SprintNextel在Wimax方面进行合作，获得中国移动TD‐SCDMA首次设备采购51%份额，CDMA出货量连续两年位居全球第一，成为2007年发展最快的GSM设备供应商，进入全球前四大设备供应商行列，GPON获世界宽带论坛InfoVision创新奖。

2009年，获"全球最佳CDMA设备制造商奖"，获"最具竞争力分组传送网（PTN）方案"等三项大奖，连续5年当选"中国最受尊敬企业"，侯为贵董事长获第五届袁宝华企业管理金奖，获欧洲跨国运营商TelenorUMTS建设合同，携手荷兰电信（KPN）集团建设德国、比利时两国HSPA网络，全球移动大会展示面向LTE的新一代融合解决方案，与香港CSLNWM打造全球首个基于SDR技术的HSPA+网络正式商用，下载速率达21Mbps，发布全球首台对称10GEPON设备样机，与高通共同大幅提升WCDMA系统容量与性能。

2013年，荣获2013年度中国品牌500强。

### 1.3 中兴的国际化道路

早在1995年，中兴通讯就启动了国际化战略，成为中国企业最早"走出去"的代表之一。中兴通讯在持续10年国际化的发展历程中大致经历了"四个阶段"：

#### 1.3.1 开拓阶段

第一阶段是1995~1997年，是海外探索期。在此阶段中兴通讯确立了进军国际市场的大战略并有少量产品在海外市场实现突破。这一时期，中兴开始在个别国家设立"据点"，初步了解了国际市场的一些运行规则。1995年，中兴通讯首次参加了日内瓦ITU世界电信展，代表中国通信企业正式走向世界。紧接着中兴开始将产品陆续小规模地出口到印尼、马来西亚等国家。

#### 1.3.2 增长阶段

第二阶段是1998~2001年，是规模突破期。在此阶段，中兴通讯开始进行大规模海外电信工程承包并将多元化的通信产品输出到国际市场。这一时期，中兴通讯陆续进入南亚、非洲多个国家，海外市场实现了由"点"到"面"的突破。1998年，中兴通讯先后中标孟加拉、巴基斯坦交换总承包项目。其中，巴基斯坦交换总承包项目金额为 9 700 万美元,是当时中国通信制造企业在海外获得的最大一个通信"交钥匙"工程项目,令世界瞩目。国际通信界第一次聆听到了来自中国的强有力的"声音"。

### 1.3.3 深化阶段

第三阶段是 2002～2004 年,是全面推进期。中兴通讯国际化战略开始在市场、人才、资本等三个方面全方位实现推进。这一时期,中兴通讯前后进入印度、俄罗斯、巴西等市场潜力巨大、人口众多的若干战略国家市场,海外市场逐步进入稳定发展阶段,并为进军欧美高端市场奠定了基础。

### 1.3.4 突破阶段

第四个阶段从 2005 年开始,包括今后几年,是高端突破期。中兴希望通过借助有效实施"本地化"战略,通过和全球跨国运营商开展全面、深入的合作,实现对西欧、北美等发达市场的全面突破。

## 1.4 中兴通讯收购背景介绍

2013 年 7 月开始,中兴通讯在拿到德国第三大网络运营商 E – PLUS 为期 5 年的网络服务合同。但是中兴在德国当地并没有自己的网络运营团队,面临只有一年的承接过渡期,中兴通讯决定放弃在当地建立自己的网服。中兴通讯转而收购阿尔卡特—朗讯的网服团队。现在的中兴德国服务公司总经理徐子阳,面对当时摆在眼前的最大问题是如何能够在最短时间内使得谈判双方都能得到一个满意的结果,并且能够最快的服务 E – PLUS,面对陌生的经营环境,不同的文化氛围,如何在并购中注意这些问题,并有效规避文化差异成为中兴方面必须要考虑的首要问题。

## 2. 案例分析

## 2.1 中兴通讯跨文化管理理论

### 2.1.1 核心价值观
互相尊重,忠于中兴事业。
精诚服务,凝聚顾客身上。
拼搏创新,集成中兴名牌。
科学管理,提高企业效益。

### 2.1.2 中兴通讯高压线
高压线是中兴企业文化和价值观不能容忍的行为底线,是与中兴企业文化和价值观完全背道而驰的行为,一旦触及,一律开除。包括:故意虚假报账;收受回扣；泄露公司商业机密；从事与公司有商业竞争的行为；包庇违法乱纪行为。

## 2.2 中兴成功收购阿尔卡特—朗讯德国客服团队

2013 年 2 月份，德国第三大运营商 E – Plus 几位高层远赴中国最早的改革开放前沿阵地深圳，与中兴通讯首席执行官史立荣签署了为期 5 年、价值 10 亿欧元的电信网络托管合同。按照合同金额计算，这是截至目前中兴在海外拿下的最大一笔服务合同。2013 年 2 月，合同已经敲定，在举杯欢庆，送走了 E – Plus 几位高管后，中兴通讯的几位高层并没有感到轻松愉快，因为接下来的任务很重。E – Plus 是提前一年向阿尔卡特朗讯通知合同到期后不再续约的。合同的终止日期是 2014 年 1 月 1 日，也就是说留给中兴接管网络的时间不到一年了。在这不到一年的时间里，是从零开始搭建一个全新的网服团队，还是收购阿尔卡特朗讯德国网络服务公司，中兴内部形成的这两种想法产生了碰撞。德国对劳工的保护从全球角度来看，都是最严格的，企业员工属于一个整体能力，法律不允许竞争对手采取挖猎的方式，把自己需要的人才一一挖过来，然后让那家公司破产。当然，中兴将阿朗网服整个公司收购过来这是可以的。当然，从全球调集运维服务人员来履行 E – Plus 的合同，对中兴来说肯定不成问题。但这都不是理想的长期解决方案，众所周知，电信网络维护需要每周 7 天每天 24 小时的不间断服务，是需要员工长驻当地，先不说大量的工作签证需要申请，长达五年的合约，无论是从外派员工家庭的角度，还是用人成本上，都不是理想方案。所以，搭建德国本地的网服团队是势在必行的。至此，中兴通讯德国服务公司登上舞台。

## 2.3 中兴通讯成功收购经验分析

### 2.3.1 "服务所在地"

14 年前，中兴通讯在巴基斯坦拿到了一份价值 9 700 万美元的单子，这次合作被视为是其国际化的开端。4 年后，中兴通讯开始明确提出了"国际化"的三大目标，即要实现市场、人才和资本的全面国际化。

中兴刚刚跨出国门时，跨文化的冲突也非常厉害，为了克服不同语言文化和风俗习惯带来的挑战，"本土化"便成了中兴通讯在其后的全球化过程中非常注重的内容。而这首当其冲的表现，则在于对当地员工的大规模聘用方面。如今，中兴通讯海外 100 多个代表处拥有将近两万名员工，其中本地员工的比例将近七成。阿朗代管 E – Plus 的网络已有七年，整个团队在德国有 700 多人，在罗马尼亚的 GNOC（全球网络运营中心）有 150 人，设立了 11 个办公室，站点维护工程师遍布全国。而当时的中兴通讯在德国仅有 100 多名员工，虽然此前也有管理服务经验，但大多都在发展中国家，或者次发达国家，不要说在德国，就算放大到整个欧洲市场，中兴当时也没有拿得出手的大型管理服务项目。代管网络它需要工程师7×24小时的不间断监控，出现故障要以最快的速度赶到现场，如果维护一旦跟不上造成网络故障，哪怕断网几个小时也会给运营商带来灾难性的后果。此时的中兴已经是E-Plus网络设备的主要供应商，无线设备在E-Plus的UMTS 3G、LTE现网里占据了60%，从2009年合作至今，双方的信任度建立起来并不容易。再者，德国的通信技术非常发达，无线通信技术的第一代、第二代和第三代都是从欧洲发源的，德国又是欧洲的核心地，其国人做事态度又相当严谨，看重并尊重流程。和习惯了严格遵守流程的德国人合作，为他们建设、维护、运营网络，这对一家并不熟悉德国网络管理服务流程的中兴通讯来说，确实是一次很大的挑战，也是一次冒险。

### 2.3.2 "站在客户的角度考虑问题"

E-Plus终止了与阿朗的合作，但问题并不在一线员工的能力上，而是出于战略方面的考虑。不过，在前期与E-Plus的沟通时，中兴也隐约嗅到了E-Plus的不满，E-Plus首席技术官Rafal Markiewicz在谈到供应商区别的时候，曾提到其他很多供应商将产品交付以后，就消失了。

这样的表现和中兴随叫随到的服务态度相比，感受明显是不一样的。当然这是欧洲人的办事方式，尊重流程、完全按合同条款或规章制度办事。但很多时候，从人情的角度看，如果把这道门绷得特别严，信任度和好感度就会大幅下降。比如说，在办任何事情之前，如果这件事不在合同范围内，你就坚持一定要先谈好价钱和条款再办事情，不顾客户焦急万分，那只能让双方的距离越走越远。

德国网服公司与E-Plus的合作时间有7年之久，公司里的员工平均工龄15年，他们对本行业有着相当丰富的经验。因为德国人做一份工作，会做很长时间，在没有太大变化的情况下，一份工作能干20年、30年。这在德国很常见，跟国内的情况不太一样，国人一般都是研发能力强了，就想转管理；管理能力强了，就想做副总，不断地寻求变化。而德国人的想法是"既然我专注于这份工作，我就要把这份工作做好"。他们会在自己的领域里不断深入，平均15年的工龄说明这个团队深入了解网络和管理服务的精髓。另外，阿尔卡特朗讯在欧洲有着20多份管理服务合同，在欧洲做服务的历史也有相当长的时间，积累了很多关键的流程和经验，拥有很多值得中兴学习的能力。

中国企业在欧洲做企业并购的话，还是比较安全的，除非战略或是收购对象发生错误。欧洲国家法律体系相当完善，每个人都受到法律严密的保护和约束。中国企业走出国门，在欧洲进行投资的话，基本是可以得到保障的。

首先，要聘请专业团队做好尽职调查、提供收购建议，聘请的团队必须要在当地有很强的背景和经验，由他们来帮助企业分析需要购买哪些能力，哪一块可能会有法律陷阱，这一点非常关键。

其次，谈判队伍一定要非常专业，清楚哪些底线不能放弃。因为即使已经设定好整体框架，如果没有清晰的收购战略，可能表面上看来收购成功，但在后续的运营中，也可能会出现各种各样的问题。

最后，要取得服务方的合作。对中兴来说，就是与 E – Plus 的充分合作，因为很多数据和流程是 E – Plus 这方面的，这样收购的风险就相对小一些。

**【思考题】**

1. 简述中兴通讯跨文化管理理论。
2. 中国企业走出国门进行并购时，应注意哪些方面？
3. 试论述中兴通讯成功收购的三大重要因素。

**【资料来源】**

[1] 米周，尹生. 中兴通讯 [M]. 当代中国出版社，2005.

[2] 张月红. 记中兴曲折的德国收购. C114 中国通信网，2014.5.28.

[3] 战钊. 欧盟本月底审议中兴收购德国阿尔卡特朗讯业务案. 北极星电力软件网，2013.9.24.

[4] 网易科技报道. 中兴德国子公司完成交接为 E – Plus 提供服务. 网易科技报道，2014.2.26.

[5] 王冀. 中兴通讯徐子阳：深刻理解运营商需求 [N]. 通信产业报，2008 年 8 月 4 日.

# 明基跨文化管理案例分析

> **摘要**：随着经济全球化的发展，跨国并购浪潮正在席卷全球。许多优秀的中国企业投身于并购浪潮之中，然而，由于异地民族文化差异，跨国并购后实现有效的跨文化整合已成为中国企业的当务之急，企业跨文化经营管理的有效性命题也被提上议程。
>
> 本案例旨在分析论述明基西门子公司并购中的文化整合的问题，从跨文化管理的角度进行分析，通过明基西门子文化的差异和冲突及破碎的合作，来说明由文化差异带来的文化冲突已成为跨国并购最重要的影响因素，并严重影响并购整合过程。跨国并购吸引了国内外公司关注和思考。希望本文能对有野心去国际发展国内企业起到借鉴意义。
>
> **关键词**：跨国并购；文化差异；文化整合

## 1. 相关背景介绍

### 1.1 明基公司简介

明基电通（BenQ）于1984年创立于中国台湾地区。1986年以单色显示器、电源供应器、工程工作站为主力产品扎下根基。1993年明基"发现"苏州，投资成立苏州明基电脑有限公司，并以旗舰的姿态，吸引了大批上下游配套企业和其他IT厂家的到来，共同促成苏州这座新兴国际高科技重镇IT产业链的形成。1994年，位居成长高峰期的明基，在众人迟疑的眼光中，跨足通信领域，自行研发手机，成为台湾地区唯一以自由品牌行销的手机厂商。

### 1.2 西门子简介

西门子是世界上最大的电器和电子公司之一。西门子的中国业务是其亚太地区业务的主要支柱，并且在西门子全球业务中起着越来越举足轻重的作用。西门子的全部业务集团都已进入中国，活跃在中国的信息与通信、自动化与控制、电力、交通、医疗、照明以及家用电器等各个行业中，其核心业务领域是基础设施建设和工业解决方案。

### 1.3 收购背景介绍

作为全球最大手机ODM（手机设计）厂商之一的明基，2005年5月27日刚刚获得内地生产牌照，该公司中国营销总经理曹文祺当时表示："明基手机终于可以拿到前台来做了。"并放言3年内将抢占内地市场10%的份额。而收购西门子手机部无疑是帮助他们达到这一预期目标的最好一步。

而西门子也早有剥离手机业务的意愿，持续亏损是西门子出售手机业务部门的最直接理由。西门子曾经占有7.6%的市场份额，成为全球第四大移动电话制造商。2004年的第三季度，西门子大约出售1 300万部手机。虽然销售额巨大，但是西门子移动部盈利状况很不乐观。

## 2. 案例分析

### 2.1 明基西门子"闪婚"

2005年6月7日，西门子公司宣布，台湾明基公司全面接收西门子手机业务，明基公司可以在5年内使用相应的品牌和名称权。据悉，西门子手机部门将以无负债的净资产方式转移至明基，包括现金、研发中心、相关知识产权、制造工厂以及生产设备及人员等，同时西门子将提供2.5亿欧元现金，以便完成收购西门子手机业务的交易。

这次交易当年被评价为"名利双收"的联姻。明基没花一分钱并购西门子手机，不仅获得西门子丰厚的"陪嫁"2.5亿欧元，而且借着收购西门子，明基获得了与目前全球市场排名第五的索尼爱立信一争高下的机会。当时，诺基亚与摩托罗拉在市场份额上遥遥领先，三星也处在市场强势阶段，LG电子则是市场新星。而明基的机会在于，借助西门子手机进入欧洲和拉丁美洲市场，并极大地强化其生产能力。明基声称，其手机销量要超过5 000万部。在接收西门子手机业务后把营业额翻一番，超过100亿美元。

然而，仅仅一年以后，明基董事会于2006年9月28日通过决议，决定不再投资明基西门子在德国的子公司，明基德国子公司也拟向德国政府申请破产保护，并交出公司经营权，但保留明基西门子手机品牌和销售。

### 2.2 并购意图

明基并购的意图是：

（1）收购西门子手机，明基可以一举跃升为全球第四大手机品牌；（2）收购西门子手机，明基可以借助西门子品牌效应和销售渠道迅速占领欧洲市场。

西门子转让的意图是：

（1）西门子把手机业务转让给明基，可以彻底摆脱其手机业务的巨额亏损；
（2）股东效益最大化。

## 2.3 失败原因分析

据统计，近年来在全球范围内众多的并购案，经过3年以上的磨合，真正能成功的案例只有20%。而在中国企业跨国并购的案例中，由于中国企业对国外经济环境的不熟悉以及中外双方的沟通问题，往往反映出更多的"先天不足"。

### 2.3.1 品牌定位、决策的先天缺陷

明基收购西门子手机的意图很明显，就是打造高端品牌和加速品牌成长周期。在2005年收购后的明基全球渠道大会上，李焜耀表示："并购西门子可以让品牌成长时间缩短7到8年。"可事实上，西门子集团虽然是百年老店，但它的手机却徒有其名，在欧洲平均售价为仅90欧元的西门子手机，已经沦为欧洲低价手机的代名词，它在低端发展的现状与明基收购它的意图明显是自己的一厢情愿。

国产手机的萎缩与自身的积弊也密不可分。诸如"系统运营能力弱，产品线松散，过度求大求快，品质差，库存大"。明基手机在有些方面问题也很严重：收购后明基还有2.5亿人民币的低端手机库存，自2005年四季度到2006年二季度一直在进行痛苦的消化。这不仅吞噬其利润，而且严重影响了新双品牌手机的上市进程和出货时间。2005年4季度亏损超过2亿欧元，大大超过了其预期。

在国内主流一线市场打不开局面，明基开始在国内二、三线市场加强渠道建设，试图采取以"农村包围城市"的策略，实现其销售目标。可在二、三线市场以价格为主导，明基的中高端品牌定位，显然不利于打开市场，如果通过降价获得市场后，又很难形成美誉度。品牌定位的不足与先天缺陷，稀释了其品牌价值。以代工起家的明基，通过控制成本、降低价格是其获得市场份额的主要手段，但低价格与中高端的定位，消费者很难认可。

### 2.3.2 资金与成本问题

在并购之前，西门子手机业务在2005年已经累计亏损达到5.1亿欧元，成为整个西门子集团的拖累。虽然明基希望通过西门子，打开欧洲市场并强化自有品牌，并且并购交易还得到来自西门子2.5亿欧元的陪嫁，但西门子手机巨额的亏损大大超出了明基事先的预算和估计。为了弥补亏损，明基动用了西门子2.5亿并购资金，但如果要挽救明基西门子手机业务，估计仍然需要追加8亿欧元投资。这种情况令原本股价35元台币的明基股票在短时间内一路下滑到17元台币，总市值蒸发了将近一半。资产的缩水令明基更加无力承担挽救西门子手机的重任，只能在整合一年后宣布退出。

### 2.3.3 管理与企业文化冲突

中国企业并购跨国企业后,首先面临的往往就是文化冲突和管理问题。东西方文化差异和管理风格的差异令中国企业不知如何去驾驭或激励远在海外的被并购公司。

在明基西门子的案例中,明基属于朝气蓬勃的台湾企业,尽管1994年才作为宏碁的手机业务切入手机市场,到2004年明基手机的市场占有率在全球已经达到2%。明基CEO李耀雄心勃勃地希望通过并购西门子获得品牌优势和国际市场。

相比起明基对市场的快速反应,西门子是一个有百年历史的德国老牌企业,具有典型的德国管理风格,严谨稳重,对于市场的反应比较缓慢。这两种不同的企业文化和管理风格在并购之后产生了矛盾。对于明基派往德国西门子的台湾高管的管理方式,西门子表现出了明显的不适应和无法接受,双方的矛盾导致业务无法顺利开展,从而耽误了新产品上市等策略性举动。

### 2.3.4 遭遇当地的法规与工会力量

明基并购西门子手机失败之后,明基集团向德国法庭提出西门子手机的破产保护,同时撤出欧洲手机市场。此举造成了明基西门子3 000多名德国员工失业,西门子也由此背上了"出卖"工人的罪名。当地工会出于不满,发动工人们上街游行抗议。游行惊动了德国政坛,德国总理默克尔甚至呼吁西门子"对员工负起责任,不然将伤害德国产业形象"。西门子手机厂所在地北威州州长吕特·格尔斯和数百位员工一起举行示威。他表示:"明基在接手的时候向西门子保证德国的3 350员工不会被解雇,并宣称5年后仍会在德国生产手机。这件事十分令人愤怒,不能这么简单就结束。"他计划立即与明基管理层会商,尽可能保住坎普林特福尔特和波希尔特手机厂员工的饭碗。巴伐利亚州政府也声明说,愿意与员工站在同一阵线,与明基找出解决方案。

为了结该事件,西门子推迟其管理层加薪30%的计划一年,以节省资金用于培训其手机部门的3 000多名前员工,以帮助他们找到新工作。

中国企业在海外并购中,尤其是被并购地企业的人员成本较高、工会力量强大的地区,需要格外小心关于"员工安置"的条款。在并购协议中,一定要明确规定对被并购企业的员工劳动关系是否继续保留,如果解除劳动关系的话,赔偿责任将由谁来承担评估。如果有必要的话,在并购协议签订之前,并购者最好与当地工会联系,充分了解工会将在多大程度上介入员工事务,并与他们沟通合适的员工安置方案,以避免并购企业成立之后,关于员工的劳动关系、薪酬待遇和工作时间上有任何变化而造成员工和工会的不满加以抗议,从而导致公司新政策无法顺利实施。

## 2.4 明基的反思：由代工向品牌的转变之惑

明基并购西门子手机，或者更确切地说是二者的合并，明基最想得到的是西门子的百年品牌，并通过西门子品牌来提升自有品牌明基的全球知名度和影响力。作为代工为主的台湾制造业，低利润、不断提升的生产成本正严重影响其生存。

我国台湾地区的制造业，有两种代表：一种是纯代工企业，如鸿海集团旗下的富士康；一种是自有品牌和代工业务兼有的。如宏基的自有品牌 Acer 和代工业务纬创、明基的自有品牌明基和友达，华硕的自有品牌 ASUS 和代工业务和硕联合等。纯代工不必说了，专心把代工业务做好就是了。而二者业务兼有的明基、华硕等正面临着代工客户流失的问题。代工客户的疑问是，你二者兼做，当业务紧张时，你会把资源倾向自有品牌，自身利益受到侵害，并明确表示，专一做 ODM（原始设计制造）就会给订单，否则，就会另投他人。这正是明基的困惑，而做品牌，代价又很高。

中国企业处于产业链的末端，代工厂的低利润决定了代工厂要想方设法控制成本，在没有品牌和技术优势的前提下，在原材料和不断完善的用人法规约束下，它所要做的就是在员工的管理和压榨上了，员工应有的价值就体现不出来了。而现在"品牌做代工简单，代工转品牌难"这一魔咒始终在困扰着台湾的代工厂商。明基今天的尝试，虽然带来一次刻骨铭心的失败，但这也为它明天的转型和崛起而积蓄力量、厚积薄发。

## 2.5 跨国并购整合经营的建议

### 2.5.1 跨文化整合建议

（1）建立第三文化理念，确立核心价值观，作为员工的行为规范。在新公司组建之时应同时建立以共同价值观为双方共事和合作原则的第三文化管理理念，它可以确定人的行为模式、交往准则，以及何以判别是非、好坏的规范。同时它还能发挥两种文化的优势，提高员工的凝聚力、向心力。

（2）并购之后的首要任务是开展跨文化培训，确保新公司员工认同公司的企业文化理念，企业制度文化和企业人员行为规范。

通过跨文化培训，增强管理者的跨文化沟通能力。跨文化培训是防治和解决文化冲突的有效途径，但目前我国绝大多数企业都偏重于员工的技术与管理知识方面的培训，却忽视了对员工尤其是管理人员的跨文化培训。而跨文化培训恰恰是解决文化差异，搞好跨文化管理最基本最有效的手段。作为跨国公司或合资公司，要解决好文化差异问题，搞好跨文化管理有赖于一批高素质的跨文化管理人员。因此，双方在选派管理人员时，尤其是高层管理人员，除了要具有良好的敬业精神、技术知识和管理能力外，还必须具有跨文化沟通能力和较强的移情能力及应变能力等。

### 2.5.2 本土化仍然是上佳策略

无数企业的国际化实践证明，不仅外国企业到中国需要本土化，中国的企业和品牌走出去同样需要本土化，而且需要更彻底的本土化才能被接纳。而明基收购西门子手机之后，既希望德国团队能够出彩，又没有充分授权，派去的管理团队与德国的团队在很多问题上意见不一致，类似于"元老会"的管理机构实际表现不佳就在所难免。这种民主制度在现代公司中，反而造成互相牵制、延缓速度等多种不良效应，与手机这种追求速度的产业实在是格格不入。宏基创办人施振荣就将明基收购西门子失败的原因归咎于"没考虑跨国文化冲击，加上小吃大风险更大，以及对西门子的了解还不够"。

【思考题】
1. 试论述明基未顺利并购西门子手机市场的原因。
2. 自有品牌和代工业务兼有的品牌在经营中会遇到怎样的问题？
3. 简述在进行跨国并购整合经营时应注意的问题。

【资料来源】
[1] 明基中国官方网站：www.BenQ.com.cn.
[2] 明基西门子分手内情首度公开 [N]. 京华时报，2006.12.11.
[3] 李焜耀开腔：明基兵败西门子关键环节 [N]. 21世纪经济报道，2006.12.12.
[4] 林康著. 跨国公司与跨国经营 [M]. 对外经贸大出版社，2000.
[5] 杨德新著. 跨国经营与跨国公司 [M]. 中国统计出版社，2000.
[6] 李焜耀. 台湾电子业正陷入狼性的思考陷阱 [N]. IT时代周刊，2007.6.20.

# 格兰仕跨文化管理案例分析

> **摘要：** 20世纪90年代，欧美市场的微波炉产业已经成为传统产业。同时，它们还面临着日韩企业在成本优势上的竞争——在劳动成本方面。中国劳动力成本低的优势使格兰仕具备了接受国际微波炉产业转移的潜力。1991年，中国制造业工人的工资相当于美国同行的1.7%。1997年，由于受到亚洲金融危机的影响，日韩企业更是对微波炉产品进行大幅度降价，这使得欧美微波炉企业雪上加霜。这加速了欧美微波炉产能向格兰仕的转移。此时的格兰仕大胆地提出了"拿来主义"。在当时的情况下，格兰仕接收欧美企业生产线，同时以较低的成本为这些企业提供产品，这种做法受到了广泛欢迎。格兰仕的产能急剧扩大。企业也逐渐走向国际化。
>
> **关键词：** 国际化；文化差异；需求导向

## 1. 相关背景介绍

### 1.1 格兰仕有限公司公司介绍

格兰仕有限公司由中国电器业的传奇人物梁庆德先生于1979年在中国广州成立。经过几十多年的发展，格兰仕公司已经成为中国著名的电器品牌。

### 1.2 历史沿革

1979年，顺德桂州羽绒厂成立。

1992年，公司改名为"广东格兰仕集团公司"。

1995年，格兰仕是当年销量最大的国产微波炉品牌。

1999年，格兰仕出口额达到1.1亿美元，在中国大陆的家电行业仅次于海尔。

2000年，格兰仕开始进军空调行业。从此也取得了惊人的成绩。

## 1.3 公司宗旨

格兰仕提出"努力让顾客感动"的宗旨，实现格兰仕有限公司价格最便宜的承诺。格兰仕还向顾客提供超一流服务的新享受。公司一贯坚持"服务胜人一筹、员工与众不同"的原则。

此外格兰仕并不满足于只做简单的"世界工厂"，更要做一个"世界公民"。格兰仕对各项公益事业的捐赠上，不吝金钱、广为人善。有付出便有收获，格兰仕在公益活动上大量的长期投入以及活动本身所具的独到创意，大大提高了品牌知名度，成功塑造了品牌在广大消费者心目中的卓越形象。

## 1.4 企业文化核心价值观

### 1.4.1 三大信仰

（1）努力让顾客感动。为了给消费者超值服务，格兰仕想尽了一切办法，要求其员工要尊重每位顾客，尽量直呼顾客名字，一切以顾客利益为第一等等，正是这样，在顾客心目中留下了深刻的印象。

（2）尊重每一位员工。尊重个人，这是格兰仕最有特色的企业文化。在格兰仕，"人是第一资本"不仅是一句口号，更是格兰仕成功的原因。它真正的含义是每位员工都很重要，无论他在什么岗位都能表现出众。企业内部的人以诚相待，自信、自强、自律。这句话每时每刻都在提升员工的自豪感，激励员工做好自己的工作。

（3）为格兰仕卓越而战。在为格兰仕卓越而战的口号的激励之下，格兰仕不断创新，销售方式、促销手段、经营理念、管理方法等，在细节方面更是如此。格兰仕精益求精，永创第一，终于成为著名品牌。

### 1.4.2 竞争战略

（1）总成本领先战略。总成本领先原则指的是企业通过有效途径降低成本，使企业的全部成本低于竞争对手的成本，甚至是在同行业中最低的成本，从而获得竞争优势的一种战略。企业可以通过控制成本驱动因素、改造价值链和培养低成本的企业文化三种途径获取成本优势。而格兰仕的成本优势是通过控制成本的驱动因素——规模经济来实现的。格兰仕在生产规模上实现了跳跃式和超常规发展，产能由1993年试产1万台增加到2000年年底的1 200万台。规模每上一个台阶，生产成本就下降一个台阶，这为企业产品的降价提供了条件。生产规模的迅速扩大带来了单位产品直接生产成本、分销成本、推广成本、技术成本和原材料采购成本的大幅度降低。

（2）差异化战略。差异化战略是指为使企业产品与竞争对手产品有明显的区别，形成与众不同的特色而采取的一种战略。差异化战略的核心是向顾客提供对顾客来说有价值的、与众不同的独特属性。企业价值链的任何一个环节都有可能成为差异化的基础，格兰仕的差异化主要是通过产品差异化的途径来实现的。2001年，凭借强大的技术研发能力，格兰仕开发出"数码光波微波炉"，与其他微波炉产品相比，有更好的保鲜和保存营养的效果，而且光波能在极短时间内杀死病菌。之后，格兰仕太空金刚、白金刚等高新技术产品相继上市。2006年，格兰仕对产品进行细分，针对有小孩的家庭、新婚夫妇、老人等不同消费者的微波炉产品。

在空调产品的生产上，格兰仕同时实施了产品差异化战略。自从格兰仕进入中国空调市场以来，先后推出不锈钢空调、光波空调等具有个性卖点的产品。

## 2. 案例分析

### 2.1 格兰仕跨文化管理概述

格兰仕公司虽然仅有几十年的历史，但其的企业文化已成为微波炉行业的翘楚。格兰仕一直非常重视企业文化的作用，充分发挥企业文化对形成企业良好机制的促进和保障作用，增强企业的凝聚力和战斗力。这也是格兰仕能够成为世界著名品牌的重要因素。

格兰仕的创始人梁庆德所倡导并奉为核心价值观的"努力，让顾客感动"，"人是第一资本"，"伟大，在于创造"，还有"变革，创新，速度"，"从优秀到卓越"等等的服务原则和文化理念，都被世人称为宝典。

然而，对于其国际化发展进程而言，不同国家的文化差异却也成为格兰仕继续前行的阻力，其核心价值观在其他国家也有受到冲击的危险，造成"水土不服"而削弱国际竞争力。

### 2.2 格兰仕成功入驻欧美市场

#### 2.2.1 成功入驻欧美市场案例概述

20世纪90年代，欧美市场的微波炉产业已经成为传统产业，同时，它们还面临着日本、韩国企业在成本优势上的竞争——在劳动力成本方面日韩企业借助在海外低劳动力成本的地区的投资。竞争优势超越欧美微波炉企业，中国劳动力成本低的优势使格兰仕具备了接受国际微波炉产业转移的潜力。1991年，中国制造业工人的工资相当于美国同行的1.7%，1997年，由于受到亚洲金融危机的影响，日韩企业更是对微波炉产品进行大幅度降价，这使得欧美微波炉产业向格兰仕转移。

#### 2.2.2 格兰仕成功入驻欧美市场案例原因分析

为什么当时技术不是很成熟的格兰仕能成功入驻欧美市场，并取得了惊人的成绩？第一，格兰仕有值得称道的成本控制手段，例如营销。用营销代替广告，既降低了营销费用，还培育了微波炉市场，在新产品初期进入市场时可以使本企业的形象深入到消费者的心目中，使公司的产品品牌成为这一产品的代名词。而且格兰仕还有很有名的苦行僧文化——厉行节约。第二，国际产业使格兰仕扩大了生产规模，为"规模效益"打下良好的基础。只有当规模达到一定水平的时候，才能帮助企业有效降低成本。产量增长给格兰仕带来了规模经济，降低了单位成本。产量每上一个台阶，就不断降低成本和降低售价由此而转化为价格竞争优势，获得更大的市场份额。规模经济不仅仅体现在固定成本分摊上，更体现在大销量对于研发费用的分摊。据了解，当时格兰仕为研制磁控管投入了4亿元研发费用，分摊到1 000万台产品上，每台的研发成本仅为几十元。1998年格兰仕与裴罗利的合作，不仅让格兰仕了解到欧洲市场最流行的微波炉设计，同时也学会了大规模生产、质量控制能力。第三，当时，格兰仕接收欧美企业生产线，同时以较低的成本为这些企业提供产品，这种做法受到了广泛的欢迎，格兰仕的产能急剧扩大。同时，格兰仕用供货合约和生产返还的方式获得生产线，大幅减少了投资成本。通过这种方式，格兰仕用了不多的费用就得到了国际一流技术水平的设备，在通过大规模为跨国公司代工的过程中，格兰仕自身的生产规模也得到了扩张，在欧美也有了更广阔的市场。

格兰仕经过十几年的发展，已经成为中国企业国际化的知名企业。虽然它所取得的成就有目共睹，但发展也遇到了一些问题，面临着众多的压力和严峻的挑战。这对格兰仕人来讲，不光是威胁，也是机遇，只要审时度势、积极应对，采取正确的品牌经营模式，选择恰当的品牌策略，充分利用国际国内有利因素，依托自身强大优势，不断地进行技术创新，适时调整产品结构，使格兰仕品牌在国际大放异彩。

【思考题】
1. 格兰仕成功入驻美国市场说明了什么？
2. 格兰仕入驻欧洲市场的启示是什么？
3. 在国际化的今天，格兰仕应如何应对？

【资料来源】
[1] 绍兴东．格兰仕的国际化战略研究 [J]．知识经济，2002（35）：7-8.
[2] 石丹．格兰仕也不能复制的格兰仕 [J]．中国外资，2008（08）．
[3] 王晓飞．格兰仕集团竞争战略的选择及对我国家电企业的启示 [J]．中国经济，2008（10）．

# 珠海格力电器股份有限公司跨文化管理案例分析

> **摘要**：从1991年初创到2001年国际化进军巴西，格力电器遇到过用工问题，受到巴西当地工会对企业进行罚款。2002年，正值南美金融风暴，刚刚在巴西站稳脚跟的中国格力空调公司的商标被当地独家代理商抢注。此外，作为外国独资企业，格力因为不熟悉巴西的法律法规，未按照通货膨胀率给员工涨工资，结果导致当地工会前来抗议。然而，格力电器以科技的大量投入、管理和销售为依托，针对跨文化管理问题的独特解决，从民族企业跃身为跨国企业。本案例从格力的概述、发展历程、企业核心及跨文化中遇到的问题等方面对格力电器有限公司进行了系统的分析。
>
> **关键词**：格力；跨文化；国际化；技术

## 1. 相关背景介绍

作为目前世界级的空调品牌公司——格力，从创立之初到发展壮大，以致进入国际化阶段成为全球空调销量冠军，不仅赢得了业界的光环，而且也为国家在世界赢得了民族自豪感。

然而，任何一家大企业来说，发展历程都不是一帆风顺的，要想从本国走出国门，并且在世界立足更是难上加难，对于格力更是如此。在国际化进程中，企业不得不面对来自不同国家的文化、政治、经济乃至法律条款等诸多方面的差异，同时还要解决好将当地员工与自身企业的文化相融合，齐心协力为企业创造价值的诸多事项。

格力于2001年6月，投资2 000万美元在巴西的亚马逊州首府——玛瑙斯市建设的空调器生产基地正式投产，这意味着格力电器正式进军海外，开启了格力公司的国际化的时代。其后，经历了其他跨国企业在国际化进程中同样会经历的问题，如国家间文化、政治、经济和法律等方面的差异所导致的员工和企业文化碰撞的问题。虽然这些跨文化的问题给格力带来了不小的影响，也造成了一些损失，如不明当地法律未按通货膨胀率给当地员工涨工资引致当地工会抗议，未及时在当地注册商标不得不以高价回购等问题，但是格力根据自身公司的文化和特点，也最大程度处理了一些跨文化的问题，如向当地员工注入了公司的奉献精神等。

### 1.1 概述

珠海格力电器股份有限公司，成立于1991年，目前是全球最大的集研发、生产、服务于一体的专业化空调企业。格力电器旗下的"格力"品牌空调，是中国空调业唯一的"世界品牌"产品，业务遍及100多个国家和地区。作为一家国有控股股份有限公司，格力企业的员工总数约80 000人，截至2013年，其年营业额达1 200.43亿元人民币。

### 1.2 发展历程

创立伊始，格力电器经历了创业、发展、壮大、国际化等重要阶段（从1991年至今，格力的发展阶段将在第八部分以表格一的形式展示）。其中，2001~2005年，格力在稳固本国市场的同时，决定开发海外市场的宏伟蓝图，提出了"争创世界第一"的远大发展目标——国际化的开始。在明确的目标，科学的管理，引入了六西格玛管理方法（六西格玛是一个旨在发现和消除过程变异，从而达到提高质量、减少劣质成本进而增加顾客价值、提升顾客忠诚的管理系统）。在大量人力物力财力投入的情况下，格力于2005年，家用空调销售量突破1 000万台/套，首度实现了空调销售世界第一的目标。

对于一家具有全球视野，发展大格局，立足追求世界第一的企业来说，成绩永远属于过去，而不断超越自己才是未来的目标。于是，2006年，格力电器又提出"打造精品企业、制造精品产品、创立精品品牌"的战略。此后，公司开始进入了创全球知名品牌的阶段。

### 1.3 企业核心

对于一家世界级的电器制造企业来说，企业的灵魂和核心在于创新和科技，格力也不例外。格力之所以能成为全球的空调霸主，离不开其强大的科技团队。格力的研发队伍包括5 000多名专业人员，3个基础性研究机构（包括制冷、机电、家电技术等），300多个国家实验室。

在空调业，格力成为技术投入费用最高的企业。如2011年，格力电器在技术研发上的费用超过30亿元人民币。不仅如此，格力电器在国内外累计拥有专利超过6 000项（其中发明专利1 300多项），是中国空调行业中拥有专利技术最多的企业，也是唯一不受制于外国技术的企业。

## 1.4　企业文化价值观及宗旨

### 1.4.1　服务理念

"客户利益第一，格力效益第二"。格力董事长董明珠在不同的场合里多次强调："只有客户投资获得了回报，企业才会获得回报。"所以，格力凡事都是从客户利益的角度出发，为自己制定了最高的服务标准，目的就是让客户获得更多的回报，继而格力才能获得更多的回报。比如，一般空调的使用寿命是 8~10 年，格力制定了"整机 6 年包修"的服务标准，这就意味着格力提倡的是终身免费包修。如此可见格力的确花了大力气为客户着想。

### 1.4.2　管理风格

"从严治企"。成立之初，格力就强调并执行着严格的管理制度。为了打造出世界上质量最好的空调，格力的管理层经过调研，一共列出了 12 个经常出现、但又是可以避免的问题，继而制定了"总经理十二条戒律"。他们认为这 12 条中，不管员工违背了哪一条，都会对格力的产品质量造成极大的影响，继而影响到格力在消费者心目中的形象，甚至会影响到企业的生存。因此，格力规定，一旦有员工违背其中一条，就将被除名。

"为员工着想"。在对待人才方面，格力的态度是，只要员工认真工作，一切都有保障。只要是格力的员工，格力就要对他们的生活和福利负责到底。如格力发展具备足够实力后，他们想到的第一件事就是设法改善员工的工作、生活条件，努力为员工提供方方面面的待遇。如为了接送员工上下班、外出活动时出行方便而购进的豪华大巴；以及为员工兴建的能容纳 10 000 多人的员工生活区等。

### 1.4.3　"正和博弈"

格力信奉的经营理念是"双赢"，也即"正和博弈"。企业之间是否能达成合作关系，最基本的应该是彼此之间能否达成一个共识，包括经营理念和价值观上的共识等，而如果这些相趋同，那么企业间合作就会实现双赢。格力总是充当很多行业游戏的制定者，有时推行新规则后，会收到褒贬不一的评价，但不管结果如何，格力还是能推行下去，其重要原因之一就是奉行"正和博弈"的经营理念。

### 1.4.4　"销售队伍精简化"

格力的营销团队每年都能实现上百亿的销售，其成功之处不是"人海战术"，而是在销售队伍建设上使用了"精简化"原则。多数时间里，格力只用为数不多的业务人员去做市场，这同那些营销队伍动辄上千人甚至数千人的竞争对手相比有很大的不同。而格力对这一理念的具体操作就是让格力仅有的 23 名业务员每人负责一个省，只负责协调，不负责发展网络。

### 1.4.5　"诚信经营"

多年来，格力一直奉行诚信经营。格力本着对国家、社会、股东、消费者、经销商、合作伙伴的诚信，坚决抵制了服务战、价格战、概念战的炒作，拒绝了短期商业利益的诱惑，以坦然冷静的心态，潜心技术创新和工业制造。2004年3月24日，国家海关总署公布了进出口企业"红、黑名单"，格力成为空调行业唯一进入"红名单"的企业。多年来，"诚信"已经成为格力的企业文化，也成为格力的一笔宝贵财富。

### 1.5 董事长、总裁：董明珠

1994~2012年，董明珠相继任珠海格力电器股份有限公司经营部部长、销售公司经理、副总经理、副董事长、总裁。并且在2012年5月，格力电器宣布，公司总裁董明珠正式被任命为格力集团董事长。

在董明珠的领导下，格力电器从一个当初年产不到2万台的毫不知名的空调小厂，一跃成为今天拥有珠海、巴西、巴基斯坦、越南八大生产基地，全球用户超过1.5亿的知名跨国企业。

## 2. 案例分析

"先有市场，后建工厂"，这是格力在国际化的道路上奉行的经营思路。一个企业"走出去"，一定要有抵御风险的能力，在有市场需求的情况下再考虑投资建厂，这是走出去最稳妥的方式。在巴西已有大量市场需求的情况下才做出在当地投资建厂决定的，格力的这一举措非常有效，不久后格力在巴西的销售网点就已经遍及24个州，有300多家代理商、1 000多家零售商，以及300多个服务网点和安装公司。然而，在国际化进程中，正如外界的声音：格力走的路是比较顺利的。然而格力依旧碰到了跨文化管理中的难题，格力公司既从跨文化事件处理中积累了经验，为自身在当地的本土化发展开辟了道路，同时，格力也不得不为自己在国际化中遇到的诸多因不明当地文化差异、法律条文而遭遇的损失而"埋单"。

### 2.1 巴西滑铁卢

作为外国独资企业，格力因为不熟悉巴西的法律法规，在刚建厂时，不知道巴西法律规定每年必须按照通货膨胀率给员工涨工资，结果导致当地工会前来抗议。

最初正是由于在巴西格力是外来者，不了解国与国之间的法律条款差异，才导致了工会前来抗议。从国家商务的角度来说，母国公司犯了类似"自以为是的道德论者"的错误，即一家跨国公司母国的伦理标准也是其在外国所应遵循的行为准则。这里虽然不是伦理的问题，但格力公司单方面的把母国的用工标准付诸到了东道国巴西，由此才出现了当地工会依法为当地员工维权，即依照当地法律法规的用工条款，当出现通货膨胀时，企业应该按照通货膨胀率给员工涨工资。然而，在我国，工人的用工工资更多的是根据当地的消费水平和经济发展状况来决定的，各地存在着差异，但不同于巴西这种按通货膨胀率来决定工人的工资情况。

## 2.2　意外风波

2002年，正值南美金融风暴，刚刚在巴西站稳脚跟的中国格力空调公司的商标被当地独家代理商抢注。格力只能以巨大的代价收购了被经销商抢注的商标。格力遭受了巨大的经济损失，而这其中的客观原因是来自自己的代理商抢注商标，这里不排除代理商预计到格力将在当地投资建厂而注册商标，为了赢得擦边球的利益而故意为之；主观原因正是企业自身在国际化中的行动起初的迟缓所造成的。换而言之，在国际化进程中，跨国企业或多或少都会倾向于本土化来迎合当地的文化，同时跨国企业也要在实现做好当地信息的大量收集。中国有句古语，"知己知彼，百战不殆"。对于格力而言，若在正式进军巴西之前，对巴西市场及代理商做好充分的市场信息调查，那么就会避免商标被抢注而遭受经济损失的情况。从中我们不难反思，若一家跨国企业打算在国际化进程中顺利进行发展，一定要事先对当地的市场及隐患问题做充分的调研和信息的收集来了解当地市场，同时也认清公司自身在国际化中的不足和应改进提高之处，这样才有可能避免因难以预料的原因而导致经济乃至其他方面的损失。

## 2.3　格力电器在巴西建厂时遇到用工问题

在中国企业，一名员工只要在8小时之内，可以不干这活干别的活。但在巴西却不允许，比如今天因为材料停工，生产线上的工人就休息，当管理人员叫他扫地，那就是侵犯他的权益，而工人就会告工厂，当地工会就要对企业进行罚款。但格力电器在遵守当地法律的同时，通过交流、沟通及行为表率，让巴西工人感受他们所倡导的奉献精神。久而久之，巴西员工接受了格力电器的管理方式。我们可以清楚地看到，虽然格力同样是遇到了跨文化管理方面的用工难题，但是格力充分地利用了企业自身的文化和管理方式，认真了解当地民族文化的思维模式，将中国企业所特有的文化之一——团结、奉献的企业思想，传递给了当地的员工，从而经过时间的磨合很好地解决了用工的问题。不同的民族文化有不同的思维模式，而思维模式的不同又会形成企业运作方式上的差异，这种差异就会造成经营中的跨文化冲突。比如，南美公司的思维方式就是"谁对我好，我就把订单给谁"。虽然格力公司在巴西遭遇了因为不了解当地用工政策而被工会罚款的尴尬，但是格力本着本公司的人文特色和企业的奉献精神，通过交流、沟通及行为表率，让巴西工人感受到了格力公司对他们的好，让巴西工人感受他们所倡导的奉献精神，让当地员工知道格力公司不是不以员工的利益为主的。通过这样一种将本身和当地的思维方式，通过人文情怀这样一个共同点的建立，格力公司很好地让当地员工接受了本企业的管理方式。

因此，在国际化进程中，像格力这样的跨国公司应该对当地文化、法律及相关政策的差异有足够的了解与调查及信息的搜集，做到"知己知彼"，这样在跨文化管理中才能占得先机，而不至于遭受过重的损失。

综上所述，格力电器取得的成功绝不仅归结为技术创新的大量投入、科学的管理方法、高效的营销，而且也归结于处理跨文化管理方面的能力，而对跨文化管理的处理在跨国企业国际化进程中是重中之重。作为一家靠自身硬实力成长起来的民族企业发展为一家世界级的跨国企业，这不得不说是我们国人的骄傲。在中国的大市场中，格力不仅成就了自己，也为广大的中国企业树立了榜样，要想做强做大，还要靠产品的过硬质量，靠对市场的深刻研究，靠对核心技术的投入，最终还要靠科学的管理和高瞻远瞩的企业文化及跨文化处理能力做依托。在未来的市场上，如果更多的中国企业能像格力一样，专注自己的产品，专注市场，专注客户，有国际化的大视野，尤其在国际化、本土化进程中，注重对当地文化、法律、政治、经济等差异的了解和信息的搜集，加强对跨文化管理的处理，那么越来越多的民族品牌在世界市场走进不同肤色人种的家庭，相信那将不是一个梦想。

【思考题】
1. 初到巴西，格力电器遇到了什么困难？
2. 格力电器在巴西商标被抢注的启示是什么？
3. 格力电器是如何将自己的管理理念在巴西顺利实施的？

【资料来源】
[1] 陈永清著. 中国制造企业六西格玛实施关键成功因素的实证研究 [M]. 中国经济出版社，2011.
[2] 乔洛编著. 格力管理模式 [M]. 浙江人民出版社，2012.
[3] [美] 查尔斯希尔著，周健临译. 国际商务 [M]. 中国人民大学出版社，2011.
[4] 晏雄主编. 跨文化管理 [M]. 北京大学出版社，2011.

# 中国海洋石油总公司跨文化管理案例分析

> **摘要**：石油，天然气等作为重要的战略资源，关系国民经济和社会发展。在目前全球化的背景下我国石油公司也在尽可能多地获得海外石油资源，分享国际资源，实现跨国经营。企业在涉外经营活动中面临着很多陌生环境，面对着来自各种不同的文化背景的管理人员和职员，这就有可能产生文化冲突，会使得企业内部无法进行有效的沟通交流，更有甚者导致企业无法继续经营，针对这一现象唯一的解决办法就是实行有效的跨文化管理。从而使企业在涉外经营时，文化能够得到更好的交流、融合。本案例以中海油为例进行阐述在经济全球化的大背景下，中海油集团在涉外投资并购时，针对文化管理上所采取的策略。
> 
> 中海油并购优尼科事件相关的三方是中海油、优尼科和雪佛龙公司，中海油并购优尼科失利原因可以从政治力量及公共关系、宏观政治经济环境、收购具体时机和中海油的股权结构等方面进行具体分析。今后中国企业海外并购要总结中海油并购优尼科失利的教训，借鉴国外成功并购的经验，避免出现类似事件。
> 
> **关键词**：跨文化管理；文化冲突；全球化

## 1. 相关背景介绍

中国海洋石油总公司（以下简称"中海油"）并购优尼科事件在2005年度成为国内外关注的焦点。2005年年底，在由全国工商联并购公会发起的第五届十大并购事件评选活动中，中海油要约收购优尼科入选十件年度具有标志意义的并购事件榜。中海油并购优尼科案例，是中国企业走出去战略的一个标志性事件，具有里程碑式的象征意义。

随着中国经济的发展，越来越多的企业将参与到全球化经济活动中，中国企业走出去将成为不可逆转的趋势。从长远来看，中国企业最终将被国际市场接受，成为国际经济舞台上一支不可忽视的力量。

## 1.1 基本信息

中海油是中国的一家大型石油与天然气公司，成立于1982年，注册资本949亿元人民币，总部设于北京。

中海油主要负责在中国海域对外合作开采海洋石油及天然气资源。自成立以来一直保持了良好的发展态势，由一家单纯从事油气开采的纯上游公司，发展成为主业突出、产业链完整的综合型企业集团，形成了油气勘探开发、专业技术服务、化工化肥炼化、天然气及发电、金融服务、综合服务与新能源等六大良性互动的产业板块。近年来，通过改革重组、资本运营、海外并购、上下游一体化等战略的成功实施，企业实现了跨越式发展，综合竞争实力不断增强，逐渐树立起精干高效的国际石油公司形象。

## 1.2 经营范围

中海油的业务经营范围涉及较为广泛，主要包括油气核心业务——中国海上的油气勘探、开发、生产和销售业务。海上四大主要产油地区：渤海湾、南海西部、南海东部和东海。中海油是印度尼西亚最大的海上原油生产商之一，同时，中海油还在尼日利亚、澳大利亚和其他国家拥有上游资产；天然气及发电产业——以LNG及相关产业为核心业务，以LNG接收站和管网为产业基础，以"清洁能源、平安运行"为指导理念，充分利用"两种资源、两个市场"，在中国沿海地区积极建设天然气大动脉，形成统一的LNG贸易平台，迅速确立了国内LNG行业领军者地位；炼化、化肥、沥青产业及化工化肥——有效延伸了公司的整体产业链和价值链，优化了产业结构，更增强了企业抗风险能力和国际竞争力。

## 1.3 发展潜力

全世界石油天然气资源相对丰富，发展潜力极大。开发利用国外油气资源支撑本国经济和社会发展是世界各国经济发展到一定阶段后的共同做法。从我国战略发展角度来讲，鼓励本国石油公司到海外获取石油资源，参与石油勘探开发，进行跨国油气贸易活动，争取在海外建立经济稳定的资源供应体系。且2008年全球金融危机后，国际能源产业经历大起大落，能源供求格局发生深刻变化，也为中海油海外投资创造了有利条件。

## 1.4 并购事件三方简介

### 1.4.1 中国海洋石油总公司

中海油是1982年成立的国家石油公司。该公司以上游产业为核心，正在发展成为上下游一体化的综合型能源公司。中海油现已形成石油勘探开发生产、专业技术服务、基地服务、化工化肥、天然气及发电、金融服务六大业务板块，呈现出各板块良性互动的良好发展态势。2004年，中海油的产量持续增长，全年共实现销售收入7 092亿元人民币，利润2 422亿人民币，分别比上年度增长32%和62%。截至2004年年底，公司总资产增至15 326亿人民币，净资产达8 306亿人民币，分别比年初增长28%和21%。公司的利润总额居中央企业第5位，总资产列中央企业第12名。中海油良好的发展业绩赢得了资本市场的充分肯定，国际权威资信评定机构标准普尔及穆迪分别给予公司BBB+和A2的评级，均等同于中国主权评级，这也是中国公司目前所获得的最高外部权威机构评级。

### 1.4.2 雪佛龙公司

雪佛龙公司是美国第二大石油公司，世界第五大石油公司，业务遍及全球180个国家和地区，业务范围包括油气勘探开发和生产，石油炼制、营销和运输，化学品制造和销售，发电。2004年，雪佛龙公司平均日产原油250桶，其中2/3产自于海外20多个国家。截至2004年年底，该公司在全球拥有每天200万桶的石油炼制能力，并且用强大的营销网络为遍及全球90个国家的257 000座加油站提供支持。

### 1.4.3 优尼科公司

优尼科公司是美国第九大石油公司，有100多年的历史。2004年12月底，公司的市场价值约为110亿美元，净负债268亿美元。优尼科连年亏损，并曾经向美国政府申请破产。作为一家小型企业，优尼科也不具有壳牌、BP那样的品牌影响，因此早就被列为收购目标。

截至2003年年底，优尼科石油和天然气总储量共计176亿桶油当量（石油占到38%左右），其中50%位于远东。产量方面，远东占到该公司2003年石油和天然气总量的46%，海外其他地区占8%。该公司还向泰国提供天然气，并在印度尼西亚、菲律宾以及泰国拥有热电厂。

近两年其市值低于同类公司20%左右。市值低的一个重要原因是它的主产品天然气市场开拓不够，大量的已探明储量无力开发。而优尼科选在国际油气价格偏高的时候出售油气资产，不失为良机。

## 2. 案例分析

随着中国加入WTO，中海油集团跨国经营项目不断增加，有成功案例当然也有失败。对于不成功的案例人们往往考虑的是财务状况，经营管理或技术水平方面却忽略了处于更深层面的文化差异上，企业间的各种形式的经营活动实质上都是一种跨文化行为，伴随着不同文化的相互作用，当不同层次的文化共处于某一时空环境中，必然引发不同程度的摩擦，这就给企业的经营带来困难，所以必须对不同文化进行协调，也就涉及了一个理论"跨文化管理"。

进行成功的跨文化管理是企业在跨国经营过程中得以顺利运转、竞争力增强、市场占有率扩大的前提。以中海油为例，讲述其在涉外经营活动中，在跨文化管理领域中所做出的战略决策，本案例主要是针对中海油两个案例进行解释说明，首先讲述的是中海油竞购优尼科失败的案例，这次并购主要是由于强大的政治阻力导致失败，但这其中也肯定涉及管理层在文化等方面的影响；其次是针对中海油收购尼克森成功案例进行阐述，在并购成功后中海油在文化管理上的改变。一个企业要想开展全球化经营化，就必须承认并理解各国之间文化差异的客观存在，要重视对他国语言、文化等的学习和了解。这是增强跨文化管理能力的必要条件；并要辩证地对待文化差异，在看到其不利一面的同时还应看到其有利的一面，并恰当、充分地利用不同文化所表现的差异，为企业的经营发展创造契机。

## 2.1 竞购优尼科失败

### 2.1.1 中海油并购优尼科动因

（1）中海油的国际化战略驱动。国际大石油公司几乎都是跨国经营的公司，其国际化程度一般都超过50%，成为具有较强国际竞争力的跨国公司是中海油的战略目标之一。有着115年历史的优尼科在全球石油市场版图上，规模并不算大，但国际业务已占到优尼科天然气和石油开采量的一半以上，而国际业务的大部分又集中在东南亚、自20世纪70年代以来，优尼科逐渐将业务重心向这一区域转移，其在东南亚、墨西哥湾、里海等地区拥有大量优质油气储备。在东南亚地区的泰国、缅甸和印尼拥有丰富的油气资源，其中缅甸沿海的油气田拥有的天然气储量超过1 400亿立方米，并且已经建设了油气运输的管道基础设施。该公司还持有阿塞拜疆一个大型油田10%的股份，它在美国和加拿大的油气储量为557亿桶油当量。通过收购优尼科，中海油可以将优尼科在一个国家的业务收入囊中，从而使得中海油的国际化程度大幅提升。

（2）通过并购从战略角度取得战略性资源储量，并产生协同效应。中海油收购优尼科，更看中的是优尼科的天然气资源。优尼科约一半的油气储备是位于东南亚的天然气田，而中海油在LNG（液化天然气）项目方面享有得天独厚的优势，能够很好地消化优尼科的资源。中海油涉及的LNG项目有7个，公司全部签下广东、福建LNG项目的中下游商务合同，浙江和上海的LNG项目也步入了正式实施阶段，公司还与辽宁、天津、河北、海南、江苏等地签署了LNG项目的合作框架。至此，公司已初步完成了长江以南的沿海天然气产业的战略布局。凭借其在LNG上的优势，中海油收购优尼科后能够比较容易与下游市场进行整合。同时，由于优尼科在泰国、缅甸、印度尼西亚、孟加拉国等亚洲国家拥有良好的油气区块资源，中海油收购优尼科后能够将其在亚洲的资源与中海油原先在印尼和澳大利亚的油田进行产业结构整合，两家公司合并后，勘探和资本投资项目的优化选择将会产生可观的协同效益，并由协同效应带来成本节约。

优尼科60%的储量是天然气（绝大部分位于亚洲）。中海油目前35%的储量是天然气；预计合并后公司的油、气储量将更为均衡，石油将约占53%，天然气将约占47%，优化后的油气储量将降低由于商品价格周期波动所带来的风险。

（3）通过并购能在较短时间内发挥规模效应。国际大石油公司几乎都是规模超大的公司，并且通过并购迅速扩大或优化其规模。这主要体现在两个方面：一是企业的生产规模经济效应。跨国公司可以通过并购对企业的资产进行补充和调整，达到最佳经济规模，降低企业的生产成本；并购也使跨国公司有条件在保持整体产品结构的前提下，集中在一个国家或地区工厂中进行单一品种生产，达到专业化水平；并购还能解决专业化生产带来的一系列问题，使各生产过程之间有机地配合，以产生规模经济效益。二是企业的经营规模效应。跨国公司通过并购可以针对全球不同的市场进行专门的生产和服务，满足不同消费者的需求；可以集中足够的经费用于研究、设计、开发和生产工艺改进等方面，迅速推出新产品，采用新技术；此外，跨国公司规模的扩大使得其融资能力大大提高。

中海油公司的战略目标之一是公司能源供应总量显著提升，公司经济规模显著扩大。作为中国第三大石油公司的中海油和作为美国第九大石油公司的优尼科，两家公司相结合预计将使中海油的产量增长一倍以上，并使其储量提高近80%。

（4）通过并购加快培育中海油核心竞争力。中海油战略目标之一——整体竞争实力显著提高，就是要不断提升其核心竞争力。中海油培育核心竞争力有两种途径：一是在中海油内部通过长期的自身知识积累和知识学习，逐步培育起来；二是从通过外部并购具有核心竞争力或具有相应资源的企业，经有效重组、整合而得。与自我发展构建企业核心竞争力相比，跨国并购具有时效快、可得性和低成本等特点。尽管要完成从搜寻对象到实现并购、进行资源重组、构建企业的核心竞争力的过程需要一定的时间和费用，但这比通过自我发展构建核心竞争力还是要快得多；对于中海油需要的国际化经营的知识和资源，并购就成为中海油获得这种知识和资源的重要途径。

优尼科具有一支优秀的经营管理团队，中海油还可以从优尼科的深水钻井和生产技术中获益。两家公司业务均以亚洲为主，两家公司合并后将成为全球增长最快地区之一的市场领导者。

优尼科是一家有一百余年历史的老牌石油企业，在美国石油天然气巨头中排位第九名。因优尼科对其主产品天然气市场开拓不够，且大量的已探明储量无力开发，使其市值低于同类公司。优尼科所拥有的已探明石油天然气资源约70%

在亚洲和里海地区，它的资源与中海油占有的市场相结合，将会产生巨大的经济效益。故 2005 年 3 月，中海油开始与美国优尼科公司接触。在中海油向优尼科提交了"无约束力报价"后，美国雪佛龙公司提出了 180 亿美元的报价。由于没有竞争对手，雪佛龙很快与优尼科达成了约束性收购协议。针对这一现象，中海油宣布以要约价 185 亿美元收购优尼科石油公司。但优尼科董事会决定接受雪佛龙公司加价之后的报价，并推荐给股东大会。因此最终中海油也只能表示：为了维护股东利益，公司无意提高原报价。最终中海油撤回并购优尼科报价。

### 2.1.2 中海油并购优尼科失利原因分析

（1）政治力量和公共关系使得雪佛龙占有优势。雪佛龙多年来以重金在美国各界培养的人脉在这个非常时刻发挥了关键的作用。据英国金融时报披露，那些出言反对中海油收购优尼科的美国会议员自 2002 年以来收受了雪佛龙逾 10 万美元的政治献金，雪佛龙利用自己在华盛顿的政治影响，试图增加中海油高价竞购优尼科的不确定性。来自加利福尼亚的共和党议员庞勃在过去 3 年里收受了雪佛龙 135 万美元。在中海油宣布正式竞购的几天前，庞勃就致信布什总统，对此交易表示担忧。此后 41 名众院议员联名签署了一封类似信函，其中 22 名议员在过去三轮选举周期中曾接受过雪佛龙的捐助。总体上看，雪佛龙成为议会选举的第五大石油天然气行业捐助企业，共捐献约 50 万美元。自 1990 年以来，雪佛龙已向美国联邦选举中的候选人提供了近 900 万美元捐款。

中海油在 6 月 23 日前后雇用了一家游说机构。实际情况是这些游说在公司真正开始运作之前，就已经有许多议员公开表示反对，一旦这些议员立场公开化，即使游说，也不大可能改变他们的观点、态度。因此这次中海油游说的被动程度比主动程度要高。如果能够提前 12 个月就雇用游说公司去做工作的话，就有可能使国会议员在中海油收购事件上有不一样的表态。

（2）宏观的政治经济环境增加了中海油收购的难度。大多数并购案都可以由价格来决定：出价最高的竞购者获胜，但从美国政界的强烈反应来看，优尼科并购案已经超出了这一经济规则。过去一年里围绕人民币汇率、纺织品配额与关税问题等已经在美国政界和社会有过许多对中国不利的辩论。在这些情绪化的辩论还没结束的时候又来个中海油收购优尼科这个百年历史的美国老公司，美国社会的反应相当强烈。再加上当时石油价格达到每桶 60 美元，能源储备日益升值，而美国也对自己的石油和天然气资源感到担心，而中海油收购事件正是在这个时候出现的。与此同时，美国政府需要在贸易和货币问题上与中国进行竞争性合作，它对中国与日俱增的经济实力也感到越来越担心，在这种宏观的政治经济环境下，为中海油增加了收购的难度。

（3）收购具体时机对中海油不利。2005 年 1 月已经有消息称中海油将收购优尼科，如果那个时候果断收购的话，美国的政客就可能没有时间和舆论环境把这桩收购炒作成政治事件。但 6~8 月是美国的暑假时间，多数家庭会选择驾车外出度假，美国民众最能直接感受到油价高低对他们生活的影响，并且这种影响的深刻程度远远超过了平时。在大众对石油价格敏感度最高的时候，中海油恰好提出以 185 亿美元竞购优尼科，由此美国议员抓住机会向美国民众宣传石油安全、经济安全，反对中海油的收购，这是非常有效地获取政治资本的做法。

在《华尔街日报》和 NBC News 于 7 月 8~11 日联合进行的一项民意调查中，反对和支持中海油这一收购交易的美国民众分别占 73% 和 16%，另有 11% 的受访者表示他们拿不定主意。

因此从具体操作时间上来说，中海油错过 1 月的好时机。当然选择在 6 月 23 日做出收购决定，其实也是中海油的无可奈何之举，是雪佛龙提高收购价逼迫的结果。但我们应该记住的一个经验是，海外并购必须考虑当地人的生活习惯、消费习惯以及文化、政治、经济等方面的周期性规律。

(4) 中海油的股权结构对收购也有一定的影响。美国政客阻止收购的借口是这次收购更像国家行为而非企业行为。中海油一直强调这次收购只是一个商业交易，但美国许多国会议员和经济学家却正在进一步把这次收购事件政治化，跟美国的国家安全、经济安全尽量挂钩。之所以出现这种情况，是因为美国的政客们抓住了两点：第一，在纽约上市的中海油 71% 的股份都是由中海油集团持有，也即国有股达到了 71%；第二，收购资金中有工商银行 60 亿美元的贷款。于是他们说，这次并购更像国家行为，而不是商业行为，中海油收购是一个威胁美国国家与经济安全的问题。

中海油的竞争对手雪佛龙曾公开发言：在 60 亿美元的银行贷款和 70 亿美元的母公司资金背后，他们看到的是中国政府的影子。他们认为，在此收购战中，他们的对手不是一家公司，而是中国政府。

雪佛龙的质疑在美国很容易被认同。国有企业收购美国或者任何其他国家的能源和战略资源型公司时，人们会问这到底是一个国家行为，还是一个商业行为。这种指责虽然站不住脚，但确实是一个问题。

### 2.1.3 中海油并购优尼科的动因及未果的思考

中海油若成功并购优尼科，两家公司互补的优势将使合并后集团的能力大大提升。

(1) 增长的平台。中海油认为，优尼科拥有富有吸引力且增长显著的开发项目组合，预计两家公司相结合将使中海油的产量增长一倍以上，并使其储量提高近 80%。

(2) 一家专注亚洲的能源企业。两家公司业务均以亚洲为主，预计合并后公司的储量约有 85% 位于亚洲和里海地区，将成为全球增长最快地区之一的市场领导者。

（3）地区领先的天然气业务。优尼科60%的储量是绝大部分位于亚洲的天然气，而中海油目前35%的储量是天然气。预计合并后的公司的油、气储量将更为均衡，石油将约占53%，天然气将约占47%。优化后的油气储量将降低由于商品价格周期波动所带来的风险。

（4）优化投资项目。中海油预计，两家公司合并后，勘探和资本投资项目的优化选择将会产生可观的协同效益。

（5）过硬的管理团队和世界一流的技术力量。优尼科具有一支优秀的经营管理团队，同时优尼科的深水钻井和生产技术也会使中海油从中受益。

中海油竞购美国优尼科公司一案，是中国企业走出去的一个标志性事件。虽然中海油最终以撤出而失利，但仍无损于其里程碑式的象征意义，并给予我们以很好的启示。

第一，作足政治风险评估。

中国企业走出去时，须在海外市场的市场风险评估之外，做足政治风险评估。中海油当时曾通过多种渠道对可能来自美国的政治压力进行评估，结论是：会引起关注，但不会有太强烈的反对声音。因为美国是一个自由开放的国家，而且这是公司间正常的并购行为。从事情的发展来看，这一判断是错误的。中海油低估了美国政界对中国的反对力量以及该事件在美国被政治化后的公众影响力。

但这里恰恰忽略了一点，在西方投资者眼中，中国企业是来自于社会主义中国，在美国政治家眼中，它与中东国家的公司大相径庭，与英国石油公司更不能同日而语。从决策分析来看，任何忽视政治风险的评估都是轻率的，尤其是对中国企业来说，政治风险和歧视将是在决策时必须考虑的一个常量。

我国和中亚、俄罗斯这些国家存在着良好的地缘政治关系，同时这些地区的石油公司拥有的石油储量较多，开采风险较低。因此中国石油企业的海外并购应该以中亚和俄罗斯等地区的石油公司为主。

第二，并购领域的敏感性不能忽视。

中国企业如果要走出去，其所在的领域可能会影响其成功性。以中海油竞购案为例，它是在一个美国最为敏感的领域里，来竞购一家美国大石油公司。这不能不触动美国敏感的神经。

对于全球最大的能源消费国美国而言，能源安全的重要性不言而喻。从某种程度上来看，美国全球战略的核心就是其能源安全战略。美国在全球的战略布局，很重要的一个考虑就是石油安全战略。一旦涉及敏感领域，这对中国企业的海外竞购有时是致命的。因此，在进行海外并购时，中国企业应更加注重并购领域的敏感性，可选择非股权安排或通过第三方迂回投资的方式，减少不必要的干扰和阻力。

为了学习发达国家的石油公司先进的管理机制和技术，我们也可以选择并购发达国家的一些小型石油公司，这样就可以相对避免敏感性。这些小型石油公司经营管理和技术水平也较高，人工成本却相对较低。如果兼并这样的小型石油公司，正好可以发挥中国石油公司的人工成本优势。

第三，海外并购的实践中还有很多具体操作的经验和技巧需要学习和探索，不断积累以灵活运用。

这次中海油是在一个艰难的时间点出手，近年来因为人民币汇率、纺织品倾销等问题，美国对中国经济是怀有不安情绪的。中海油撤回收购报价的最初声明中，把竞购失败完全归咎于美国政坛的政治压力，指责来自华盛顿的政治阻力是不公正的，并称他们对此感到遗憾。但问题在于，中海油在竞购之前理应知道美国的反应，那么，他们是否为此做好了充分的准备、制定了进退有据的策略？

收购有收购的规则，特别是中国企业到海外收购，必须有明确的计划，以便在未来实现更大价值。首先要回答对你缺乏了解的外国企业的一系列基本问题：你是国有企业吗？你和政府的关系是怎样的？这次收购的融资从哪里来？美国社会反驳中海油并购的一个关键理由，是中海油的企业性质和企业组织架构。他们不认为来自东方的这个企业是一个纯粹的商业企业：缺乏完善的公司治理结构，接受大量的政府补贴，没有强硬的市场财务及信贷约束等。美国人天性反对大企业和大政府，所以对中海油这个大政府来的大企业尤其紧张，中海油应该先做好一些澄清目的的行动。事实上，中海油并没有给出令对方明确的商业层面的回答，而更刻意强调自己在中国国企中的特殊。直到傅成玉以个人名义在《华尔街日报》上发表"美国为何担忧？"这封来信，依然没有提出收购之后如何整合、如何提高效率的计划，没有明确解释未来运作的商业战略和运营原则、收购逻辑。中海油应该做好多种准备。首先考虑到并购领域的敏感性，应及早进行舆论宣传；其次像海尔竞购美泰克一样，邀请美国的私人股权投资共同进行竞购；最后提前对美国人较为紧张的资产，如尤尼科在美国部分的，想好拆分的手段。

## 2.2 成功收购尼克森

在退出并购优尼科 7 年后，中海油于 2012 年再度出手，斥资 151 亿美元，收购总部位于加拿大卡尔加里的石油集团尼克森，它是一家大型石油和天然气公司，其能源项目主要集中于三大领域——常规油气、油砂和页岩气。加拿大政府批准中海油收购尼克森。尼克森公司资产规模大，项目分布广且负债较多，在现有条件下难以找到相匹配的投资方。中海油作为专业能源巨擘，资本雄厚，对尼克森股权高溢价收购，且开出了包括承担尼克森的 43 亿美元债务、保留尼克森现有管理层和员工、投资开发加拿大的油气资源等优厚条件，无疑有助于保证尼克森的可持续发展，符合公司股东及加拿大公众利益。

## 2.3 跨文化管理分析

### 2.3.1 失败教训

2005年中海油收购美国优尼科公司失利，最终败给雪佛龙，说明商业交易不仅要考虑商业本身的因素，还要考虑政治环境的因素，中海油的失误是没有在一开始时就把所有的事情考虑在内。中国外交部曾发表声明称："中国要求美国国会纠正其将经济和贸易问题政治化的错误做法，并且停止干扰两国企业间正常的商业交易活动；中海油竞购优尼科是企业间正常的商业并购，它不应成为政治干扰的牺牲品。"最终令人惋惜的是中海油真的成为政治的牺牲品。同时，舆论的负面报道也是失败的重要原因，近年来由于中国企业的海外并购，合作逐渐加强，越来越走向国际化。从西方大国不断传来"中国威胁论"，且中海油的国有企业背景更加深了媒体对中海油并购案的误解。这也说明了中海油在并购中没有准备好。最后，此次并购输给同是美国公司的雪佛龙，也从侧面说明他们更容易接受相似文化背景的公司。

### 2.3.2 成功经验

7年之后，中海油收购尼克森公司获得批准，虽然来之不易，却并非偶然。2005年中海油收购美国优尼科公司虽失败，却为中海油收购尼克森做了更好的准备。在并购细节上，中海油给出了一系列的承诺。尼克森公司资产规模大，项目分布广且负债较多，中海油作为成长中的能源企业，得益于中国广阔的市场空间和宽松的资本环境，对尼克森股权高溢价收购，且开出了包括承担尼克森的43亿美元债务、保留尼克森现有管理层和员工、投资开发加拿大的油气资源等优厚条件，无疑有助于保证尼克森的可持续发展，符合公司股东及加拿大公众利益。并且为了使收购尼克森的交易审批通过，中海油从多个方面努力获取了加拿大政府的各种要求和偏好，内部成立了专门的法律、财务团队应对加拿大政府的审批要求，外部则聘请了专业的公关、咨询机构来配合工作，制定后续可持续发展战略，使海外人员更加真实的了解中国文化，中海油的企业文化。

## 2.4 企业涉外活动中跨文化管理领域需重视

针对跨文化管理领域，即把来自不同国家不同国情的两个企业实现并购，国情民情等文化冲突较为明显。管理层重视的焦点是文化冲突的妥善整合与协调。

在跨国并购整合中，中海油重视东道国当地民情和关于劳工保障的相关法律法规制度，关爱员工，为职工做职业生涯设计，重视并保障劳工权益。实施本土化策略——根据"思维全球化和行动当地化"的原则来进行跨文化的管理。中海油在加拿大雇用相当一部分当地员工，因为当地员工熟悉当地的风俗习惯、市场动态以及其政府的各项法规，并且容易与当地的消费者达成共识。

借鉴世界石油巨头并购经验，提高了管理者的跨文化意识，处理好文化冲突。即文化相容策略：①文化的平行相容策略。这是文化相容的最高形式。即在国外的子公司中不以母国的文化作为主体文化。母国文化和东道国文化之间虽存在着文化差异，却不互相排斥，反而互为补充，同时运行于公司的操作中，可以充分发挥跨文化的优势。②隐去两者主体文化的和平相容策略。即管理者在经营活动中刻意模糊文化差异，隐去两者文化中最容易导致冲突的主体文化。使得不同文化背景的人在同一企业中和睦共处，即使发生意见分歧，也容易通过双方的努力得到妥协和协调。全球化经营企业在进行跨文化管理时，应在充分了解本企业文化和国外文化的基础上，选择自己的跨文化管理模式，使不同的文化得以最佳结合，从而形成自己的核心竞争力。

走出去是中国能源企业发展的整体战略。近两三年以来，中国三大石油公司加快了其步伐，海外四处寻油。而采用资本运作，通过并购方式，获得资源和渠道，是一种快捷的有效途径。随着国际石油市场风云变幻，世界各国特别是发达国家对石油资源的竞争将更趋激烈，中国油企海外并购的道路将不会是一帆风顺的。对中国企业来说，从中海油竞购优尼科失败这一典型案例中吸取经验与教训，将是十分有益的。

**【思考题】**

1. 收购优尼科公司对中海油有何重大意义？
2. 收购优尼科失败的最主要因素是什么？
3. 中海油收购尼克森公司的成功了说明了什么？

**【资料来源】**

[1] 从文化全球化和跨文化管理的角度分析中国企业跨国并购的机会与风险. 2013.8.10.

[2] 李文. 中国石油企业面临跨文化管理挑战. 中国能源新闻，2013.11.12.

[3] 中海油千亿元购加能源公司——创海外收购新纪录. 中国经济网，2011.

[4] 陈晓刚. 雪弗龙后发制人双管齐下中海油胜算几何[N]. 中国证券报，2005.7.2.

[5] 牛琦彬. 中海油并购优尼科事件分析[J]. 中国石油大学学报，2007(2).

[6] 中海油优势与机遇[EB/OL]. 中国并购交易网，2005.

[7] 贺军. 中国企业从中海油并购失利中能学到什么[J]. 中国投资，2005

(9).

[8] 王巍. 谁将中海油的收购政治化 [EB/OL]. 中国并购交易网, 2005.

[9] 杜圣道. 中海油跨国收购尼克森及其启示 [J]. 华中师范大学, 2013.

[10] 郭凤民. 中国石油企业实行跨文化管理的对策. 中国石油集团长城钻探有限公司测井公司, 2013.

[11] 中石油海外石油技术服务项目的跨文化冲突和管理. 2012.

[12] 方锡华, 陈琴, 闫伟东. "中海油"并购"优尼科"失利的分析 [J]. 华东经济管理, 2006.

[13] 跨文化管理 http：//baike.baidu.com/subview/654750/11217406.htm.

[14] 单宝. 中海油竞购优尼科失败的原因及教训. 上海立信会计学院, 2012.

# 中国国家电网巴西控股公司跨文化管理案例分析

> **摘要**：2009 年，国家电网公司看准巴西电力市场的巨大潜力，以国网国际发展有限公司为实施主体，开始了在巴西的发展之路。2010 年成立国家电网巴西控股公司，几年来，巴西控股公司建立有效的管控机制，积极推进本土化经营来促进国际化发展；聘用本地员工；加强对员工的培训；重视中巴文化交流与融合；承担社会责任，提升企业形象。国家电网巴西控股公司用自己的实际行动获得了巴西政府和巴西人民的支持。
>
> **关键词**：国家电网；文化融合；跨文化管理

## 1. 相关背景介绍

### 1.1 公司介绍

国家电网公司，简称国家电网或国网，成立于 2002 年 12 月 29 日，是经过国务院同意进行国家授权投资的机构和国家控股公司的试点单位。公司作为关系国家能源安全和国民经济命脉的国有重要骨干企业，以建设和运营电网为核心业务，担负着保障更安全、更经济、更清洁、可持续的电力供应的基本使命，经营区域覆盖全国 26 个省（自治区、直辖市），覆盖国土面积的 88%，供电人口超过 11 亿人，公司用工总量超过 186 万人。公司在菲律宾、巴西、葡萄牙、澳大利亚等国家和地区开展业务。2012 年，公司名列《财富》世界企业 500 强第 7 位，是全球最大的公用事业企业。公司实行总经理负责制，总经理是公司的法定代表人。

### 1.2 公司企业文化

#### 1.2.1 企业理念

"以人为本、忠诚企业和奉献社会"的企业理念是公司处理与员工、电力客户、合作伙伴及社会之间关系的基本信条和行为准则。

"以人为本",是指以实现人的全面发展为目标,尊重人、关心人、依靠人和为了人。公司视人才为企业的第一资源,坚持以人为本、共同成长的社会责任准则。公司善待员工、切实维护员工的根本利益,充分尊重员工的价值和愿望,保证员工与企业共同发展;公司善待客户,以客户为中心,始于客户需求、终于客户满意;公司善待合作伙伴,互利互惠,合作共赢,努力营造健康、和谐、有序的电力运营和发展环境。

"忠诚企业",是指热爱企业和关心企业,为企业尽心尽力,忠实维护企业利益和形象。公司通过建立完善规范有序、公正合理、互利共赢、和谐稳定的社会主义新型劳动关系,为员工发展提供机遇和舞台,充分调动员工的积极性、主动性和创造性,赢得员工对企业的忠诚。

"奉献社会",是指关爱社会、服务社会、回报社会和履行社会责任。公司坚持发展公司、服务社会的社会责任目标,以公司的发展实现员工成长、客户满意、政府放心,促进经济发展、社会和谐。公司及员工热心社会公益,遵守社会公德,引领社会良好风尚,树立公司开放、进取、诚信、负责的企业形象。

### 1.2.2 企业使命

"奉献清洁能源,建设和谐社会"的企业使命是公司生存发展的根本意义,是公司事业的战略定位,是公司工作的深刻内涵和价值体现。

作为国家能源战略布局的重要组成部分和能源产业链的重要环节,国家电网公司在中国能源的优化配置中扮演着重要角色,坚强的智能电网不仅是连接电源和用户的电力输送载体,更是具有网络市场功能的能源资源优化配置载体。充分发挥电网功能,保障更安全、更经济、更清洁和可持续的电力供应,"促使发展更加健康、社会更加和谐和生活更加美好"是国家电网公司的神圣使命。

### 1.2.3 企业精神

"努力超越,追求卓越"的企业精神是公司和员工勇于超越过去、超越自我、超越他人,永不停步和追求企业价值实现的精神境界。

"两越"精神的本质是与时俱进、开拓创新和科学发展。公司立足于发展壮大国家电网事业,奋勇拼搏,永不停顿地向更高的目标攀登,实现创新、跨越和突破。公司及员工以党和国家利益为重,以强烈的事业心和责任感,不断向更高标准看齐,向更高目标迈进。

### 1.2.4 企业价值观

"诚信、责任、创新和奉献"是企业价值观的核心内容和公司的价值追求,是公司和员工实现使命的信念支撑和根本方法。

"诚信",是企业立业和员工立身的道德基石。每一位员工、每一个部门和每一个单位,每时每刻都要重诚信、讲诚信,遵纪守法和言行一致,忠诚国家和企业。这是公司履行职责,实现企业与员工、公司和社会共同发展的基本前提。

"责任",是勇挑重担和尽职尽责的工作态度。公司在经济社会发展中担负着重要的政治责任、经济责任和社会责任。每一位员工都要坚持局部服从整体、小局服从大局,主动把这种责任转化为贯彻公司党组决策部署的自觉行动,转化为推进"两个转变"的统一意志,转化为推动工作的强劲动力,做到对国家负责、对企业负责、对自己负责。

"创新",是企业发展和事业进步的根本动力。公司发展的历程就是创新的过程,没有创新就不可能建成世界一流电网、国际一流企业。需要大力倡导勇于变革、敢为人先、敢于打破常规、敢于承担风险的创新精神,全面推进理论创新、技术创新、管理创新和实践创新。

"奉献",是爱国爱企和爱岗敬业的自觉行动。企业对国家和员工对企业都要讲奉献。在抗冰抢险、抗震救灾、奥运保电、世博保电等急难险重任务面前,公司员工不计代价、不讲条件、不怕牺牲,全力拼搏保供电,这就是奉献;在应对国际金融危机、缓解煤电油运紧张矛盾和落实国家宏观调控措施等重大考验面前,公司上下坚决贯彻中央的决策部署,积极承担社会责任,这也是奉献;广大员工在平凡的岗位上恪尽职守和埋头苦干,脚踏实地做好本职工作,同样是奉献。坚持在奉献中体现价值,在奉献中赢得尊重,在奉献中提升形象。

### 1.2.5　品牌口号

2010年4月以来,国家电网公司面向全社会、全系统开展了大众传播品牌口号征集活动。共收到来自全国各地的参赛作品18 230件,最终定下"你用电,我用心",言简意赅、朴素平实、情感真挚、内涵丰富,将国家电网公司价值理念与核心业务紧密结合,得到了公司广大职工和社会各界的广泛认可,具备大范围传播的条件。

### 1.2.6　荣获"2012年巴西电力行业最佳公司"

巴西当地时间8月23日,在巴西圣保罗举行了一年一度的颁奖典礼,国家电网巴西控股公司获评"2012年巴西电力行业最佳公司"。巴西财政部部长曼特加先生出席颁奖典礼并代表总统迪尔玛致贺词。中国驻巴西大使李金章先生特发来贺信,祝贺国家电网巴西控股公司获此殊荣。国家电网巴西控股公司此次荣获"2012年巴西电力行业最佳公司"显示了公司在巴西的综合竞争实力,得到了巴西电力同行及社会各界的尊重与认可,同时也是国家电网公司近年大力推进"走出去"战略实施的成果体现。

## 2. 案例分析

### 2.1　中国国家电网巴西控股公司建立

2010年12月9日,国家电网巴西控股公司揭牌仪式在巴西里约热内卢举行。

国家电网巴西控股公司（以下简称"巴西公司"）由国家电网国际发展有限公司在巴西注册成立，负责收购并接管运营巴西的7家输电特许权公司。2010年12月15日，完成项目交割，顺利接管500千伏线路、3 173公里和237名当地员工，位居巴西输电网运营领域第五强。2011年2月，与巴西电监局签订《输电特许权股东变更协议》。2011年1月至5月，开展交割后续工作。根据最终价格调整谈判结果，巴西公司将最终并购成本锁定为18.9亿雷亚尔（约11.1亿美元）。

## 2.2　巴西公司经营状况

2011年，巴西公司所属输电资产运行情况平稳，未发生任何人身伤亡事故，未发生任何人为的严重停电及设备损坏事故。引入公司缺陷管理理念，开展"继电保护年"活动，优化生产管理流程。设备运行可用率达99.0%，继电保护正确动作率从2010年的75%提高到84.5%。2011年12月15日，完成第三方运维公司POMTE的接替，全面接手三个区域运维中心的一体化垂直管理，比原合同规定提前了一年，每年可节约成本近400万雷亚尔。同时，积极推动本土化运营，在当地招聘运行维护、人力资源、财务税务、法律事务等各类人员14人。2011年12月16日，巴西公司与巴西国家电力公司旗下的FURNAS公司组成联营体，以较高预期收益率中标500千伏路易斯安那和230千伏尼克兰迪亚变电站扩建特许权项目，实现在海外绿地项目上的首次突破。2012年3月9日，巴西公司与巴西科佩电力公司（COPEL）组成的联合体，成功中标巴西特里斯皮尔斯流域水电送出输电特许权项目。工程计划总投资约11亿美元，包括500千伏新建送电线路2 966公里、500千伏新建变电站4座、扩建变电站2座。特许经营权期限30年。

## 2.3　国家电网巴西控股公司成功案例分析

国家电网巴西控股公司能够成功经营取得骄人的业绩主要得益于以下原因。

### 2.3.1　建立有效地管控机制

一年来，巴西公司初步建立公司管控构架，形成多层级工作例会和汇报决策制度；采取有效的人财物管控手段，系统开展制度体系建设；安排巴西当地骨干员工分批来华交流，初步形成中巴员工相互融合、相互补充的一体化、集约化运营管理模式。

### 2.3.2　本土化成就国际化

巴西政府和老百姓或许不会想到，这支来自中国的经营团队仅仅用了两年的时间，便如此深入地参与当地社会经济建设，不仅与巴西同行一道维护电力供应稳定，更逐步成为一个管理规范、队伍稳定、氛围融洽的现代化公司，赢得当地政府和社会各界的肯定和认同。

### 2.3.3 聘用本地员工

在2010年年底接管之初,巴西公司注重本土化长期发展战略,负责任地保留了全部巴西籍员工,并在中高层管理岗位上合理聘用当地管理人才与中方团队组成搭档,形成了中巴员工密切配合、一体化的管理模式。目前,巴西公司近300名员工中,277名巴西员工和20名中方员工在各个部门全力协作,共同前进。在拓展和实施绿地项目的过程中,巴西公司还充分发挥当地员工自身优势,以丰富的当地运行经验,与各相关方密切沟通协调,协助中方项目团队快速进入状态,中巴联合团队共同深入现场了解情况,为项目的成功中标和顺利实施奠定了坚实的基础。

### 2.3.4 加强巴西员工培训与交流

2011年5月17~19日,根据国家电网公司的安排,国家电网巴西控股公司技术总监奥兰多·保罗等一行六人在国网技术学院接受了集中培训。他们重点学习了国家电网公司组织体系、信息化建设、财务集约化管理、特高压直流输电技术和智能变电站技术。这是公司对国家电网巴西员工的首次集中培训。此次培训班的成功举办,标志着国网技术学院对外交流和培训合作国际化战略实施迈出了关键一步。

### 2.3.5 中巴文化交融

巴西的官方语言为葡萄牙语,这对于很少接触葡萄牙语的中方经营团队是个不小的挑战,同样,在巴西公司内部普及中文也不现实。那么,如何才能满足中巴双方的交流需要呢?经过深思熟虑,巴西公司将英语设定为公司的工作语言。英语,对于双方员工而言都是第二语言;选用英语,是一种平等和开放的象征。在巴西经营团队高管的鼓励下,英语逐渐成为大家无障碍交流的有力工具,无论是巴西公司层面的例会,还是中方员工小范围的讨论,大家都坚持讲英语。统一的语言形成了稳固的交流基础,使大家忘却了肤色、种族差异,获得了更多的共识和认同。通过不断磨合,巴西公司将中巴两国的文化交融并行,营造出"尊重、信任、友好、包容"的企业氛围。

### 2.3.6 承担社会责任,提升企业形象

巴西"文化之路"是一个致力于为贫民窟的孩子提供乐器演奏义务培训、改变和丰富贫民窟青少年的业余生活的公益项目。2012年以来,巴西公司主动赞助"文化之路",使项目学员从2012年年初的40人发展到目前的150人,帮助当地儿童实现对音乐、对美好生活的追求和渴望,赢得了当地群众的认可和称赞,有效提升了企业在巴西社会的品牌影响力和良好声誉,展示出良好的企业形象。

## 2.4 结尾

国家电网巴西控股公司自2010年成立以来,积极开拓巴西市场,在资产并

购、绿地项目开发等方面取得了可喜成绩，成为在巴西成长最快、发展最好的中资企业之一，为密切中巴能源电力领域合作作出了重要贡献，也给中巴两国人民带来实实在在的好处。巴西公司还积极投身社会公益事业，树立了中资企业勇担社会责任的良好形象，赢得了巴西媒体和社会舆论的广泛赞誉。被评为"2012年巴西电力行业最佳公司"。此次评奖必将成为巴西公司在巴发展经营的新起点，为广大中资企业在巴投资兴业带来积极影响。

【思考题】
1. 国家电网巴西控股公司为什么能够成功经营取得骄人的业绩？
2. 中国国家电网选择与巴西合作带来了怎样的影响？
3. 巴西公司在整个运营过程中是怎样保证人员和设备安全的？

【资料来源】
[1] http://baike.so.com/doc/4833346.html.
[2] 巴西. 国家电网. 2012.4.1.
[3] 公司首次集训国家电网巴西员工 [N]. 国家电网报, 2011年5月25日.
[4] 于冰, 张昱. 国家电网在巴西的发展之路 [N]. 国家电网报, 2012年9月26日.

# 长沙中联重工科技发展股份有限公司跨文化管理案例分析

> **摘要：** 在中国工程机械的品牌之中，湖南长沙中联重工科技发展股份有限公司（以下简称"中联重科"）有着属于自己的独特光辉。这个成立二十几年的公司，在短短的时间内就迅速崛起，并且发展成为了世界工程机械制造业内的新贵大亨，这与它不断进行国际化的经营管理是密不可分的。
>
> **关键词：** 中联重科；国际化管理；全球战略；企业文化

## 1. 相关背景介绍

### 1.1 公司综合介绍

2013年9月29日，由世界品牌实验室主办的第八届"亚洲品牌500强"颁奖典礼28日在香港召开，发布最新"亚洲品牌500强"排行榜。中联重科排名第210位，成为中国工程机械行业唯一上榜企业。根据世界品牌实验室公布的数据，中联重科品牌价值232.68亿元，位居该产业排名的上游位置。

中联重科成立以来，以高速、稳健的发展态势、实现了强劲、持续的业绩增长，取得了不俗的战绩。同时创造了良好的经济效益、社会效益和股东收益回报效益。

### 1.2 公司成长历史

#### 1.2.1 公司建立

中联重科1956年成立于北京。1969年迁至湖南。曾隶属于第一机械工业部、建设部、中央企业工委。

1992年9月28日，中联重科的前身——长沙高新技术开发区中联建设机械产业公司正式挂牌成立。

1993年7月，公司以贸易带生产，以生产促贸易，以科技为中心，开发生产了第一代混凝土输送泵，第一台 HBT40 泵于 7 月 1 日下线，当年完成销售额 500 万元，实现利税 230 万元。

1994 年 1 月，原长沙建机院混凝土机械研究室、机械厂成建制并入中联公司，中联公司从此有了自己的研发队伍和生产基地。

1994 年 8 月，1994 年年初，中联第一代砼泵由于产品不尽完善，故障较多，公司痛下决心，在市场销售良好的情况下全面停产。当年 7 月成功研制出第二代砼泵，并免费换回前期销出的 10 台产品。此举对中联重科的品牌塑造和公司后来的发展，具有至关重要的作用。

1994 年 9 月，中联建设机械产业公司成立两周年庆祝大会在长沙建机院召开，建设部毛如柏副部长专程来长沙参加庆典，并为建设部商品混凝土工程技术研究中心挂牌。

1994 年 12 月，公司完成营销及技术收入 4 000 万元，创利税 1 200 万元，长沙市政府授予利税超 1 000 万元企业奖牌。

1996 年 7 月，经建设部批准，长沙建设机械研究院新一届领导班子成立。研究院与中联公司形成了"一套班子，两块牌子"的运行机制。中联公司下属混凝土机械、起重机械、专用车辆、营销等四个分公司。

2001～2003 年，并购了湖南机床厂、中标实业、浦沅集团；

2003 年划归湖南省属地化管理。建机院集工程机械科研开发和行业技术归口于一体，是中国工程机械行业技术的发源地。

2008 年连续并购陕西黄河工程机械集团、意大利 CIFA 公司、湖南车桥厂、华泰重工、信诚液压。

2010 年，中标实业的收入、利润分别是并购时的 9.11 倍和 9.33 倍；浦沅集团的收入、利润分别是并购时的 10.28 倍和 192.1 倍。

### 1.2.2 公司 2008 年经营管理概括

2008 年，公司全面深化企业流程再造，导入信任管理、制度管理、分层管理理念，激发全员自律、敬业精神，着力增强动力源，培育增长极，打造高效中联、责任中联、和谐中联和国际化中联。为完成公司经营战略目标，公司继续坚持"变革创新、流程顺畅、单元突破、整体提升"的指导思想，突出内部调整和融合，加大对各部门经济目标责任制的监督考核，优化运行管理，实现整体提升，推进企业建设，主要做了以下工作。

（1）精细管理、有序生产。公司不断优化产销衔接，加大周计划管理与考核力度，强化了产销接口；同时挖掘生产潜力，梳理销售、计划、物流、生产、检验等关键环节，周密布置、合理调度，按计划跟踪落实，组织了生产劳动竞赛；进一步推进生产计划改进项目，缩短生产周期，控制在制品数量；突出主导产品和优势产品生产，强调产品产能的均衡，加强计划的合理性。改善外围生产配套，实施供应链整顿，引导物流园生产，组织专业小组对配套厂家技术辅导，并在第三方指导下定期评估，促使它们成长跟进。

（2）全员动员、提升质量。开展产品质量整顿、改变员工观念、加强质检队伍建设、实行质量考核、进行末位培训制度、淘汰培训不合格者，树立全体员工的精品意识。报告期内，公司不断完善和优化质量管理体系，强化质量责任意识，全面落实质量责任制考核，日常质量管理考核常抓不懈，对员工起到了较好的激励和约束作用；对出口产品、重点项目的生产过程及质量进行控制，循环操作，稳定和提升产品品质，制定专项控制办法；做好新产品改进，技术上针对产品液压系统、焊缝及切割表面质量、油漆防锈质量专题等重点问题开展攻关，从源头提高产品设计、工艺水平；加速现场 6S 管理的推行，达到"安全、舒适、高效"的目标，培养员工良好的职业习惯和职业素养，使员工思维观念、产品设计、质量标准、操作流程进一步跟上产品的全球化发展要求；加大对内、对外工艺纪律检查的力度，对外配套继续管理输出，上门给予辅导、监控。产品的可靠性能显著提升，服务质量大幅提高。

（3）技术创新、重点攻关。公司继续贯彻技术领先战略和以市场为导向的产品开发方针，加大新产品的投入与开发力度，产品研发工作取得较大成果，提高了产品技术竞争力。报告期内，为实施重点项目和精品产品战略，公司从组织构架上专设了专项科研组，对大吨位产品、精品项目的研发、生产进行专项组织与控制。全面完成了统型产品的切换，加快配套园种类繁多的小件技术统型步伐；对出口产品的可靠性进行了进一步的提升；为减少外购件制约和依赖，对产品关键件、进口件国产化配套进行了研究；"中联系列精品泵车开发""豪华泵系列首期三个系列品种"产品技术国内领先，均已上线试车。

（4）管理前移、保障营销。报告期内，进一步完善了营销网络，强化营销队伍建设，扎实做好服务工作，追求国内、国外市场同步发展的局面，国际市场销售额达到较高水平。在实施管理前移的同时，加强对驻外员工的信息考核力度，有效传递了竞争压力，信息覆盖率得到较大幅度的提高。加快营销保障中心建设，已相继成立南京、广州、上海、北京等十多家保障中心并成功运营，加强渠道营销，完善了运营模式及人员聘用办法，编写了新的售后服务手册，为提升市场竞争力奠定了基础。

（5）进军海外、抢占市场。报告期内，公司参加了美国拉斯维加斯工程机械博览会、德国 IFAT 展会、土耳其工程机械展会，对提升公司知名度和品牌建设起到良好作用。有重点地拓展海外战略市场，推动"备件管理体系的优化和重组"、"代理商两年持续提升建设"项目实施，加快区域市场产品设计。上半年完成 17 个产品的 3C 取证，24 个型号产品通过了乌克兰认证，重新制定了海外销售市场价格体系，首次海外代理商服务培训收到效果，战略支撑体系更完善。

（6）抗震救灾、心怀大爱。在2008年6月中共中央组织部通报表彰的第三批抗震救灾先进基层党组织和人员名单中，公司作为唯一的湖南省基层党组织代表入选。"5.12汶川大地震"，公司在第一时间派出138名党员、职工奔赴灾区，先遣队携10台设备先期进入北川救灾并救出21名学生，突击分队日夜兼程、舍生忘死、强行推进，是"第一支到达汶川灾区的非军队组织"。抗震救灾期间，公司向灾区捐赠设备和现金价值近3 000万元；同时，在震区培训了一支操作队伍，继续发挥捐赠设备的作用。

报告期内，公司实现营业收入621 616.65万元，较去年同期增长72.46%。公司实现净利润90 224.84万元，同比增长74.93%。其中，公司主导产品混凝土机械、起重机械、环卫机械销售收入分别较上年同比增长56%、87%、88%以上。出口额超过10亿元，较上年同期增长超过110%。

### 1.2.3 公司2011年发展大事记

中联重科董事长詹纯新应哈佛商学院邀请发表演讲，中联重科成功并购世界第三大混凝土机械制造商意大利CIFA案例成功入选哈佛案例库。

中联重科董事长詹纯新荣获"莱昂纳多国际奖"，是中国企业家首次获得该国际奖项。

中联重科自主研发制造的全球最大吨位履带起重机ZCC3200NP成功下线，打破了国外对于3 000t级履带起重机的垄断。

中联重科与中铁大桥局联合研制的世界最大水平臂上回转D5200-240塔式起重机顺利生产下线。

中联重科董事长詹纯新当选CCTV"2011年中国经济年度人物"。

2012年6月3日晚间，中联重科公告称，经公司董事会会议审议通过，公司拟向有关银行申请信用（授信）及融资业务，总规模不超过1400亿元，包括流动资金贷款、按揭业务。会议并授权公司董事长詹纯新代表公司与有关银行签署相关开户文件、预留印鉴、签订信用（授信）及融资业务相关文件。委托有效期自2012年5月1日起至2013年4月30日止。

2012年6月18日上午，中联重科举行2012年度股东大会，董事长詹纯新首次公开公司产业战略。这次股东大会释放诸多信号，也许将成会新的转折点。大会表示，"工程机械只是中联重科的业务板块之一，公司未来将会是工程机械、环境产业、农业机械、重型卡车、金融服务5大业务板块齐头并进"。

董事长詹纯新表示，公司未来不会全部"押宝"在工程机械行业，而是考虑多元发展，形成多个增长点，持续推动公司实现超越行业平均水平的增长。

詹纯新的规划，3~5年内，中联重科将在做好现有龙头产品的同时，对重型卡车和农业机械等板块进行战略布局，形成工程机械、环境产业、农业机械、重型卡车、金融服务五大板块齐头并进的格局。

#### 1.2.4 公司发展2012年大事记

9月28日,中联重科举行庆祝公司成立20周年大会。当日,国内首个工程机械展馆——中联重科工程机械馆在中联重科麓谷工业园落成。同时,中联重科研发的全球最长7桥7节臂101米泵车、全球工作幅度最长的塔式起重机D1250-80、全球起重能力最强的汽车起重机ZACB01三款吉尼斯世界纪录产品发布。

2012年,中联重科成功发行10亿美元债券。

中联重科与印度ELECTROMECH公司签订合资建厂协议,这是中联重科第一个海外直接投资建厂项目。

#### 1.2.5 公司发展2013年大事记

2013年4月,获"2011~2012年度纳税信用A级单位"和"益阳市优秀纳税企业"荣誉称号。

2013年12月25日,中联重科召开新闻发布会,宣布正式收购全球干混砂浆设备品牌——位于德国Neuenburg的M-TEC公司。

### 1.3 生产基地

中联重科的生产制造基地分布于全球各地,在国内形成了中联科技园、中联麓谷工业园、中联华泰工业园、中联渭南工业园、中联华阴(华山)工业园、中联上海(松江)工业园、中联沅江工业园、麓谷第二工业园、中联灌溪工业园、中联望城工业园、中联德山工业园、中联泉塘工业园、中联汉寿工业园等十三大园区,在海外拥有意大利CIFA工业园。公司在全球40多个国家建有分子公司,以及营销、科研机构,为全球6大洲80多个国家的客户创造价值,拥有覆盖全球的完备销售网络和强大服务体系。

中联重科是中国工程机械首家A+H股上市公司。未来,公司将以资本为纽带,强化海外资源整合和市场投入,在欧洲、南亚、西亚建立更为完善的备件中心,在欧洲、西亚、南亚、东南亚及北美洲建立更为先进的制造中心,在欧洲、南美洲、南亚、东亚建设更加贴近客户的研发中心。

## 2. 案例分析

### 2.1 企业文化发展特色

#### 2.1.1 技术创新

中联重科的前身是原建设部长沙建设机械研究院,拥有50余年的技术积淀,是中国工程机械技术发源地。传承国家级科研院所的技术底蕴和行业使命,中联重科坚持"高端导入、重点突破、全面赶超"科技创新战略,通过高端技术创新体系不断攻克工程机械行业世界性科研难题，推出许多世界级产品，持续推动行业技术进步，被科技部、工信部、财政部等国家部委认定为全国首批"国家创新型企业"、"国家技术创新示范企业"，获得我国混凝土机械行业第一个国家科技进步奖。

公司是国际标准化组织/起重机技术委员会（ISO/TC96）秘书处承担单位，代表国家在国际标准化组织 ISO 中履行流动式起重机、塔式起重机的国际表决和国内归口职责。

公司研发投入占年营业收入 5% 以上，年均产生约 300 项新技术、新产品，对公司营业收入的年贡献率超过 50%。仅在 2011 年，中联重科就推出了全球最长碳纤维臂架泵车、全球最大履带式起重机、全球最大塔式起重机及全球最大吨位单钢轮振动压路机等世界领先产品。

#### 2.1.2　文化创新

中联重科企业文化核心理念是"至诚无息，博厚悠远"，"诚"是中联重科的事业原点和价值坐标。在核心理念统领下，形成了"一元、二维、三公、四德、五心、六勤、七能、八品"的文化体系。

在国际化进程中，中联重科对"至诚无息，博厚悠远"的文化内涵进行着不断的创新和丰富。在海外资源整合过程中，中联重科以"包容、共享、责任"的理念，赢得了国际社会的认同和欢迎，意大利总统纳波利塔诺亲自为董事长詹纯新先生颁发"莱昂纳多国际奖"，刷新了中国企业走出去的国际形象。

#### 2.1.3　自主创新

自主创新是企业保持旺盛生命力的源泉。五位一体的高端创新体系：国家级企业技术中心，建设机械关键技术国家重点实验室，国家混凝土机械工程技术研究中心，国家级城市公共装备技术研究院，国家级博士后工作站，国家、行业标准制定者，制定、修订行业、国家标准 372 项，覆盖了行业内 70% 以上的产品。国家科技计划承担者，承担国家"863"、"973"、"十一五"等国家科技计划 70 项。自主创新是企业持续发展的不竭动力。

中联重科年研发投入超过年销售收入的 5%，新产品对销售收入的贡献率超过 60%。每年突破 60 项共性、关键核心技术。仅 2011 年上半年，每天申请专利 3~4 项，达 626 件，其中申请发明专利 149 件，申请国际专利 138 件。

#### 2.1.4　体制创新

作为科研院所转制企业，中联重科不断推进改革，形成了科研支持产业、产业反哺科研的良性体制机制，成为国有科研院所改制的典范；作为建立了现代企业制度的上市公司，中联重科通过重组并购，参与到传统国企的改革、改组、改造之中，在老企业植入新机制、新技术，取得了经济和社会的双重效益。

中联重科开创了中国工程机械行业整合海外资源的先河；利用资本杠杆，在全球范围内整合优质资产，实现快速扩张，并构建全球化制造、销售、服务网络。中联重科9次国内外并购，均取得卓越成效。其中，2008年并购世界第三大混凝土机械制造商意大利CIFA公司，使公司成为中国工程机械国际化的先行者和领导者，该宗并购整合也作为经典案例进入哈佛大学课堂。

## 2.2 企业文化概括

中联企业文化核心理念是："至诚无息，博厚悠远"。业绩增长则为：诚信为本，不息为体，日新为道；广博揽物，厚德载物，悠远成物，基业长青。取意于《中庸》第二十六章："至诚无息，不息则久，久则征，征则悠远，悠远则博厚，博厚则高明。博厚，所以载物也；高明，所以覆物也；悠久，所以成物也。博厚配地，高明配天，悠久无疆！……天地之道，博也，厚也，高也，明也，悠也，久也。"

核心理念意涵"诚信、创新、执着、包容、责任"。在核心理念统领下，形成了中联"一元，二维，三公，四德，五心，六勤，七能、八品"的价值观体系，这是中联重科的价值标准、道德标准、能力标准和企业品格的集中表述。在此基础上进一步发展出的"信任管理、分层管理"理念强调自律和敬业精神，在倡导以中国传统文化所推崇的标准做人的同时，要求以西方管理理念所提倡的规则做事，由此更好地兼容并蓄、中西融合，实现中国人做世界级企业的目标，"信任管理"与"敬业精神"是对中联价值观进一步深入地挖掘和发展。

## 2.3 社会责任

企业价值源于社会，积极承担社会责任是中联企业品格的集中体现。

救灾赈灾、支持慈善、爱心助学，中联人承担社会责任不遗余力：国企改制过程中，4 000多名离退老同志安居乐业、畅享晚年；直接提供3万就业岗位，间接创造近10万就业岗位，惠及几十万群众；国际金融危机和行业发展低谷期，坚守对员工的责任，坚持不裁员。员工自发捐款成立内部救助基金，总规模已近4 000万元，并形成了企业内部扶危帮困的长效机制。

## 2.4 全球品牌战略

中联重科的战略是：融入当地人文，做本土化企业，打造总部在中国的全球化企业。

全球化路径：充分利用国内国际两大融资平台，用"两条腿"走路：一是海外并购，在全球范围内进一步整合资源。二是自建海外研发平台、装配基地、合资工厂、市场渠道、构建跨国运营体系。

中联重科已经走出国门，海外布局全面铺开。

海外市场已拓展到全球70多个国家和地区，出口实现产品的全系列覆盖。在阿联酋、澳大利亚、俄罗斯、印度、越南等10余个国家成立子公司。在阿尔及利亚、南非、沙特、智利、乌克兰等20余个国家设立常驻机构。以阿联酋、比利时等为中心，正逐步建立全球物流网络和零配件供应体系。积极推进海外融资租赁业务，帮助客户解决资金问题，赢得更高的客户忠诚度。

中联重科的全球化目标明确，实现路径和操作方案也已清楚，"不断的裂变加聚变，裂变是分，聚变是合，通过越来越多的聚变，再真正地实现全球化。"孙昌军说。如今，中联重科已经有80%以上的业务实现了全球化运营。

在从国际化到全球化的转变中，企业的产品品牌就是企业的核心竞争力。中联重科推出的是双品牌战略。现在的复合品牌是"ZOOMLION – CIFA"，通过这一复合品牌，中联重科和CIFA实现了技术共享，市场销售网络也很快地整合到一起。中联重科的目标是通过复合品牌这个过渡阶段，最终让中联重科的品牌成为一个世界品牌。通过渠道、供应链、研发、品牌等多方面的整合，使企业达到全球化的目标。

詹纯新说，"我想把中联集团打造成一艘引领中国工程机械产业的'航空母舰'"，更希望看到中国工程机械企业集体登上世界竞争的舞台，在世界工程机械产业中拥有话语权。"中联重科将以包容共享责任的姿态融入国际。包容就是海涵海纳。当我们身处不同的国际环境的时候，我们要能海涵他人，要试图改变自己，而不是试图改变对方。我们要海纳别人的优秀东西提升自己。所谓共享就是坦诚开放共赢。所谓责任就是在国际化以后，在当地做一个好的企业公民，尽到企业应该尽的责任。"最终将中联重科打造成总部在中国的全球化企业，成为全球领先的工程机械供应商是中联重科全球化的发展愿景。

## 2.5 并购CIFA案例

事实上，早在2001年，中联重科就收购了非开挖设备领域的知名企业——英国保路捷公司，开始生产开发全球最先进水平的定向钻系列设备。有了相关的并购经验，到2008年，中联重科以现金收购的方式，完成对CIFA的控股收购。

### 2.5.1 并购前的准备工作

并购前期的尽职调查，是决定一起并购成败的关键。中联重科董秘申柯告诉记者，收购CIFA的尽职调查前后进行了大半年的时间。并购对象的选择，一定要符合企业的发展战略：选择并购的对象一定是专注于主业的范围，这就避免了大的风险的发生；在看重主业的同时，对子行业也要有所选择取舍，主要是看对方的规模和盈利等情况；还要看并购对象在子行业上有哪些优势。在并购欧美企业时，中联重科看重的是对方的技术、品牌和网络。"很多企业在做尽职调查时走过场，其实，这个过程非常重要。"申柯认为，首先，通过尽职调查可以发现交易过程中存在的主要风险，包括财务、法务、税务、人事等各方面的风险。其次是设计合理的交易结构来规避风险。在收购CIFA的时候，考虑到并购中的风险,中联重科引进弘毅投资、高盛和曼达林基金来共同完成本次收购。其中,考虑到整合前期的沟通工作问题,中联重科引进具有意大利背景的曼达林基金来作为跨文化整合的缓冲带。完备的尽职调查尽可能控制了并购过程中存在的主要风险,这也是中联重科成功收购 CIFA 的第一步。

### 2.5.2 并购后的整合阶段

并购之后,中联重科执行的是两大类的内容。

首先是低姿态,而低姿态又包含三个关键词:①包容。并购能不能成功,取决于双方企业文化是否能够融合,这时候,包容就显得格外重要,文化上的差异往往从细节处就可以看出来,因此在理解和尊重对方的基础上,要能够主动适应对方。②共享。并购一个企业,不是要去征服对方,而是实现双方的共赢。在收购 CIFA 的初期,CIFA 员工对公司的未来看不清,工作上存在一些误会,通过沟通,了解到对方的想法以后,中联重科和 CIFA 最终达成一个共同的愿景,就是 CIFA 以后怎样发展,发展到怎样的程度,以及对于高管团队的股权激励。这样一来双方就达成了精神上的共享,以及物质上的共享。③责任。只有对员工负责,员工才能对你负责。并购 CIFA 时,中联重科承诺不裁员,不更换管理团队。经济危机时,有同行到 CIFA 挖人,但是骨干没有离开,管理团队还主动降薪。

其次是硬规则。整合 CIFA 的阶段,一切是按照企业管理规范来做事。这也是企业发展的底线和保障。尽管中联重科在 CIFA 没有派出自己的团队,但是公司总部每年都对其进行财务和管理等方面的审计,以达到管控的目的,不利于企业的整合和发展就要做出相应的调整。从 2008 年收购至今,CIFA 已经换了 2 任 CEO,现任 CEO 是由 CIFA 员工推举的工程师出身的高级管理人员担任。

低姿态是柔,硬规则是刚。刚柔相济,整合才能做好。只有整合好之后,才能达到双方共舞的目的。这主要表现为战略协调、文化和谐、渠道共享、技术融合、采购也实现协调。

从战略上控制风险,然后在交易过程中控制风险,最后在整合时把控风险,最终在国际化的战略上可以按照企业既定的计划走下去。裂变加聚变的模式,是中联重科走的全球化路径。裂变就是把中联重科的产品按照产品线分类,聚变就是中联重科在全球范围内选择和公司的某一个事业部同类项的产品来进行整合,从而实现该业务的全球化运营。可以说,CIFA 并购整合的成功,为中联重科的国际化战略提供了一个成功的可以复制的模式。这个案例,也在 2011 年被评为中国国际投资五大典型案例之一,并被写入哈佛商学院 MBA 教材。

## 2.6 本土化的国际化

"越是本地化,就越是国际化。"是中联重科董事长詹纯新提出的在国际化战略中坚持的一点。在他看来,中国企业要实现真正的国际化,首先就是要进行本土化的过程,也就是要遵循国际规则,融入目标市场的本土文化和氛围中,利用本土化的人才、资源、运营模式等,从而在国际化推进中,实现共赢甚至多赢。

在全球化路径的选择上,对于欧美的成熟企业,中联重科通过并购强势企业来获得领先的品牌、技术以及全球网络;另外就是在印度、巴西、俄罗斯等新兴国家建基地,利用当地生产要素的优势来实现市场覆盖。但不管是国际并购,还是建海外基地,一个基本的原则就是要做本土化的企业。内控体系的完备使得品牌的整合成为可能。

不管是国际并购,还是海外建厂,都要本土化。一定是要先做市场调研、法律调研、财务调研,文化环境及劳动法的实施情况等。一个外来企业不可能本土化,只能通过对方的企业来实现。企业的经营以追求利润为最大目标,中联重科的一个价值理念就是跟任何一个投资者合作,都要考虑能不能做到实现共赢乃至多赢,先考虑对方的利益,再考虑自己的部分。"只有调动了对方企业的积极性,我们才能达到自己的目的。"詹纯新认为,只有这样,投资才不会成为浪费。

面对经济全球化的发展,中联重科为保持其旺盛的生命力,他们将继续秉承"至诚之心,创新无止息"的企业精神,不断地进行变革,创新,进行海外的市场开拓和研发,逐步占领国际市场,中联人正在为缔造世界级的装备王国而昂首前行。

在中联重科看来,中国企业的国际化之路才刚刚开始,行业企业的海外收入基本占总收入的比重是在5%～10%之间。从成功并购整合CIFA,现在,CIFA实现了盈利,同时,提升了市场占有率,产品的盈利能力也相应得到了提升。中联重科领先竞争对手几年的时间。

【思考题】
1. 中联企业文化核心理念是怎样引领企业走向成功的?
2. 全球品牌战略为中联重科带来了什么发展前景?
3. 中联重科坚持本土化的国际化成功的地方是什么?

【资料来源】

[1] 陈捷. 中联重科董事长詹纯新:越是本土化越是国际化 [N]. 董事会, 2012. 12. 12.

[2] 中联重科股份有限公司简介. http://www.zoomlion.com/about/comintro.htm.

[3] 中联重科与印度最大的工程起重机制造商EM公司. http://www.changsha.gov.cn/xxgk/szfxxgkml/tpxx/201208/t20120822_358390.htm.

[4] 中联重科公司荣誉极其产品布局盘点分析. http://www.chinairn.com/print/3161439.html.

# 三一集团有限公司跨文化管理案例分析

> **摘要**：在经济全球化的今天，各行各业面临着前所未有的发展机遇和挑战，国际化的发展道路已经成为国内企业发展的必由之路。国际化的过程中必然也会面对他国企业的收购等相关商业行为，面对陌生的经营环境，不同的法律制度和差异化的文化氛围，如何成功的收购国外企业显得尤为重要。中国三一集团有限公司在全球化的进程中，立足国内，积极开拓海外市场。成功并购德国茨迈斯特公司，实现企业互补，互利共赢。在美国熟悉美国法律，运用美国法律维护自身合法权益。三一集团将在海外发展中越走越远。
>
> **关键词**：三一集团；海外并购；维权；跨文化管理

## 1. 相关背景介绍

### 1.1 公司介绍

三一集团有限公司始创于1989年。自成立以来，三一集团秉持"创建一流企业，造就一流人才，做出一流贡献"的企业愿景，打造了业内知名的"三一"品牌。目前，三一已发展为中国最大、全球第五的工程机械制造商，也是中国最大的混凝土机械制造商。集团核心企业三一重工于2003年7月3日上市，是中国股权分置改革首家成功并实现全流通的企业，并于2011年7月入围FT全球市值500强，成为唯一上榜的中国工程机械企业。

三一集团主业是以"工程机械"为主体的装备制造业，主导产品为混凝土机械、筑路机械、挖掘机械、桩工机械、起重机械、港口机械、风电设备等全系列产品，其中混凝土机械、挖掘机械、桩工机械、履带起重机械、港口机械为中国第一品牌，混凝土泵车全面取代进口，且连续多年产销量居全球第一；挖掘机械一举打破外资品牌长期垄断的格局，实现中国市场占有率第一位。2012年，三一重工并购混凝土机械全球第一品牌德国普茨迈斯特，改变了行业的竞争格局。

秉承"品质改变世界"的使命，三一每年将销售收入的5%~7%用于研发，致力于将产品升级换代至世界一流水准。目前，集团拥有国家级企业技术中心、国家级博士后科研工作站。凭借技术创新实力，三一于 2005 年和 2010 年两次荣获"国家科技进步二等奖"，2012 年荣获"国家技术发明奖二等奖"，成为新中国成立以来工程机械行业获得的国家级最高荣誉。同时，公司首席专家易小刚还获评"首届十佳全国优秀科技工作者"，是工程机械行业唯一获奖者。截至 2013 年 10 月 31 日，三一集团申请中国专利 7 116 件，PCT 国际专利 341 件，海外专利 189 件。已获授权专利国内 4 769 件，海外 18 件，居行业首位。

凭借自主创新，三一成功研制的 66 米泵车、72 米泵车、86 米泵车三次刷新长臂架泵车世界纪录，并成功研制出世界第一台全液压平地机、世界第一台三级配混凝土输送泵、世界第一台无泡沥青砂浆车、亚洲首台 1 000 吨级全路面起重机、全球最大 3 600 吨级履带起重机、中国首台混合动力挖掘机、全球首款移动成套设备 A8 砂浆大师等，不断推动"中国制造"走向世界一流。

在国内，三一建有北京、长沙、上海、沈阳、昆山、乌鲁木齐等六大产业基地。在海外，三一建有印度、美国、德国、巴西等四大研发和制造基地。目前，集团业务已覆盖全球 100 多个国家和地区。

### 1.2　企业文化

- 三一使命：品质改变世界。
- 三一愿景：创建一流企业，造就一流人才，做出一流贡献。
- 企业精神：自强不息，产业报国。
- 核心价值观：先做人，后做事。
- 三一作风：疾慢如仇，追求卓越。
- 经营理念：一切为了客户，一切源于创新。
- 企业伦理：公正信实，心存感激。
- 三一信条：人类因梦想而伟大；金钱只有诱惑力，事业才有凝聚力；竭尽全力，实现三一；依托三一，实现自我。

### 1.3　三一集团国际化战略

三一集团的国际化共走过三个阶段，三一国际化从刚开始的不规则出口，到在海外寻找销售代理商，再到建立海外销售子公司，从事海外生产和制造。

#### 1.3.1　2002～2005 年的出口阶段

从 2002 年首次出口 4 台平地机到印度和摩洛哥开始，三一开始大举进入国际市场，在海外建立了数十家销售子公司，产品批量出口到 110 多个国家和地区。

#### 1.3.2　2006～2010 年的海外投资阶段

三一集团 2006 年开始进行海外投资，先后投资印度、美国、德国，建设科研生产基地。2009年开始实行本土化,以印度工厂正式投产为标志,开始了投资、设计、生产、销售一条龙式的本土化全球发展之路。

### 1.3.3 2011~2012年战略深化阶段

经历了金融危机,三一开始重新审视国际市场和自身,对国际化战略经行一系列的调整,包括:进行海外并购;发展战略合作伙伴;建立国际经营计划总部等。一系列的调整实现了经营管理权力下放,改变了过去"决策权集中在国内总部"的状况,三一国际化正式进入跨国经营阶段。

## 2. 案例分析

### 2.1 三一重工并购德国普茨迈斯特

#### 2.1.1 案例介绍

2012年1月21日,三一重工和中信产业基金将分别收购普茨迈斯特的90%和10%股权。此次交易仍需获得相关部门审批并满足一定成交条件。此次交易是德国著名中型企业与中国企业的首起合并案例。普茨迈斯特创始人Karl Schlecht表示:"这是一个中德示范性交易。三一是为数不多的创始人仍保持大股东身份并亲自运营的中国企业。实际上,三一集团创始人和董事长梁稳根也是中国最成功的创业者之一。他不仅认同普茨迈斯特的愿景与企业价值,也体现了我们公司的创业精神。"

普茨迈斯特是全球最知名的工程机械制造商之一,开发、生产和销售建筑设备机械,尤其是用于建筑、采矿、隧道建设及大型工业项目的混凝土泵。而三一重工是中国的建筑机械大型生产商,也是中国混凝土泵行业的领军企业。目前,中国是全球最大、增长最快的混凝土及其他工业设备市场。

#### 2.1.2 案例分析

双方均从合并中受益良多。首先,普茨迈斯特与三一的业务在地域上高度互补。两家公司作为中国混凝土泵行业领军企业与海外混凝土泵领先供应商,合并符合了明确的战略和产业目标:创造全球混凝土泵行业领导者。

其次,三一不断拓展的全球分销网络为普茨迈斯特提供了显著的竞争优势,为其增长前景提供了保障。同时,三一将获得技术领先的"德国制造"产品及创新,丰富了产品组合,同时也将获得海外强大的分销及服务网络。

德国Aichtal作为普茨迈斯特目前的总部,将成为三一海外混凝土机械的新总部。普茨迈斯特将保持高度独立的日常管理及运营。三一将主要关注中国市场,普茨迈斯特则将继续作为独立的高端品牌。Norbert Scheuch将保持目前的普茨迈斯特首席执行官的职位,并成为三一重工执行董事。

由此可见三一集团积极推进企业本土化经营，重用海外高管。业务上扬长避短，因地制宜，实现国内与国外优势互补，共同盈利。

## 2.2 三一胜诉奥巴马

### 2.2.1 案例介绍

早在2012年，拉尔斯控股公司试图收购位于俄勒冈州一个海军武器训练设施附近的风电场项目，但奥巴马政府和美国海外投资委员会（CFIUS）以威胁国家安全为由下令阻止。海外投资委员会负责审查外商对美国企业的收购交易，目的是确保美国国家安全不受威胁。拉尔斯控股公司对此提出诉讼，指控奥巴马政府越权。2012年11月28日，美国首都华盛顿地方法院就该案举行首场听证会；2013年10月9日，美国哥伦比亚特区联邦地方分区法院驳回三一对奥巴马的所有指控内容；2013年10月16日，拉尔斯控股公司依法向美国哥伦比亚特区上诉法庭递交上诉通知。2014年7月15日，哥伦比亚特区联邦法院做出裁决。美国哥伦比亚特区联邦上诉法院由汉得逊大法官，布朗大法官和维金斯大法官组成的合议庭就三一集团在美关联公司拉尔斯因俄勒冈州风电项目被禁止诉美国外资委员会（"CFIUS"）和奥巴马总统案做出判决，奥巴马政府禁止三一重工子公司——拉尔斯控股公司（RallsCorp）的一宗在美并购案，这一行为侵犯了对方的合法权益，奥巴马政府禁止三一集团在美关联公司——拉尔斯控股在美风电项目的行为，违反程序正义，剥夺了拉尔斯受宪法保护的财产权。

这是史上首次美国外资投资委员会面临严重的贸易诉讼，也是其历史上第一次败诉。三一集团和拉尔斯控股公司表示，欢迎华盛顿联邦巡回上诉法院的上述判决，并为三一集团和其关联公司在美维权取得的历史性重大胜利而高兴。

### 2.2.2 案例分析

三一集团作为中国的一家民营企业，而奥巴马作为美国总统拥有绝对的权利。三一为何能够胜诉奥巴马呢？专家认为有如下原因：

（1）三一集团在海外经营中充分熟悉美国法律，运用美国法律维护自身合法权益。美国法律规定，总统的决定或采取的行动不受司法审查，但并没说作出决定、行动前的过程不受司法审查。因此，三一集团打这场官司的切入点就是认为奥巴马下达总统令之前没有按照宪法或相关规定履行程序正义，侵犯了三一集团的合法权益。一旦过程违法，得出的决定就不能成立。

（2）三一集团的这起跨洋诉讼案，能够获胜不是其侥幸，而是市场化的一种必然结果。企业的并购重组，在国际资本市场已经常态化，资本的这种流动也不以国界为限。三一在美收购的拉尔斯公司所从事的风电项目早已高度市场化，美国方面以事关其国家安全为借口来阻止三一集团进入美国市场，其真正的目的不过是为了阻止中国企业在美国扩大风电市场份额，保护美国企业的利益，这种对并购重组的做法与美国作为一个市场经济国家所倡导的自由竞争精神格格不入，所以败诉并不奇怪。

### 2.3 三一集团的声誉

三一集团通过多年的发展，在世界上已占有一席之地。在海外发展中表现出强劲的势头，一方面三一集团注重人才队伍的建设，不断加大科研投资力度，使公司能够处在领先的地位。另一方面三一集团在海外经营中注重公司文化建设和核心价值体系的建设。了解当地文化和规章制度，运用当地法律维护自身合法权益。当前的三一集团在海外发展中渐渐成熟，我们相信未来三一集团将在世界市场上占有更多的份额。

Yellow Table 排行榜 10 周年之际，International Construction（《国际建设》杂志）于 4 月 6 日发布了 2013 年度全球工程机械企业 50 强的全新榜单。榜单显示，三一重工名列全球工程机械行业第 5 位，并蝉联入选榜单的中国企业第 1 位。中联重科和徐工分别列第 6 位和第 11 位。

Yellow Table 是工程机械制造行业年份悠久的国际权威排行榜之一，自 2003 年首次发布以来即备受行业关注，该榜单发布已有 10 年。回顾 10 年全球工程机械行业的发展可以发现，虽然美国卡特彼勒、日本小松等国外企业长期稳居榜单前列，但中国企业的崛起已成为该榜单的一大亮点。2003 年该榜单首次发布时，三一重工未被列入其中，2004 年首次入选即排名第 43 位，10 年间，三一重工完成巨大飞跃，现已成功跻身全球前五大工程机械制造商。《国际建设》编辑 Chris Sleight 也赞誉说，过去 10 年，以三一为代表的中国工程机械企业取得了引人注目的发展。

本届 Yellow Table 排行榜同时还显示，2012 年，全球 50 大工程机械制造商的总营收为 1 860 亿美元，较 2011 年增长 2.6%。其中，中国制造商的销售额总量为 279 亿美元，占比从 2012 年的 16.9% 下降至 15%，这也是该榜单发布 10 年以来，中国制造商销售额占比首次下降。Chris Sleight 评论说，2012 年中国市场的疲软是本次全球工程机械产业发展态势相对低迷的重要因素，北美制造商的努力成功抵消了这部分影响。

分析人士认为，在 2012 年中国工程机械行业不断下行，竞争加剧的背景下，三一的持续稳定发展得益于其对盈利能力的重视及国际化的努力。

早在 2012 半年度经营工作会议上，三一就正式提出了"一强、两化、三优、三建控"的经营方针，专注于提升公司的盈利能力。而后，三一又在行业中首先提出了"要追求盈利和长期盈利能力，不要盲目追求规模、不要盲目追求座次、不要盲目追求市场占有率"的"一要三不要"原则，着力提升企业在长期竞争中的"耐力"，引导行业向良性竞争发展。

同时，2012年三一在国际化上的努力与成功也为其发展注入了新的活力。收购德国普茨迈斯特实现龙象共舞，联手帕尔菲格打造起重机第一品牌，收购Intermix GmbH公司扩大混凝土机械市场影响力，三一2012年国际化动作频频。据悉，2012年三一海外销售首次突破百亿元，占销售额的比例也超15%。三一将国际化视为第三次创业，在未来5年，将努力实现海外销售占比40%~50%的目标。

业内人士评价，在去年这样困难的经济环境下实现全球第五的排名，是三一实力的一个明证。未来，伴随着中国工程机械企业在全球的扩张，Yellow Table排行榜上的中国力量将越来越显著。

【思考题】
1. 三一重工为什么会并购德国普茨迈斯特？
2. 双方均从合并中受益良多体现在哪些方面？
3. 三一集团胜诉奥巴马的启示是什么？

【资料来源】
[1] http://baike.baidu.com/subview/984382/15470391.htm?fr=aladdin.
[2] http://wenku.baidu.com/view/74f3a4900242a8956aece44d.html.
[3] 网易财经. 三一重工收购普茨迈斯特, 2012.2.1.
[4] 三一重工在美胜诉奥巴马总统禁令被推翻. 新华网, 2014.7.16.
[5] 三一重工胜诉奥巴马, 意义重大. 财经视角. 宣讲家71.cn.

# 中国五矿集团跨文化管理案例分析

> **摘要**：在经济全球化的今天，各行各业面临着前所未有的发展机遇和挑战，国际化的发展道路已经成为国内企业发展的必由之路。国际化的过程中必然也会面对对他国企业的收购等相关商业行为，面对陌生的经营环境，不同的法律制度和差异化的文化氛围，如何成功的收购国外企业显得尤为重要。中国五矿集团在全球化的进程中，立足国内，积极开拓海外市场。在德国成功设立第一家分公司，取得了良好的业绩。成功收购澳洲OZ矿业公司并在收购当年实现盈利。五矿集团的成功经营对我国企业海外发展有一定的指导和借鉴意义。
>
> **关键词**：五矿集团；海外并购；跨文化管理

## 1. 相关背景介绍

### 1.1 公司介绍

中国五矿集团是一家国际化的矿业公司。秉承"珍惜有限，创造无限"的发展理念，致力于提供全球化优质服务。公司主要从事金属矿产品的勘探、开采、冶炼、加工、贸易，以及金融、房地产、矿冶科技等业务，主要海外机构遍布全球28个国家和地区，拥有17.7万员工，控股9家境内外上市公司，总资产达2 421亿元。2011年，中国五矿实现营业收入3 552亿元，利润总额127.65亿元，位列世界500强第169位，其中在金属类企业中排名第4位。

中国五矿成立于1950年，总部位于北京，曾长期发挥中国金属矿产品进出口主渠道的作用。进入新世纪，公司深入推进战略转型，通过富有成效的国内外重组并购和业务整合，已从过去计划经济色彩浓厚的传统国有企业转变为自主经营、具有较强竞争力的现代企业，从单一的进出口贸易公司转变为以资源为依托、上下游一体化的金属矿产集团，从单纯从事产品经营的专业化公司转变为产融结合的综合型企业集团。目前，公司拥有有色金属、黑色金属流通、黑色金属矿业、金融、地产建设、科技六大业务中心，其中在金属矿产三大核心主业方面，公司上中下游一体化产业链基本贯通，形成了全球化营销网络布局；在三大多元化主业方面，公司优化产业结构，推进产融结合，加速经营布局，逐步提升对核心主业的协同与支撑能力。

作为联合国全球契约组织成员，中国五矿积极践行"全球契约"十项基本原则，勇于承担社会责任，"十一五"期间纳税总额233亿元，累计对教育、赈灾、扶贫等慈善公益事业捐款捐物总值过亿元；中国五矿长期坚持互利共赢，持续为利益相关方创造多元价值，努力实现企业与利益相关方的共同发展。

服务为本，自强不息。中国五矿将在深入总结过去60年发展经验的基础上，加快转变经济发展方式，不断提高自主创新能力，逐步确立"中国最具优势的有色金属资源商、中国最大的铁矿资源供应商、中国最大的钢铁产品流通服务商"的地位，朝着"具有国际竞争力的金属矿产集团"和"打造基业长青的百年企业"的愿景奋力前行！

### 1.2 公司发展战略

以贸易为基础，集约多元，充分发展营销网络；以客户为中心，依托资源，积极提供增值服务；使中国五矿成为提供全球化优质服务的金属矿产企业集团。

### 1.3 公司愿景及使命

"珍惜有限，创造无限"。中国五矿坚定地实施"走出去"战略，投资开发海外重点矿业，获取关键资源，以保障国家经济发展对资源型产品日益增长的巨大需求。中国五矿集团公司拥有一支高素质的员工队伍，他们知识全面、勤奋努力、富有朝气。

中国五矿集团公司以诚信为本，在平等互利、重合同、守信用的原则下，广泛开展"双赢"和"多赢"合作。

在新的世纪里，中国五矿集团公司以贸易为基础，集约多元，充分发展营销网络；以客户为中心，依托资源，积极提供增值服务，使中国五矿成为提供全球化优质服务的金属和矿产企业集团。

### 1.4 经营理念

#### 1.4.1 资源：激活资源，提升价值

运营与发展所需要的人、财、物、技术、管理手段，以及文化、品牌、形象等，都是五矿集团赖以生存和发展的宝贵资源。加大资源的控制开发力度，不断寻求各类资源的完美结合，激活各类资源，减少资源沉淀，加快资源循环，持续提高资源利用率。注重集团各部分、各层次的协调和衔接，努力提高集团公司整体的有序性和运行效果，产生1+1>2的系统效应，提升集团价值。

### 1.4.2 品牌：积极塑造，悉心呵护

品牌建设是建立和保持竞争优势的关键。始终坚持以积极、创新的方式进行品牌塑造与品牌维护。通过与客户保持良好的沟通和积极的自我评价，不断提高五矿集团的综合服务水平，让五矿集团成为全球最受尊敬和欢迎的品牌。五矿集团海内外全体员工都要加强对五矿品牌的保护意识，善于维护、精心维护五矿集团品牌。

### 1.4.3 服务：客户至上，服务至诚

服务是五矿集团的生存方式。以客户为中心，将服务贯彻到五矿集团运作的每一个环节，向客户提供全球化优质服务。客户至上，诚信守约。加强与客户的沟通交流，熟悉客户的工作方式与需要，恪守对客户的承诺。求真务实，服务至诚。以全方位的服务体系展示五矿集团对客户的真诚奉献。

### 1.4.4 风险：严控流程，防范为先

承认风险的存在，并严加防备。构建风险防范体系，提高风险管理能力，以应对全球化运作面对的任何风险。从集团公司经营的全过程评估和控制各类风险，不仅是业务运作风险、资金风险，还包括其他各种风险。集团公司各职能部门与各业务单元、下属公司应当制订符合各自业务特点的风险评估和防范管理办法，每一位员工应具有风险防范意识。

### 1.4.5 竞争：苦练内功，竞合共赢

遵循竞争规则，勇于、善于竞争。重视每一环节、每一阶段、每一局部在总体竞争活动中的作用。提高资源利用、品牌声誉、营销网络、服务等全方位的竞争实力，充分发挥自身优势，深谋远虑、策略为先、执行制胜。在平等互利的基础上，重视广泛的对等合作和建立战略伙伴关系，积极寻求优势互补的多种外部合作形式，实现利益共享，共同发展。

### 1.4.6 发展：工贸并举，协同发展

以金属和矿产为主业，加强贸易与实业的优势互补、协同配合，着眼于整体、协调、持续发展。在战略、规划、预算、资源利用、人才开发等方面重视科学性、国际性、前瞻性，重视发展速度与质量、规模与效益的平衡。密切关注国内外环境变化，大力发展营销网络，有效控制关键资源，在科学规划中健康发展。

## 1.5 五矿集团以人为本的精神

五矿集团努力摒除国企传统人事管理中的不良因素，致力于积极打造适应企业发展需要的人才队伍。如今，五矿集团已拥有一支高素质的员工队伍，他们知识全面、勤奋努力、富有朝气。2002年6月，五矿集团全面推进人事制度改革，贯彻落实了人员定岗定编方案，迈出了人事制度改革的关键一步。改革主要体现

在以下方面：一是制定职工行为守则，用企业的经营方针、发展目标激励职工；二是改革内部管理和分配制度，进行薪酬体制改革；三是建立集团公司领导民主接待日制度，经常听取职工意见，及时化解矛盾与问题；四是加强职工培训，组织开展联欢会、运动会、书画展、演讲比赛等文化体育活动，陶冶职工情操，增强队伍凝聚力；五是在大到公司发展规划小到食堂管理等各方面让广大职工参与工作或进行讨论，使员工主人翁地位得到体现，对公司更加具有归属感和责任感。这些都体现了五矿以人为本的精神。

## 1.6 五矿集团多元化发展

除钢铁、原材料、有色金属之外，五矿集团还有综合贸易、金融、房地产及服务三大板块，以及运输、招标二大单元。五矿集团很早就试图突破原来的主业，走多元化的道路。综合贸易板块在国内拥有40家全资或合资企业，在美国和欧洲设有4家直属和合资海外公司，主要经营铸铁制品、球墨铸铁管、管件、钢管、法兰盘及管配件、小五金、紧固件、铁钉铁丝、钢丝绳、电缆，各种手动、电动工具，机电设备，消费电子产品商品的出口业务，远销世界120个国家和地区。目前五矿金融板块以五矿投资发展有限责任公司为核心，整合集团内多家金融企业，组建五矿金融控股公司，拥有金融业务八大主要门类中的五大门类：租赁、保险、财务、期货、证券。租赁业务注册资本金达6亿元，主要从事融资租赁业务；金盛人寿保险公司在上海外资寿险公司中保费收入位居第四名；集团财务公司为集团公司提供结算、票据、委托贷款等金融服务；五矿投资发展有限公司全资和控股5家期货公司，合计市场份额居全国第二，在金属期货领域则稳居第一；间接控股的五矿证券经纪有限责任公司拥有国内一流的网络系统和交易系统，主要从事证券的代理买卖等业务。

五矿的房地产及服务板块以房地产开发、建筑工程承包和施工、物业管理为主业，兼营旅游、广告展览及服务业务。板块由五矿房地产公司、五矿物业管理有限公司、北京雅筑建筑安装工程公司、五矿服务公司、五矿国际广告展览公司和王府旅行社等企业组成，部分企业具有本行业国家一、二级专营资质。

五矿负责运输业务的是五矿发展股份有限公司所属的五矿国际货运有限责任公司和五矿船务代理有限责任公司。五矿货运公司经营有色金属、黑色金属、非金属矿产品等大宗散货、木材、液化石油气、大型设备的海陆空运输、集装箱运输，以及货运代理、仓储、配送、货运保险等业务。

五矿开展招标业务的机构是五矿发展股份有限公司所属的五矿国际招标有限责任公司。2002年12月五矿招标公司获得建设部工程招标代理机构甲级资格，由此具备了招标领域全部最高资质。五矿招标公司作为中国最早开展招标采购代理业务的公司之一，承担了大批世界银行、亚洲开发银行、日本国际协力银行等国际金融组织贷款及外国政府贷款项下的国家和地方重点建设项目，以及政府采购、国债资金、企业自有资金等内资项目的招标采购工作，涉及交通、钢铁、通讯、市政、医疗、教育、纺织、电子、农业、环保等各个领域，创出了"五矿招标"的品牌。

由此可见，五矿集团的多元化已经相当成功了。五矿还为各业务量身制定了发展目标，以各项业务的全面进步来推动五矿的多元化发展。

五矿集团各项业务的战略目标如下：

● 钢铁：在保持中国最大钢铁贸易商地位的同时，发展成为中国最有实力的钢材分销商和增值服务商。

● 原材料：从传统的原材料贸易商发展成为世界上最大的原材料供应系统集成商。

● 有色金属：以市场为中心，以客户为导向，通过积极有效地开发有色金属资源，提供有色金属及相关的产品和增值服务，努力发展成为具有国际竞争力和可持续发展能力的资源型企业。

● 综合贸易：以机电产品经营为主业，欧美市场为重点，海外分销中心为依托，电子商务为辅助，树立品牌观念，加强服务意识，发展成为全国最大的机电贸易企业。

● 金融：吸引国际优秀人才，建立新业务平台，积极并购扩张，发挥协同效应，获取市场领先地位，通过十年努力，成为中国著名金融控股公司。

● 房地产：以房地产开发和经营为主业，挖掘现有资源，争取在3~5年内发展成为同行业内有力的竞争者。

● 运输：立足五矿，面向社会，加强口岸公司网络信息化建设，在做好传统运输、保险、货代业务及仓储、配送、加工等增值服务的基础上，不断创新，成为专业化的具有竞争实力的优秀第三方综合物流服务商。

● 招标：以市场和客户为导向，以"公平、公开、公正"为原则，为客户提供优质的服务，努力成为中国招标行业的领先企业之一。

## 1.7 五矿集团国际化道路

20世纪70年代末，五矿集团在同行中率先"走出国门"，1979年在香港以及美国、日本、联邦德国等地设立了代表处和子公司。1980年12月，五矿在美国成立了第一家海外企业，之后在美国、日本、英国等地陆续设立企业或机构。五矿采取扬长避短、逐步发展的策略，先从自己擅长的五金矿产品进口业务开始，积累经验，逐步扩展到其他领域，实行多样化经营，力求综合发展。在进口方面主要经营钢材、有色金属、铁矿砂、废船等；在出口方面除了五金矿产类商品之外，还积极推销轻工、化工等类商品。五矿在进出口业务中，努力建立了有色金属寄售、来料加工、生产等业务的长期关系，保证了出口渠道的相对稳定。此外，还在伦敦金属交易所大胆尝试有色金属期货交易，取得了成功经验。

经过 10 多年的努力，五矿的国际化经营迅速发展，海外业务的范围不仅涉及五金矿产品的中外贸易、第三国贸易，而且深入到轻工、粮油、化工、旅游、房地产、森林业、机械制造业等广阔的领域。这些海外企业既按地区和业务进行分工合作又相互关联形成网络，为直接利用外资提供了便利，为出口提供了渠道。此外，这些海外企业还积极从国外引进新产品、新技术、新设备，促进国内相关产业的发展。

目前，五矿集团在日本、美国、巴西、澳洲、英国、南非等 15 个国家和地区设立了 50 家海外企业，在中国香港特区和南美成立了两家区域控股公司，构建了全球化的采购、销售网络。近年海外业务发展较快，2003 年、2004 年两年都保持了 30% 以上的增长速度，但海外企业之间的协同效应还有待进一步发挥。

## 2. 案例分析

### 2.1 五矿集团在德国成功经营案例

#### 2.1.1 案例介绍

德国五矿集团坐落在杜塞尔多夫。走进它所在的大街，不远处看到的是一家极富中国特色的中国饭店。这是杜塞尔多夫十佳饭店之一。该饭店的业主就是中国五矿集团德国公司。其实饭店只是五矿德国公司的一个极小的副业之一。五矿在德国主要从事钢材和原材料的业务。早在 1978 年五矿就在德国设立了办事处。1986 年 4 月，五矿首次在德国注册成立了公司。这家已经在德国有 20 多年历史的中国企业，可能是最早走出去的企业之一，业务遍布欧洲各地，德国五矿旗下还分管着意大利、西班牙以及莫斯科的子公司和办事处。按照五矿德国公司的总裁韩刚的话来说："我们的营业业绩越来越好。尤其是近五六年的发展非常迅速。五矿德国的利润在过去 5 年中连续每年翻一倍。营业额每年以 30% 的速度递增。业务量也在不断扩大。" 2007 年五矿还在不来梅投资建立了一个钢材加工中心。这是五矿在德国成立的第一个的生产型企业。随着业务的不断发展，五矿德国公司已经拥有 70 多名员工，其中在德国有 60 人，80% 以上是德国人。如此骄人业绩印证了五矿在德国的成功。

#### 2.1.2 案例剖析

五矿集团在德国取得了骄人的业绩印证了五矿在德国的成功，那么什么是五矿集团成功的原因呢？

（1）目光长远，投资地点选择正确。德国是欧洲最大的经济体，位于欧洲中心,又是世界出口冠军。而杜塞尔多夫是德国的钢材中心。换句话说,这里靠近五矿的市场。德国市场非常规范,十分开放,没有排外的思维文化。只要企业按照市场规律办事就可以水到渠成。虽然德国市场对产品的认证要求很高,但只要产品达到要求,质量得到保障,就可以顺利地进入市场。与此同时德国的杰出的基础设施为五矿的货物运输提供了快捷方便的运输渠道。德国的航空、铁路与公路网络在欧洲是一流的,快速便捷,给五矿的运输业务提供了极大的方便。更重要的是它的费用在全欧洲也具有竞争力。因此优越的地理条件、开放的市场以及杰出的基础设施为五矿的成功提供了一个基本的条件。

(2) 五矿管理层实行本土化战略。公司目前80%以上的员工是德国人,德国员工从领导层到基础层几乎覆盖了所有的层面,基本实现了本土化经营。德国员工工作认真努力,规范十分敬业。他们最大的优势就是了解当地文化。尤其在沟通和营销方面,德国员工起到了非常积极的作用。这也是为什么五矿提倡当地化的原因。德国拥有高于世界经合组织平均水平的高素质人才。另外,杜塞尔多夫又是一个吸引精英,人才会聚的城市,这也为五矿选择合适的员工创造了很有利的条件。

(3) 德国五矿是一个中西文化融合的公司。在实行本土化政策时,五矿集团从未回避跨文化的问题。五矿集团管理者认为跨文化的问题始终存在,关键是需要协调与沟通。五矿集团定期为员工举行一些讨论会或者举办一些轻松的活动,让中德双方的员工都有机会进行沟通,并且鼓励他们沟通。公司的原则是尽量将文化差异带来的不利影响消化在公司内部。与此同时,公司还要求中国员工尽可能地了解德国文化。也向德国员工介绍中国人是如何思维的。这些互补性的措施,使得这个公司的氛围宛如一个大家庭一般,非常融洽。而公司的业务也在这种融洽的氛围中,不断扩大。

## 2.2 五矿集团在澳洲成功经营

### 2.2.1 案例介绍

2009年6月11日中国五矿将以13.86亿美元的对价取得OZ矿业公司铜、铅锌和镍矿资产,以及其他处于勘探和开发阶段的资产。中国五矿集团公司总裁周中枢说,中国五矿将在未来的一周内与OZ矿业公司完成最终交割。届时,一家由中国五矿全资拥有的,在澳大利亚注册的新公司——矿业勘探集团有限公司(MMG),将负责管理这些资产。五矿集团在澳洲收购OZ矿业公司后并没有经历像专家所预测两年的亏损运营期,反而在收购当年即盈利3.5亿美元。

### 2.2.2 案例分析

五矿集团收购澳洲OZ公司并成功经营,在其经营中文化管理是不可忽略的因素。主要体现在以下几个方面。

(1) 稳定的人力资源策略，推进本土化管理。自制定收购方案初期，五矿集团就向 OZ 公司及澳方政府承诺，保留资产涉及的所有团队人员，包括勘探、生产、管理、运营、销售等 4 000 余人。尤其重要的是，五矿集团宣布新成立的 MMG 公司高层领导人员大部分来自原来的 OZ 公司，其中首席执行官安德鲁·米歇尔摩尔以及另两位外籍高层管理人员都将加入矿石金属集团（MMG 公司）董事会，这三位新董事将为五矿集团带来管理矿业业务、评估和执行国际并购的重要经验。而五矿集团在融合过程中对 MMG 公司采取的"放权、授权"的方式也令米歇尔摩尔及团队的能力得以展示。这一点极大地起到了安抚民心、激励士气的作用。

(2) 增进相互理解融合、消除并购双方员工跨文化差异。当并购交易达成之后，米歇尔摩尔邀请了驻墨尔本的孔子学院老师到 MMG 公司，进行为期半天的讲学。尽管半天时间对了解中国和中国文化远远不够，但通过此事，米歇尔摩尔向他的团队传达了一个很好的信号，即要尝试理解和接受新的股东。沟通过程中五矿集团中方人员也做出努力，尽量遵循西方人直白的沟通方式，尽力尝试消除双方接触时产生的文化冲突。

(3) 培养并购企业成功的企业文化和经营模式来提高两企业的战略协调作用。并购后的企业要保持其市场竞争力，就必须不断提高自身的经营能力，其中人力资源的开发至关重要。人力资源的开发有诸多途径，培训是其中最为广泛的一个途径，同时也是吸引、激励人才的一个有效方法。并购后的企业应该针对被并购后企业员工的文化层次、知识技能以及不同岗位的人员来制订不同的培训方案。

米歇尔摩尔邀请五矿集团中国员工赴澳参与其每年组织的两个培训项目。五矿集团则自 2009 年开始，不定期抽派我国具有管理潜质的年轻人到澳洲作为期半年的管理实习生，前 3 个月对每个部门进行系统了解，后 3 个月针对自己所在的部门和领域做更深入的学习。为早日培养出具有国际视角的优秀管理团队，从 2010 年开始，五矿集团还新设了一个与澳方的人才交换项目。

(4) 建立有效地奖励机制。五矿集团表现十分突出，为了最大限度地激发员工们的积极性，新组建的 MMG 公司领导采用立体化、全方位的激励机制，并非只注重物质奖励，除注重增加员工各项福利待遇之外，他们还重视员工的感情需求，对其进行精神激励与情感激励，从而使澳方员工们不仅关心自己的收入，同时还真正关心并购后企业的利益和发展前途，真正意义上增强了归属感和团队意识。中国五矿集团由小到大，由弱到强，一步步发展壮大。五矿集团在海外的并购和成功经营为我国企业在海外经营树立了榜样。五矿集团坚持开放、包容的工作理念，以人力资源整合促进文化的融合，创立良好的对接交流机制。推进本土化经营是值得每一个跨国企业学习和借鉴的。

【思考题】

1. 是什么促进了五矿集团的发展?
2. 从哪些方面可以看出五矿集团"以人为本"的精神?
3. 五矿集团为什么要重用德国人?

【资料来源】

[1] http://baike.so.com/doc/5418190.html.

[2] http://wenku.baidu.com/view/0beb92303968011ca30091d8.html.

[3] http://istock.jrj.com.cn/article,600058,352836.html.

[4] 邢波. 跨国企业并购中的文化融合——以五矿集团为例 [J]. 中外文化企业, 2013.

[5] 张念, 肖荣阁. 资源企业跨国并购中的人力资源整合策略 [J]. 资源与产业, 2012.

# 中石化跨文化管理案例分析

**摘要**：石油是一种重要的战略资源。随着经济全球化、一体化进程的不断加快，石油企业进行国际化经营，在全球范围内配置资源，提升效益，推进发展，从事跨国生产经营活动，在跨越国界、进入他国的同时，也超越了民族、跨越了文化。因此，石油企业国际化经营必然将面对不同国家、不同组织、不同企业等不同文化体系带来的碰撞、摩擦，具体讲就是文化差异造成的。就国际化经营企业来讲，文化差异既有积极的一面，推动企业的发展；又有消极的一面，处理不当将会影响企业的正常运转。跨文化管理、实现企业文化融合正是企业国际化发展的需要，势在必行。

20世纪末，特别是中国加入WTO后，越来越多的中国石油企业积极实施"走出去"的国际化战略。石油企业在国际化经营发展中，走出国门，实现发展，面临新的形势、新的文化环境。同时，中石化石油企业所处国情、发展历程、企业文化具有一定的特殊性，从而使中石化石油企业跨国经营面临新的挑战。因此，加强跨文化管理研究，对于中石化石油企业并购重组、国际化经营，实现"跨文化"发展，促进企业文化的融合，具有重要的现实意义和深远的历史意义。深入总结自己多年海外跨文化工作经验，在对跨文化管理理论研究学习的基础上，以充分认识企业文化的重要作用为前提，从中石化石油企业文化的形成发展入手，研究了中石化石油企业文化的特征，与国外企业文化的差异，对四种文化管理模式系统分析、比较选择，从中石化石油企业跨国国际化经营的实际出发，探索出了具有中国特色的、适应石油企业的文化管理模式，并提出了跨文化管理、实现企业文化融合的对策，以促进我国石油企业国际化经营健康发展。

**关键词**：中石化；国际化经营；跨文化管理

## 1. 相关背景介绍

### 1.1 境外油气勘探开发

2013年，公司全年实现权益油气产量3 871万吨油当量，增长33.3%。探井、评价井成功率分别达到54.3%和80%，在巴西深海、哈萨克斯坦、安哥拉等项目勘探成果突出，阿根廷、安第斯、Addax 等项目滚动勘探增储显著，为下一步勘探部署和国际化经营油气生产奠定储量基础。

2013 年，公司成功收购阿帕奇埃及资产 1/3 权益、美国 Chesapeake 公司 MS 页岩资产部分权益，签署安哥拉 31 区块 10% 权益收购协议；开展资本运作及资产处置工作，顺利将俄罗斯 UDM、哈萨克斯坦 CIR 和哥伦比亚圣湖能源等项目权益注入石化股份公司，向中国台湾地区中油转让缅甸 D 区块 30% 权益，适时退出部分资源勘探潜力有限的项目。

## 1.2 境外石油工程技术服务

2013 年，公司全年在沙特阿拉伯新签 14 部钻机服务合同，合同额 14.8 亿美元，是迄今为止中国石化中标单个合同额最大的海外钻修井项目；成功签署墨西哥 EBANO 油田综合服务激励型项目合同，合同期 30 年。全年新签合同额 46 亿美元，完成合同额 29 亿美元。海外员工总数 27 208 人，其中中方员工 7 298 人、外籍员工 19 910 人。

## 1.3 境外炼化合资合作

境外炼化投资合作项目稳步推进，沙特阿拉伯延布炼厂项目、阿联酋富查伊拉和印尼巴淡岛仓储项目按计划施工建设。俄罗斯西布尔丁腈橡胶项目完成交割。中国石化润滑油新加坡项目竣工投产。对南非、巴西、柬埔寨等炼油项目开展联合境外炼化合资合作可行性研究。与蒙古国政府签署谅解备忘录，共同研究蒙古国煤制气项目的可行性，跟踪天然气富集国家的天然气化工项目合作机会。与一些国家石油石化公司探讨以中国石化自有技术为主的化工项目。

## 1.4 境外炼化工程技术服务

2013 年，公司全年在境外执行项目共 25 个，其中 EPC 总承包项目 9 个，施工类项目 16 个，国际项目执行能力进一步提升。全年新签合同额 34.59 亿美元，完成合同额 11.45 亿美元。在境外执行项目管理和作业人员 13 792 人，其中中国石化员工 1 481 人，国内雇佣及分包人员 6 526 人，国外雇佣及当地分包人员 5 785 人。

## 1.5 境内合资合作

2013 年，公司先后成立了中韩（武汉）石化有限责任公司、茂名石化巴斯夫有限公司、茂名新金明石油有限公司、重庆爱维化工有限公司 4 家中外合资企业，上海高桥丁腈橡胶项目、扬子石化苯酚丙酮合资项目、扬子石化碳九树脂合资项目、九江空分合资项目等取得了阶段性成果，实质性推动了福建古雷炼化一体化项目的进展。

2013年，公司与国内企业的合作得到了进一步加强，先后成立了南京实华油运船务有限公司、中国石化润滑油山东有限公司等中中合资公司，境内合资合作取得积极进展。

### 1.6 国际贸易

全年进口原油18 971万吨，原油第三方贸易9 500万吨。全年出口成品油798万吨，增长46.4%，成品油第三方贸易1 842万吨。中国石油化工集团公司全年实现设备材料、石化产品等国际贸易额31.3亿美元，增长14.7%。全年实现化工产品进出口和第三方贸易量832万吨，增长4.4%。催化剂销售方面，聚烯烃催化剂首次出口美国，乙苯脱氢催化剂规模地进入我国台湾地区，银催化剂首次实现出口，产品稳定供应大的国际石油石化公司，出口销售收入与上年基本持平。

燃料油优化资源采购，严格控制成本，努力扩大海外业务，经济效益良好，全年完成国际化经营销量617万吨。

## 2. 案例分析

### 2.1 中石化企业文化特征分析

#### 2.1.1 新时期中石化企业文化构架

石油企业传统文化，形成的鲜明的个性特征，是一定社会环境下的产物，也是历史发展的必然，它整整影响了几代石油人，对中国石油工业的发展起到了巨大的推动作用。伴随着世界经济全球化、一体化，石油行业所面临的环境正在改变，企业文化建设也必将随之改变。这不但是经济发展的需要，更是中国石油发展的需要。

#### 2.1.2 中石化企业文化的特征

(1) 准军事的组织文化。这是中国石化企业文化十分显著的特点之一。作为一个产业组织，与其他企业有很大的不同，在我国企业中除石油企业外没有一个更像军事组织。这是石油企业人员组成的特殊性决定的。这支队伍初期是由中国人民解放军19军57师成建制转业而来，此后大量的军队官兵转业到石油行业。多年来，他们在石油战线继续传承了解放军下级服从上级、服从命令听指挥的好传统。同时，他们的子女受父辈的熏陶和影响，多数在石油战线工作，传承了老一辈的优良传统和作风。在机构设置上，多年来一直沿用了部队的设置方式，直到现在，在基层组织中还保留了指导员、教导员这样的职务。使用的术语，还有浓重的军事色彩，如攻坚战、歼灭战、铁军、尖兵等也还十分流行。所以说，石油文化是军队文化与产业文化的结合体，是军队文化在国家建设时期的新发展。

（2）有效的"标杆"文化。"标杆"是指榜样，榜样的力量是无穷的，这是石油文化重要特征。石油工人的先进代表、家喻户晓的"铁人"王进喜，他的精神激励和鼓舞了几代人不怕困难，开拓进取，勇往直前，在祖国经济建设和民族复兴的伟大事业中建功立业。新时期，石油战线又产生了一大批在全国巨大影响的先进人物典型，如"新时期铁人"王启民、"铁人式的好工人"王为民、"新时代创业者"国梁等，他们是石油战线的先进代表，他们共同构筑了石油人的榜样群体。他们发扬铁人精神、大庆精神，在自己的岗位上兢兢业业、无私奉献、开拓进取，他们的精神始终感召、激励着百万石油大军积极投身于建设有中国特色的社会主义伟大实践中。

（3）传统的英雄文化。不畏困难，敢于亮剑，勇于亮剑，是石油人的品格。"石油工人一声吼，地球也要抖三抖"、"宁可少活二十年，拼命也要拿下大油田"、"没有条件创造条件也要上"、"哪里有石油哪里就是我的家"这些口号，是石油人奉献石油事业的真实写照，体现了石油人的英雄气概反映了石油人的"精、气、神"。以"有条件要上，没有条件创造条件也要上"的顽强斗志，以"石油工人一声吼，地球也要抖三抖"的创业豪情，以"北风当电扇、大雪当炒面"的革命乐观主义精神，以"三老四严"、"四个一样"的优良作风，克服重重艰难险阻，一举拿下了大油田，为中国经济建设和经济发展建立了不朽的功绩。现在看来也是令人肃然起敬。正是在一场场石油会战、石油创业中，石油人不畏艰苦、勇于拼搏的精神，使英雄主义同社会主义实践相结合，凝聚了中华民族传统文化的精髓，积淀了石油文化的历史底蕴，形成了具有中国特色的企业文化。

（4）艰苦的创业文化。纵观石油企业的发展，这一文化特征得到了很好的验证。石油工业初期，石油人"天当房、地当床、野菜野果当干粮"，在荒漠戈壁，在盐碱沙滩，在茫茫草原，在雪域高原，奔波奉献，工作环境与生活条件异常艰苦。对于南征北战的石油人来说，一生要经历无数次艰苦生活环境的磨炼、担负无数起艰巨的任务，也就是进行无数次的新创业，准备无数次的艰苦奋斗，练就成了一支敢打硬仗的队伍。复杂的地质条件，艰苦的生活环境，锻造了石油人的开拓精神；经济发展需要石油，强烈的事业心、责任感，锻炼了石油人承受能力和韧性；石油人"献了青春献终身，献了终身献子孙"，形成了石油文化敢打敢拼的特征。半个多世纪中国石油工业缔造的优秀石油企业文化，是石油人的精神支柱。

（5）融合型的多元文化。这是中国石化企业文化又一显著的特征。究其原因如前所述，19军57师成建制转业，每年大批的军队转业人员充实到石油行业，而军队官兵来自于全国各地；新中国成立前从事石油生产的石油工作者，新中国成立初期国外归来的爱国知识分子，全国各大石油院校毕业分配而来的大、中、专毕业生，全国各省区市的人几乎都能找到，他们为了一个共同的目标——国家经济建设需要石油聚集而来，他们来自不同地域、不同民族、不同行业，带来了不同的文化，他们以博大的胸怀，相互包容、相互支持、相互关心、相互帮助，共同生活在石油大家庭之中，不同的文化在油田的大熔炉里进行交汇、融通、再生。截至今天，石油人仍然转战南北，石油文化与不同工作区域的文化碰撞、共生。石油文化既是"多源"文化，又是多元文化。

（6）特有的政治文化。石油对于中国一直是带有浓重的政治色彩，石油是重要的战略资源，关系到国家安全。军队把"支部建在连上"，石油人把支部建在井队、基层队，大力开展思想政治工作。"把支部建在井队"一直沿用到今。这就在油田企业建立起严整的党组织体系，发挥了坚强的战斗堡垒作用，大大提高了团队战斗力、凝聚力，为石油工业的发展发挥了巨大的作用。今天，我们的每一个钻井队、作业队、采油队依然有指导员制度、思想政治工作制度。这种具有中国特色的石油企业制度，在我国经济快速发展的今天乃至今后将发挥不可替代的作用。在我国，石油企业作为国有企业，是中国特色社会主义的重要支柱，自觉贯彻落实国家战略，履行国企政治责任、经济责任和社会责任三大责任。

（7）独特的会战文化。这种独特的文化，是当时特殊的历史时期——石油工业基础差、技术力量薄弱的国情背景下形成的。而这种方式在资金匮乏、基础几乎为零的条件下，也许不失为一种好的选择，也是一种最佳选择，也可以说是不得已而为之。正因为如此，新老石油人的心里现在依然保留着会战的情结。从玉门到克拉玛依，从青海到四川……石油师人奔波在各自的岗位上，开展了一场场大会战。仅1970~1978年，我国组织了十多次集中优势兵力打歼灭战的石油大会战，如华北会战、长庆会战、辽河会战、淮阳会战等，其中大部分领导者是石油师人。在此期间，我国石油年产量突破了1亿吨大关，跨入世界产油大国行列，实现了中国石油人多年的夙愿。这个突破为当时我国石油工业以后发展奠定了牢固的基石。从胜利油田名称的变更也显现出了这一特色。1971年6月11日，"九二三厂"更名为"胜利油田"。1972年6月15日更名为"胜利油田会战指挥部"。1989年8月，经国务院批准，"胜利油田会战指挥部"更名为"胜利石油管理局"。

## 2.2 中石化与海外经营所在国的文化差异

20世纪90年代以来，全球经济技术一体化突飞猛进。世界经济在生产分工、科技、贸易、金融、投资等领域正逐步走向互相渗透、横向联合、广泛合作、利益共享的新阶段，整个世界经济成为统一整体。最好的公司是最善于合作的公司。在平坦的世界里，越来越多的工作要通过合作才能完成，不管是公司内部的合作还是公司之间的合作。理由很简单，下一阶段的价值创造，都将十分复杂，没有一家公司或部门能够独自胜任。中石化石油企业走出国门直面挑战，目前已在世界30多个国家和地区拥有油气业务，国际化经营已初具规模，参与国际竞争能力大大提升。在以更大的步伐走出去的同时，中石化石油企业也要认真总结经验教训，把握当今国际环境的新特点，正视企业文化建设的差异，加快跨文化融合的研究，促进国际化经营取得更大的发展。

## 2.3 中石化的海外经营战略分析

### 2.3.1 实施"走出去"战略分析

随着全球一体化程度的进一步加深和技术进步的不断加快，特别是近几年世界市场的石油、石化产品供给能力增长快于需求能力的增长，使世界石油公司间的竞争越来越激烈，巩固其在地域、业务、规模、市场份额等方面的优势地位愈加困难。谁能抢占这些方面的制高点，谁就能在激烈的竞争中，占据有利地位，立于不败之地。寻求强强联合、寻求优势互补、实现协调发展是达到这一目标的最佳途径。在全球一体化过程中，最引人注目的是大企业的兼并重组风潮，其中尤以石油石化企业波澜壮阔。第二次世界大战后，世界上七家大的国际石油公司，即埃克森（Exxon）、美孚（Mobil）、雪佛龙（Chevron）、德士古（Texaco）、海湾（Gulf）、英国石油公司（BP）和英荷皇家壳牌石油公司（Royal Dutch Shell），控制着苏联以外88%的石油产量，被称为"石油七姊妹"，又称"国际石油卡特尔"。20世纪末，全球在石油石化领域的企业兼并高潮迭起，仅1998年购并交易额就超过2 000亿美元，石油业购并额达到前所未有的水平。1998年8月，BP（英国）以563亿美元收购阿莫科（美）；1998年12月，埃克森以766亿美元收购莫比尔；1998年12月，道达尔（法）以446亿美元收购了菲纳（比利时）；1999年4月，BP—阿莫科以303亿美元收购阿科（美）；1999年7月，道达尔—菲纳以511亿美元收购埃尔夫等。这些重组活动，极大地改变了石油行业的景观，在原来十几个大型公司基础上形成了四个超级公司：埃克森—莫比尔、BP—阿莫科—阿科、英荷—壳牌、道达尔—埃尔夫。重组后的这些国际大石油公司竞争力大为增强。我国石油企业实施"走出去"战略，是我国发展外向型经济的一个重要组成部分，也是我国适应经济全球化的必然要求。

### 2.3.2 实施"走出去"战略的动因

石油作为世界第一大能源，是过去50年影响世界政治风云和经济发展的重要因素之一。确保石油安全，实现可持续发展已成为当今世界各国面临的共同问题。随着我国石油需求的不断增加，如何长期保障稳定的"经济血液"供给是我国未来经济安全必须面对的一个重大问题，也是关系我国国民经济快速健康持续的全局性问题。

（1）有利于促进我国石油"多源化"，保障我国石油安全。保障石油供应安全成为当今世界各国能源战略的核心内容。提高海外油气开采比例，降低本土油气开采比例，几乎是世界各国的共同战略。2012年10月24日发布的《中国的能源政策》白皮书称，近年来，中国能源对外依存度上升较快，其中石油对外依存度从21世纪初的32%上升至目前的57%，能源安全形势严峻。预计到2013年原油对外依存度可能达60%，而这一趋势在较长的一段时期内都难以改变。面对快速增长的石油需求和国内石油资源有限的矛盾，迅速提高的石油对外依存度和国家能源安全的矛盾，持续高位运行的油价和满足国内石油需求的矛盾，仅仅依靠国内资源是远远不够的。我国石油企业必须从保障国家石油安全和经济稳定的角度出发，积极推行"走出去"战略，利用两个市场、两种资源，从根本上保证我国的石油安全。

（2）有利于提高企业的经济效益，增强企业参与国际合作和竞争的能力。长期以来，石油行业作为国有企业，身份特殊。受计划经济的影响，石油企业经营依然没有完全与市场经济接轨，企业管理还具有计划经济色彩，不能适应国际化经营的要求，国际化经营人才相对短缺，经营管理机制亟待完善，管理方式相对粗放，企业办"社会"负担沉重，员工队伍冗员严重，都影响了企业的活力，不利于其国际竞争力的提高。这既有历史的原因，也有主观的原因。我国石油企业不能满足于在国内当"油老大"，而且国内资源赋存条件复杂，石油开采成本已经很高，因此，必须树立国际化经营理念，"走出去"与国际石油公司同台竞技，不断打造自己的核心竞争力，提升企业跨国经营能力，是提高企业经济效益的必然选择。

（3）有利于推动经济社会的可持续发展。由于资源匮乏，我国石油生产处于严重的赤字开采状态。国土资源部2008年5月公布的数据显示，我国石油可采资源量仅有212亿吨。在剩余探明可采储量中，低渗或特低渗、重油、稠油和埋藏深度大于3 500米的石油储量占50%以上，勘探开发难度极大。石油和化学工业联合会提供的数据显示，2012年，国内石油表观消费量达到4.92亿吨，同比增长5%，对外依存度达到57.8%，与上年相比提高1.27个百分点。国内原油表观消费量达到4.76亿吨，同比增长5%，增速较上年提高3.7个百分点。国内成品油（汽油、柴油、煤油）表观消费量达到2.76亿吨，同比增长3.4%，增速较上年下降2.2个百分点。中石油研究院发布数据显示，预计2013年中国石油表观消费量为5.14亿吨，同比增长4.8%；全年原油加工量预计约为4.89亿吨，同比增长5.4%。该院还预计中国2013年原油净进口量达到2.89亿吨，同比增长7.3%。另外，中国2013年天然气进口总量预计为530亿立方米，同比增长23.8%，液化天然气（LNG）进口量预计为1 650万吨，同比增长14.6%。中国石油企业"走出去"，对于推动我国经济社会的持续发展意义重大。

### 2.3.3 实施"走出去"战略的现状

20世纪90年代初,我国石油企业顺应世界石油工业发展潮流、开始探索国际化经营的路子。1993年,中石油成功中标泰国邦亚区块项目,实现"走出去"零的突破,中国石油公司进军海外市场序幕随之开启。我国石油企业包括中石化在内开始国际化经营,是从小到大、由弱到强逐步发展壮大起来的。第一步,"走出去"从小项目入手,初步了解跨国石油企业经营方式,熟悉世界石油行业规则,培养国际化经营人才,如科威特项目;第二步,进入低风险项目,如阿尔及利亚扎尔则油田提高采收率项目,进一步扩大国际化经营的规模;第三步,在积累了国际化经营经验、培养了大量国际化人才、具有一定量资金的基础上,进入比较高的风险勘探项目。"三步走"的战略,推进了石油企业在近20年里快速健康发展,四大石油公司名单开始频繁出现在国际石油市场并购项目,参与并购的资金数量也逐年放大,中国石化的份额和地位在国际市场上得到进一步确立。

2005年,中石化、中石油14.2亿美元收购加拿大恩卡纳石油公司;中石化并购哈萨克斯坦FIOC公司,与中石油联合收购厄瓜多尔Encana公司,与俄石油联合收购UDM公司。

2006年,中石化并购与ONGC联合收购哥伦比亚圣湖能源公司,中海油26亿美元收购尼日利亚南大西洋石油有限公司。

2007年,中石油41.8亿美元收购哈萨克斯坦PK公司100%股权。

2008年,中石化并购加拿大Tankayika公司、澳大利亚EP公司。

2009年,中石化收购瑞士Addax石油公司。

2010年,中石化收购R印sol旗下巴西子公司40%的权益、阿根廷OXY公司。

2011年,中石化收购GALP ENERGIA SA巴西子公司30%股份、加拿大Daylight公司。

2012年,中石化收购DEVON能源公司在美国五处页岩油气资产1/3权益的项目,以约15亿美元收购加拿大塔利斯曼能源公司英国子公司49%股份项目IH式交割。据有关报道,2012年中国海外油气权益产量首次突破9 000万吨,比上年增长了3%,并购金额也创历史新高。国企成为全球石油公司中最大的海外油气资产收购方。

## 2.4 胜利物探沙特阿拉伯队伍跨文化管理实践策略案例分析

### 2.4.1 案例简介

中国石化胜利物探沙特阿拉伯项目是中国石化集团公司在沙特市场成功中标并施工的第一个大型三维地震勘探项目,合同期为"3+1+1"年。项目施工中,招聘了来自沙特阿拉伯、也门、索马里、印度、尼泊尔、巴基斯坦等17个国家的700多名外籍队员，他们具有不同的宗教信仰、文化教育、风俗习惯和思维及行为方式，大部分队员信奉伊斯兰教，秉承的各种礼仪和禁忌很多，队员之间文化差异较大，存在文化冲突风险，因此进行跨文化管理十分迫切。

### 2.4.2 项目施工初期面临的跨文化差异和冲突问题

（1）多元价值观念的存在阻碍了队员之间进行有效沟通。来自十几个国家和民族的数百名外籍队员，接收不同文化的熏陶和感化，深深地打下了本民族的文化符号和烙印，形成了稳固的价值观念和思维方式，宗教信仰不同，风俗习惯两样，因此汇聚在一起工作，难免产生这样那样的问题。比如，来自沙特阿拉伯、也门、索马里、巴基斯坦等国家的员工，信仰伊斯兰教，禁忌猪肉和酒品，每天进行5次祈祷，而且时间观念差，纪律性不强，工作拖拖沓沓；而印度籍员工信仰印度教，忌食牛肉，英语流利；而中方人员时间观念强、守纪律、效率高等。不同的文化背景产生不同的价值观和行为方式，阻碍了相互进行有效沟通和理解。

（2）中方传统的管理方式面临挑战。项目运作初期，中方管理人员依然照搬国内的项目管理方式进行施工组织，仍然习惯性地以自我观念为中心进行生产管理和人员调派，很少考虑外籍员工的想法和习惯，这种雷厉风行的管理方式得不到外籍队员的理解和支持，阻碍了野外生产的顺利运行。

（3）不同语言之间存在交流障碍。数百名外籍员工，说着不同的语言，仅仅依靠英语无法完成交流沟通。为了安排工作，中方人员往往需要借助英语、阿拉伯语和丰富的手势让外籍队员们明白我方的想法，经常发生因为相互理解偏差而影响正常工作的事情。

（4）与国际规则接轨是一个巨大的挑战。沙特阿拉伯市场是全球公认的市场化最成熟、各项规则制度最科学、最完善、运作最规范、进入门槛最高的一个高端市场，他们编制了一整套科学规范的市场规则和项目作业实施程序，对承包商的技术、经验、人员英语水平等都给出了明确规定，全部符合要求才准许进入它的市场并承包项目，承包商任何一个小小的失误都可能造成严重后果。

（5）中方与当地供货商之间存在协调不畅的问题。项目施工中，中方选择了一些当地的专业供货商为我们提供物资供货服务，按照阿拉伯文化的传统和工作方式，他们的工作效率很低，时间观念不强，办事效率低，口头上经常爽口答应，但实际上急需的生产物资经常不能按期送达工地，影响了中方正常的野外生产。

（6）外籍队员文化水平低影响了工作效率。中方招聘的一些外籍队员比如沙特阿拉伯、也门、索马里、尼泊尔、印度等外籍员工，往往来自他们国家的边远贫穷地区，教育水平低，知识技能落后，语言交流方面存在障碍，因而影响了工作的高效率。

(7) 施工环境艰苦导致部分员工无法留下来工作。鲁卜哈利大沙漠环境极其恶劣，常年高温酷暑，降雨稀少，沙尘暴频繁，荒无人烟，工作生存条件艰苦，致使一部分外籍队员无法忍受而离开。人员更换频繁，影响了正常施工。

### 2.4.3 针对上述问题探索实施的跨文化管理策略

(1) 实施跨文化交流与融合，培育主流价值观念。中方人员主动学习阿拉伯文化，深入了解阿拉伯国家的政治、经济、文化、宗教、风俗习惯及社交礼仪方面的知识，在充分尊重他国文化、传统习惯和生活方式的基础上，实施跨文化交流与融合。一是搭建跨文化交流的有效载体，营造跨文化交流的良好氛围。晚上在营地组织外籍队员开展学习交流活动，定期举办汉语、英语和阿拉伯语学习班，在相互学习交流中实现多元文化有机融合。二是培育全体队员共同认可的团队文化。通过宣传中方与国际规则接轨的独特项目管理理念，将队员具有的不同看法最终统一汇聚成一个共同认可的主流价值观念，形成求同存异、相互包容、团结协作的团队精神。三是认真吸收阿拉伯国家的风俗习惯、法律法规和制度规范等有利因素，制定完善全体队员共同认可的规章制度，规范全体队员行为。四是统一着装、统一张贴标志、统一悬挂队旗、统一使用文档格式，形成行动统一清晰的表象文化，增强队员的集体感、认同感、归属感和纪律感，避免一盘散沙的局面。

(2) 认真选拔和招聘外籍员工，悉心培养成为生产主力军。在项目施工中，中方坚持本土化战略，尽可能招用当地的员工。由于当地人深谙本国文化及风俗习惯和行为方式，能够帮助中方顺畅地与当地部门打交道，不仅有利于增强东道国的信任感，也可最大限度地消除文化差异造成的隔阂。中方严格把关招聘工作，对于考试不合格者一律拒绝录用。合格人员进如项目后接受严格培训和教育，熟悉中方的企业文化、团队精神和管理模式，逐渐产生认同感和归属感，扎下根来安心工作。积极发掘外籍员工的潜在能力和特长，重点培养工作业绩突出的队员，安排到关键岗位，提高薪酬待遇。

(3) 真诚尊重员工的文化传统，宽容对待他们的思想行为。中方管理者坚持平等相待的管理理念来解释、评价和看待他国文化群体的思想和行为，坚决避免以中方的文化体系和价值观念去判断他国文化群体的倾向，坚持所有队员一律平等，真诚尊重每一位外籍队员的文化传统和价值观念，以宽容信任的心态对待外籍员工的思想和行为。尊重穆斯林队员的宗教信仰，为方便他们做祈祷在营地搭建了祈祷帐篷。每当伊斯兰教开斋节、古尔邦节等重大节日来临，中方人员为穆斯林队员购买活羊和礼品。中方队员坚决做到不喝酒、不吃猪肉、不用左手递物、不谈宗教敏感话题等。外籍队员工作失误，中方管理人员不怒斥、不指责、不埋怨，采取温和、宽容的方式，心平气和地耐心讲解，让当事人心服口服。

(4) 不断丰富外籍员工的业余文化生活，积极创造文体娱乐条件。营地内开辟了足球场、篮球场、羽毛球场和网球场地，制作了打扑克的桌子，配齐了扑克牌和各种球具，购置了健身器材，安装了多部卫星电视，架设了卫星通信无线网络，配置了举办舞蹈晚会使用的大型电子扩音器材等，每天收工回来，队员们可以自由组织球类比赛。重大节日期间，组织全体会餐，举办舞蹈派对，开展体育比赛活动，丰富队员文化生活，创造轻松活泼的生活氛围，增进互相了解和信任，消除文化隔阂和孤独感，振奋精神，激发斗志。

（5）营造全体员工积极参与班组事务民主管理的良好氛围。在生产管理方面，中方人员充分发扬民主，营造民主管理的良好氛围，激发调动全体队员积极参加班组事务民主管理的积极性。营地设置良言建策建议箱，鼓励队员积极提出合理化建议。坚持透明管理和决策公示制度，对关系员工切身利益的事情，提前征求员工意见，决策结果张榜公示。坚持召开班组每日例会，安排工作任务，解决矛盾问题，开展相互交流，实现班组事务民主管理。

（6）为全体员工展现聪明才智搭建活动舞台。建立了技术比武、技能竞赛、合理化建议、劳动竞赛、"好司机"评选、"优秀员工"评选等奖励机制，制定完善了各项激励约束制度，努力为外籍队员展现聪明才智创造条件，充分展现每个员工个人的价值。坚持开展"好司机"评选活动，及时兑现奖金，一大批驾驶技术高超、车辆维修技术超群的优秀司机脱颖而出，为野外安全、高效施工创造了车辆保障条件。一些工作表现一贯突出的外籍队员，被提拔到班组重要管理岗位上工作。由于个人的价值不断得到展示和认可，大部分外籍队员希望长期留下来工作，不愿离开。

（7）积极加强与当地政府部门进行有效协调和沟通。利用一切条件为项目施工创造良好的外部环境，积极主动地与当地政府部门、社会各界进行接触，开展交流与沟通，建立良好关系，获得他们理解认同信任和支持。同时，积极与当地供应商、劳务公司等加强业务交往，在互利合作的基础上建立长期合作关系，形成风险共担、利益均沾的双赢局面。努力与沙特阿拉伯边防部队、海岸警卫队加强来往和沟通，获得他们的理解与支持，确保项目在沙特阿拉伯、阿联酋、阿曼边界施工能够顺利进行。沙漠中放骆驼的牧人也对中方多次提供饮用水和燃料油的帮助，交口称赞，表示真诚感谢。

（8）实时掌握和解决外籍队员出现的心理困扰问题。不同文化背景的数百名队员工作生活在一起，难免出现这样那样的问题。比如，一些队员不知道如何与队友交往沟通，产生了自卑自闭、不愿交往、苦闷乏味、焦虑压抑、焦躁忧愁、睡不好觉等心理不健康病症。有些队员之间为了一些小事情产生小矛盾、小纠纷，影响彼此关系。有些队员来自同一个家族，团体势力大，对其他身单势薄的队员造成心理压力。这些问题不同程度地影响到队员们的心情和战斗力。如何解决呢？中方管理人员鼓励和激发队员敞开心扉，相互交流思想，融洽关系。中方人员带头，经常到外籍员工群体中聊天拉家常，了解他们的思想动态，掌握他们的所思所想和生活困难，及时帮助解决。鼓励外籍队员到中方宿舍内做客聊天。外籍员工产生心理困扰，中方人员及时帮助疏导，使其敞亮等等。

胜利物探沙特阿拉伯S62项目探索实施的跨文化管理措施，在实际应用中取得了良好效果。数百名多国籍队员和谐相处，斗志高昂，团结协作，心往一处想，劲往一处使，产生了巨大的战斗力，促进了项目安全高效运作，多次创出沙特阿拉伯勘探市场高产纪录，获得了甲方阿美公司的高度赞誉和嘉奖，在中东市场亮出了胜利物探"铁军队伍"的良好品牌和队伍形象。

目前，在西方的文化管理理论中对于跨文化的研究更多的是从日本、欧美企业出发。对中国的企业进行系统的研究，尤其是对石油企业这个特殊的行业的研究更少。对于已经实施国际化经营的我国石油企业来说，只能将其作为理论上的参考。国内对于跨文化的研究起步也较晚，对跨国石油企业的文化融合研究几乎是个空白。在借鉴了国外比较成熟的理论的基础上，对跨文化管理相关问题进行了更进一步的探索和研究。

【思考题】
1. 是什么堆积起了石油文化？
2. 实施"走出去"策略对我国有什么影响？
3. 如何将老一辈的石油精神延续到如今的石油市场？

【资料来源】
[1] 王海坡. 中国石化勘探队伍在中东市场的跨文化管理策略 [J]. 企业文化，2012（8）.
[2] 吕丽霞. 中石化国际化经营中跨文化管理研究 [D]. 中南石油大学，2013.

# 第三部分 外国企业篇

# 沃尔玛跨文化管理案例分析

> **摘要**：1996 年沃尔玛进入中国，但在中国市场却屡屡碰壁。不同的消费习惯决定了中美两国不同的购物方式，而美国并没有对两国的文化差异予以重视。此外，沃尔玛沿用原有的零售模式，必然导致其在中国受到严重的冲击。
>
> 1998 年 7 月，沃尔玛进军韩国零售业。美国依然复制其在本国的购物习惯，照搬了其惯用的仓储型经营模式，忽视了韩国的消费文化，未能真正掌握韩国人的需求导向。同时在销售管理方面也未能根据韩国国情进行适当调整。2006 年 5 月 22 日，沃尔玛正式退出韩国市场。
>
> 1994 年，沃尔玛收购了德国 Wertkauf 超级连锁店系统。在经营期间，沃尔玛未充分了解德国的文化和民情，导致德国人不能适应自己的企业文化，削减了企业的向心力，最后宣布全面退出德国市场。
>
> **关键词**：国际化；文化差异；需求导向

## 1. 相关背景介绍

### 1.1 沃尔玛百货有限公司介绍

沃尔玛百货有限公司由美国零售业的传奇人物山姆·沃尔顿先生于 1962 年在阿肯色州成立。经过 50 多年的发展，沃尔玛公司已经成为美国最大的私人雇主和世界上最大的连锁零售企业。

### 1.2 历史沿革

1950 年，山姆·沃尔顿开设了第一家特价商店。

1999 年，员工总数达到 114 万人，成为全球最大的私有雇主。

2014 年，沃尔玛公司以 4 762.94 亿美元的销售额再次荣登《财富》世界 500 强榜首。

### 1.3 公司宗旨

沃尔玛提出"帮顾客节省每一分钱"的宗旨，实现沃尔玛百货有限公司价格最便宜的承诺。沃尔玛还向顾客提供超一流服务的新享受。公司一贯坚持"服务胜人一筹、员工与众不同"的原则。

此外，沃尔玛对各项公益事业的捐赠上，不吝金钱、广为人善。有付出便有收获，沃尔玛在公益活动上大量的长期投入以及活动本身所具有的独到创意，大大提高了品牌知名度，成功塑造了品牌在广大消费者心目中的卓越形象。

### 1.4 企业文化核心价值观

#### 1.4.1 三大信仰

（1）顾客就是上帝。为了给消费者超值服务，沃尔玛想尽了一切办法，沃尔玛要求其员工要遵守"三米微笑"原则，尽量直呼顾客名字，微笑只能露出八颗牙，等等，正是这样，沃尔玛在顾客心目中留下了深刻的印象。

（2）尊重每一位员工。尊重个人，这是沃尔玛最有特色的企业文化。在沃尔玛，"我们的员工与众不同"不仅是一句口号，更是沃尔玛成功的原因。它真正的含义是每位员工都很重要，无论他在什么岗位都能表现出众。"我们的员工与众不同"这句话就印在沃尔玛每位员工的工牌上，每时都在提升员工的自豪感，激励员工做好自己的工作。

（3）追求卓越每一天。在追求卓越的口号的激励之下，沃尔玛有很多创新，销售方式、促销手段、经营理念、管理方法等，在细节方面更是如此，它第一次用了一次购足的购物理念，第一次在零售中用信息化管理。沃尔玛正是靠着它的超时代的企业文化，来建造21世纪的零售王国。

#### 1.4.2 经营法则

（1）日落原则。这是沃尔玛公司的标准准则，它指的是今天的工作必须在今天日落之前完成，对于顾客的服务要求要在当天予以满足，做到日清月结，即不要把今天的事拖到明天，其核心就是立即服务。这也要求沃尔玛的员工要时刻保持超强的体力做好加班完成工作的准备。

（2）比满意更满意原则。沃尔顿强调"要让顾客成为我们最好的朋友，微笑欢迎每一位有心光顾本店的顾客，提供我们所能给予的帮助"。如在商场入口处站立的礼仪小姐或迎宾先生，将顾客购买的商品由专人负责装进塑料袋等。

（3）公仆领导原则。沃尔玛公司的"公仆领导"始终把与员工沟通放在首要位置。他们为每一个员工服务，指导、帮助和鼓励他们，为他们的成功创造机会。因此，沃尔玛公司的诸位"公仆"，并不是坐在办公桌后发号施令，而是走出来和员工直接交流、沟通，并及时处理有关问题，实行"走动式管理"。他们的办公室虽然有门，但门总是打开着，有的商店办公室甚至没有门，以便让每个员工随时可以走进去，提出自己的看法。

（4）激励员工原则。为激发员工的活力与激情，沃尔玛每周六举行一次别开生面的展会，在活泼、愉快的气氛中表扬先进、发现问题、讨论解决问题的方案。另外，沃尔玛还非常重视对员工的培养与教育，利用业余时间在总部和各级商店开设各类培训班，并专门设有沃尔顿学院，为沃尔玛培养高级管理人员。员工处处可感到沃尔玛是一个团结、平等、向上、愉快的大家庭。

## 2. 案例分析

### 2.1 沃尔玛之在华失利

#### 2.1.1 在华失利案例概述

沃尔玛1996年进入中国，在深圳开设了第一家沃尔玛购物广场和山姆会员商店，沃尔玛希望将其在美国乃至欧洲的市场形成标准完全复制到中国市场上。十几年来，它坚持郊区化的发展战略，以强大、高效的物流配送系统为支撑，交叉发展三种业态。沃尔玛曾经预言："中国是沃尔玛在地球上唯一可以再单独创造1 000亿美元销售额的国家。"

然而，虽然沃尔玛和家乐福几乎同时进入中国，但是沃尔玛店面数量却远远落在了家乐福的后边。2010年度世界500强排行榜，沃尔玛以4 082亿美元位居第一名，而在《2010年中国连锁百强企业》报告中，沃尔玛仅以420亿元人民币位居第十名，沃尔玛在我国的表现与其在全球市场的霸主地位严重不符。

#### 2.1.2 在华失利案例原因分析

为什么这个拥有资金、技术、管理、规模等其他竞争对手不可比拟的零售巨头仍然会在中国市场屡屡碰壁呢？

不同的消费习惯确定了不同的购物方式。中国人的购物习惯不同于美国人，美国人因工作紧张，交通便利，周边购物条件不完善，习惯一次性在周末开车到卖场，采购1~2周的食品和用品。而中国消费者更多是冲动性购物而并非目标式购物，一次性购买量少但对商品的生鲜度要求高。不仅如此，中国消费者口味千差万别，统一采购的沃尔玛适应不了。

以山姆会员店为代表的零售模式受到挑战。山姆会员店曾经是沃尔玛风靡欧美的零售业态。然而，这种会员制、仓储式的销售模式的反馈却越来越不理想，沃尔玛不得不承认，这种业态并不适应中国市场，不得不将它改造成为流行中国的购物广场，并将选址从注重交通便利的近郊改在了城市的中心。

与家乐福和其他大部分超市不同，沃尔玛在最初是不收取进场费的，这种做法：一方面，在于赢得供应商的信任；另一方面，沃尔玛也期望供应商不至于将进场费摊薄到商品上，从而能够提供更为低廉的价格。但这套美国式的采购方式却在中国遭遇挑战。沃尔玛的一位高层主管这样说："在强大的中国供应体系面前，沃尔玛开始在强势的美国沃尔玛文化和中国现实情况面前调整摇摆，甚至自己都无法找到方向。"

### 2.2 沃尔玛之在韩失利

#### 2.2.1 在韩失利案例概述

1998年7月，沃尔玛趁韩国金融危机之时进军韩国零售业。从1999年7月至2004年9月，沃尔玛在韩国共开设了16家卖场，一跃成为韩国第五大零售商。

沃尔玛的低价模式在韩国市场确实取得了一定的成效，并使该公司在2000~2003年间盈利。但从2004年开始，沃尔玛出现亏损，2005年亏损额更是达到104亿韩元（1美元等于953韩元）。

2006年5月22日，沃尔玛将其在韩国的分店作价8.82亿美元转让给韩国新世界集团，从而正式退出韩国市场。

#### 2.2.2 在韩失利案例原因分析

沃尔玛因何会兵败韩国，被迫撤离呢？业内人士认为，沃尔玛选择的经营战略无法适应韩国市场最终导致了失败。

在经营方面，沃尔玛照搬了其惯用的仓储型经营模式，商品堆放高度达到3~5米，韩国人普遍对此不适应，而且沃尔玛卖场中生鲜食品较少，便利设施相对不足，这也不符合韩国人的购物习惯；与其相反，韩国本土零售企业卖场中货品陈列架的高度一般只有1.6~1.8米，副食、蔬菜、生鲜食品丰富，同时韩国零售企业还着力营造一种适合本国民众消费口味的"消费文化"，将餐饮和娱乐服务引入卖场，提供丰富的便利设施，"百货超市"型的经营模式为顾客提供了良好的消费环境。

在商品采购和销售方面，沃尔玛过于强调"低价"概念，在引入廉价产品的同时，忽视了商品的品质和多样性，卖场中的商品也多采取大量捆绑式销售，这都给韩国消费者留下了"商品种类不够丰富，并且以低价产品为主"的不良印象，自然很难受到他们的欢迎。

在管理方面，沃尔玛很少任用韩国人进入高级管理层，导致公司高层与普通员工间的融合难度加大。普通员工在工作中直接感受到的消费市场的细微变化难以很快传递到高层，致使沃尔玛很难在变化迅速的韩国零售市场抓住先机。同时，沃尔玛韩国公司的一些具体业务都要同总公司协商，决策效率低下，使沃尔玛很难跟上韩国竞争对手的步伐。

## 2.3 沃尔玛之在德失利

### 2.3.1 在德失利案例概述

1994年，沃尔玛收购了德国拥有21家商店的Wertkauf超级连锁店系统。在2007年第二季度，沃尔玛在德国遭受10亿美元的损失，导致了其在德国的惨败。

2006年7月28日，沃尔玛宣布将其德国的85家门店出售给麦德龙，宣布全面退出德国市场。

### 2.3.2 在德失利案例原因分析

沃尔玛复制其成功的美国经验时，忽略了经营以外的东西。比如，禁止主管与下属谈恋爱；沃尔玛在商店门口笑脸相迎，而德国人却可能认为其充满挑逗意味，同时也可能增加购物成本，这是沃尔玛犯的一个大忌。

此外，专家们发现，沃尔玛在德国市场经营失利还有许多"水土不服"的管理模式问题。比如，在沃尔玛的经营管理模式中，早点名、唱晨曲和集体训话是一个重要管理项目，但德国员工对此不适应。他们"宁肯躲进厕所也不愿意参加这种仪式"。"商场入口处站立的'礼仪小姐'或'迎宾先生'也让德国顾客感到'不舒服'"。更让沃尔玛感到伤心的是，他们提供的一项特殊服务：将顾客购买的商品由专人负责装进塑料袋，这本来应该是方便顾客且让顾客感到舒适的一项额外服务，但德国顾客却"不领情"。因为，在德国人开办的商店是没有这种服务的。顾客在那里要塑料包装袋是可以的，但前提是"请掏钱"。德国人这样做不仅是为了节约成本，更重要的还是出于环保的需要。结果，沃尔玛落得花钱吃力不讨好。

同时，沃尔玛不了解德国当地的文化。一个例子是，德国人很看重休假和正点下班。但沃尔玛为了扭转亏损局面却强令员工加班，这种管理方式既不符合当地法律和民情，也极大地削弱了企业的向心力。

## 2.4 沃尔玛之在日失利

### 2.4.1 在日本失利案例概述

日本是美国以外最大的零售市场，沃尔玛觊觎已久。2002年，沃尔玛通过购买当时处境困难的日本最大零售商西友百货公司37%的股份进入日本，沃尔玛对西友百货进行了全面改造，使其无论从店面外观上，还是货架摆设和货品内容上，都感觉很像美国超市。然而，西友百货旗下的连锁店经营状况一直欠佳。2003年净亏损5.2亿美元，2004年净亏损1.189亿美元。沃尔玛公司2014年10月30日宣布，将关闭日本30家业绩不佳的店面，缩小旗下日本业务规模。此举凸显沃尔玛在确保海外增长道路上困难重重。

### 2.4.2 在日本失利案例原因分析

沃尔玛之所以进军日本长期受挫，主要在于三大失误：

失误之一：简单照搬美国经营模式。在日本，沃尔玛复制其在美国成功的经营模式，采取了"天天低价 始终如一"的营销战略。其实，日本本土零售店也常常打折。从实际效果看，日本本土零售店对不同商品轮番打折的做法比沃尔玛的"天天低价"更有吸引力。另外，由于日本供应商极其强大，沃尔玛想采取美国模式，从供应商身上获取折扣以降低成本的策略也未能奏效。

失误之二：忽视日本市场特点和消费者习惯。日本不仅是一个零售业非常成熟的市场，而且是世界上人口密度排名第二的国家。在城市中，无论是闹市区、居民区、写字楼，还是车站，零售网点遍布。迎合了日本国民就近且少量多次购买商品的喜好。对十分挑剔的日本消费者来讲，品质是第一位的，食品尤其要新鲜。而沃尔玛的"天天低价"战略，反而使日本消费者有了"廉价商店"、"便宜没好货"的印象。再有，日本沃尔玛的领导班子中有美国人、英国人、加拿大人，唯独没有日本人。2004年，当时沃尔玛尚未掌握西友多数控股权，就主张西友总部裁员25%，包括各级经理在内达1 500人。大批解雇员工在日本是罕见的，加之由外国人来发号施令，自然引起本地员工和消费者的反感。痛定思痛之后，沃尔玛总结出一条教训：物美价廉并不总是真理。如今的沃尔玛已调整部分销售战略，如将高端产品摆上日本沃尔玛的货架。从前沃尔玛日本店只卖不到10美元的廉价牛仔裤，现在也卖35美元的中高档品。同时，沃尔玛还增添了更多的日本新鲜食品以吸引家庭主妇。这些策略已初见成效。

失误之三：对日本市场开发的难度估计不足。尽管规模巨大的日本零售市场具有很强的吸引力，但由于本土零售业相对成熟，加上法律制度的严格约束，经营场地十分有限，外资零售企业在日本确实难以有所作为。

沃尔玛作为世界零售业巨头，拥有其他竞争对手不可比拟的资金、技术、管理、规模，但在国际化的道路上仍需根据各国的不同情况制定恰当的战略，了解各国之间的文化差异，本地化策略正是它全球化扩张的一部分。只有充分的本地化，积极广泛地了解各国的文化背景及传统习俗才能链接为国际化经营的跨国企业，从"水土不服"到"入乡随俗"。沃尔玛在接下来的国际化之路上，必须在本土积累的丰富经验和长期形成的竞争力的基础之上，在实践中还要仔细分析，认清市场环境，慎重选择，同时还要不断学习和补充，这样才能做到知己知彼，形成新的竞争优势。

【思考题】
1. 文化差异对沃尔玛有多大的影响力？
2. 一个企业进入一个市场首先要尊重的是什么？
3. 如果沃尔玛一直不去改变它们的经营方法，也不知道了解其他国的文化是什么，那么沃尔玛最后的结果是什么？

【资料来源】

[1] 王孜. 沃尔玛在华本土化过程中的战略分析 [J]. 知识经济, 2012 (12): 7-8.

[2] 马晨. 沃尔玛的中国困境 [J]. 中国外资, 2011 (8).

[3] 章爱民. 跨国零售企业本土化经营战略——沃尔玛在中国给我们的启示 [J]. 黑河学刊, 2014 (1).

[4] 王琼楼. 沃尔玛战略定位及其在中国本土化进程的启示 [J]. 价格与市场, 2010 (8).

# 可口可乐公司跨文化管理分析

**摘要**：随着经济全球化趋势的加强，将有越来越多的跨国公司进入我国，也会有越来越多的国内企业采取与国外合资的方式求得发展经济的往来、资源的互换、人员的引进，都将打破本国的局限。来自不同国家的人员，在工作中必将伴随并形成文化上的交流、冲突和融合，对同一事物往往会产生不同的理解，因此跨文化管理的问题就成为这类企业中人力资源管理必须面临的实际问题。本案例是从企业面对国际化经营的环境入手，概括了不同国家和地区的文化差异，并分析了跨国企业可口可乐进入中国市场后的管理情况和中国管理现状的对比，进一步阐述了跨文化管理在跨国企业经营中的实验策略和有效手段。

**关键词**：可口可乐；国际管理；品牌本土化

## 1. 相关背景介绍

### 1.1 可口可乐在软饮市场的霸主地位

自可口可乐公司（Coca Cola Company）在1892年成立于美国乔佐治亚州亚特兰大，自此便与社会发展相互交融，激发创新灵感。这些依次展开的历史时刻精彩纷呈，成就了这个全球品牌的百年传奇，至今已发展成全球最大的饮料公司，拥有全球48%市场占有率以及全球前三大饮料的二项（可口可乐排名第一，百事可乐第二，低热量可口可乐第三），可口可乐在200个国家拥有160种饮料品牌，包括汽水、运动饮料、乳类饮品、果汁、茶和咖啡，亦是全球最大的果汁饮料经销商（包括 Minute Maid 品牌），在美国排名第一的可口可乐为其取得超过40%的市场占有率，而雪碧（Sprite）则是成长最快的饮料，其他品牌包括伯克（Barq）的 root beer（沙士）、水果国度（Fruitopia）以及大浪（Surge）。现在，它每天为全球的人们带来怡神畅快的美妙感受。目前，全球每天有17亿人次的消费者在畅饮可口可乐公司的产品，大约每秒钟售出19 400瓶饮料。目前为全球最大饮料的厂商。

## 1.2 国际化管理的可口可乐

可口可乐公司在其100多年的发展历史中,绝大多数时期都是作为国际化公司在全球范围内进行经营活动。目前,该公司在世界160个国家拥有分公司,在全球雇用了大约40万人。基于此,跨文化管理对于可口可乐公司就显得举足轻重,而可口可乐公司的跨文化管理案例也极为成功并具有代表性。可口可乐的名言之一是:"我们不仅仅需要对资金的投入,而且也需要对人的投资"。可口可乐国际人力资源管理战略核心是:雇用全球最优秀的管理人才,以保证公司全球经营绩效。为适应全球化发展的要求,可口可乐每年都要将300多名专业人员及管理人员从一个国家调往另一个国家,而且这种跨国调动的人数正逐年增长。可口可乐的一位人力资源管理部门的经理对公司的这种战略作了如下的评价:"最近我们得出的结论是,我们的人才必须多国化,再多国化……"为保证公司拥有足够的、可以适应全球竞争的优秀管理人才,可口可乐公司建立了自己的独具特色的管理人才"蓄水池"。公司要求其21个业务部门中的每一个部门,必须寻找、招聘和开发这样的管理人才,即使他们可能现在并不是急需的,但是他们未来必然是公司最需要的管理精英。一旦在全球某一个地区由于业务发展的特殊要求,需要这些管理人才的话,公司可以马上将这些管理人才安排到所需要的管理岗位上去。可口可乐公司的人力资源管理经理这样说:"用一句体育行话来说,我们公司必须有大量的强有力的'板凳队员',他们随时可以被委以重任。"在可口可乐经营战略中,对未来人力资源来源状况的预测是整个战略的组成部分,其中也包括公司制定的人员招聘与雇佣甄选标准。例如,公司期望应聘者一般都能熟练掌握两门以上的语言。这种对国际化的强调,在可口可乐高层管理机构中表现得非常明显。例如,公司总裁罗伯特·戈杰塔就是一位出生在古巴的美国人,在公司21人的董事会中,只有4人是美国人。

## 1.3 可口可乐公司宗旨

向市场及广大的消费者提供质量稳定可靠的产品,向客户提供满意服务,争取更多的客户和消费者的信赖。

## 1.4 发展理念

### 1.4.1 积极健康的生活

"通过为人们创造品种丰富的饮料产品,提供产品营养信息并对消费者进行健康教育,以及支持体育运动,我们帮助人们享受积极健康的生活。"

### 1.4.2 社区

"我们是全球企业,但是我们植根于每一个所运营的社区。通过以发展经济、提高生活水平、创造机遇为目的的多样化社区项目，我们致力于促进本土社区的可持续发展。"

### 1.4.3 工作场所

"像所服务的多样化市场一样，我们为员工建立开放的工作环境。我们提供一个健康和安全的工作场所，我们遵循国际认可的人权准则，我们努力造就一个能够激发员工创造优异结果的环境。"

### 1.4.4 气候保护

"我们志在成为饮料行业在能源节约和气候保护上的领导者。我们承诺业务增长的同时，不增长生产运营中的碳排放。"

### 1.4.5 可持续包装

"我们对世界有个愿景，我们的包装材料能够被作为有价值的资源，得以回收供未来使用。通过减少使用、回收和再利用，我们在包装材料的循环利用中创造价值，并正在将我们的愿景转化为现实。"

### 1.4.6 水资源管理

"我们致力于负责任地管理水资源。我们的目标是向大自然和社区安全地返还等量于我们在产品和生产中所消耗的水资源。"

### 1.4.7 可口可乐流线型瓶设计

可口可乐瓶身的设计者也聪明的多。1915年瑞典设计师 Alex Samuelson 为公司设计的流线型瓶身虽然没要版权费，但要求公司每卖出一瓶可口可乐，就给他一美分。从此滚滚财源如滔滔江水般绵绵不绝，他也过上了每月收到可口可乐公司邮寄支票的日子。

## 1.5 可口可乐开拓中国市场

可口可乐打开中国市场的第二步是"傍大款"——和中国有特权的中资公司合作。1978年12月13日可口可乐与中粮总公司达成协议，采用补偿贸易方式提供可口可乐制罐及装罐、装瓶设备，在中国设专厂灌装并销售可口可乐。可口可乐公司还"一女多嫁"，同时与中信集团属下的中萃公司合作罐装生产可口可乐。合作之初，可口可乐采取的是以退为进的策略，不求控股，只要生产销售可口可乐，哪怕只占很小的股份，也尽快达成合作。与此同时，依靠品牌的强势，逐渐蚕食中国大陆的市场，将中国本土的可乐品牌，诸如天府可乐、黄山可乐、太平洋可乐等竞争品牌一一打败。

可口可乐一直致力于打造庞大的饮料帝国，旗下生产的不仅有雪碧、芬达等碳酸饮料，还有果汁饮料（美汁源、酷儿）、草本饮料（健康工房）、茶饮料（茶研工坊）、饮用水（水森活、冰露），乃至维他命饮料（酷乐仕）。可口可乐采用多品牌战略对饮料市场全面覆盖，2008年可口可乐曾拟收购中国本土最大的果汁生产企业汇源，但因中国商务部反对收购而流产。

20世纪80年代末，中国的民族饮料"健力宝"曾以"东方魔水"的美誉向可口可乐发起过挑战，终因产权问题而含恨退出了市场。进入21世纪，中国的草本饮料凉茶"王老吉"在中国大陆的销售一度超过了可口可乐，但因商标纠纷，广药集团和加多宝争夺"王老吉"商标撕破了脸，合作破局，而最终获益的还是可口可乐这样的国际饮料巨头。

## 2. 案例分析

### 2.1 可口可乐公司在中国分支管理理念的冲突

作为一种多文化机构的跨国企业，必然会面临来自不同的文化体系的摩擦和碰撞，处于不同文化的经理人有不同的思维方式，习惯作风等差异。可口可乐有限公司的中美管理者对计划、创新、民主等方面有显著差异，在制订计划方面，中方管理者往往凭借以往经验的主观判断制订，计划的制订并不十分严格，有事完不成就算了，而美方管理者制订计划讲究科学方法，充分收集相关数据，应用统计运筹等数学方法选择最优方案。并认为计划是为实行而制订的，一定要可行且讲究实际，一旦制订必须完成。

在创新方面，中方管理者比较保守，喜欢墨守成规，在万不得已的情况下才进行创新；而美方管理者虽然不喜欢标新立异，但绝不压制个人创造力，如觉得合理可行便愿意变革创新。

在民主方面，中方管理者很少听取多方意见，有时独断专行，而美方管理者则提倡民主，不主张下级对上级盲从，认为人人平等，鼓励员工提出不同意见。

### 2.2 员工内部沟通障碍

处于不同文化背景的人们对时间、空间、风俗习惯、价值观、友谊等的不同认识，以及其情感活动的内容、方式、格调、倾向等方面的格格不入，加上一些语言和非语言的沟通方式不同，往往会加深沟通的难度或导致沟通误会。中国文化价值观强调人与自然的和谐相处，要求"天人合一"，美国文化教育则倾向于人类应该努力顺应自然，以积极的态度对付自然界。由于两种文化传统的不同，在可口可乐公司对中国的管理上常会因文化的差异而导致沟通障碍。在美国人眼里，中国人自尊又谨慎，过分强调信任和尊严，是最难谈判的对手和最难理解和适应的人；而在中国人眼里，美国人积极进取，不断创新，务实，但是过于注重金钱和实利，缺乏人情，基于双方文化价值观念的不同，对以后的沟通和交往造成障碍。

对此，可口可乐公司制定了一系列对策。

#### 2.2.1 "知己知彼，百战不殆"

要理解他文化，首先必须理解自己的文化，理解文化如何影响员工的行为。这种文化的自我意识，使得在跨文化交往中能够成为识别自己文化和他文化之间存在的异同的参照系。

#### 2.2.2 深入研究

有效地跨文化交流，不仅要了解双方所在的大背景的特点，包括语言、思维方法、世界观、价值观念、风俗习惯等，还要了解各自所在文化环境中独特的文化特色；了解环境、目的对双方企业文化的影响；了解企业决策人的文化特征、双方的价值观、对方交流的特点等。

#### 2.2.3 例行会议

为了在中方和法方之间建立永久的双向信任机制，公司在日常管理中制定一系列的鼓励双方进行开放式沟通的措施。建立定期例会制度，每周一次小例会，给予各部门经理和员工之间互相交流的机会。每月一次跨部门的大例会，由经理以上高级管理人员参加，使不同部门之间的想法能够充分融合。

### 2.3 可口可乐公司在中国跨文化管理分析

#### 2.3.1 可口可乐产品包装文化

可口可乐在中国用玻璃瓶、塑料瓶不同材质的包装是为了满足不同的消费需求。还针对中国人过年过节的需求，推出了大瓶包装，符合中国人喜欢欢聚的文化特点。可口可乐作为北京奥运会的赞助商，在奥运期间推出了其珍藏版包装设计。

#### 2.3.2 广告宣传文化

可口可乐在电视上宣传，都采用贴近中国生活的情节，并请中国人熟悉的明星代言，这样更有感染力，深受广大消费者喜欢。

在中国传统节日"春节"时期，可口可乐在刘翔代言的回家篇广告中，根据中国传统习俗，推出了"阿福""阿娇"的形象，让消费者倍感亲切，深受消费者喜爱。

可口可乐的品牌成功秘诀何在？重要原因之一就是其公司管理上的国际化和国际化经营中的本土化战略。如今的可口可乐已经成为一种全球性的文化标志，但是在风靡全球的同时，可口可乐仍然保持着清醒的头脑，没有固执己见地一味传播、销售美国观念，而是在不同的地区、文化背景、宗教团体和种族中实施分而治之的策略，比如可口可乐公司"Can't beat that feeling"的广告口号，在日本改为"我感受可乐"（I feel cola）；在意大利改为"独一无二的感受"（Unique sensation）；在智利又改成了"生活的感觉"（The feeling of life），广告信息始终反映着当地的文化，在不同时期有不同的依托对象和显示途径、生成方式，无一不是随着具体的时空情境来及时调整自身在文化形态中的位置。换言之，可口可乐的本土化随处可见。

随着中国经济和世界经济逐步一体化，企业国际化经营已经成为不可避免的趋势。当前，越来越多的外资企业来到中国，并且国内的企业也正在走出国门，如何进行有效的跨文化管理已经被越来越多的跨国企业所重视。

在经济全球化的过程中，跨文化冲突不可避免，对此要保持清醒的认识。只要我们正视文化差距，采取有效的方式和方法缩小差距，那么跨文化冲突就能够得到有效的化解。

## 2.4 可口可乐公司国际环境分析

作为拥有115年悠久历史的可口可乐公司，是美国文化的象征：活力、自由、民主、流行、时尚……而中国市场潜力巨大，已成为可口可乐全球除美国、墨西哥、巴西、日本以外的第五大市场。为了让消费者更容易接受其产品，从而更迅速地接近和拓展当地市场，可口可乐一直坚持"本地化思维、本地化营销"，使可口可乐凸显出中国特色：比如为中国市场研制的"天与地"果汁和矿物质水品牌、喜气洋洋的"大阿福"、12生肖卡通罐、奥运金罐等，让可口可乐的品牌更深入人心。其实像微软、摩托罗拉、诺基亚等许多国际品牌在进入中国市场的时候，都采用了本土化策略，可见，正是由于企业文化的差异，使跨文化管理和本土化策略成为现代企业管理的发展趋势。

【思考题】
1. 可口可乐公司在中国采取什么样的营销战略和营销方式？
2. 可口可乐公司怎样应对中外文化差异？
3. 如果你是可口可乐公司的人力资源经理，你会怎样培训中国员工？

【资料来源】
[1] 于俊秋. 克服跨国公司中的管理障碍，做好跨文化管理 [J]. 中央财经大学学报，2004（1）.
[2] 龙建辉. 企业跨文化管理探析 [J]. 江西社会科学，2003（6）.
[3] 范静，秦霖. 跨国公司文化管理 [J]. 商业研究，2004（1）.
[4] 储冬红，郭睦庚. 经济全球化下的人力资源管理策略探析 [J]. 科技与管理，2004（1）.
[5] 张素峰. 国际化经营与跨文化管理 [J]. 长江论坛，2003（4）.

# 迪士尼跨文化管理案例分析

> **摘要:** 伴随着世界经济一体化进程的不断发展,跨国企业在国际大舞台上风起云涌,世界范围内跨文化的经济合作日益频繁,跨文化管理成为各大企业成功经营的必然宿求。由文化差异给企业带来的碰撞和冲突日益彰显,本案例通过对迪士尼在日本和法国的跨国经营成败的分析,从正反两方面来探析迪士尼公司跨文化管理策略,从而对跨文化管理有更加透彻的理解。
>
> **关键词:** 文化差异;娱乐;日本;巴黎;战略

## 1. 相关背景介绍

### 1.1 行业基本情况

#### 1.1.1 2009~2011年全球娱乐行业排名

迪士尼公司在2010年超越时代华纳公司跃居全球娱乐业第一,新闻集团与时代华纳退居其后。受全球金融危机的后续影响,娱乐行业总体排名下降,收入减少。

#### 1.1.2 普华永道《第14期全球CEO年度调查》

报道指出,相比于其他行业的领导者,娱乐及媒体行业的CEO们对未来3年收入增长的预期持审慎态度。这种态度反映出此行业正在进行深刻的变革。竞争带来的威胁使娱乐行业的CEO们更强调消费者需求变化和行业动态对他们所制定策略的影响。

### 1.2 公司历史沿革

迪士尼乐园于1955年开幕,此后,在美国和海外又陆续开了5家,分布在4个国家和地区的迪士尼主题公园。2005年9月12日,中国香港特区迪士尼乐园成为中国第一座迪士尼主题公园,而迪士尼公司已落实计划在中国上海市川沙镇建设另一个主题公园,唯名称或许不再以"迪士尼"相称。截至2010年3月,美国加利福尼亚州、佛罗里达州、法国巴黎、日本东京、中国上海、中国香港6处地方建有迪士尼乐园。

在五大乐园中，位于美国佛罗里达州奥兰多的迪士尼面积最大，有12 228公顷；中国香港迪士尼乐园最小，占地126公顷，仅为佛罗里达州的1%。迪士尼的4个海外分号中，目前只有东京迪士尼的盈利是最好的，从1983年开业至今的33年间，年年盈利；巴黎迪士尼经过多年亏损后，终于在2008财年盈利约1 620万元人民币；而中国香港迪士尼虽然并没有对外界公布过盈利状态，但外界估计其从2005年9月开园以来，已经连续11年亏损。

即使如此，迪士尼公司仍然可以从中国香港迪士尼获得管理费以及经营酒店的收益等，中国香港特区政府方面却背负沉重的亏损包袱。中国香港特区政府的投资，预期最理想可在2029~2030年达到收支平衡，但若旅游业发展未如预期，则需至迪士尼开幕后40年，即在2044~2045年度才有望回本。

### 1.3 迪士尼核心企业文化

#### 1.3.1 优质、高效、细致的服务

迪士尼公司在工作中非常注重细节，把每件事做到细微的地步，正是由于这种文化，让每一位游客感到舒心、放心，让迪士尼乐园在世界各地经营管理成功。

#### 1.3.2 庞大、严谨的营销策略

迪士尼乐园在营销管理策略、灵活定价策略、服务制胜策略上很有特色，每年都要做市场调查分析游客需求变化，借此找到公司创新发展的关键点。

#### 1.3.3 安全、礼貌、表演、效率为主线

在面对突发事件必须作出及时判断与行动的时候，在丰富顾客服务的内涵，并恰当地融入个性化的自我表现时，这四个原则成为员工们遵循的基本原则。

#### 1.3.4 快乐等于财富

快乐是没有国界的，迪士尼在企业文化的内涵中和实践中，把员工的快乐和游客的快乐结合起来，形成了创造快乐和享受愉悦的良性循环。

### 1.4 主要人物

艾斯纳在迪士尼公司任职的10年中，迪士尼的年收入已由1984年的10亿美元，上升到1993年的85亿美元，可谓成绩斐然。迪士尼前任总裁就曾说过："自从他们（艾斯纳）来了，从没走错一步，犯过一个错误，从未失败过。从而很容易让人以为他所做的任何事情都是完美的。"对于自己的成绩，艾斯纳尤以东京迪士尼的成功深感自豪。这个迪士尼乐园仅在1993年一年中，接待游客量的数目就超过了同期加利福尼亚州和佛罗里达州两个公园的游客量总和。美国和

日本迪士尼的良好业绩，使艾斯纳决心进军欧洲市场。经过一番仔细地研究和准备后，巴黎城外的欧洲迪士尼诞生了。

## 2. 案例分析

### 2.1 东京迪士尼：出师告捷

#### 2.1.1 案例概述

迪士尼主题公园在美国本土大获成功，使得公司管理层考虑将主题公园扩展到海外，并以此作为向全世界传播美国文化的一种方式。1982年迪士尼以特许经营方式与日本东方地产公司签署了在日本东京建立迪士尼主题公园的协议。东京迪士尼主题公园成为日本人所接受的一个最有吸引力的游乐场，获得了巨大的成功。1987年，主题公园接待了100多万名日本儿童，利润收入非常可观。

#### 2.1.2 东京迪士尼成功原因

（1）语言。在东京迪士尼乐园，可能是日本语言和英语存在了明显的区别，日本人讲英语在世界上是出了名的难听，在日本东京的迪士尼乐园，每一个路标都是英语和日语标注，使得在保持美国文化味道的同时，对日本的民众提供更多的照顾。

（2）文化归属感。东京迪士尼乐园之所以这么成功，很大一部分原因就是在文化归属感方面，日本人对于美国文化有一种强烈的崇拜之情。由于在第二次世界大战后，美国帮助日本迅速崛起，迪士尼公司在市场调查中发现，每一个日本人心中都有一个美国梦，迪士尼乐园作为美国文化的重要象征，自然门庭若市，迅速收益，取得巨大成功。即使没有这样的历史渊源，迪士尼公司在日本的成功也是必然的，因为日本民族还有一个特性就是特别善于吸收外来文化，善于将本国文化和外来文化融合。

（3）生活习惯偏好。东京迪士尼乐园对日本人民来说，可谓十分贴心。迪士尼根据日本东京冬天异常寒冷的情况，在设计东京主题公园时就加上了等候区域，以便日本游客在寒冷的冬天可以在这个区域等待游程。同时，考虑到介绍美国家庭风格的迪士尼节目不一定能得到日本人的认同与接受，因为美国和日本毕竟是具有不同文化的国家，美国人喜欢的东西可能并不是日本人喜欢的，因而迪士尼为日本主题公园准备了特殊的动画电影和电视片，并在主题公园内销售日本风味食品。

（4）建筑形式。东京迪士尼公园则在建筑布局上进行了一些改动，如将主街命名为"世界市场"，将"拓荒天地"更名为"西方乐土"，按照日本流行的一些历史传说将"爱丽斯仙境"加以改造。加入了当时在日本流行的"鬼屋"体验等。

日本东京是迪士尼在亚洲开办的第一家海外机构。其异域文化的神秘色彩对日本市场具有强烈的吸引力和感召力，为迪士尼乐园成功开发海外市场实施跨文化经营奠定了重要基础。

## 2.2 巴黎迪士尼：兵败"滑铁卢"

### 2.2.1 案例概述

几十年的发展壮大并在海外首站东京出乎意料的巨大成功，使迪士尼管理层决定，选择交通和地理条件都很优越的浪漫之都——巴黎，作为欧洲迪士尼落脚点，并在1990年动工，于1992年4月正式开幕投入运营。然而，它在一开始就面临许多意想不到的问题，比如游客人数比预期少10%；每名游客的人均花费比在日本少一半；法国当地媒体对迪士尼的负面报道，使公司的公众形象不佳；一些工作人员抵制迪士尼的管理风格及服饰规范等等。这些问题使欧洲迪士尼乐园经营入不敷出，赤字频传。每日亏损额高达100万美元，截至1995年年底，巴黎迪士尼乐园共亏损25亿美元。

### 2.2.2 巴黎迪士尼乐园失败原因

（1）语言。在法国巴黎的迪士尼乐园，公司要求员工都讲英语，我们知道，90%的法国人是会英语的，但是，他们在实际生活中运用确实很少，因为在他们心目中法语才是最美的语言。因而在员工方面，迪士尼公司就没办法令员工具有归属感，甚至出现强烈的抵触情绪，导致员工效率低下，他们的情绪直接导致的是不能在迪士尼找到快乐，迪士尼自然会门庭稀落。

（2）文化归属感。首先，法兰西民族向来自认为是具有高贵血统的民族，优雅是整个民族的特征，因而法国人民在本质上对于美国的文化是不认同的。法国人认为，美国这样一个由殖民者开拓的国度，历史浅短，毫无根底。法国人对于法兰西文化具有强烈的归属感。因而，迪士尼想要将所谓的美国文化，在同属西方文化的大背景下，简单复制到法国完全行不通。更重要的是，美国在法国征用大量土地，完全忽视了法国人民拥有的"安土重迁"的民族情愫，加上媒体的炒作，在建造期间，迪士尼在法国人民心中就留下了不良的印象。

（3）生活习惯偏好。法国人民特别讲究生活品质，特别在饮食方面，是举世皆知的世界三大烹饪王国之一，在西餐中，法国菜可以说是最讲究的。法国人爱吃面食、善饮，对菜肴和酒的搭配尤其讲究。但是欧洲迪士尼开业初的饮食安排等都照搬美国模式，乐园内的美式餐馆早餐只提供羊角面包和咖啡。另外，迪士尼公司还忽略了酒文化在法国的重要地位，坚持在乐园中禁止酒文化的流行。更为严重的是，在巴黎，这个世界服装之都，迪士尼还是按照自己一贯的企业文化，禁止当地员工上班时穿牛仔裤和文身。迪士尼公司没能够知道，不同于美国人习惯直接订房，75%的欧洲人更愿意通过旅行社订房，在运营方面，增加了由旅行社支付的很多额外开支。对这一切细节的忽视，对迪士尼公司可谓是一个重创。

(4) 建筑形式。众所周知，埃菲尔铁塔、凯旋门、罗浮宫、巴黎圣母院等，都是法国建筑的象征，从古罗马式、哥特式等建筑形式发展至今，法国人民有着自己的建筑风格偏好，这是法兰西文化的象征、悠久历史的写照，法国人强烈的民族自豪感对建筑风格有着一种强烈的归属感。迪士尼公司在巴黎建造乐园时，将美国的建筑风格原封不动地复制，这样一种异域建筑风格给法国人民的心里造成了严重的冲击，不认同、排斥情绪滋生。

### 2.2.3 巴黎迪士尼的改进

从1999年开始，对乐园的经营进行了多项"文化调整"，包括：将乐园更名为"巴黎迪士尼乐园"，从心理上寻求法国人民的认同感。同时，于1993年1月正式宣布更换美国籍总经理，由法国人菲拉普·布斯尼担任总经理，把美式的管理转换成完全法国化，并增加欧洲籍的管理人员等，采取了诸多措施，才使身陷亏损泥潭达10年之久的"巴黎迪士尼"终于在2002年有了第一次盈利。

## 2.3 迪士尼在东京和巴黎对比分析

通过迪士尼公司在日本和巴黎的成败比较，可以发现，在跨文化管理中，有这样一条核心原则：入乡随俗。没有哪一种民族文化可以强大到被另一个民族接受。入乡随俗，首先在姿态方面就体现了对本土文化的尊重，更加具有亲和力。然后，文化有一种的传承、内化的特性，在跨文化管理方面，最重要的就是将传承的企业文化和当地文化完美融合，进行内化。在迪士尼乐园，员工是将快乐传递给顾客的媒介，即员工文化的传承、内化十分重要。有一句话是这样说的，人力资源管理的最高境界就是文化管理，因而，文化管理的重要体现就在于人力资源的管理。迪士尼大学的存在，就着重体现了迪士尼在自己企业文化的传承，将迪士尼文化渗透到员工心里，再向各个地区的迪士尼乐园输出人才，这样保证了迪士尼企业文化的传承。而且注重启用当地员工，这样就使得本土文化在迪士尼乐园内得到了很好的融合。跨文化管理最重要的是该企业的文化是被大家所认可和普遍接受的。可以发现，迪士尼以"为顾客创造快乐"为企业核心文化内涵，是每一个人的生活诉求，简单一点说，就是市场份额巨大。尤其是随着城市化进程的加快，现代人的工作、学习压力都十分巨大，这样一个创造快乐的地方，自然就受到大家追捧。最后，迪士尼公司具有强大的品牌效应，品牌也是一种文化体现形式，因而，对于一个强大的品牌，在文化管理方面，要以企业文化为核心，辅之以当地文化。但是一些没有品牌效应的企业或者是新晋企业，就应该以当地文化为核心，辅之以企业文化。在这个层面上来说，这时的企业文化，更多要体现在一种进步的社会思潮、高度的社会责任感方面，这样才能更加具有吸引力。

## 2.4 迪士尼的迅速发展扩张

迪士尼乐园于1955年开幕，此后，在美国和海外又陆续开了5家分布在4个国家和地区的迪士尼主题公园。

当迪士尼乐园主席迈克尔·艾斯纳来到迪士尼时，这个以米老鼠和唐老鸭而名噪一时的公司正处于江河日下、无力回天的境地。沃尔特·迪士尼公司是从一家不起眼的小公司发展成为20世纪90年代娱乐业的巨头的。但是在艾斯纳上任之前的3年里，公司收入巨跌，而在他领导下，公司财源滚滚，收入翻了九番。曾被银行投资家们嘲弄为长期业绩不佳的迪士尼一跃成为华尔街的骄子。

## 2.5 迪士尼跨文化管理的借鉴

然而，对于其国际化发展进程而言，不同国家的文化差异却也成为迪士尼继续前行的阻力，其核心价值观在其他国家也有受到冲击的危险，造成"水土不服"而削弱国际竞争力。

任何一家跨文化经营企业，在国际化进程中，在对待文化差异方面都可以从中得到如下借鉴和启示。

### 2.5.1 跨国经营必须充分重视跨文化管理

伴随着世界经济一体化和区域经济集团化的不断深化，企业经营的国际化已经成为不可逆转的时代潮流。有效的跨文化管理是企业在国际市场上竞争成功的关键。迪士尼的跨国经营历程，凸显了认识文化差异、克服文化冲突、进行高效跨文化管理对企业跨国经营的重要性。跨文化管理是跨国经营面临的重要挑战之一，跨国经营必须充分重视跨文化管理。在跨国经营中，如果企业缺乏跨文化交流和管理的知识和技巧，就经常会产生文化冲突，影响工作效率，增大企业内耗。文化差异导致文化冲突，接连导致企业人际关系紧张、沟通受阻、领导者的错误反应、管理失效以及企业运作效率降低等一系列问题，最终可能使企业的运作失败。反之，如果企业能有效地进行跨文化管理，那么，跨国经营所面临的文化多元化和复杂性，不仅不会给企业带来损失，反而可能给企业带来诸多优势，增强企业竞争力。

### 2.5.2 准确的市场调研，确立目标市场

跨国企业在进军异域文化地区时，要先对这个市场的文化背景进行调研，并在掌握东道国政治、经济、文化、法律等环境信息的基础上，通过对本组织文化优劣势分析以及消费者需求心理调查等，来分析文化差异。通过对文化间差异的仔细比较，识别当地市场的文化偏好，以增强企业对市场的应变能力，更好地满

足消费者的需求。

### 2.5.3 进行行之有效的跨文化管理

企业进行有效的跨文化管理，可分为三个步骤。第一步是识别文化差异。由于文化冲突是文化差异引起的，文化管理者首先只有在识别和区分文化差异才能采取有针对性的措施。因此必须对文化差异进行分析识别。第二步是文化敏感性训练。文化敏感性训练是为了加强人们对不同文化环境的反应和适应能力，促进不同文化背景的人们之间的沟通和理解。第三步是建立共同价值观和公司文化。它有利于减少文化冲突，使得每一个职员能够把自己的思想与行为同公司的经营宗旨结合起来，也使得母公司与子公司结合得更为紧密，同时又能在国际市场上建立良好的声誉，增强跨文化企业应付文化环境变迁的能力。

### 2.5.4 利用文化差异获得竞争优势

一个能正确有效地进行跨文化管理的企业，应充分利用文化差异获得竞争优势。构建跨文化的"双向"沟通渠道，适应东道国的文化环境及价值取向，尽量做到入乡随俗，如：利用多元文化，集思广益，以提高跨国经营效率，既要运用适应东道国文化的经营战略，又要大力宣传本企业组织文化，使它能够得到东道国当地政府、当地合作伙伴、消费者以及各类相关利益主体的广泛接受。有效地利用文化差异一方面有助于文化的融合，同时也可为跨国企业的经营营造一个和谐的内外部人文环境，从而为企业赢得更高的生产效率和更强的全球竞争力。

**【思考题】**

1. 迪士尼公司将主题公园发展到海外的原因。
2. 具备怎样条件的国家和地区才能适合迪士尼的发展？
3. 为将迪士尼主题公园发展壮大，公司管理层对公司做了怎样的调整？

**【资料来源】**

[1] 俞文钊. 整合同化理论与跨国公司的跨文化管理 [J]. 人类工效学, 2000.

[2] 蔡雯. 略论企业跨国经营中的跨文化管理问题 [J]. 管理观察, 2002.

[3] 陈学清. "迪士尼"跨文化营销经验的启示 [J]. 企业研究, 2006.

[4] 张丽. 跨文化管理问题探讨 [M]. 暨南大学出版社, 2005.

[5] 姚孝军. 国际商务中的跨文化管理研究 [J]. 中国商贸, 2007.

[6] 张素芳. 从迪士尼经历看跨文化管理 [J]. 中外企业文化, 2007.

[7] 刘雯祺. 中西文化差异对涉外商务活动的影响 [J]. 新疆教育学院学报, 2004.

# 星巴克公司跨文化管理案例分析

> **摘要：** 有人说星巴克是"中国人的第二杯咖啡",以此指代星巴克所反映的中国人追求精神享受和体验时代的到来,道出了星巴克在中国市场所作出的准确把握。从 20 年前登陆中国以来,星巴克已经成功地开设了 570 多家分店,遍及中国 48 座城市,星巴克计划到 2015 年在中国拥有 1 500 家分店。从传统上来说,中国人喜欢喝茶,因此星巴克似乎不可能闯入这个市场。但是,星巴克通过准确的市场定位,在中国创造了咖啡需求。星巴克也充分利用中国消费者的饮茶文化,推出了使用绿茶等本土流行配料制作的饮料,此外也将很多家店面装修成地方特色。为了解决中国市场的这种复杂性,星巴克挑选出了三个区域性合作伙伴,这又是其扩张计划的一部分。然而这些并不能完全消除美式快餐文化与中国传统文化的冲突。
>
> **关键词：** 星巴克茶；中国特色；故宫；文化冲突

## 1. 相关背景介绍

### 1.1 行业背景

对于星巴克来讲,它看到了中国市场存在的巨大潜力。在星巴克进军中国市场之前,中国的外来品牌咖啡市场可以说是空白的。也就是说,星巴克进军中国,除了本土市场的竞争力量存在外,星巴克没有对手。

而在美国,美国人对咖啡的消费量仅增长 1.9%,而对茶叶的平均消费量则增长了 22.5%。

### 1.2 公司历史沿革

星巴克咖啡成立于 1971 年 4 月,其原先仅为一家位于美国西雅图派克地市场销售咖啡豆、茶叶以及香料的小型零售店。1983 年,现任的星巴克总裁霍华德·舒尔茨——当时星巴克的一名营销管理人员,在一次欧洲旅行后,决定将意大利咖啡馆的饮品以及相关经营模式引入美国。后几经周折,到了 1987 年,舒尔茨筹资购买了星巴克，并将其改名为星巴克公司（Starbucks Corporation）。从这个时候开始，星巴克才逐渐从西雅图的小咖啡烘焙兼零售商，逐渐发展为全球最大的咖啡连锁店。

### 1.3 财务状况

1992年6月26日星巴克在纳斯达克市场正式挂牌上市，缩写"SBUX"，上市招股210万股，每股17美元，融资总额为2 800万美元。

### 1.4 跨文化经营成功因素

#### 1.4.1 市场营销方面：目标市场的选择

星巴克之所以能成功进入国际市场，是因为它能发现合适的当地文化习俗、政策环境、法律制度等，为其设计一套只为它运用的管理模式。在选择目的市场开拓前，星巴克公司会做足功课，首先研究的就是目标市场与本国的巨大文化差异，其背后的暗示意义。同时也会高薪聘请当地的企业家经营加盟或成为战略伙伴。

#### 1.4.2 企业经营风格

星巴克把典型美式文化逐步分解成可以体验的元素：视觉的温馨，听觉的随心所欲，嗅觉的咖啡香味。星巴克独特的"第三空间"（消费者在生活中除了家、公司以外最常去的第三个地方）经营理念使得这个以美人鱼为标识的公司拥有了如美人鱼般无法抵御的魅力。

星巴克的成功最主要的还是因为，它为人们在最应该的地点提供了一个以前没有的休息聚会的场所。它的成功还与它的客户资产及员工资产密不可分，一个主要竞争战略就是在咖啡店中同顾客进行交流。特别重要的是服务生与顾客之间的沟通。

星巴克致力于研发新产品以提高竞争力；总部控制基本的人事训练制度，人事规范管理由子公司负责并且不断与异业结盟以扩充产品线及行销网络。星巴克的目标市场主要锁定白领阶层与学生族群。

#### 1.4.3 用"薪"对待员工

星巴克总是把员工放在首位，并乐意对员工进行大量的投资，这一切全出自其董事长舒尔茨的价值观和信念。舒尔茨的管理作风与他贫寒的家境有关，他从小就理解和同情生活在社会底层的人们。他的人生经历与磨炼直接影响了星巴克的股权结构和企业文化。反过来，这种股权结构和企业文化又对星巴克在商业上的成功起了不可或缺的促进作用。他坚信把员工利益放在第一位，尊重他们所做出的贡献，将会带来一流的顾客服务水平，自然会取得良好的投资回报。

星巴克通过员工激励体制来加强其文化和价值观，并且成为不靠广告而建立品牌的企业之一。与同行业的其他公司相比，星巴克雇员的工资和福利都是十分优厚的。星巴克每年都会在同业间做一个薪资调查，经过比较分析后，每年会有固定的调薪。在许多企业，免费加班是家常便饭，但在星巴克，加班被认为是件快乐的事情。因为那些每周工作超过20小时的员工可以享受公司提供的卫生、员工扶助方案及伤残保险等额外福利措施，这在同行业中极为罕见。这种独特的福利计划使星巴克尽可能地照顾到员工的家庭，对员工家人在不同状况下都有不同的补贴办法。虽然钱不是很多，但会让员工感到公司对他们非常关心。那些享受福利的员工对此心存感激，对顾客的服务就会更加周到。

星巴克的员工除了可以享受优厚的工资福利外，还可以按照规定低价购买公司的股票期权。早在1991年，星巴克就设立了股票投资方案，允许员工以折扣价购买股票。这样，所有员工都有机会成为公司的主人。星巴克公司股票的价格持续飙升，员工的期权价值与自豪感不断上涨。另外，星巴克还比较重视员工的思想教育，使得员工建立起自己就是公司的股东的理念。在星巴克公司，员工不叫员工，而叫"合作伙伴"。即使星巴克公司的总部，也被命名为"星巴克支持中心"，这说明其职能是向员工提供信息和支持而不是向员工发号施令。

星巴克的薪酬激励机制不但提高了员工的收入，而且提升了公司的文化和价值观，降低了员工的流失率。据调查，星巴克员工的流失率约为同业水平的1/3，员工非常喜欢到星巴克工作。正如舒尔茨所说：实行有效激励机制、尊重员工使我们挣了很多钱，使公司更具竞争力，我们何乐而不为呢。

#### 1.4.4 让员工贡献主意

任何建议，无论有多微不足道，都会对公司起到或大或小的改进作用。在星巴克，为鼓励员工献计献策，公司对每位员工的建议都认真对待。星巴克公司经常在公司范围内进行民意调查，员工可以通过电话调查系统或者填写评论卡对问题畅所欲言，相关的管理人员会在两周时间内对员工的主意作出回应。星巴克公司还在内部设立公开论坛，探讨员工对工作的忧虑，告诉员工公司最近发生的大事，解释财务运行状况，允许员工向高级管理层提问。在星巴克看来，员工反映问题可以给管理层带来新的信息、好的思路，从不同角度提供解决问题的方法，值得公司收集研究。此外，公司还定期出版员工来信，这些来信通常是有关公司发展问题的。

员工提出的建议可以使公司对细节尤为关注。有时候，那些看似不起眼的建议往往会使公司的业绩跨上一个大的台阶。而公司掌握了细节的高超本领，会使企业更能有效地应对错综复杂的问题，使它们能为竞争对手之所不能为。善于倾听来自员工的小点子使星巴克决策变得更加灵活，反应更快捷，也更有应变力，同时改善了团队内部信任、尊重与沟通氛围，提高了员工的主人翁意识。

#### 1.4.5 出售体验文化

有人把公司分为三类：一类公司出售的是文化；二类公司出售的是服务；三

类公司出售的是质量。星巴克公司出售的不仅仅是优质的咖啡、完美的服务,更重要的是顾客对咖啡的体验文化。

在星巴克看来,人们的滞留空间分为家庭、办公室和除此以外的其他场所。麦当劳努力营造家的气氛,力求与人们的第一滞留空间——家庭保持尽量持久的暧昧关系;而作为一家咖啡店,星巴克致力于抢占人们的第三滞留空间,把赚钱的目光紧紧盯住人们的滞留空间。现场精湛的钢琴演奏、欧美经典的音乐背景、流行时尚的报纸杂志、精美的欧式饰品等配套设施,力求给消费者营造高贵、时尚、浪漫、文化的感觉氛围。让喝咖啡变成一种生活体验,让喝咖啡的人感觉到自己享受咖啡时,不仅在消遣休闲而且还能体验时尚与文化。

如果三四个人一起去喝咖啡,星巴克就会为这几个人专门配备一名咖啡师。顾客一旦对咖啡豆的选择、冲泡、烘焙等有任何问题,咖啡师会耐心细致地向他讲解,使顾客在找到最适合自己口味的咖啡的同时,体味到星巴克所宣扬的咖啡文化。文化给其较高的价格一个存在的充分理由,不但顾客可以获得心理上的莫大满足,而且星巴克还可以获取高额的利润。

星巴克从不做广告。星巴克认为咖啡不像麦当劳,咖啡有其独特的文化性,赞助文化活动,对星巴克形象推广很重要。比如上海举行的 APEC 会议,星巴克就是主要的赞助商。

尽管雀巢、麦斯威尔等国际咖啡公司都在中国设厂开店,但它们的速溶咖啡并没有尝到太多的甜头,甚至为星巴克的煮咖啡当开路先锋。星巴克一经把咖啡的消费贴上了文化的标签,就使利润倍增,获取了高额的投资回报率。

星巴克认为他们的产品不单是咖啡,而且是咖啡店的体验文化。星巴克一个主要的竞争战略就是在咖啡店中同客户进行交流,特别重要的是咖啡生同客户之间的沟通。每一个咖啡生都要接受不少于 24 小时的岗前培训,包括客户服务、基本销售技巧、咖啡基本知识、咖啡的制作技巧等。咖啡生必须能够预感客户的需求,在耐心解释咖啡的不同口感、香味的时候,大胆地进行眼神接触。

星巴克公司以心对待员工,员工以心对待客人,客人在星巴克享受的不仅是咖啡,而是一种全情参与活动的体验文化。一杯只需价值 3 美分的咖啡为什么在星巴克会卖到 3 美元?星巴克为什么既能为顾客带来期望的价值,又能让企业获得更可观的利润?一个重要的原因就是,星巴克始终坚持"尊重员工,从顾客出发,与员工及客户多赢"的经营理念。

## 1.5 星巴克在中国

对于许多中国人来说,星巴克的绿色美人鱼标识不仅代表最好的咖啡,更是高质量和现代生活方式的代名词。中国的星巴克卖得比美国贵得多,拿着星巴克的杯子即代表着某种富含情调的小资生活,对白领有莫大吸引力。在中国白领中有着这样一种流行的说法：我不是在星巴克，就是在去星巴克的路上。

星巴克的分店多数是总公司直营的，而在大中华区的星巴克大多数是合资的，上海及华中区的星巴克是由台湾统一企业、上海烟草集团以及美国星巴克合资，北京与天津星巴克是由北京美大星巴克公司经营，而广东、香港及澳门的星巴克则是由美心集团及美国星巴克合资的 Coffee Concepts HK Ltd 经营。但不久，星巴克全球董事长霍华德·舒尔茨访华时，向媒体披露：星巴克将改变过去在中国的经营模式——叫停特许经营，回收股权，星巴克将在华变身为独资直营。目前，星巴克已经完成了对上海统一星巴克股权和广东美心星巴克的控股。只是占据星巴克中国半壁江山的掌控着100%股权的北京美大星巴克还在僵持着，并依靠其在中国较大的影响力，与星巴克总部叫板。不过，就事实而言，星巴克总部收回北京美大的特许权是必然的，收回特许权只是一个时间和过程的问题。

星巴克充分从中国历史悠久的传统文化入手，在门店设计、地方食品和饮料供应等方面，将当地习俗融合到星巴克之中。进入中国市场以来，先后推出了多种迎合中国消费者具有中国特色的饮料、食品和商品。包括星巴克月饼、星冰粽、黑芝麻抹茶星冰乐、中式星巴克茶、芒果鸡肉卷、豆腐蔬菜卷，以及专为中国春节和中秋节设计制作的生肖储蓄罐和随行杯等。与此同时，星巴克在门店设计方面也更多地融入本土元素，如北京的前门店、成都的宽窄巷子店、福州三坊七巷店等，都有浓郁的当地特色。

## 2. 案例分析

1999 年，星巴克进入中国市场，瞄准了年轻人为主要消费群，预计青年人生活方式的转变会提高对其咖啡的需求。为寻求在华扩张，星巴克在其产品中融入中国的口味和文化，并推向全球其他市场。

### 2.1 在华推出星巴克茶案例

#### 2.1.1 案例概述

星巴克一直在调整饮品单、迎合中国人口味。茶叶与咖啡竞争激烈，咖啡领导品牌"星巴克"面临危机，着力调整在华战略，适应中国传统口味开设茶馆，品牌本土化、特色化，以适应当地人喜好。2009 年为了庆祝进入中国市场十周年，星巴克使用中国云南省出产的咖啡豆，推出"凤舞祥云综合咖啡"。这种咖啡风味平和，具有香草味，酸度温和而轻快，且醇度适中，十分适合中国人的口味。此外，星巴克还与云南省政府签署了一项协议，帮助提高当地咖啡豆的质量。

首次推出星巴克茶：2010 年，星巴克开始在中国大陆地区采购茶叶。3 月 5

日消息随着"星巴克茶"四个优美的中国字在芬芳怡人的茶香中缓缓浮现，星巴克宣告"星巴克茶"正式在中国上市，此次推出的星巴克茶包含了具有浓郁"中国味道"中式茶和异域茶两大类共九款茶品。产品本土化，自上市以来，让中国消费者倍感亲切，进一步延伸到了中国消费者所喜爱的茶饮品领域。

#### 2.1.2 案例成功原因

星巴克在2010年新茶上市时节推出的原叶茶共分两个系列，即原叶中式茶和原叶异域茶。其中原叶中式茶是专为中国市场推出的，包括白牡丹茶（白茶）、碧螺春（绿茶）以及东方美人（乌龙茶）。款款甄选茶之尚品，彰显出星巴克对中国精深的茶文化、悠久的饮茶历史的尊重。三款中式茶还匠心独具地在门店提供零售盒装，让消费者将阵阵茶香漫溢的"第三空间"带到生活中每一个角落。

随后不久，推出的原叶异域茶则主打异国口味，包括意大利风格的甘菊花草茶、产自印度大吉岭的印度红茶，还有星巴克的原核心产品英式红茶和伯爵红茶。款款皆是全球其他传统饮茶国家的经典茶品。一并推出的还有两款手工特制茶饮：英式红茶拿铁和伯爵红茶拿铁，以及以抹茶为原料的美味甜点抹茶提拉米苏。

星巴克推出的茶饮品零售价略低于咖啡，一般咖啡的平均售价为每杯25元。9款茶中除两款手工制作的茶外，其他均是每杯20元，并且可以享受免费续杯，两款手工制茶每小杯23元。星巴克推出中式茶是一个循序渐进的过程，等到市场效果出来以后，或许会进一步考虑推出更多的中国茶。虽然星巴克茶是无心插柳之举，但作为中国精粹的茶文化在中国人的心中有着无可取代的地位。星巴克这样做的目的是想亲近中国，从而创造出属于星巴克的中国文化。

### 2.2 中国传统节日相关产品案例

#### 2.2.1 案例概述

为了迎合中国消费者的口味和需求，同时结合中国传统节日，星巴克在近几年相继推出了星巴克月饼、星巴克粽子。星巴克的产品本土化战略越打越成熟。2007年开始月饼出现在星巴克门店，其后星巴克又开始进军粽子市场，在2009年的端午节，星巴克第一次在内地市场售卖粽子。第一款星巴克粽子被称为"星冰粽"，共有咖啡、芒果和红豆三种口味，外层由冰皮制成。一个仅45克的"星冰粽"市场价格为11元，售价也远高于传统粽子。但是即便价格高昂，其受欢迎程度却依然可观。

#### 2.2.2 成功原因

无论是月饼还是粽子，星巴克看准的都是中国消费者的需求，迎合市场需求才能占领市场。在其第一年推出中秋月饼时，星巴克做得并不太好，但是从第二年开始，星巴克将中国传统的中秋节与自己的咖啡文化相结合，创造了属于自己的咖啡月饼，并逐步在月饼市场上占据了一定份额。星巴克粽子也是如此，实际上除了包着一张粽叶，"星冰粽"的内容与传统粽子截然不同。星巴克本身的咖啡文化结合的中国传统食品，消除了传统产同一化，从而赢得市场。

## 2.3 搬出故宫案例

### 2.3.1 案例概述

2007年年初，央视某主播在其博客上发出抗议，认为"故宫里的星巴克"是对中国传统文化的糟蹋。自此，故宫里的星巴克再一次成为人们关注的焦点。最终，2007年7月，在故宫九卿朝房经营了6年零7个月之后，故宫星巴克低调宣布关门停业。这一事件成为中国到目前为止跨文化企业与中国传统文化之间矛盾冲突最激烈的一次。

### 2.3.2 案例失败原因

对西方知识界远甚于中国的强烈反应，那个主播认为，一是中国的国际化程度不够，对纯粹文化不够重视，需要"点"出来才能明白重要性；二是中国相对贫穷。"我们许多人还只满足于吃吃喝喝，在故宫里有个地方可以歇脚就可以了，顾及不到更多灵魂的东西"，"事实上，并不是开几家星巴克就代表与国际接轨，越国际化的国家越注重保护纯粹文化"。

虽然中国人对外来新鲜事物保有强烈的兴趣，并且接受能力很高，但是在中国某一些代表民族传统、民族骄傲的地域或事物上，仍然存在强烈的民族感情，跨国企业如果想在这样的地方开展业务，就必须作出相应调整，表现出尊重。星巴克品牌与故宫之间的矛盾是不可调和的，这同时也是中国传统文化对外来事物的抵制和自我保护的表现。

为寻求在华扩张，星巴克一直努力将自己的品牌融合中国文化，但是这个过程并不是一帆风顺的。星巴克从2007年开始，为了迎合中国消费者的口味和需求，同时结合中国传统节日，相继推出了星巴克月饼、星巴克粽子。茶也正变得越来越流行，且人们也在寻找着全新的、改造过的、富有创意的地方来饮茶，星巴克恰恰抓住了这一点。2010年，星巴克开始在中国大陆地区采购茶叶，随后推出了九款茶品。

星巴克为了扩展在华业务费尽巧思，努力尝试中国特色，融入中国文化元素，让这个原本纯粹属于西方特色的咖啡馆弥漫出了中国香，迅速在中国大中型城市风靡。但在中国不少消费者认为几十元一杯咖啡的享受太奢侈，星巴克在中国的价格不应该和美国一样贵，而是应该至少像巨无霸那样，根据中国人的收入水平做一些调整。也有人质疑星巴克对茶馆的尝试太过商业，但是不能否认它对中国市场的重视。从星巴克在亚洲市场的成功来看，星巴克是有能力改造这种固有的消费观念的，而星巴克显然要在这个观念转变的市场辅导期投入大量的铺垫成本，这些成本加上星巴克谋求创新的成本支出，数额将非常可观。

**【思考题】**
1. 星巴克适合怎样的消费人群？
2. 为提高星巴克的销量与销售范围，星巴克应作出怎样的改变与提升？
3. 你认为星巴克的成功在于哪些方面？举例说明。

**【资料来源】**
[1] 百度文库. 星巴克财务状况分析. http：//wenku. baidu. com/view/5566db00e87101f69e31952e. html.

[2] 百度文库. 星巴克成功案例分析. http：//wenku. baidu. com/link？url = oj7fo4a3rT9JiAvMPdHKNIiZtZi6rYRR48QhFwWdF8xEGXx0kLnQza8sYdQfw4Uqf9hVplt – qLAIfUmSmYlcOE4u8rC6ZU – QRX5UlXu4ING.

[3] 浅谈星巴克在中国的发展. http：//wenku. baidu. com/link？url = BelMW – J527sJqV4GxKdlRhtPHxzmmTDf2oK717XYr5T_3oA_EaCzzKjPQFnl5J37qTLVbtiTcEuOCnekHehCNEi7uskddFdzaUEp0MzG_kC.

[4] 星巴克官网：关于星巴克/星巴克在中国. http：//www. starbucks. com. cn/about/inchina. html.

[5] 星巴克进军中国市场. http：//wenku. baidu. com/link？url = vaAzi98s9vQokgrhnJVgj4w6D8TZycQxK2MB6e_ _ eCzipcZg3p28FuiztdmdShhndByA – nWScZdtzykTcdbpmAH2184lDwaFYCB21 – nSJ43.

[6] 王冰心，王淑婧. 从"星巴克事件"看跨国企业跨国经营的文化管理[J]. 科技创新导报，2008（13）.

[7] 从星巴克成功进驻中国市场得到的启示. http：//wenku. baidu. com/view/acc81f01a6c30c2259019ed3. html.

# 百事可乐公司跨文化管理案例分析

> **摘要**：世界全球化趋势在各个领域蔓延，国家之间的交流与合作深入发展，全球范围内的商品流通日渐密集。伴随经济的发展和不同国家之间经济往来的频繁，作为商品促销方式之一的广告不断地突破地域、国家与文化界限，逐渐成为跨文化传播中的备受瞩目的角色。不同文化背景下广告策略的制定会极大地影响产品的销售，进而影响品牌的接受度，决定品牌在异国文化环境中的生存。广告在跨文化传播中的地位不可小觑，和全球文化发展一样，广告的跨文化传播也面临着诸如文化差异性与文化单一趋势的碰撞，以及物与人、理性与价值等矛盾。本案例以百事可乐集团的中国广告传播为例，分析成功的跨文化广告的传播策略。
>
> **关键词**：百事可乐；广告传播；跨文化

## 1. 相关背景介绍

### 1.1 百事可乐公司概况

百事可乐公司（Pepsi CO., Inc.）是美国最大的软性饮料公司之一，资产总额约151亿美元，居世界大企业第75位；公司总部设在美国纽约市，附属机构近百个，主要有百事可乐饮料公司、弗利托—莱公司（快餐馆）、啤哑餐馆（供应意大利式烘馅饼等）、北美运输公司和威尔逊体育用品公司等。其子公司分布很广，在美国国内涉及48个州，在世界上涉及100多个国家和地区。百事可乐公司于1902年成立。原名为洛夫特公司，1941年改名为百事可乐股份公司，1965年改为百事可乐公司。

### 1.2 百事可乐企业文化理念

百事可乐品牌的理念是"渴望无限"，倡导年轻人积极乐观进取的生活态度。其寓意是对年轻人来说，机会和理想有着无限的空间，他们可以尽可能的遐想和追求。百事可乐文化不仅是企业的，也是社会的，它通过产品的推销影响着一大批人，反过来又推动企业按照这种文化的不断创新，进而使百事可乐集团经历了100多年还保持着旺盛的朝气。

### 1.3 百事可乐广告文化

#### 1.3.1 百事可乐发展演变

为了与不同时代的年轻人的追求相契合，百事可乐对自身的产品及品牌的推广方式做了一系列的改变。百事可乐的产品从简单的包装到向运动系列、功能系列拓展都刻意体现一种动感和欢快的格调，百事可乐新生代的标识和包装设计简洁，富有动感，风格活力，健康向上，着力体现了企业的理念"渴望无限"，承载着百事可乐人的梦，彰显了时代的活力，从而与新生一代站到了同一战线，共同奋进，携手并进，创造梦想。

#### 1.3.2 百事可乐广告语

1898~2008年，采用了多种广告语，主要分为三个阶段：

第一阶段：以产品为导向，这一时期的广告语主要是针对百事可乐产品本身的可口、健康以及产品的功效提神、使你才气焕发、激励你的士气等做的宣传。

第二阶段：以竞争对手为导向，这一阶段，企业主要是通过产品的量与质量入手，"一样的价格，双倍的享受""一样的价，双倍的量""更多、更好"其实都是针对竞争对手在做的宣传，宣传自己产品的物美价廉，牢牢抓住了消费者的心，从而使自己的产品更受青睐，产品销量大大提升。

第三阶段：以消费者为导向，这一阶段广告语是百事可乐广告的升级版，主要从消费者角度去宣传，把百事可乐目标消费群定位在了年轻的一代、新生的一代，从年轻一代的活力、积极进取等特点着力打造百事可乐新生代，倡导百事可乐企业文化及其百事可乐精神，使百事可乐的"新一代的选择"和推崇"快乐自由"的风格广泛地被人们尤其是青年人理解和接受。百事可乐喊出了新生代的声音，与消费者产生共鸣，从而使许多青年人成为百事可乐忠实和热心的消费者，也使百事可乐区别于竞争对手在市场上占据了另外一片领域，百事可乐理念深入人心，百事可乐精神"渴望无限"，百事可乐知名度大大提升。

#### 1.3.3 百事可乐影视及其平面广告

百事可乐的理念是"渴望无限"，它是新生代的选择。对年轻人来说，机会和理想有着无限多的空间，他们可以尽情地遐想和追求。他们是年轻的一代、活力的一代，他们运动、热情、奔放，追逐流行的脚步。所以，百事可乐选择足球和音乐作为品牌基础和企业文化载体，并且在许多广告中借助了一大批明星代言，像迈克尔·杰克逊、"小甜甜"布兰妮、王菲、周杰伦、热力兄弟、郭富城、陈慧琳、郑秀文、贝克汉姆、祁宏等。企业从年轻一代的心声出发，广告与其喊出的口号"新一代的选择"一样，使百事可乐推崇"快乐自由"的风格广泛地被人们尤其是青年人理解和接受。

### 1.3.4 百事可乐奥运广告活动文化

为庆贺2008年奥运，百事可乐启用了由中国团队设计的新包装，摇身一变，蓝袍换红装，推出了"百事可乐敢为中国红"的奥运纪念罐。这一举措打破了两乐原有的红蓝阵营的对局，在业界引起了不小的震惊。当可口可乐星光逼人的时候，百事可乐与姚明4年合同到期，后者转投可口可乐做代言人，使得百事可乐失去一个重量级的代言运动员。百事可乐干脆另辟蹊径，大胆起用"草根明星"。百事可乐市场副总监梁敬成表示："消费者的地位越来越重要，营销策划要以消费者为本。"他表示，百事可乐的策划思路在于给每一个消费者展示自我的平台。消费者在3个月时间内浏览网站上亿次，这足以让百事可乐感到满意。

## 2. 案例分析

### 2.1 广告跨文化传播的障碍

#### 2.1.1 文化的差异性和文化单一趋势的碰撞

世界文化具有多样性和差异性，如中国以传统的儒家文化为核心，这有别于西方的宗教文化核心，但是中国文化内部也包含不同民族的各具特色的文化种类。世界多样和富有差异的文化成为全人类共同的财富，这也是文化发展的正常状态。

随着经济全球化趋势的蔓延，文化本身的跨文化传播也是势头正劲。但是这种传播不是简单的双向对等的，在传播过程中，往往是经济发达地区的文化以一种强势文化的姿态出现，而且对经济欠发达地区的影响几乎是全方位的。广告在进行跨文化传播中就体现出这种趋势。因为广告不仅仅是对产品的介绍和渲染，更重要的是它在制造一种生活方式。伴随西方产品流入的是对待产品的态度和消费观念以及审美标准。这样就潜伏着一种危机，当这种信息成为耳濡目染，那么与文化相关的这些态度、观念、方式都将类似工业流水线一样被复制，并成为自然。尽管我们承认本土文化并没有消失殆尽，但毕竟贫弱了。一种简便的、单一的、轻松的、大众化的东西成为我们的日常标准。所以，世界原本的文化的多姿多彩在日益受到威胁，它们的生动性在受到侵犯。

#### 2.1.2 中西方理性观念与价值判断的矛盾

哲学家哈贝马斯提出过三种理性，即科学技术代表工具理性，伦理道德为实践理性，审美文化属于表现理性。我们选择与价值判断相对的工具理性。工具理性告诉我们科学技术能够完成什么，达到什么水平，而价值判断则是对理性进行精神层面的思索，判断哪些为善、哪些为恶。只有在二者水乳交融彼此互补时，才真正使工具理性达到人性化的发展。

商业广告在传递商品信息的过程中，虽然在不断宣扬和强化以人为本的故事，但在不自觉中它已经把受众引向对技术和物质的憧憬甚至信仰，而传统的价值、情感、意志遭到挤压。这些矛盾的存在是客观现实。广告的跨文化传播需要化解这些矛盾，这就需要我们必须尊重文化的差异，以实现广告的跨文化理解。

### 2.2 广告跨文化传播策略

#### 2.2.1 适时引入西方企业文化

百事可乐公司作为百年企业和世界五百强企业之一，在公司价值和文化方面，百事可乐公司在跨文化广告传播中并没有一味迎合当地市场，摒弃自身价值，而是选择切入点，适时引入其自身企业文化。

#### 2.2.2 把企业文化与普世价值结合

百事可乐公司尤其是百事可乐在中国的畅销恰逢中国改革开放的契机，随之而来的不仅是外国的产品，许多普世价值和理念如健康、活力、竞争、创新等也被大多数的中国人所接受。这一点在百事可乐的广告词中体现得尤为明显，如1996年广告词"改变新的一页：百事可乐"，2004年广告词"突破渴望，敢于第一"，2007年广告词"突破，创造，发现"，分别体现了人们对年轻健康的渴望，对快乐的追求，对挑战的勇气和对创新的探索。

百事可乐在广告中所宣扬的这些价值观和追求不仅是百事可乐集团的企业文化价值的核心，也体现了全球化背景下世界的普世价值。对于处于改革开放和经济发展的中国来说，这些价值正是发展创新所需要的，因此得到了中国大众的肯定。

#### 2.2.3 着眼于年轻一代

1983年，百事可乐公司聘请罗杰·恩里克担任总裁，他一上任就把目光盯在了广告上。对软饮料本身而言，百事可乐和可口可乐的产品味觉很难分清孰优孰劣，因此，焦点便在塑造商品性格的广告上了。

在与可口可乐的竞争中，百事可乐通过广告语传达"百事可乐，新一代的选择"这一理念，找到了突破口。百事可乐准确定位，把自己定位为新生代的可乐，并且选择合适的品牌代言人。百事可乐广告选择足球和音乐作为品牌基础和企业的载体，在广告中借助杰克逊、王菲、郭富城、陈慧琳、郑秀文、贝克汉姆等一大批为当代青年人所熟知和喜爱的明星作为品牌代言人，使百事可乐的"新一代的选择"和推崇"快乐自由"的风格广泛地被人们尤其是青年人理解和接受。

#### 2.2.4 巧妙应用本土化元素

有效的管理建立在管理者对所处文化环境的把握上，百事可乐公司在刚刚进入中国市场时，当时曾有这样一支广告翻译成中文就是"喝了百事可乐你死去的祖先将重返于人世"。这对中国人来说是很不吉利的，因此也就影响了百事可乐在中国的销售。在以后的广告传播中，百事可乐公司不断总结经验，在保持企业原有文化和协调当地文化的战略上，做得相当成功。

### 2.2.5 中国式审美

百事可乐公司广告的中国式审美首先体现在其对旗下品牌的翻译上。"翻译不仅是知识的传递、理解的传递，而且是文化的传递。"为了能使产品为中国消费者所接受，百事可乐公司特请精通语言文字，深谙消费者心理的华裔设计中文译名，深思熟虑后译成了经典的"百事可乐"。该译名采取了双声叠韵的方式，音义俱佳，读来朗朗上口，既显示了饮料的功效又暗含消费者追求快乐的心理。百事可乐在中国的家喻户晓，这个名字功不可没。

百事可乐公司广告的中国式审美还表现在其对中国传统文化事物的使用上。百事可乐曾特别为消费者设计了一款马年春节限量珍藏版，新包装一反百事可乐平素以蓝色为主的风格，此次不但颜色金光闪耀，而且还印有奔腾的骏马，同时还把"祝你百事可乐"也印在了新包装上，具有收藏价值。2011年，百事可乐集团在新年来临之际推出了"舞狮篇"贺岁广告，整个故事场景设置在江南水乡，故事情节以舞狮比赛为串联，水乡清幽的环境之中加上了舞狮表演，使得整个广告热闹而不失雅致，好评如潮。

### 2.2.6 中国式思维

在中国人的思维中，企业的成功不仅与企业的业绩，产品质量紧密相关，也与企业所秉承的道德理念和肩负的社会责任感不可分割。长期以来，百事可乐集团始终致力于建立以"百事可乐基金"为切入点的良好公共关系体系，热心赞助体育赛事以及其他公益事业，营造良好的声誉，取信于中国消费者。

同时，百事可乐集团积极关注中国人喜闻乐见的国家重大赛事，如八运会、中国甲A足球联赛、奥运会等。百事可乐为庆祝中国申奥成功，把申办前的"渴望无限"和成功后的"终于解渴了"整合在一起，做成全屏广告的形式，与当时的气氛同频共振。消费者在这则广告中看到了百事可乐对中国的关注，仿佛与他们共同支持申奥，心灵相印，情感相通，收到了良好的社会效果，品牌的社会形象得以大大提高。

### 2.2.7 中国式的价值观

从1999年开始，百事可乐每年都会在春节之际推出春节贺岁广告并取得广泛赞誉。百事可乐集团抓住了中国消费者重视传统节日——春节这一心理，并把中国消费者对亲情、团圆和喜庆的重视融入广告创作中，使广告更能贴近消费者的心理和文化生活。

2012年春节，"把乐带回家"这一以微电影形式为载体的广告引起了广大反响。"百事可乐（中国）希望利用百事可乐的资源和品牌影响力，呼唤人们内心深处的那份亲情，希望大家都能明白，孩子是父母心中最大的快乐和寄托，父母是孩子最大的牵挂和归宿，春节能回家，就是'把乐带回家'。"这里的"乐"一语双关，既指百事可乐的三个"乐品牌"，又表示家庭团聚的欢乐，创意新颖，直指中国人内心深处的情感，同时也反映出了百事可乐"有使命感的营销"，受到了消费者的好评与认同，同时也最大限度地宣传了自己的产品。

### 2.3 百事可乐跨文化广告传播成功的原因

从近两年的百事可乐广告中我们可以看出，其成功有几个方面的原因。

首先，最大限度的运用新媒体进行造势宣传，在网络上迅速蹿红后再配合其他的一些新兴媒体进行大幅度的宣传，当然传统媒体的力量也没有被忽视。

其次，依旧采用明星效应，选用年轻具有人气的明星，进行广告的代言与宣传，其中涉及音乐以及体育运动，比如陈奕迅、周杰伦、韩庚、杨幂以及梅西等。百事可乐力图树立"年轻、时代、活泼"的形象，为了配合自己产品的市场定位，将百事可乐描绘成年轻人的饮料，百事可乐公司不惜花重金请新生代偶像为自己的产品代言。

最后，百事可乐除了有华丽的明星阵容之外，还有一个成功因素，那就是独特的百事可乐广告创意。百事可乐所推崇的"渴望无极限"的广告创意发挥得淋漓尽致，在与可口可乐的竞争中，百事可乐找到突破口，定位年轻人市场，"新一代的选择"这一广告创意明确地传达了品牌的定位，深受消费者青睐。

在全球经济一体化背景下，广告要面临跨文化传播的挑战，一方面应借助于创造性的文化转换，引起异质文化受众的情感共鸣；另一方面，应通过主动的文化适应，获取品牌传播的文化通行证，才能实现品牌的有效传播。

百事可乐的广告成功地诱发了消费者的需要：首先，说出消费者的真正需要。其次，突出百事可乐的独特处。然后，凸显商品的附加心理价值。在消费者选择可乐时不会选择非常可乐等国产可乐，以非常可乐为例子，它定位于农村等小城市，在许多大城市的超市里很少能看到它的商品。百事可乐和非常可乐给人的心理附加值也是不一样的。最后，诉诸潜在需要。综合来看，消费者在看到广告后首先要引起注意，然后才能使其产生兴趣和进一步产生记忆，最后采取购买行动。诸如百事可乐这类的商品，消费者大多采用的是感性购买。所以，广告可以试图激发受众的某种情绪、情感以促使其购买。

同时，广告市场定位对于产品的成功至关重要，百事可乐从消费群体的心理特征的角度把市场定位于年轻人。"定位的基本方法，不是去创作某种新奇或与众不同的事项，而是去操作已经存在于心中的东西，去重新结合已存在的联结关系。"定位的基点并不是产品，而是着重于产品与消费者心理位置的统一。定位的目的是为了在消费者心目中确立本产品与众不同的优势。定位所宣称的并非同类产品所没有的，而应该是竞争对手没有说明的，或者是尚未引起注意的，但确确实实对消费者具有吸引力的那部分特征。因此，定位是从消费者的心理需求空间出发，对产品优势的一种创造，既创造功能更创造形象。

百事可乐广告的跨文化广告策略中西结合，直指消费者内心，其传播经验值得其他跨国公司学习和借鉴。

【思考题】
1. 广告跨文化传播的障碍有哪些？
2. 百事可乐公司在中国广告跨文化传播的策略是什么？
3. 百事可乐跨文化广告传播成功最重要的因素有哪些？

【资料来源】
[1] 鲁小萌. 广告在竞争中的作用——谈百事可乐与可口可乐百年广告战 [J]. 中外企业家，2005.
[2] 萨姆瓦. 跨文化传通 [M]. 三联书店，1988.
[3] 万菁婧，祝胜军. 浅析跨文化广告之误 [J]. 新闻界，2009.

# 宝洁公司跨文化管理案例分析

**摘要**：随着跨国公司品牌的输出和跨文化营销越来越频繁，不可避免的面临着跨国发展前景的问题，而众多的跨国企业将如何应对种种由文化不同带来的业务扩张问题呢？本案例通过分析中美文化与观念差异，结合宝洁公司发展历程及它在全球扩张的成果，力图从宝洁公司在全球扩张的途径以及在中国市场的产品推广和广告策略，包括广告宣传理论、品牌推广、广告诉求对象、广告表现形式和广告投放媒体策略等几个方面，分析宝洁公司在中国市场的发展策略，以求进一步探索跨国公司在全球范围内的跨文化成长的战略。

**关键词**：跨文化；品牌化；本土化

## 1. 相关背景介绍

### 1.1 公司简介

始创于1837年的宝洁公司，是世界最大的日用消费品公司之一。2003~2004财政年度，公司全年销售额为514亿美元。在《财富》杂志最新评选出的全球500家最大工业/服务业企业中，排名第86位。宝洁公司全球雇员近10万人，在全球80多个国家和地区设有工厂及分公司，所经营的300多个品牌的产品畅销160多个国家和地区，其中包括织物及家居护理、美发美容、婴儿及家庭护理、健康护理、食品及饮料等。

该企业品牌在世界品牌实验室（World Brand Lab）编制的2006年度《世界品牌500强》排行榜中名列第37位，在《巴伦周刊》公布的2006年度全球100家大公司受尊重度排行榜中名列第3位。该企业在2007年度《财富》全球最大500家公司排名中名列第74位。欧洲联盟对日化巨头宝洁公司和联合利华公司处以3.152亿欧元（约合4.567亿美元）罚款，理由是这两家跨国企业联手操纵欧洲市场的洗衣粉价格。

## 1.2 旗下品牌

美容时尚：OLAY、SK-Ⅱ伊奈美、潘婷、飘柔、海飞丝、沙宣、伊卡璐、威娜、舒肤佳、卡玫尔。

健康：吉列博朗、护舒宝、朵朵、佳洁士、欧乐-B、帮宝适。

家居：汰渍、兰诺、金霸王、碧浪、品客。

彩妆：ANNASUI（安娜苏）、Cover girl（封面女郎）。

## 1.3 宝洁公司的发展历程

宝洁公司1837年成立于辛辛那提市，刚开始只是一家蜡烛厂。现在，宝洁公司生产从剃须刀到尿布、从洗发水到洗涤剂、从咖啡到杀虫剂的各种各样的消费品。在它庞大的产品线中包括了100多个品牌，其中有22个品牌的年销售额超过了10亿美元。公司运营的地理范围也极度扩大，每年全世界140个国家和地区中有1亿顾客会购买宝洁的产品。公司的生产设施也分布在美国和其他几十个国家和地区。1915年，在加拿大建造了第一个海外生产厂。20世纪30年代，宝洁已经开始在欧洲收购当地企业，在此后的10年间，宝洁收购了一系列海外厂商，海外增长有了自主的动力。今天，宝洁公司且正在向全球企业转变，公司一半的收入来自美国以外的市场，这一比例还在继续上升。

1988年，宝洁公司在广州成立了在中国的第一家合资企业——广州宝洁有限公司，从此开始了其中国业务发展的历程。宝洁大中华区总部位于广州，目前在广州、北京、上海、成都、天津、东莞及南平等地设有多家分公司及工厂，员工总数超过7 000人，在华投资总额超过17亿美元。

## 2. 案例分析

### 2.1 宝洁公司的跨文化成长

中国的文化传统是建立在5000年的历史基础上，有源远流长的民族文化，还有脍炙人口的诗篇、别有情趣的民歌，形成了中国人民注重道德观，讲求实惠，有强烈的从众心理，相信权威，人们的价值标准取舍选择唯大唯上唯祖宗。而美国是一个移民国家，社会人口构成非常复杂，几乎所有大洲都有移民及其后裔在美国社会立足、发展，各民族文化不断冲突，渐渐融合成美利坚文化，丰富多彩、极富包容性、独立性的文化。美国的文化观念是喜欢超前消费，追求多样化的生活，讲究效率，标新立异，不太爱权威，崇尚个人主义，乐意扮演"牛仔硬汉"或英雄形象。宝洁公司产品所做的广告总会尽心遵从中国人民的传统思想及文化观念，在下面的广告策略中都表现了出来。

## 2.2 宝洁跨文化营销策略分析——广告策略对比

随着经济的全球化趋势日益明显，品牌的输出和跨国营销也越来越频繁。当跨国公司开展全球经营的时候，不可避免地面临着跨文化广告策略的问题。跨国公司的广告策略涉及对他国政治经济、社会心理、风俗习惯和认知方式的适应，能否对这些本土化的因素进行正确的解读是成功与否的关键，接下来将通过宝洁公司在中国市场的广告策略和美国市场的广告策略的对比，谈谈跨国公司的跨文化广告策略。

### 2.2.1 美国公司

定位策略。产品定位策略的决策是一个关键性、核心性的环节，产品定位是否合理，直接关系到广告运动最终的效果，而产品定位的内容，则决定着广告的诉求重点。

一贯奉行"生产和提供世界一流的产品和服务，以美化消费者的生活"宗旨的宝洁公司，崇尚消费者至上原则，注重人才，以人为本，不断创新。这是宝洁公司150多年来长久不衰的基础。它们的产品总是可以向消费者保证质量，让人们在使用的过程中感到满意，产生一种愉悦的心情，并乐于再一次购买。好的产品是产生好的广告的基础，也给了广告广阔的发挥空间。宝洁的品牌定位"以高取胜"，产品一向以高价位、高品质著称。宝洁公司的一个高级顾问曾经说过："宝洁永不甘于屈居第二品牌的地位，我们的目标是争取第一。"

广泛使用"独特的销售建议"理论（Unique Selling Proposition，USP 理论）。USP 理论是罗瑟·瑞夫斯 20 世纪 50 年代提出的，从产品出发的 USP 理论强调产品具体的特殊功效和利益，所提主张是竞争者无法提出的，具有强劲销售力。从产品本身出发发展出功能性的"诉求点"，将其作为与消费者的连接点，使消费者实实在在地感觉到产品的利益。作为 USP 理论追随者的宝洁，长期且有效的坚持贯彻着这个策略。飘柔的"洗发、护发二合一"、海飞丝的"去头屑"、潘婷的"头发护养专家"、沙宣的"专业美发用品"、舒肤佳的"杀菌及长时间抑制细菌再生"、碧浪的"强力去污"，它们都对消费者承诺了一个重要的利益点，同时取得了消费者的认可。

诉求策略。宝洁公司的产品广告有着明确的一致的诉求对象，诉求重点和诉求方法。

宝洁公司的商品决定以普通家庭主妇为诉求对象。由于其主要商品为大众家庭用品，家庭中决定洗洁品购买权的主要为家庭主妇，故其广告主要针对家庭主妇进行诉求。广告模特业一般使用普通的家庭妇女，而非明星。宝洁觉得大众家庭产品的广告应追求贴近消费者，运用消费者熟悉的情境和语言与消费者直接交谈。同时它们认定自己的产品在同类产品中具有优越性，名人对它们的产品和广告方式不合适。

宝洁的诉求方法偏重于理性的诉求。"理性诉求"指的是广告定位于受众的理智动机，通过真实、准确、推理等思维过程，理智地做出决定。宝洁的广告正是通过这种方式告诉消费者如果购买宝洁产品会获得什么样的利益，以达到劝说消费者购买的目的。

表现策略。广告多运用示范式，采用消费者的现身说法。广告片一般采用现身说法，让经常使用该产品的人，一般为家庭主妇，来直截了当的用平实而熟悉的语言向消费者进行诉求，向消费者提供一个或多个利益点，来直接阐述商品的特点，用产品的特殊功能来理智地打动消费者。

媒体策略。主要采用电视广告。打开电视，几乎每天都可以看见宝洁公司商品的广告片。虽然宝洁公司在报纸、杂志等主要媒体都投入广告费，但鉴于其主要生产大宗低利的家庭用品，它把大部分广告费投放在电视这一最大众化的媒体上。它的这一媒体策略在中国也十分明显。同时电视媒介的可视性也更能充分展示宝洁产品的功能。

投放策略。在常年做广告的同时配合不同的促销方式，综合运用。宝洁的广告是常年无间断进行的，几乎每天我们都可以在电视上看到宝洁的产品在进行宣传。这与其他品牌不同。其他品牌一般使用跳跃式的广告或是在产品市场导入期及销售旺季到来之前进行广告宣传。宝洁的无间断广告策略和其产品有关系。日用洗洁品是普通家庭的日常使用的消耗品，属于消费者经常购买的商品，如香皂、洗衣粉、洗发水等，消费者几乎每隔一段时间就要采购一次。常年的广告首先使消费者认知宝洁的品牌，长期的广告也会引起消费者尝试购买的欲望，加之产品的较高品质使消费者对产品产生认同感，逐渐使消费者成为宝洁的固定消费群，宝洁的市场占有率进一步提升。

### 2.2.2 中国公司

坚持国际化的广告策略。比较宝洁在中国和在美国本土的广告，我们可以看出它们的广告策略差别不是很大。在中国主要还是采用沿袭其自身的广告策略的方式。以上谈到的宝洁公司的广告策略及特点大部分依然在中国得以执行。这和其他进入中国市场的外国品牌有很大的差别。很多商品进入中国市场都很大地改变了其原来的营销及广告策略，来适应当地的各种风俗习惯，使人们接受其商品。宝洁没有遇到相似的问题主要是因为其成立150多年中，宝洁经过长期的实践，总结了以上的基本的行销策略，它们让宝洁在市场上长久不衰。同时，从宝洁在生产的产品出发，作为消耗品的家庭洗洁品，无论在国外或是中国，人们之所以购买，主要看重产品的品质、使用的效果和价格，这期间所受文化因素的影响较其他商品要低得多，使得其原有的偏重理性化的针对商品功效的广告策略可以继续在中国大行其道。同时其在品牌管理上的理念，形成每一个品牌的品牌个性，运用 USP 策略等，在中国也得到了极大的发挥。

　　**国际品牌在本土化。**为了深入了解中国消费者，宝洁公司在中国建立了完善的市场调研系统，开展消费者追踪并尝试与消费者建立持久的沟通关系。宝洁公司在中国市场研究部建立了庞大的数据库，把消费者意见及时分析、反馈给生产部门，以生产出更适合中国消费者使用的产品。广州宝洁创造性地应用其原有的营销经验和世界一流技术，完善本地产品和地区性产品，通过了解消费者的需求，生产适合中国市场的产品以及制定适合中国市场的营销策略。

　　1997 年，宝洁公司在中国酝酿的新产品是推出一种全新的展示现代东方女性黑发美的润发产品，取名为"润妍"，意指"滋润"与"美丽"。产品目标地位是成熟女性。从创意产生到产品上市，"润妍"品牌怀胎将近 3 年。最终推向市场的"润妍"倍黑中草药润发露强调专门为东方人设计，在润发露中加入了独创的水润中草药精华，融合了国际先进技术和中国传统中草药成分，特别适合东方人的发质和发色。广告把水墨画、神秘女性、头发芭蕾等画面进行组合，营造东方气息。同时从中国杭州起步，城市与产品着力营造的既现代又传统的东方美一拍即合。在产品推出时，公司举行一系列公关宣传，如推出颇具分明的世界里写出千姿百态的"润妍"赞助中国美院，共同举办"创造黑白之美"水墨画展，这些活动都取得了极大的成功。这样，宝洁人一丝不苟地准备了 3 年的"润妍"款款上路。由此，我们可以看出宝洁为广告的跨文化做出了多少努力和耐心。

　　**为产品取中国名称。**这个问题看似简单，其实在我们的身边，很多国外产品在进入中国后依然使用它们原来的名称，如 m & m 巧克力。这样对于保持产品的国际性固然有一定的作用，但实际上对于中国消费者来说，如果连产品的名称都说不清楚，又怎么能让他们记住这个品牌并成为其长期的使用者呢？宝洁在这方面做得比较好，为其每一个产品都结合产品特点取了相对应的中文名称，如飘柔（Rejoice）、潘婷（Pantene）、海飞丝（Head & Shoulders）、沙宣（Sassoon）、舒肤佳（Safeguard）、玉兰油（Olay）等，产品在中国进行宣传的时候就采用其中文名称，为消费者对产品的记忆提供了方便。

　　宝洁公司的产品进入中国市场，产品所面对的消费者产生了变化，同时中国的消费者也具有一定自身特色的消费心理。市场经济的差异，使产品在市场中的地位也和原来有所区别，这都影响了宝洁在中国的广告策略。本来作为大众普通消费品的宝洁产品，进入中国之后，由于中美经济的差异，与中国原有的日用洗洁品品牌比较，使其成为高档的日用品。随着其市场地位的变化，其主要的购买人群为中高等收入的家庭。加之中国消费者中普遍存在的"崇洋"心理，也更使宝洁产品成为高品质、高价格的商品，这也就解释了为何宝洁进入中国也采用明星做广告。同时宝洁坚持一贯的"亲和"路线，选取普通人，在人们熟悉的场景，理性地直述商品所能给消费者带来的利益，同时适应中国经济的发展，宝洁部分产品采用"低价"路线（如近期的汰渍洗衣粉的广告中，一直围绕"价格低廉，效果不错"这个USP），使得宝洁更大地扩大了自己的市场。

随着宝洁公司继续实施全球增长战略，它面对着越来越多的经济、政治和文化挑战。能源价格快速上升，一些国家开始限制外国直接投资，不同地区消费者的偏好差别很大。宝洁公司凭借多年的国际化的积累和有效的增长战略，正在成长为真正的全球企业。

【思考题】
1. 简述宝洁公司在中国的广告策略。
2. 分析宝洁公司在中国与美国之间广告策略的异同。
3. 浅谈宝洁公司的跨文化管理所带来的启发。

【资料来源】
［1］林季红．跨国企业管理案例［M］．经济科学出版社，2007．
［2］林光．跨国企业运作管理［M］．中国商务出版社，2003．
［3］郭伟．跨国企业经营管理案例［M］．中国人民大学出版社，2009．
［4］斯蒂芬·P·罗宾斯，玛丽·库尔特．管理学［M］．机械工业出版社，2010．
［5］http：//www.pg.com.cn/．
［6］http：//www.cnki.com.cn/Article/CJFDTotal－DDJR200601106.htm．

# 肯德基公司跨文化管理案例分析

> **摘要**：肯德基是来自美国的著名连锁快餐厅，回顾历史，就可以发现肯德基在中国飞越发展的足迹。其发展速度和规模，使肯德基成为一家在中国发展最迅速的快餐连锁企业，同时它也是率先开发乡镇一级市场的国际餐饮品牌。肯德基全球推广的"CHAMPS"冠军计划即标准化服务，是肯德基取得成功业绩包括中国市场在内的精髓之一。肯德基在中国的成功与其卓越的跨文化管理是分不开的。本案例将从肯德基在中国的企业文化、本土化战略来详细剖析肯德基在中国的跨文化管理策略。其中，肯德基在中国的企业文化包括：餐厅经理第一；群策群力、团队合作；鼓励先进、表彰杰出，不断对优秀员工进行表彰和认同。另外，肯德基在中国的本土化战略包括：人才本土化、产品本土化、品牌本土化、供应商本土化。
>
> **关键词**：国际餐饮；CHAMPS；跨文化管理；本土化

## 1. 相关背景介绍

### 1.1 肯德基公司介绍

肯德基（Kentucky Fried Chicken，肯塔基州炸鸡）是来自美国的著名连锁快餐厅，由哈兰·山德士上校于1952年创建，主要出售炸鸡、汉堡、薯条、汽水等西式快餐食品。肯德基属于百胜餐饮集团。百胜集团是世界上最大的餐饮集团，在全球100多个国家和地区拥有超过3.3万家连锁店和84万名员工。旗下拥有肯德基、必胜客、塔可钟（已于2007年10月在国内结束营业）、东方既白（中式餐饮）等世界知名餐饮品牌，分别在烹鸡、比萨、墨西哥风味食品及海鲜餐饮领域名列全球第一。

### 1.2 历史沿革

1987年11月12日，肯德基在北京前门繁华地带设立了在中国的第一家餐厅，而北京肯德基有限公司也是当时北京第一家经营快餐的中外合资企业。

2000年11月28日,肯德基在中国的连锁餐饮企业中领先同业,第一个突破400家,创国际快餐连锁业在中国开店数的之最。

2004年1月,中国第1 000家连锁店在北京开业。

2005年10月,中国第1 500家餐厅暨第二家汽车穿梭餐厅在上海开业。

2007年11月,肯德基在成都开了第2 000家餐厅。

2010年6月,在上海开了第3 000家餐厅。

肯德基在中国的29年,是"立足中国、融入生活"的29年,是"为中国而改变",全力打造"新快餐"的29年。回顾历史,就可以发现肯德基在中国飞越发展的足迹。这样的发展速度和规模,使肯德基成为一家在中国发展最迅速的快餐连锁企业,同时它也是率先开发乡镇一级市场的国际餐饮品牌。

### 1.3 公司宗旨

肯德基的市场优势为商品的独特口味。定位在"家庭成员的消费",提供家庭式温馨团圆的用餐气氛。

此外,肯德基对各项公益事业的捐赠投入,不吝金钱、广为人善。有付出便有收获,肯德基在公益活动上大量的长期投入以及活动本身所具的独到创意,大大提高了品牌知名度,成功塑造了品牌在广大消费者心目中的卓越形象。

### 1.4 企业文化核心价值观

#### 1.4.1 三大信仰

(1) 顾客就是上帝。没有良好的服务就没有销售,这一点在快餐业表现得尤为突出,肯德基对服务选题都十分重视。只要一进餐厅,就会有热情礼貌的侍应生笑脸相迎,提供体贴周到的服务,让顾客体验到当上帝的感觉。肯德基专门备有小孩子桌椅和肯德基儿童天地。

(2) 营造优雅的环境。整洁优雅的就餐环境是制胜的重要法宝。一进肯德基餐厅,就会给人以色彩亮丽、耳目一新的感觉,使就餐者身心愉悦,心情放松。在用餐过程中,只要有一处弄脏了,侍应生很快会打扫得干干净净,连厕所的清洁卫生,都搞得一丝不苟。

(3) 追求品质每一天。食品质量口味是吸引广大消费者的首要因素,也是企业立足市场的基础。肯德基的独特风味令世人津津乐道,其色香味俱佳的快餐食品让人喜爱有加,许多消费者特别是儿童只要去过一回,还想去第二回、第三回,这是因为它们的质量确实让人无可挑剔。

#### 1.4.2 经营法则

(1) 餐厅经理第一。把中国餐厅经理看作是公司的财富、发展的关键,只有一线的餐厅经理都形成了高素质的"连锁",整个肯德基才能实现真正意义上的核心"连锁"。该公司有针对性地辅导和训练餐厅经理不断掌握技能和经验，每年举办餐厅经理年会，提供交流平台，使经理们感受到公司的高度重视，进一步激发了其高度的责任感。

（2）群策群力、团队合作。每年举办"群策群力"巡回宣讲活动，由高层管理人士任讲师，宣讲取得的工作成绩，传达未来的工作目标，以鼓舞士气、增强团队的合作能力及凝聚力。

（3）鼓励先进、表彰杰出，不断对优秀员工进行表彰和认同。如针对中国开发人员的"红砖奖"，意为表彰市场开发的基石作用；"创意奖"是对能够对中国有奇效的营销创意进行奖励；而集团中国区总裁创立并颁发的"金龙奖"，则突出对公司发展有持续贡献和长久的影响力。

### 1.5 肯德基的冠军计划

肯德基全球推广的"CHAMPS"冠军计划即标准化服务，是肯德基取得成功业绩的精髓之一。它的内容是：

C：Cleanliness 保持美观整洁的餐厅；
H：Hospitality 提供真诚友善的接待；
A：Accuracy 确保准确无误的供应；
M：Maintenance 维持优良的设备；
P：Product Quality 坚持高质稳定的产品；
S：Speed 注意快速迅捷的服务。

## 2. 案例分析

### 2.1 肯德基在中国的本土化战略

在任何一个市场，跨文化的产品都需要不同程度的本土化。肯德基通过多年的探索，有效地利用本土化战略，克服了在中国遇到的经济、管理和体制等多方面的障碍，避免了水土不服和文化差异，实现了成功的跨文化管理。具体体现在以下几点。

（1）人才本土化。肯德基（中国）公司着力培养、提拔和使用本地人才，充分发挥他们熟悉本国政策、竞争环境和市场特点的优势。目前已经在中国16个市场中用了8个来自本地的总经理。正是这样一个具备丰富行业经验又了解中国情况的领导团队到位后，才能在最短时间内作出最正确的判断。

（2）产品本土化。如果日复一日地提供鸡腿、汉堡和薯条，吃中餐长大的消费者很快会厌烦，现在的消费者追求的是变化和新鲜感，因此，不断开发出适合他们口味的新产品是保持客户忠诚度的关键。肯德基在产品本土化上不遗余力，采取了三管齐下的方式：第一，对异国风味进行中式改良；第二，推出符合中国消费者饮食习惯的中式快餐；第三，开发具有中国地域特色的新产品。2000年，肯德基推出了第一道中国风味汤——芙蓉鲜蔬汤，口味设计也是充分考虑到中国人的口味。随后的几年，肯德基以需求为导向，不断推陈出新。2004年，肯德基又在中式风味食品上频频出击，迫使它最大的竞争对手麦当劳不得不跟进，如调整菜单、推出连锁加盟模式等。

（3）品牌本土化，山德士上校穿唐装。当麦当劳嘻哈十足的广告风格把品牌形象塑造得越来越洋派时，肯德基正致力于把品牌形象本土化。2003年春节，肯德基的"山德士上校"开始在中国170个城市的800余家分店统一换上唐装迎接顾客。如果说今天的麦当劳大叔已经成为年轻、有趣、活力和酷的代名词的话，那么肯德基爷爷则代表了中国传统的家庭、亲情、友爱和默契。和麦当劳拉开"土"与"洋"的形象差距，不仅使肯德基有效避开了对手营销传播上的干扰，而且吸引了原本对洋快餐具有排斥心理的中老年消费者。

（4）供应商本土化。供应链本土化是中国肯德基从一开始就在市场和采购部共同努力的目标。多年来经过中国肯德基的不断谈判、协助，许多海外供应商陆续在中国设厂，大量的努力造就了许许多多的本地供应商。供应链的本土化不但使中国肯德基提高了质量与效率，降低了成本，并且也降低了因气候、运输、罢工、政府进出口政策等不可预测因素而导致的断货可能性。

## 2.2 对比"麦当劳"与"肯德基"

### 2.2.1 市场竞争态势分析

在市场竞争态势中，用市场区隔的方式将快餐行业区分为中式快餐与西式快餐两种。其中，西式快餐以麦当劳、肯德基与比萨最具代表性。西式快餐是由国外引进的经营方式，麦当劳是第一家进入中国台湾市场的快餐连锁店；比萨成长极为迅速，一年内扩展了7家连锁店；而肯德基由于在炸鸡方面独具特色，占有一定的市场。

### 2.2.2 市场定位

麦当劳的市场优势在于清洁（clean）、快速（fast）、品质（quality）、服务（service）、价值感（value）。以年轻、活泼作诉求，希望提供一个轻快的用餐环境。肯德基的市场优势为商品的独特口味。定位在"家庭成员的消费"，提供家庭式温馨团圆的用餐气氛。

### 2.2.3 营销策略"水涨船高"式营销 VS "量体裁衣"式营销

肯德基：①人员本地化、职业化；注重培训，志存高远；②土化管理，知己知彼；③渠道通路管理："从零开始特许加盟"到"非零开始特许加盟"；④市场定位准确，公益促销目的明确。

麦当劳：麦当劳向来被认为是改变了世界餐饮文化的快餐品牌，其成功的要诀就在于不断变化的品牌主张和持之以恒的品牌核心。例如，在20世纪80年代早期，麦当劳的广告主题"麦当劳和你"反映了一个从职业道德到自我导向的变化，意即要避免为工作失去自我从而为今天生活的渴望。80年代中期普遍出现了一种向"我们"方向的转移，反映了传统的对于家庭价值的关注。

在中国发展的短短29年中，中国肯德基体现了其灵活性与创新性。它充分地了解中国市场的特性，包括文化、语言、生活习惯等，从而实现了较大幅度的明智的跨文化管理策略，为跨国企业的国家化经营道路提供了很好的经验启示。综观世界，不同市场的背后蕴藏着不同的文化背景、经济条件、客户群及行业特征，很难想象一个企业能够找到一个成功适用于不同市场的公式。那么，各个企业应该如何应对复杂多变的市场环境？对于此，我们无法断言，但是不得不说能否洞察环境、不断创新而成功实现跨文化管理，将是跨国企业国际化经营成败的关键。

【思考题】
1. 简述肯德基在中国的本土化战略。
2. 对比"麦当劳"与"肯德基"的市场定位。
3. 浅谈肯德基跨文化管理所带来的启发。

【资料来源】

[1] 邹奕杰. 对肯德基连锁经营的解析 [J]. 科技情报开发与经济, 2009 (6).

[2] 沈艳丽. 肯德基企业文化构建 [J]. 企业研究, 2010 (12).

[3] 庞进. 麦当劳和肯德基在华经营策略的文化本土化比较 [J]. 沧州师范专科学校学报, 2011 (3).

[4] 张博. 浅析肯德基员工本土化策略的作用 [J]. 赤峰学院学报（自然科学版），2012 (4).

[5] 李耀. 品牌活化的全球化和本土化 对麦当劳和肯德基的比较 [J]. 中国品牌, 2007 (3).

[6] 惠正一. 麦当劳VS肯德基 本土化还是全球化？[N]. 第一财经日报, 2009.3.

[7] 蓝进. 肯德基在中国的本土化营销及对中国快餐业的启示 [J]. 西华大学学报, 2009 (8).

[8] 李维华. 特许经营方式是企业拓展的有效途径 [J]. 国际商务对外经济贸易大学学报, 2005 (8).

# 耐克公司跨文化管理案例分析

> **摘要：** 在当今世界，跨文化管理已经成为一门不可或缺的学问。企业在进行对外扩张时，跨文化是每个企业都将要面临的问题。中国世界上最有潜力、发展最快的市场之一，这对于任何一个美国公司来说都是一个毋庸置疑的事实，耐克在中国营销的成功有目共睹。为了充分了解国外产品进入中国市场，对中国特色消费群体进行特殊营销活动，本案例以耐克为研究对象，通过资料查询与总结，介绍耐克公司跨文化管理产生的背景，跨文化管理的内涵、理论基础以及一般步骤等，让我们更加充分地了解跨文化管理，适应多元文化的融合，得出耐克在中国营销成功的关键是本土策略以及文化营销策略。
>
> **关键词：** 跨文化；营销；中国市场

## 1. 相关背景介绍

### 1.1 耐克在中国的消费群体分析

#### 1.1.1 年轻一代消费群

年轻一代消费群特征：15~25岁，以大中专学生、中学生为主，刚踏入社会的青年等其他人员为辅；他们喜爱运动，具有崇尚新潮时尚和国际流行趋势的特点，他们已经开始具有自己的思想、有积极独立的生活主张、生态活度。年轻一代消费群对运动品牌个性需求：运动品牌要能给他们传递一种他们是不同寻常的，又能取得他们认可的、能激励他们的生活、运动主张与态度，展现他们独特个性。

#### 1.1.2 中青年消费群

中青年消费群特征：他们年龄在26~45岁；职业多为白领、老板、经理人等收入较高成功人士及其他体育运动爱好者。他们成熟稳健，事业渴望成就感；同时他们承受家庭、事业双重压力，他们渴望人们去理解他，从观念上与他们取得认同，并唤起他们的激情。

## 1.2 耐克中国消费群体的特色消费行为分析

### 1.2.1 攀比消费

消费者的攀比心理是基于消费者对自己所处的阶层、身份以及地位的认同，从而选择所在的阶层人群为参照而表现出来的消费行为。消费者的攀比心理更在乎"有"——你有我也有。在消费商品上，多表现为产品带给消费者的远远超过实用的成分。正是这种心理，在中国目前并不富裕的情况下，创造了高端市场，同时利用这种心理，在国内企业普遍缺乏核心技术的情况下，有助于获取市场，这一点在时尚商品上表现得尤为明显。耐克抓住这一消费行为的特征将其产品定位为中高端商品，迎合了中国人的消费心理和消费行为，因此能更好地占领中国市场。

### 1.2.2 个性化消费

由于日常行为喜欢用批判的眼光看世界，充满自信，思想解放，不相信传统，因此要求消费能显示差别性，突出个性化特征。在消费过程中，不希望自己使用的商品与别人雷同。希望通过消费活动，确定一个有个性的自我形象。而且消费活动本身就是自我表现的机会，在消费活动中，青少年消费者十分注意追求属于自己风格的产品。青年期正是生理成熟、心理自主和经济独立时期。他们处于生命周期的最旺盛时期，思维活跃，兴趣广泛，加上参加工作后已具有独立的货币支付能力，消费的意愿不可遏止，并且急切地把它转变为现实。选购商品时，容易受情绪左右，容易受商品环境和营销人员的影响。

### 1.2.3 "面子"消费

从社会心理学的角度来看，所谓"面子"是指个人在社会上有所成就而获得的社会地位或声望；所谓"面子工夫"，其实就是一种"印象整饰"的行为，是个人为了让别人对自己产生某些特定印象，而故意做给别人看的行为。中国人其实不是不想花，因为中国人相对的喜欢攀比，爱慕虚荣。对于中国的消费者来说，外国的商品就意味着身份，拥有外国商品不仅是经济实力的体现，也是面子的体现。耐克的聪明之处就在于，它在中国卖的并不是实用，而是一种身份的象征。耐克的创始人 Phil Knight 曾这样说道："中国有 20 亿只脚呢！我们要让它们都穿上耐克！"

## 1.3 影响耐克消费者行为的因素

### 1.3.1 儒家文化对消费行为的影响

在自我概念上注重人与人之间的相互依赖关系，东方人偏向于依赖性的自我，即在自我概念上注重人与人之间的依赖关系，对依赖性自我概念而言，其行为是基于和他人之间的基本联系，这些联系包括家庭、文化、职业和社会关系等。中国人更多的是以自我为中心，关注与自己相关的人对自己购买行为的反应。儒家传统文化影响下的个人总是处于为了他人的期望而生活以争得"面子"的压力之下。东方世界的人很注重"面子"，"面子"在东方人的消费行为中起了很大的作用。通过奢侈品消费，人们维护自己的"面子"，强化他人对自己的看法，并维护自身的社会地位。

### 1.3.2 名人广告对消费行为的影响

名人广告利用名人所具有的种种特征，可以在异常嘈杂的媒体环境中把公众的注意力吸引到广告信息中来。旨在使自己的商品从紊乱的信息环境中凸显出来。名人的声望在消费者知觉名人广告时具有某种光环效应，因为名人是高贵的、值得信赖的，这种品质会迁移到他所代言的产品上，有助于提高品牌的知名度。名人广告有助于增强广告信息的可信度。消费者知觉到广告后，是否愿意接受广告的信息，还是一个未知数。广告要引导消费者的观念向预期的方向变化，必须让消费者觉得真实可信，而广告是否可信，广告的信源至关重要。所以广告由谁来代言事关重大。心理学中的态度改变理论认为，人们心目中的权威最具影响力。许多人认为耐克广告沟通术就是"明星攻势"加上与众不同的广告画面、情节。但事实并非如此，起到根本性作用的不是沟通的形式而是内容，是在广告中与消费者进行心与心的对话。耐克广告的沟通也因此获得能让消费者产生强烈共鸣的优良效果。耐克公司在针对体育爱好者消费群体时，其沟通内容着意于向视听大众传递这样的信息：耐克和你一样是体育世界的"行家"，我们都知道体育界所发生的一切。所以耐克公司广告片中展示的是一个真实客观的体育世界。在以棒球明星宝·乔丹为广告主角的系列幽默广告"宝知道"中，滑稽可笑、逗人发笑的宝·乔丹，吸引了一大批青少年视听者的注意。后来宝·乔丹臀部受伤，不能上场竞技而不得不告别体坛，宝·乔丹失去了广告价值。一般情况下，解除合约是美国商业社会天经地义的做法。耐克公司没有这样，而继续与他合作拍广告。这一举措与青少年消费者产生强烈的共鸣：耐克与我们一样不会抛弃一个不幸的昔日英雄。

### 1.3.3 西方文化对消费行为的影响

在自我概念上注重人与人之间的相互依赖关系。西方人更看重独立自我的概念。独立自我的概念根植于人与人之间，是相互内在分离的理念；追求个人和团体利益需求的平衡。在个人和团体利益之间的关系上，西方社会的人认为个人自由最重要，人们应该用自己内在真实的价值观来对待生活，群体之所以存在是为了让个人更好地满足需要，个人可以尝试改变群体，也可以简单地离开它。西化象征着品位，耐克正是利用中国人这一消费心理，传播西方文化影响中国消费者行为。

## 2. 案例分析

### 2.1 耐克在中国的营销战略

与一般产品公司相比，很明显，耐克公司没有任何生产设施和生产人员，只是有资金和样品资源。与一般产品的公司相比，耐克公司既没有大量的销售人员，也不存在自己的销售设施，耐克公司根本不直接从事产品的批发零售业务，所以说耐克公司也谈不上说是单纯的中间商。但是在消费者心目中，耐克最能体现个性化、创造力、动感、活力以及休闲等基本价值。在中国，这些概念正是最受欢迎的文化体验，有了这些品牌内涵作为产品的附加值，耐克的高价也就不再是消费者心中的问题了。更有甚者，耐克的高价不但没有成为其销售的障碍，反而成就了耐克。

#### 2.1.1 耐克公司产品市场经营策略以市场营销为核心

随着市场化的发展，根据现代市场营销活动的具体情况，市场营销的核心主要有以下三个方面：第一个方面，塑造和强化驰名品牌；第二个方面，随着现代高科技的飞速发展，产品的科技含量不断增加和更新换代的速度不断加快，因此要注重产品研发，不断地扩大产品的科技含量，加大科学研发的力度，这也是一个现代企业生存发展不可或缺的因素之一；第三个方面，市场供过于求的现象日趋突出，使得产品促销具有鲜明个性，能够传播企业理念的定位策略。很长一段时间内，耐克内部决策层面临耐克产品在全国化过程中的定位问题，是为全球体育用品市场提供统一形象的产品和服务，还是根据各国不同情况，制定不同的战略，设计不同的产品问题一直困扰着耐克的决策层。

目前的体育用品行业竞争日益激烈，并且逐渐成熟达到饱和，因此，要想取得成功，特别是要在全球市场取得成功，就一定要以坚持拥有强大的市场营销为核心。

#### 2.1.2 坚持产品开发与技术创新

在市场竞争日益激烈的时代，只有坚持科技投入，开发出具有自己核心技术的被市场认同的产品，才能在市场竞争中立于不败之地。在这方面，耐克是所有中国体育用品品牌学习的榜样。耐克产品研发中心就网罗了大量研究人员，涵盖了运动学、材料学、生物学、工业设计学等方方面面，以其超强的产品研发能力，不断地推出具有流行外观和专业功能的运动产品，引领潮流的款式和让人放心的质量，持续赢得消费者的好评。耐克运动鞋的开发充分体现了耐克在产品研发与创新端的高度投入。自 1979 年第一双耐克气垫跑鞋问世以来，拥有缓震、轻质等特点的气垫运动鞋受到了人们的大力追捧。

创造了运动鞋的革命。耐克借机扩大自己的品牌。并屡屡将最新科技运用于运动鞋之上，成为运动鞋市场的霸主。由此可见，耐克公司优秀的科技人才不断地为耐克研发出最新颖和工艺最先进的产品，为耐克带来了不少富有忠诚度的用户。

#### 2.1.3 实施兼并与收购，打造品牌规模效应

在现代市场经济中，企业并购是一个常见的市场运作，它可以充分整合资源和营销网络，并给公司的经营带来有益经验。耐克最初是一家专注于篮球运动鞋的公司，发展到20世纪80年代后期，利用并购其他领域的体育用品品牌，迅速地建立了庞大的体育用品品牌帝国，成为跨国体育用品公司中产品面最广、产品线最长的公司。耐克的这些收购策略，为中国体育用品公司提供了有益借鉴，国内品牌如果能实行同类产品之间的横向并购，除了能做到产品销售和原料采购的统一外，还可以运用彼此间的优势技术和营销网络迅速提升产品市场占有率。这样一来，能集中行业力量，以规模优势对抗国际品牌的竞争。经过30年的发展，虽然中国已经有了一大批体育用品企业，并成长起来一些知名品牌，如李宁、安踏等，但相对耐克等大鳄，这些占据国内市场前几位的品牌还是太小了，要想在与国际品牌的竞争中立于不败之地，兼并联合国内的资源是一个重要的步骤。

#### 2.1.4 打造明星效应对耐克形象的正面影响

在北京天安门广场附近的一个篮球场上，地上印着耐克标志，一个小伙子说道："耐克懂得我们中国人为什么感到骄傲。"的确，由它制作的关于110米跨栏世界冠军刘翔的广告，进一步增强了中国人的民族自尊心。早在大多数中国人还没有料到一个新的民族英雄即将诞生之前，耐克公司就已经开始行动。在希腊奥运会的田径赛场上，刘翔一举夺得110米栏的冠军，并且刷新了奥运会纪录，这是中国在短跑项目上获得的首枚金牌。从刘翔夺冠的那一刻起，耐克就向市场投放了一个新的电视广告。这是一个让中国人民族自尊心倍长的广告："亚洲人肌肉爆发力不够？"一个声音质疑说："亚洲人缺乏必胜的气势？"最后，刘翔把手臂放到了耐克标志上面，字幕打出：定律是用来被打破的。这个广告立刻取得了巨大的成功。就是在这些精明的营销策略的帮助下，耐克成为新中国的偶像。一份调查显示，耐克是中国"最酷"的品牌。在20世纪80年代改革开放的初期，一辆崭新的"飞鸽"自行车是定义成功的标准。10年后，一台可以洗土豆的洗衣机是地位的象征。而现在，"飞人乔丹"等耐克产品已经成为新兴中产阶级成功的标志。2003年，耐克在中国的销售额增长了66%，约合3亿美元。此外，耐克正以平均每天1.5家专卖店的速度在中国市场上纵横捭阖，目的是从东部沿海逐渐推进到中西部地区，以赶上随2008年北京奥运即将喷发的体育热情。

#### 2.1.5 另辟蹊径，用于开拓新的市场

在世人眼中，运动更多是青少年挥洒个性、彰显青春的象征，而女性运动产

品则是一个尚未开发的处女地。耐克最先发现了这个曾被营销遗忘的角落，转而迅速将目光和精力投向了女性运动市场。时间证明耐克再一次获得了成功。

耐克公司的产品经营与现代社会相适应，由于现代社会分工日趋精细化、专业化，有利于提高市场营销活动的效率和效益。另外，企业对制造商和中间商的高度依赖性，这有利于使它们之间建立长期而稳固的战略合作关系。对制造商而言，这一战略对于实力比较差的中小制造商就能够与耐克公司建立长期稳定的战略合作关系，以采取贴牌生产或定牌生产的方式获得生存发展。

### 2.1.6 抓住机遇，利用正面的社会环境

运动鞋行业是一个充满竞争而且趋向饱和的市场，但仍具有利润潜力。激烈的竞争、时尚潮流的日新月异以及消费者对于价格的敏感在很大程度上延缓了这个行业的增长。人们健康观念的兴起，进行体育锻炼的人越来越多，而且越来越侧重对休闲运动服饰的喜爱。中国是人口最多的国家，收入的增长带动了消费水平的提高。2008年北京奥运会的举办又为耐克在中国市场的开拓创造了一个契机。

### 2.1.7 恪守企业价值观，传播企业文化

耐克创始人菲尔·奈特在斯坦福商学院上学时写过一篇论文，他当时头脑中的目标是：打败以阿迪达斯为首的"铁三角"，让越来越多的运动员穿上高质量低价格的运动鞋。因此他便有了建立一个伟大而长盛不衰的企业的理念，渴望这个企业是一个比他个人生命更持久的公司。这个组织最初根植于一套核心的价值观是为运动员提供高质低价的产品，为利益之外的追求而生存，并能以内生的力量不断地自我更新，因而长盛不衰。

## 2.2 耐克在中国广告宣传

### 2.2.1 文化差异引起的广告禁播事件

2013年，全国各省市电视台播出的名为《恐惧斗室》的最新耐克篮球鞋广告片因为涉嫌侮辱"中国形象"，被国家广播电影电视总局紧急叫停。"恐惧斗室"篮球鞋广告片讲的是：一位篮球运动员进入一个5层高的建筑，在每层的恐惧斗室中，对手包括武者、两条盘龙等，詹姆斯逐一挑战这些对手，直至取得最后的胜利。广告有三个场景涉嫌有"侮辱中国"的形象：第一，詹姆斯与身穿长袍中国人模样的老者"争斗"，詹姆斯将老者击倒。第二，身穿中国服装的妇女暧昧地向詹姆斯展开双臂。随着詹姆斯扣碎篮板，妇女的形象随之粉碎。第三，篮板旁出现了两条中国龙的形象，二龙吐出烟雾和阻碍詹姆斯的妖怪。对此，耐克公司发表声明称，"恐惧斗室"宣扬了一种积极的人生态度。耐克希望借此鼓励年轻人直面恐惧，勇往直前，广告运用的各种元素是一种比喻形式。

### 2.2.2 广告禁播事件带来的分析

广告公司无论在哪个国家，目的就是最好地推销产品。所以广告公司应对所

在国家的文化、民众心理有深刻了解。龙是中国的图腾，在一定意义上是中华民族的象征。广告一旦忽略了与文化的联系，就会使受众感到不舒服甚至产生厌恶。企业在跨文化管理中往往容易由于对当地文化的不熟悉或文化差异引起不愉快甚至导致失败的跨文化管理与经营。

耐克在几十年的销售过程中，总是把自己的企业文化运用到每一个可能体现积极向上的经营理念的产品中去。传播企业文化，并且让这种企业文化得到广泛的认可。这是的耐克在人们心中不仅仅只是一种运动品牌，更重要的是这个品牌的背后所代表的意义被人们广泛的接受。在中国，耐克仍旧占有一定的优势，阿迪达斯于1980年开始关注中国体育用品市场，且在中国设立品牌推广机构。然而在数十年的市场推进中，表现得却相当克制，近几年来，阿迪达斯不断反思在中国的战略思想，在过去20多年的防守战中逐渐开始反攻，可以说阿迪达斯正处在企业第二个生命周期，它正在为提升市场份额而打拼，在中国还有本土企业李宁，可以说将是异常激烈。耐克需要稳住阵脚保王者风范。耐克在中国营销成功的关键是分析中国消费者行为及影响因素，采用本土策略以及文化营销策略。

【思考题】
1. 你怎么看耐克作为一种炫富产品对人们的吸引？
2. 你怎么看耐克公司所说的"高品质、低价格"？
3. 耐克独霸一方的原因是什么？

【资料来源】
[1] 杨泉. 跨国企业中的跨文化管理 [J]. 中国人力资源开发，2002（3）.
[2] 曹君泡. 试论耐克品牌营销中文化营销带来的启示 [J]. 中国商贸，2010（5）.
[3] 陈辉荣. 企业国际化中的跨文化管理策略 [J]. 商业时代，2006（10）.
[4] 赵曙明. 跨国公司在华面临的挑战：文化差异与跨文化管理 [J]. 管理世界，1997.
[5] 沪记. 耐克品牌战役——32年只营销情感 [J]. 西部皮革，2005（3）.
[6] 苏同华. 耐克公司的营销之道 [J]. 上海管理科学，1995（4）.
[7] 刘颖. 咸宏亮，国际化企业的跨文化管理 [J]. 鸡西大学学报，2005（6）.
[8] 李钢. 耐克与阿迪达斯的营销大战 [N]. 经济日报，2004.7.
[9] 夏小平. 耐克文化特色对我国运动品牌营销启示 [J]. 中国商贸，2010（5）.

# 通用电气跨文化管理案例分析

> **摘要:** 本案例论述了在国际上有重要影响的通用电气公司在华投资本土化战略发展的道路,在此基础上提出了跨国公司本土化本质、影响和趋势,对于正确认识跨国公司本土化战略实质,调整优化入世后我国利用外资政策,培育本国企业跨国经营战略具有重要而深远的意义。
>
> **关键词:** 本土化;人力资源;全球化

## 1. 相关背景介绍

### 1.1 公司发展历程以及规模

通用电气公司创建于 1878 年,公司总部设在美国康涅狄格州菲尔法德镇,在世界 500 家最大的工业公司是排名第 8 位。GE 在全世界 100 多个国家开展业务,在全球拥有员工近 30 万人。杰夫·伊梅尔特先生自 2001 年 9 月 7 日起接替杰克·韦尔奇担任 GE 公司的董事长及首席执行官。通用电气公司(GE)是世界上最大的多元化服务性公司,从飞机发动机、发电设备到金融服务,从医疗、电视节目到塑料,GE 公司致力于通过多项技术和服务创造更美好的生活。

### 1.2 决策人背景介绍

杰克·韦尔奇 1960 年毕业于伊利诺伊大学,获化学博士学位,毕业后加入通用电气塑胶事业部;1971 年年底,韦尔奇成为通用化学与冶金事业部总经理,并不断晋升。1979 年 8 月成为公司副董事长,1981 年 4 月,年仅 45 岁的杰克·韦尔奇成为通用电气历史上最年轻的董事长和 CEO。从入主通用电气起,在 20 年间,他将一个弥漫着官僚主义气息的公司,打造成一个充满朝气、富有生机的企业巨头。在他的领导下,通用电气的市值由他上任时的 130 亿美元上升到了 4 800 亿美元,也从全美上市公司盈利能力排名第 10 位发展位列全球第 1 位,成为世界第 2 位的世界级大公司。2001 年 9 月退休。他被誉为"最受尊敬的 CEO"

"全球第一 CEO""美国当代最成功最伟大的企业家"。如今，通用电气旗下已有 12 个事业部成为其各自的市场上的领先者，有 9 个事业部能入选《财富》500 强。杰克·韦尔奇带领通用电气，从一家制造业巨头转变为以服务业和电子商务为导向的企业巨人，使百年历史的通用电气成为真正的业界领袖级企业。

杰克·韦尔奇是通用电气董事长兼 CEO，他所推行的"六西格玛"标准、全球化和电子商务，几乎重新定义了现代企业。2014 年 10 月 13 日，通用电气（GE）的飞机租赁部门 GE Capital Aviation Services 宣布，将以 17.8 亿美元收购总部位于爱尔兰的直升机租赁公司 Milestone Aviation Group。Milestone 拥有 168 架直升机，价值约 28 亿美元。此项交易预计将于 2016 年完成。2015 年，GE 宣布将缩减金融业务，重新回归"制造为主业"的工业公司，计划到 2018 年将金融产业的比例减少到 10%。2015 年，通用电气公司现任 CEO 杰夫·伊梅尔特宣布成立"通用电气数字部门"（GE Digital），将公司内部的所有数字职能整合到一个部门，更好地将软件和分析技术糅合到工业产品中去。通用电气预计，公司将实现软件和分析应收 60 亿美元，并计划在 2020 年跻身全球十大软件公司。

## 2. 案例分析

### 2.1 企业文化本土化

世界文化是可以在不同文化背景、不同价值观、不同方法基础上进行整合的。通用电气把"坚持诚信、注重业绩、渴望变革"和人本主义作为全球文化战略的基点。作为跨国公司，通用电气面对多元的文化，在制定自己的战略时，既不固执于自己的文化，也不盲从他国的文化。正如韦尔奇在一封致股东的信中所说："不断分享全世界的经营经验和文化精髓，将促使企业无论从经营上还是思维上都真正实现全球化。"多元化是一种积极的工具，将企业伦理的见解应用于国际商务管理，其中的关键就是要妥善处理文化的多样性，吸收每一种文化之中的精华。GE 强调的价值观都能看到中国文化的影子，比如，"倾听客户的要求，满足客户的要求，并做得更多"与中国的"全心全意为人民服务""用减少管理的方式来达到加强管理的目的""无为而治"等。再如，通用电气公司一贯重视与中国政府和社会的关系，积极融入中国社会。GE 华盛顿办公室的政府关系部由一些熟悉政府运作和法律程序的资深经理组成，主要工作是游说美国国会议员。在有关中国议案的投票中，经过 GE 工作的议员几乎都支持中国。在推动中美贸易、支持中国加入 WTO、无条件给予中国最惠国待遇、支持中国申办奥运会等方面，GE 也做了许多工作。同时，GE 致力于做好企业公民，积极参与中国的社会公益活动，比如 GE 的慈善机构 GE 基金会适时向中国灾区捐款。同时，

GE是上海儿童医疗中心最大的投资伙伴。另外，GE员工的志愿者组织也在北京、上海、广州、大连和香港成立了分会，积极开展社区服务、保护环境等志愿活动。GE职业女性协会也以其积极的社会服务项目树立了良好的企业公民形象。GE通过这些活动体现出独特的企业文化，它适合中国的国情，为公司的营销创造了一个良好的发展环境。

### 2.2 人力资源本土化

通用电气视人才为最大的财富，由于本地化的优秀员工队伍及管理层更能理解东道国消费者的需求，更能帮助企业将其一流的科学技术及其成功的经验扎根于东道国文化，所以高薪直接聘用本土员工是通用电气实施人才本土化最基本的战略。通用电气在中国有10 200名员工，每年增长速度在20%～25%，致力于在中国成为"最佳雇主"，并倡导"让外籍员工回家"。正如通用电气董事长兼首席执行官杰夫·伊梅尔特所说："在全球化的今天，我们大约有40%的销售人员来自美国本土以外，最高管理层中有10%～15%也来自海外，比如在中国有非常出色的陈治［GE副总裁，GE医疗（中国）总裁］，他们都有很高的天赋可以驾驭我们的生意，为我们的公司积累更多的经验。""一个跨国公司如果不能开发当地智力资源，就不算跨国经营。"通用中国公司28名经营高层中，有15人来自中国大陆，其余来自中国台湾、中国香港及新加坡和马来西亚等地区。而实现人才本土化的关键则是通过完备而有效的培训体制开发当地人才。为此，GE通过实施人才后备、人才招聘和人才保留计划，建立与员工成长相配套的员工培训机制和人力资源管理体系，吸收有潜力的人才，使其在技术、财务、人事、六西格玛质量管理等方面得到培训，为员工们能更好地应对挑战做准备。同时，GE继续通过培训项目、CEO项目和ACFC（立足客户、服务客户）项目同中国政府、社会及客户建立合作伙伴关系、CEO项目，即中国高级管理人员研究班，是通用电气中国公司与中共中央组织部合作举办的管理培训和交流项目，赴美国纽约州克劳顿村GE管理发展学院（现更名为约翰·韦尔奇领导发展学院）研究深造。成员由中国政府邀请，大都是中国最大国有企业、政府部门和研究机构的负责人，堪称是中国管理领域的国家队。GE的中国教育培训中心培训了6 100多名客户、政府官员和员工，使其在"中国领导力发展"方面处于领先地位。

再如GE塑料中国教育发展基金项目，其主旨是促进GE塑料在中国的业务增长，同时为中国塑料工业培养专业人才。通用电气塑料集团中国教育发展基金项目也已在四川大学正式启动，此项奖学金将用于奖励和支持四川大学各方面表现优异的学生，并为他们提供在GE塑料的实习机会。这些举措对GE人力资源本土化战略都有深远影响。通用电气公司根据中国的国情、市场、政策以及文化作出了合适的调整，这使得"洋企业"在中国也能站稳脚跟。

但是也必须看到，本土化是 GE 公司的一种竞争策略而不是目的和归宿。从本质上说，跨国公司是全球化的产物。正是由于中国市场面向全球开放，才导致了跨国公司大量涌入中国；正是由于中国具有强大的低成本制造优势，才使跨国公司将全球制造中心移向中国。跨国公司的竞争优势主要集中在技术、品牌、商业模式和全球经验等方面，这些优势在全球的每一个市场都存在巨大的商业价值。从这个意义上讲，GE 公司在中国的许多活动不是本土化而是全球化，一个典型的例子是许多跨国公司调整其国际生产布局，把中国作为全球制造基地。这是跨国公司全球一体化的一个重要措施，虽然这一过程涉及人员的当地化、研发机构向中国转移，但其本质都是全球化。GE 的每个业务集团都是其行业领域的第一或者第二，是因为 GE 最大限度地关注着"客户需求"。从来没有像现在这样，客户正在需要越来越多的服务，GE 正式从"客户需求"中获得了无限商机。比如，GE 的金融服务系统所开展的业务从信用卡发行到保险，从结构融资到集装箱租赁，有高达 40% 的利润来自于此。在大多数人还把 GE 同制造商联系在一起的时候，GE 已经深入到客户当中，在提供高质量产品的同时提供了高附加值的服务。又比如，GE 的飞机发动机免拆卸维修，就是为客户提供最大限度的服务，而此类业务也使 GE 从供货商变成一种合作伙伴，拓展了利润空间。

【思考题】

1. 为何 GE 如此支持中国？
2. GE 是否存在环境安全问题？
3. 你认为 GE 取得如此大的成功最主要的原因是什么？

【资料来源】

[1] 罗进. 跨国公司在华战略 [M]. 上海，复旦大学出版社，2001.

[2] 伊梅尔特. 通用电气制造业的创新回归 [J]. 人物周刊，2015.

[3] 书聿. 通用电气成立数字部门：整合软件和 IT 职能 [J]. 新浪科技，2015.

[4] 卢泰宏. 跨国公司行销中国 [M]. 贵阳：贵州人民出版社，2002.

[5] 张哲诚. 挑战极限——通用电气奇迹解密. 广州：广州出版社，2001.

[6] 宗永建. 跨国公司在中国的本土化问题研究 [J]. 南京理工大学学报（社会科学版），2006（1）.

[7] 姚海明，洪旭莲. 试析跨国公司本土化经营战略的新动向 [J]. 世界经济与政治论坛，2002（5）.

# 家得宝跨文化管理案例分析

> **摘要**：一个根本没有零售业经验的人，却要去领导一家已经取得辉煌成功的零售业巨人进行文化变革，还有什么比这更难的呢？这正是 2000 年从通用电气到家得宝公司出任首席执行官的罗伯特·纳尔代利所遇到的巨大挑战。本案例将就跨文化管理做深入研究并且剖析内在原因，一个企业将如何权衡自己的得失利弊。
>
> **关键词**：企业文化；跨文化管理；创新模式

## 1. 相关背景介绍

### 1.1 家得宝有限公司介绍

美国家得宝公司为全球领先的家居建材用品零售商，美国第二大零售商，连锁商店数量达 2 234 家。家得宝连续 9 年被美国《财富》杂志评为"最受欢迎的专业零售商"。并在 2007 年美国《财富》500 强中排名第 17 位，2006 年全球《财富》500 强排名第 43 位，同年被美国《财富》杂志评为"最受仰慕的专业零售商"第 1 位及"最受仰慕的公司"第 13 位。从 1978 年亚特兰大的第一家店到今天足迹遍布全球，在美国 49 个州拥有 1 200 多家店铺，海外有 133 家。它是全球最大的建材家居零售企业，美国"家居货栈"，是排在沃尔玛、家乐福之后的全球第三大零售集团。

### 1.2 历史沿革

1980 年，首次开展产品知识技能研讨会。

1981 年，家庭百货公开发行股票，首家佛罗里达店开业。

1986 年，销售额超过 10 亿美元，建立了第一家超大规模（占地面积达 14 万平方英尺）的商场。

1988 年，销售范围扩展到美洲东北部市场。

1990 年，公司捐献社会公益事业的资金超过 18 亿美元。

1992 年，公司资助美国奥林匹克队，耗资 40 亿美元。

1998 年，在圣地亚哥开设了第一家零售店。同年荣获了优秀企业服务奖。

### 1.3 家得宝中国足迹

家得宝公司于 2006 年年底收购天津家世界家居，成功登陆中国市场。家得宝成功收购了北京、天津、青岛、西安、郑州、沈阳 6 个城市共 12 家世界连锁店，经过了一系列的投资整合和门店改造，于 2007 年 8 月 26 日在中国正式开业。

目前家得宝在北京拥有两家门店，但自 2009 年 5 月起，家得宝中国陆续关闭青岛店、北京分钟寺店、沈阳店、天津东丽店和北京西四环店。

2012 年 9 月 14 日，正式对外宣布关闭其在中国的所有 7 家大型家居建材零售商店。业内普遍认为，这标志家得宝全线退出中国市场（但是保留于 2012 年 6 月开立的涂料专卖店，并在 2013 年年初陆续拓展北京、天津专卖店业务，共有 5 家店）。

## 2. 案例分析

### 2.1 家得宝纳尔代利跨文化改革

尽管纳尔代利接手的是一家看上去极为成功的公司，但家得宝也存在着潜在的财务和运营问题，比如，库存周转率、毛利率以及现金流较低；缺乏有经验的门店经理和区域经理；未能利用大公司本应具备的规模优势等。纳尔代利认为，要想把这家年收入 400 亿美元的大公司做得更大，就必须改变公司的企业文化。

为了彻底解决这些问题，纳尔代利制定了新战略，并运用他在通用电气学到的严格要求、毫不留情的方法，结果不断与家得宝公司无拘无束、亲密无间的文化发生冲突。面对变革的重重阻力，纳尔代利一方面通过个人的领导力来应对这项挑战；另一方面还采用并改进了一系列专门的工具，逐步改变公司的文化。

#### 2.1.1 衡量标准

强调新文化的优先事项。纳尔代利最初做的事情之一就是开始设计一些通用的衡量标准，以便在以前没有一致衡量标准的领域生成整个公司范围的数据。这些新的绩效衡量标准显然以实际操作为目的，但也有一种重要的心理效应。它们既明确和强化员工的合作行为与合作态度，也促进管理者对业务的了解。

#### 2.1.2 流程

将新的文化整合到组织中去。一项特别大胆的变革是实施了战略运营和资源规划（SOAR）流程，该流程把战略、运营以及人力资源规划融为一体。SOAR 的核心是每年召开为期8天的马拉松会议，高级管理团队会确定哪些投资项目最有助于公司实现为期3年的财务目标。这一流程成为家得宝公司新的企业文化的标志。

### 2.1.3 计划

为文化变革提供支持公司为区域经理和门店经理举办了一系列的5天学习论坛，共有近1 800人参加了学习。这项学习计划包括竞争模拟和角色扮演练习。家得宝公司还实施了一系列领导力培训计划，包括"未来领导者计划""门店领导力计划"以及"商品规划领导力计划"。这些培训计划提高了绩效水平，并确保了企业文化的连贯性。

### 2.1.4 结构

为全新的文化创造一个框架纳尔代利将家得宝原来相互独立的9个采购部门改为一个设在总部的集中采购机构。值得一提的是，所有工作都在一个"超级星期六"完成。这种结构调整是一次大胆而冒险的商业行动，相当于给一家大型零售公司实施了一次心脏移植手术；同时也是一次大胆的文化行动，标志着向管理更加集中化的重大转变。

## 2.2 家得宝改革及评价效果

家得宝1978年创立，1981年公开发行股票。1986年其营销额已达10亿美元，到2000年，家得宝的营销额达到了400亿美元。14年间成长比例高达40倍，不过因为在2000年前几年的时间，公司营业额一直在400亿美元附近徘徊，迫使董事会聘用纳尔代利。在其后经营的5年中，使公司营业额达到800亿美元，在其卸任前，公司营业额不过905亿美元。可看到，家得宝在纳尔代利的文化变革后，其成长效率远远不及公司创业至2000年。

这种文化改造改变了家得宝建立公司后一直遵循的传统，纳尔代利完成了一项难度极大的工作——根本性地改造了家得宝的企业文化。但家得宝的员工并不领情，他们却认为原来的"橙色文化"更好。因为在现行制度下，员工人人自危，精神高度紧张，离职率高居不下。从2001年至今，170名高级经理中，有98%的人不是被解雇就是承受不了压力自动离职。这种企业文化氛围已经沦为创造利润的机器，而其员工没有任何工作所带来的愉快感。纳尔代利不过是习惯了通用电气的管理方式，而把这种管理方式强加于家得宝，使其变成通用电气一样的以效率创造财富的公司。但是，家得宝却是一家应该以消费者体验为导向的公司。消费者在购买产品的时候，不仅需要便宜的产品，更要有服务员微笑的面孔、感受店内的文化氛围。这一切在纳尔代利时代已经一去不复返了。

如果没有纳尔代利的文化变革，而是在原有家得宝"橙色文化"基础上，对原有需要改进的流程和各店面各自为政的局面进行有效的整合，未尝不是一种更好的选择方式。因为文化的稳定和持久对企业可能更重要。而对企业文化进行翻天覆地的变化,基本上浪费了企业历史沉淀的财富,其损失或许会大过其所得。

据美国《今日美国报》网站文章,事实表明,即便对最精明的西方公司来说,在中国取得成功依然是个令人困惑的谜题。只有针对中国消费者独特的需求和利用当地合作伙伴的知识、见解和权威,西方企业才能避免其前辈们的失败。家得宝公司就尝到了忽视中国消费者喜好的苦果。该公司2006年在华开了12家美式储存式商店,但它过高地估计了中国接受"自己动手"文化的意愿,而这种文化是对其家装产品产生需求的基础。销售不佳,迫使家得宝于2012年关闭了其在中国的仓储式商店,这次失败使公司损失了1.6亿美元。

【思考题】

1. 纳尔代利的文化改革对家得宝来说利多还是弊多?
2. 员工压力如此之大,为何不调整管理方法?
3. 所谓的"橙色文化"指的是什么?

【资料来源】

[1] 王林. 家得宝在华本土化过程中的战略分析 [J]. 知识经济,2012 (12):7-8.

[2] 林晓. 家得宝的中国困境 [N]. 世纪经济报道,2009.6.9.

[3] 张麟珲. 企业跨文化管理案例 [J]. 中国外资,2012 (2).

# 微软公司跨文化管理案例分析

> **摘要：** 自 2003 年开始到现在，微软公司与中国进行了多方面的合作，微软在中国进行人才培养，建立研发集团，共同创造巨大财富等方面进行了各种合作，更建立了跨国公司。微软在与中国合作的过程中将自己企业文化中的技术文化、管理文化，在不同时间、不同层次地分享给了中国，同时也吸纳了中国企业文化中的精髓，以及管理方式的改进，实现了两国文化的交融，实现了取长补短，共同进步，为微软以及中国都创造了财富，实现了共同发展。
>
> **关键词：** 人才培养；共同研发；文化交融

## 1. 相关背景介绍

### 1.1 微软公司介绍

微软是一家总部位于美国的跨国计算机科技公司，是世界个人计算机软件开发的先导，微软在 2013 年在世界 500 强企业排行榜中排名第 110 位，2014 年排名第 104 位。

### 1.2 历史沿革

1975 年，19 岁的比尔·盖茨从美国哈佛大学退学，和他的高中校友保罗·艾伦一起卖 BASIC，又译培基，意思就是"初学者的全方位符式指令代码"，是一种设计给初学者使用的程序设计语言。当盖茨还在哈佛大学读书时，他们曾为 MITS 公司的 Altair 编制语言。后来，盖茨和艾伦搬到阿尔伯克基，并在当地一家旅馆房间里创建了微软公司。

1977 年，微软公司搬到西雅图的贝尔维尤（雷德蒙德），在那里开发 PC 编程软件。

1979 年，MITS 公司关闭，微软公司以修改 BASIC 程序为主要业务继续发展。公司创立初期以销售 BASIC 解译器为主。当时的计算机爱好者也常常自行开发小型的 BASIC 解译器，并免费分发。然而，由于微软是少数几个 BASIC 解译器的商业生产商，很多家庭计算机生产商在其系统中采用微软的 BASIC 解译器。随着微软 BASIC 解译器的快速成长，制造商开始采用微软 BASIC 的语法以及其他功能以确保与现有的微软产品兼容。正是由于这种循环，微软 BASIC 逐渐成为公认的市场标准，公司也逐渐占领了整个市场。

2009 年 7 月 29 日，美国雅虎公司和微软公司宣布，双方已就在互联网搜索和网络广告业务方面进行合作达成协议。这项协议为期 10 年，雅虎网站将使用微软新推出的"必应"（Bing）搜索引擎，微软将获得雅虎核心搜索技术为期 10 年的独家使用许可权，而雅虎将负责在全球范围内销售两家公司的搜索广告。此外，微软还同意在双方合作的前 5 年中，雅虎网站营业收入的 88% 归雅虎所有。

### 1.3 双杰领袖

微软联合创始人兼领袖比尔·盖茨、保罗·艾伦，两位都是世界上智力过人、才华出众的天才。保罗·艾伦的智力商数超越 170，在世界的天才中排名第九，比尔·盖茨智商超越 160，曾经在哈佛大学读书期间，数学成绩十分突出，解决过一道世界难题，受美国科学院院士哈佛教授嘉奖，并与老师联合发表论文。现任总裁史蒂夫·鲍尔默曾是美国数学竞赛全美前 10 名，美国高考 SAT 考试，保罗·艾伦与史蒂夫·鲍尔默更是获得了 1 600 分的满分。

## 2. 案例分析

微软与中国跨文化跨国合作。

微软在中国的成长过程反映出了全球公司在华战略演进的几个趋势——由早期的产品本地化测试和销售走向定制化的核心技术研发及全球营销；由被动地执行研发和销售战略转向主动参与甚至主导相关战略的制定和决策；由扁平化的单一销售升级至立体的、职能完备的研发和营销体系。

中国成为微软在美国以外投资最大，职能最完备，机构设置最全的创新地。

### 2.1 人员培训

自 2003 年以来，微软通过与发展改革委和信产部合作，已培训了 1 万多名软件架构师和高级项目管理人员，通过获得微软的企业文化，使得两国在 IT 技术上的文化获得交融。

### 2.2 成立研发集团

2006 年，微软在中国成立了集基础研究、技术孵化、产品开发和产业合作多元职能于一体，共 1 800 名优秀科学家和工程师的微软在中国研发集团。结合了中美两国的文化与技术，为创造新产品提供了先决条件。

### 2.3 创造价值

2007 年，微软携手合作伙伴共建的软件系统为中国软件产业创造超过 1 200 亿元的价值。

### 2.4 成立研发集团总部

2008 年 5 月，微软中国研发集团总部大楼在中关村核心商务区破土动工，建设投资超过 10 亿美元，建成后可容纳 5 000 名员工同时办公。研发集团总部的成立象征着中美文化结合的新突破，由中国化管理与美国化管理共同经营研发总部，是中美合作史上的里程碑。

### 2.5 进一步合作

到 2011 年，微软将对本地企业投入一亿美元进行合资合作。

微软还协助中国培养一大批软件人才，特别是世界一流的高端软件人才，包括软件工程专业院校教师，软件工程师等专业骨干软件人才，培训人数将超过 8 万人。微软还与中国高校、企业开展育人合作，其广度和深度将不断大幅提升。此举也象征着美国微软将其企业文化中的最精髓的部分分享给中国公司，这是微软跨文化管理的新进展。

多年来，按照建设创新型国家的需要，微软与发展改革委和工信部合作成立"国家发展改革委—微软软件创新中心"和一系列合作实验室，以促进中国软件企业技术创新和产品研发，增强中国软件产业的核心能力。微软还与地方政府及合作伙伴精诚合作，在辽宁、江苏、成都、合肥、广州等地打造了 20 个微软技术中心。此外，微软已经成功地把十几项专利技术授权给本地合作伙伴使用。同时，微软还坚持以软件外包和硬件采购的方式支持本地企业发展。仅 2008 年，微软已经向中国国内企业提供了一亿美元的软件外包订单。

与中国合作，微软在分享中国市场机遇的同时，也承担着巨大的责任，如利用自身的资金和经验，为中国培养出一批批兼具国际化视角和大型项目管理经验的复合型创新人才；帮助中国国内同行提升创新实力、孕育创新成果、寻求业务机遇。双方互惠互利，实现双赢。

**【思考题】**

1. 微软与中国跨文化跨国合作，在为中国带来机遇的同时，会为中国软件行业带来怎样的挑战？

2. 请举例说明微软与地方政府合作可以为当地的软件行业带来怎样的便利。

3. 如果你是微软公司在中国地区的管理人员，你将怎样结合中美文化制定管理方案？

【资料来源】

［1］栾跃，李雨航等. 微软360度：企业和文化［M］. 电子工业出版社，2007.

［2］微软公司的企业文化［J］. 石油政工研究，2008（3）.

［3］丁家乐. 通向云端的微软之路［J］. 21世纪商业评论，2009（1）.

［4］梁莹莹. 微软：跨国沟通零距离［J］. 当代经理人，2008（3）.

［5］陈世阳，李丽凯. 一个公司和一个国家的智慧握手——微软中国研发集团背后的故事［N］. IT时代周刊，2008（7）.

［6］牛芳. 微软中国经销商培训模式研究［J］. 西北农林科技大学学报，2013（5）.

# 克莱斯勒公司跨文化管理案例分析

> **摘要：** 文化差异在跨文化管理中是一种必然的现象，如果对此认识不足，处理不当，它必将成为影响公司经营管理成败的决定因素。本案例以戴姆勒—克莱斯勒汽车公司合并后出现合作困惑作为一个典型的案例，从跨文化视角对德方和美方管理者的管理行为与各自的文化进行剖析，探索文化对跨国公司管理成败作用，从而提出跨国公司管理中的文化整合的重要性。
>
> **关键词：** 跨国公司管理；文化冲突；文化整合

## 1. 相关背景介绍

### 1.1 克莱斯勒公司简介

#### 1.1.1 克莱斯勒公司的发展

1926年，克莱斯勒公司在所有的主要月刊和周刊上都宣传了自己的汽车品牌，经常利用加粗的黑体文字而不是利用图形来宣传。1927年，克莱斯勒推出它的第一个彩色广告宣传活动，集中宣传了"帝国80"型轿车。随后，克莱斯勒继续开发轿车产品系列，如"70"系列和"80"系列，这里的数字表示汽车的最高设计车速。在1925年，一种克莱斯勒轿车在法国的勒曼斯投入生产。克莱斯勒的帝国系列轿车也于1926年作为一种豪华车型推向市场。同一年，克莱斯勒首次采用封闭式橡胶结构作为发动机的悬置方式，以减轻震动。

克莱斯勒于1926年和1927年分别在比利时的安特卫普组建S. A. 克莱斯勒公司，在英国的伦敦组建克莱斯勒汽车有限公司，以帮助在北美经济下滑期间保证整个公司的利润。1928年，克莱斯勒是美国通用汽车公司和福特汽车公司的一个强大的竞争对手，但克莱斯勒虽然盈利，公司似乎难以很好地组织它的经销商网络和生产之间发生的问题，因此公司必须寻找新的汽车车身来源。

#### 1.1.2 危机的产生

1998年5月6日，享誉全球的德国戴姆勒—奔驰汽车公司和美国三大汽车公司之一的克莱斯勒公司共同发表声明，宣布已签署一项总额高达 380 亿美元的合并协议。这成为历年来汽车制造业最大的一起合并。由此戴姆勒—克莱斯勒公司成为当时全美第二大汽车生产商、世界第五大汽车公司。

2007 年 5 月 14 日，戴姆勒—克莱斯勒公司宣布，将子公司克莱斯勒集团（Chrysler Group）80.1% 的股权出售给私人资本运营商 Cerberus Capital Management L. P.，收购价格为 74 亿美元。克莱斯勒新股东 Cerberus 成立于1992 年，管理资金和账户 165 亿美元，是全球最大的私人投资公司之一。Cerberus 资本管理公司聚集了一批汽车产业资深人士组成团队，还请到克莱斯勒前高管、德国大众汽车集团前总裁贝瀚德领头，该公司对克莱斯勒旗下金融子机构尤其感兴趣，这一点也为金融危机爆发后克莱斯勒的经营带来了重大隐患。2008 年 10 月间，由于金融危机和所面临的发展困境，通用汽车有意与克莱斯勒进行合并，并且与克莱斯勒的东家瑟伯勒斯就此事进行深入商谈，并且一度传言二者将在 11 月完成合并。但是在 11 月初，由于通用汽车所面临的现金流动性问题，此时并购事宜被宣布告吹，通用转而忙于更重要的从政府获得现金救助，而克莱斯勒将继续在全球范围寻求战略联盟或战略合作。

#### 1.1.3 公司的破产与重组

2009 年 4 月 30 日，美国总统奥巴马宣布克莱斯勒将于美国时间 4 月 30 日（周四）正式破产，由美国政府和菲亚特接手。克莱斯勒破产后将成立一个新董事会，包括戴姆勒集团在内的现有股东，预计他们的投资可能在重组当中受到损失。新克莱斯勒最大的股东美国汽车工人联合会，将是他们现在最大的债主。

2009 年 7 月 24 日，欧盟委员会批准意大利菲亚特汽车公司收购美国克莱斯勒汽车公司，从而为两家公司"联姻"扫除了一道法律障碍。

### 1.2 合并中的难题

在短短的 3 年合作中，克莱斯勒股票价暴跌一半以上，并将在 2002～2004 年之内裁员 26 000 人；更引人注目的是，在合并之初，克莱斯勒上层管理人员纷纷"跳槽"，导致大量高层管理人才外流。如曾使克莱斯勒摆脱倒闭危险的原董事长 Lutz，政绩显赫，但在合并之前他就离开了克莱斯勒，以摆脱日后的烦恼。于是 Eaton 在合并之时成为戴姆勒—克莱斯勒公司双董事长之一，但他于 2000 年 5 月提前一年退休，致使德方董事长一统天下。克莱斯勒原总经理 Jim Holden，由于不能使克莱斯勒公司管理与戴姆勒总部融合而被德方 DietzZetsche 取而代之，于是克莱斯勒完全成为戴姆勒的一部分。迄今为止，在原美国克莱斯勒公司高层管理人员中，仅有 2 人还担任着戴姆勒—克莱斯勒公司部门经理。

Tallkamp 是 Holden 前任总经理，他在卸任之后坦言："我们不能忽视不同文化在管理中的影响。"他说他在董事会上曾提出，"一个成功的合并公司必须抛弃各自的企业文化,应创造双方都可遵循的一种文化。然而,我们没能整合两种文化,形成强强联合,反而一直在争论该选择哪家企业文化作为新企业的企业文化"。

## 2. 案例分析

### 2.1 戴姆勒—克莱斯勒合并失败案例

1998年11月,德国戴姆勒—奔驰公司并购美国三大汽车公司之一的克莱斯勒公司,被全球舆论界誉为"天堂里的婚姻"。戴姆勒—奔驰公司是德国实力最强的企业,是扬名世界的"梅塞德斯"品牌的所有者;克莱斯勒则是美国三大汽车制造商中盈利能力最强、效率最高的公司。人们认为,这宗跨越大西洋的强强联合会造就一个驰骋世界汽车市场、所向无敌的巨无霸。然而谁会想到,这桩"婚姻"似乎并不美满。并购后并没有实现公司预期的目标,到2001年,公司的亏损额达到20亿美元,股价也一路下滑,并且裁减员工,公司的发展一直都很艰难。业内人士认为,大西洋两岸不同文化差异的冲突是这场"婚姻"危机的根本原因。

戴姆勒—奔驰公司的CEO施伦普一开始没有意识到两家企业无论在组织结构、薪酬制度,还是企业文化上都相差非常大,他却采取德国的完全控制方式把克莱斯勒当成一个部门来看待,在公司管理制度上,董事会结构成员都是以德国为主。但是,他却在媒体上说:"这是一次平等的合并",这使克莱斯勒美国员工无所适从。再加上,施伦普在企业合并不久就解雇了作为并购整合经理的克莱斯勒总裁,导致克莱斯勒员工产生敌对情绪,许多优秀的美国设计师、高级管理人员纷纷离职投奔福特、通用汽车等竞争对手。这样,也就不难理解为什么这次开始被称为"天造的合并"最后如此失败。

在这个案例中,我们认识到不同国家、不同民族间的文化存在着明显的差异。在当初合并的时候,戴姆勒—奔驰的CEO施伦普低估了文化的因素,在谈判时没有考虑两家企业之间的文化差异,更没有分析德国和美国之间的国家文化差异对谈判以及合并后整合的影响。使得公司在合并这么多年之后发展都比较艰难,并且无法实现其期望的目标。美国学者保罗·A·郝比格说:"一个成功契约的障碍大多来自文化因素。由于谈判双方都从自己种族优越的情景和经验来观察对方,阻碍了同来自其他文化的人的有效谈判。"可见,文化差异会左右谈判者的思想和行为,使谈判深深地打上不同民族国家文化的烙印。因此,在日益频繁的国际商务谈判活动中,我们更不能忽视文化差异所产生的影响。

## 2.2 个人主义文化导致的美德职工工资分配差距

Steinmetz 和 White（1998）在分析戴姆勒—克莱斯勒公司工资分配时发现，德方经理与员工的工资差距不大，因为德方经理认为经理与员工的工资应相对平等，工资的悬殊差异会扩大贫富差距，危害社会安定。同样，德方以奖励集体成绩为主，而不是个人成绩。对德方的这一做法，美方持有不同观点，他们认为经理应按业绩取酬，既然他对自己所作的决定负责，就理应对每一成功的决策取得回报，所以经理与员工的工资应有差距。

美国是推崇个人主义文化的国家，而德国是弱个人主义国家，几近集体主义国家。在管理方面，这些文化特征可表现为：德国企业决策较慢，每一个决策都需要经过不同管理层的多次讨论之后才能做出决定。而美国企业决策的速度则很快，因为每一企业或部门经理在其职权范围内都授权可作决定，不必与上级商量或让部下讨论。

## 2.3 个人主义与集体主义并存文化下的"跳槽"频发

克莱斯勒公司高层管理人员在与德方合作发生困惑之时频频"跳槽"，以谋求新的发展，使眼前的不确定性前途转为可确定性，而不会与德方较劲。这充分证明美国人以寻求新发展的方式容忍他们未来不确定性前途。

美国人崇个人主义，Friday 在分析美国人与德国人对公司的忠诚度时发现，美国公司员工与公司利益毫无直接关系，即当公司的目标与利益与个人的利益相吻合时，他会为公司效劳；当公司的利益与个人的利益相矛盾时，他会毫不犹豫地维护自己的利益。因此，他会积极主动地去寻找能实现自我价值的地方，以使不确定性前途成为确定性前途。

根据强不确定因素回避和弱不确定因素回避原理，不同国家对不确定性的容忍度不同。强不确定因素回避的行为特征表现为将不确定性视作一种威胁，因此人们以回避不确定性为其文化价值观，崇尚和谐、稳定与一致为其行为准则。弱不确定因素回避的行为特征是宽容不确定性和含糊性，因此他们能接受不同的社会行为方式，鼓励不同的观点、敢于冒风险与创新，他们不求工作的稳定性，但求个人的发展。同时，Hofstede 认为，强不确定因素回避国家的人们一般都工作认真，或至少喜欢工作忙些；弱不确定因素回避国家的人们出于内在的动力而会认真工作。虽然德国和美国都属于弱不确定因素回避国家，德国的不确定因素回避指数为 $-2$，而美国为 $-81$，这一指数的差异说明，在不确定因素回避文化特征方面，德国文化具有强不确定因素回避的文化特征。同时也证明了 Friday 的断言，即当美国经理的利益与公司的利益毫无直接关系或当公司的利益与个人利益相矛盾时，他会毫不犹豫地离去，寻求个人的发展。

## 2.4 文化背景冲突引发的管理问题

克莱斯勒公司高层管理人员对管理中的问题在决策时会直截了当地提出不同的观点，而双方会各持己见，又缺乏灵活性，这种争执和正面冲突既会伤害彼此良好的初衷，又不利于问题的解决。在他们的前途处于不确定性时，他们会选择扬长而去。而德国人对此会不作任何让步和妥协，坚持自己的观点，直至问题解决。由此我们发现克莱斯勒高层管理人员为什么会在公司危难之际纷纷离去的原因，同样也能证明美国人和德国人个性难以融合。

## 2.5 文化差异原因

德国人较为固执、执意和傲慢。对已作出的决定，他们不会轻易放弃。如果你想要改变他们的想法，你必须以充足的依据证明他们的想法是错的。因此他们在决策时，或与他人合作时往往会缺乏灵活性，遇到不同观点时也不易接受他人想法或与他人相处。美国人崇尚个性，他们自信、工作投入、具有竞争力。由于他们过于自信，认为他们的方法是最好的，往往会把他们的想法强加于他人。若遇到对方的拒绝，他们还责怪对方为什么不接受好的建议。此外，美国人也具有把事物两极分化的思维，即一件事要么是对，要么是错。因此他们对任何事情要么持赞同态度，要么持否定态度，而不会考虑其他选择。

## 2.6 忽视文化整合

除民族文化和企业文化差异外，戴姆勒—克莱斯勒公司还忽视了文化整合，没能建立以共同价值观念为基础的新文化合作理念。Hams 和 Moran 认为，文化整合是通过在不同文化之中寻求合作与共同发展而创立的，文化整合可以求同存异，融合差异，丰富人类活动。应该把文化差异当作一种资源、一种管理财富，而不能视为一种障碍，因为不同的文化观点与视角都能增加解决问题的独特思路及方案。

Stallkamp 承认，戴姆勒—克莱斯勒公司在合作一开始时矛盾就明朗化了。比如，戴姆勒公司一般员工可以坐飞机一等舱，而在克莱斯勒公司只有高层管理人员才能享受这种待遇。为协调这一矛盾，公司整整花了6个月的时间，可见公司高层管理人员的主要精力与时间都用于解决由文化差异引起的矛盾之中而不是谋求公司的新发展。

戴姆勒—克莱斯勒公司案例是跨国公司管理文化冲突的一个典型案例，通过分析我们发现，文化差异在跨文化沟通与管理中是一种必然的现象，如处理不当，这种非管理因素必将成为影响公司经营管理失败的决定因素。中国已加入WTO，在中国经济融入全球经济大循环中，文化差异必将成为各企业，不论是跨国公司、合资企业还是国有企业，首先要跨越的一大障碍。文化冲突在中国经济融入全球经济大循环中将会如何反应，以及我们如何应对文化冲突将是企业面临的一大课题。

**【思考题】**
1. 德美文化有怎样的差异？这些差异有哪些利弊？
2. 如果克莱斯勒公司的这次合并要想成功应该怎样做？
3. 在两个公司的文化完全不同的情况下，要想跨企业合作在管理方面应该做哪些准备工作？

**【资料来源】**
[1] [美] 保罗·A·郝比格著，芮建伟，李磊，孙淑芳译. 跨文化市场营销 [M]. 机械工业出版社，2008.

[2] Garsten. Diamler Chrysler: What went wrong? [J]. www.cnnfn.cnn.com/2000/12/27/Europe/chrylser-outlook/index.htm.

[3] Jackson, J. Culturalcrucialtosynergyequation [J]. TheFinancialTime, 1998, May8, P. 28.

[4] Brown, P. eaton Speaks up. "I did not deceive" [J]. Automotive News, 2001, Feb.

[5]. Muller, E. Only15% of the mergers are realwinners [J]. http://www.financialexpress.com.fe/daily/19980812/22455794.Html.

# 阿迪达斯跨文化管理案例分析

**摘要**：2005年8月，欧洲最大的体育用品制造商德国阿迪达斯斥资30余亿欧元收购美国锐步公司，旨在进一步挑战世界运动品制造业霸主美国耐克公司。2006年年初，阿迪达斯正式完成并购，锐步成为Adidas – Group旗下的子公司。这次收购对阿迪达斯来说是一个具有战略意义的里程碑事件。通过收购锐步，找到双方文化的共同点与不同点，并以此为契机，找到双方文化的结合点，形成共同的价值观与各自的独特性，阿迪达斯在国内运动鞋市场的份额将成倍增加到20%。

**关键词**：国际化；市场份额；里程碑

## 1. 相关背景介绍

### 1.1 阿迪达斯公司的起源

"为每位运动员提供最好的鞋"，在这个简单而又雄心勃勃的理念鼓励下，第二次世界大战之前，作为制鞋匠和痴迷业余田径运动的阿道夫·达斯勒与鲁道夫·达斯勒兄弟俩开始在德国做鞋，制造专用轻质跑鞋和足球鞋。创业者是阿道夫，经销人是鲁道夫。杰西·欧文斯在1936年的奥运会上穿着他们制作的运动鞋赢得了数枚金牌，这使得他们从此开始实行一种新的销售战略。但兄弟俩1948年闹翻了，鲁道夫带着一半设备离开阿道夫，建立了彪马制鞋公司，阿道夫利用剩余资源建立了阿迪达斯公司，而彪马公司却从来没有超越过阿迪达斯公司。公司生产大量各式各样的高品质的运动鞋，最终在20世纪60年代，成为全世界所有著名赛事的首要运动鞋供应商。但是，进入70年代，阿迪达斯没有意识到平民运动已经成为一种潮流，还是专注于专业运动鞋。由于对销售预期的失败和对市场竞争状况的低估，阿迪达斯的地位受到了挑战，最后在70年代后期被耐克公司取代。1997年与Salmon联合之后，组建成为世界领先的体育用品集团公司之一，这两家公司在产品和地域协调上互为补充，Salmon在北美和日本表现特别强劲，这对阿迪达斯提高在美国的市场份额很有帮助。1998年到2000年阿迪达斯重建了其市场份额紧随耐克公司之后，稳居第二的市场位置。不过，在2002年公司的市场位置又跌至第三位，比起耐克公司40.6%的市场份额，它仅有11.8%。

### 1.2 阿迪达斯公司的产品创新

阿迪达斯公司开发出100多种不同风格的跑鞋，阿道夫在跑鞋开发方面进行了许多创新，如四钉跑鞋、尼龙底钉鞋、既可插入也可拔出的鞋钉。他还发明了30多种鞋钉排列组合的鞋，可使运动员适应室内外跑道及天然地面或人工地面等多种需要，并为各类跑步者和各种跑步风格的运动员制造各种各样的跑鞋（包括各种竞赛用鞋与训练用鞋）。公司不仅生产供各类体育活动使用的鞋，而且还增加了与体育有关的其他用品，如短裤、运动衫、便服、田径服、网球服和泳装、各类体育用球、乒乓球拍和越野雪橇以及流行的体育挎包。

"功能第一"是公司的主旋律，"给予运动员们最好的"成为公司的口号。从公司成立开始，阿迪达斯就以产品创新为发展动力，诞生了世界上第一双冰鞋、第一双多钉扣鞋、第一双胶铸足球钉鞋……特别是阿迪达斯的旋入型鞋钉是个非常革命性的概念，人们甚至认为它为德国足球队1954年获得世界杯立下了汗马功劳。最值得追溯的是1956年的墨尔本奥运会，当时阿迪达斯导入附属品牌——"墨尔本"，推出了改进型的多钉扣运动鞋，穿阿迪达斯运动鞋的选手那一年打破了33项纪录，获得72枚金牌。

阿迪达斯建立了一个新的技术创新团队，每年至少投放一个大的创新。2003年，阿迪达斯建立了大众定制系统，可以根据顾客脚的不同情况、个人喜好和要求设计特别的鞋，领先者的优势使阿迪达斯在这一领域处于第一位。

### 1.3 阿迪达斯公司的营销策略创新

阿迪达斯公司长期以来一直把国际体育竞赛当作检验产品的基地，公司与专业运动员签订背书合同，让他们使用公司的产品，同时还将国际性体育比赛和奥林匹克运动会作为猎获对象，与相关体育协会签订背书合同。运动员反馈的信息对公司改进鞋的设计起到了重大指导作用。阿迪达斯与运动员签订背书合同已很普遍，背书合同的费用已从500美元提高到15万美元以上。运动员在各种公开场合必须穿用公司的某一种产品。各制造商发明的独特标记是这些背书合同发生效力的关键，这种标记能使人们立即辨认出这是哪家公司的产品。因而，著名运动员对产品的实际使用情况可被体育爱好者和可能的消费者耳闻目睹。

阿道夫·达斯勒的长子霍斯特·达斯勒具有非凡的营销天赋，他开创性地为阿迪达斯品牌建立了金字塔形推广模式，率先将品牌在视觉上与运动员、运动队、大型比赛以及相关体育活动联系起来。在他的倡导下，阿迪达斯成为第一个向优秀运动员免费赠送运动鞋的公司、第一家与运动队签订长期提供球鞋与球袜合同的公司，使人们在许多世界级的比赛中看到优秀运动员们脚上穿着阿迪达斯新推出的产品。

阿迪达斯始终坚持邀请名人作产品代言人，并赞助体育联赛。科比·布赖恩特、安娜、库尔尼科娃、贝克汉姆都是阿迪达斯旗下的超凡天才。在巴塞罗那奥运会、欧洲足球冠军杯赛、法国足球世界杯、美国女子足球世界杯等，阿迪达斯总是最大的赞助商之一。

阿迪达斯在品牌构建方面将品牌分成三大系列，包括阿迪达斯运动表现系列（以前的"运动无止境"系列）、运动传统系列（以前的经典系列）和运动时尚系列。这一划分从根本上改变传统的体育用品公司按服装和鞋类划分的方法。阿迪达斯给予每个系列以自己的标志，分别定位不同人群，均以独立品牌形式分别展示于卖场的不同区域，从而实现终端覆盖。通过市场印证：由于不同系列产品均代表不同运动风格，阿迪达斯产品十分深刻地迎合了现今运动爱好者的消费心理，为阿迪达斯品牌信仰者提供了更广阔的选购空间。

从2004年开始，阿迪达斯在建立于三大系列产品构建基础上，同时进行了销售网络的扩张运动。阿迪达斯尝试发展关键客户的模式来积极进行销售网络的扩张，这个模式类似于召集合作伙伴进行加盟连锁。只是它们的关键词在于"合作"而并非仅仅指向"加盟"。

### 1.4 阿迪达斯公司的制造模式创新

为尽快增加产量，阿迪达斯公司在南斯拉夫等国家寻找能够大批量、低成本制作运动鞋的工厂。公司与这些国家的企业签订了特许生产协议，让它们按公司的图纸制造产品。这样，公司节省了建造工厂和购置设备的巨大开支，从而使成本保持在适当水平。它们的生产公司分布于中国大陆、中国台湾以及越南和拉丁美洲。它们的外包策略对团体的成功至关重要，并被整个领域仿效。这种策略可以转移风险，降低劳动力成本，并可将主要精力集中到市场营销和研发上。

### 1.5 阿迪达斯公司的历史业绩

阿迪达斯公司制作的鞋因质量优、品种多，而在影响广泛的国际体育活动中占据统治地位。例如，在蒙特利尔奥运会上，穿阿迪达斯公司制品的运动员占全部个人奖牌获得者的82.8%，这使公司一举成名。1972年之前，阿迪达斯公司和彪马公司占有了运动鞋的全部市场，阿迪达斯公司似乎已成为不可超越的尖兵。这种独占鳌头的局面，直到后起之秀的耐克公司占领美国市场之后才发生了改变。1980年，阿迪达斯主要产品类别的市场占有率高达70%，公司生产150种不同样式的运动鞋，17个国家的24个工厂的日产量达到20万双，阿迪达斯的产品在150个国家和地区销售。当时,阿迪达斯在消费者心目中具有非凡的品牌地位,一项调查表明一半以上的美国人均穿过阿迪达斯的运动鞋,穿阿迪达斯参加纽约马拉松比赛的选手从1970年的150人增加到1979年的5 000人。

然而,进入20世纪80年代后,阿迪达斯忽视了慢跑运动在美国这个全球最大的运动产品市场的兴起,金字塔底的那部分消费者参加跑步活动的人数激增,阿迪达斯错失良机。这或许是成功者常遇见的问题:为什么要在陌生领域投资呢?慢跑不是群体性或竞技性体育项目,它和公司熟悉的市场不一样,慢跑者也不在阿迪达斯金字塔的三个层次中。阿迪达斯也无法与什么队伍、俱乐部或组织建立联系。这其中也有些自傲的成分,阿迪达斯的设计师们对设计慢跑者穿的鞋来说是个外行,他们觉得降低跑鞋的要求似乎就是降低了专业水准。阿迪达斯的态度和德国汽车公司对日本凌志出现时的反应很相似:好的车是为严肃的司机准备的,它们不需要软座和茶杯托子。阿迪达斯最后还是注意到跑步健身运动的热潮。但当它姗姗来迟推出新产品后,产品的诉求点又不明确,背离了品牌的核心价值。在此期间,阿迪达斯的市场占有率急速下降。1981年,阿迪达斯在美国市场份额不仅大大低于耐克公司,而且像布鲁克公司、新巴兰斯公司这样的美国公司也成为使它担忧的对手。当然,阿迪达斯在此时的衰退,还有来自于其内部管理的不足。1978年阿迪·达斯勒去世后,阿迪达斯失去技术创新的主要动力,1985年霍斯特·达斯勒的离世又使阿迪达斯失去了一位具有品牌远见的品牌管理者,阿迪达斯品牌开始动摇。1989年,公司卖给一位备受争议的法国人——伯纳德·塔皮尔。塔皮尔的政治抱负超过他的商业兴趣。1988~1992年,阿迪达斯的年销售额从20亿美元降到17亿美元,20世纪70年代还是美国市场领袖的阿迪达斯在1992年的市场占有率只有3%;1991~1992年,在阿迪达斯最主要的欧洲市场德国,市场份额从40%降到34%,阿迪达斯在欧洲的销量下降了差不多20%,公司损失一亿美元。3年后,发现自己身陷财务困境的塔皮尔,把阿迪达斯的控制权出让给了法国的一家银行财团。此后,阿迪达斯公司的困境有所改观,2004年,阿迪达斯公司在美国运动鞋市场上的占有率约为8.9%,其全球销售额2004年达到58.4亿欧元、2005年达到66亿欧元(盈利4.34亿欧元)、2006年通过并购锐步(Reebok)而扩张品牌使其有史以来第一次突破100亿欧元(盈利4.96亿欧元)、2007年达到102.99亿欧元、2008年达到107.99亿欧元。

## 2. 案例分析

### 2.1 阿迪达斯收购背景

#### 2.1.1 阿迪达斯收购锐步的主要目的

阿迪达斯收购锐步是瞄准了北美市场。锐步在北美市场的份额无法和耐克公司相抗衡，但它拥有北美四大体育联盟（橄榄球 NFL、篮球 NBA、棒球 MLB 和冰球 NFL）的官方赞助合同。阿迪达斯多年来一直垄断着世界杯足球赛、奥运会及欧洲冠军杯足球赛等重要体育赛事。收购锐步，意味着阿迪达斯能在全球更多体育赛场中抢滩市场。

### 2.1.2 阿迪达斯收购锐步业绩表现

阿迪达斯公布了 2015 年第一季度公司财报，数据显示第一季度（截至 3 月 31 日）阿迪达斯营业收入为 40.83 亿欧元，同比增长 9%。在北美市场阿迪达斯实现了 7% 的营收增长，在西欧、拉丁美洲、日本与亚洲其他地区，阿迪达斯也分别收获了为 11%、6%、7% 与 10% 的增长。这对于近年无法实现营收目标的阿迪达斯来说，无疑是一大利好消息。

阿迪达斯强项产品与锐步品牌销量增长是导致阿迪达斯营收上升的主要原因，阿迪达斯品牌中运动表现系列和运动时尚系列依旧是主要的市场驱动力，锐步收购于 10 年前，由于长期亏损阿迪达斯一度想要放弃这个品牌。不过，第一季度锐步的强势增长也再次提振了阿迪达斯的信心。

阿迪达斯的第一季度财报被公司 CEO 认为是一次"强势的回归"。不过阿迪达斯要想在全球运动服装市场上占领高地，仍旧需要积极布局全球市场，在中国市场的布局同样非常关键。受国内政策不断力挺体育产业的影响，我国运动服装市场有望迎来爆发式发展。受此影响，阿迪达斯、耐克、李宁、安踏与鸿星尔克等都将积极争夺中国市场这一"肥肉"。

## 2.2 阿迪达斯企业文化的特色

愿景：我们的运动激情让世界变得更和平。
态度：Impossible is nothing. 没有不可能。
使命：成为领导世界的运动品牌。
品牌核心价值：诚实可信、负责守信、鼓舞人心、发展创新、诚挚坦率、富有经验。

### 2.2.1 阿迪达斯产品市场

从文化这个角度来讲，阿迪达斯本身是全球性的，既有德国的文化，也有法国的文化，也有亚洲的文化，阿迪达斯产品目标对准运动员，擅长于专业篮球鞋、足球鞋等产品。

### 2.2.2 阿迪达斯的运动文化

阿迪达斯是奥运会主要的赞助商之一，是运动文化形成的，希望成为奥运文化的一员，更注重团队这方面；而锐步是更注重个人的打造。

## 2.3 锐步企业文化的特色

锐步鼓励年轻人在充满创新独立精神的时代，大声说出自己的主张，大步迈向自己的道路，大胆秀出自我的风格，按照自己的意愿去规划未来。用充满的自信去坚持自我的独立，用清醒的认识去决定自己的未来，以国际视野融合多元文化！"I AM WHAT I AM！"（我，就是我！）是一种非常自我的美国式表达，它强调自信、自强和自尊的生活态度。

锐步产品市场：全新黑底白色的 RBK 标示，干净简洁又不乏运动感，更强调锐步对于美国现今流行的接头文化（包括街球、街头音乐、街头艺术）的认可。锐步的产品新颖时髦，瞄准妇女、年轻人和一般消费者。

### 2.4　阿迪达斯与锐步合并后的管理

这次整合本身并没有在于一个品牌去替代另外一个品牌或者弱化另外一个品牌，相反是希望这两个牌子在自己的领域当中能够继续茁壮、快速的发展，因为是在同样一个市场的范围里面，不可避免的是在一些品类上面是会有一些竞争，但是全球最重要的品牌都在这个市场里面竞争，所以锐步跟阿迪达斯的竞争是良性的竞争，这个竞争主要是来源于技术含量和层面上有一些差异，所以针对不同的消费、不同的需求，有不同样的划分。

### 2.5　阿迪达斯与锐步合并后的结果

阿迪达斯与锐步合并后，大幅缩小了同耐克公司在美国市场份额上的差距。据国际体育用品制造商协会统计，2004 年，耐克公司在美国运动鞋市场上的占有率约为 36%，而阿迪达斯和锐步则分别为 8.9% 和 12.2%。阿迪达斯和锐步联手后，其市场占有率简单相加就可以上升至 21.1%，更何况合并后新公司预计收入可以平均增长 10%、开支成本每年可以降低 1.5 亿美元。

因此，无论是阿迪达斯还是锐步，两者都有共同的信念，两者的合并是企业文化的优势互补，将有利于更好地拉长产品线和扩大市场份额。另外一方面的意义是，大威廉姆斯、艾弗森、姚明这样的全球巨星都将随着锐步并入阿迪达斯的旗下，让一贯在明星化品牌战略落败的阿迪达斯一举壮大了力量。锐步的加盟为阿迪达斯注入了许多新的活力，在经过系列重组、调整动作之后，阿迪达斯也看到了复苏的迹象，在继续保持欧洲市场优势的同时，逐渐积聚了力量，在远东和耐克公司分庭抗礼。

阿迪达斯将以每股 59 美元购买锐步的股份，这一价格比宣布前的锐步股价 43.95 美元高出 34%，阿迪达斯同时将接受锐步公司 5.5 亿美元的债务。合并后锐步仍将继续保留自己的品牌，生产该品牌的总部还留在美国马萨诸塞州的坎顿市，还是由原锐步的 CEO 保罗·法埃门管理。阿迪达斯公司还保证，对锐步的 9 100 名员工不进行大量裁员，因为这次并购不完全是阿迪达斯吞掉锐步，而是两家强强联合。

【思考题】

1. 应该如何进行跨文化管理？
2. 在管理上如果出现跨文化冲突怎么办？
3. 从上述材料能得到什么启示？

【资料来源】

[1] 王玉. 企业战略管理教程. 上海财经大学出版社，2005.

[2] 百度百科：http://www.doc88.com/p-24769946705.html.

[3] 阿迪达斯首席执行官谈公司发展战略［N］. 人民日报—市场报，2010.10.12.

[4] 豆丁网：http://www.docin.com/p-56036952.html.

[5] 总裁在线圆桌对话：回首阿迪达斯并购锐步这二年. http://business.sohu.com/20070927/n252393599.shtml.

[6] 晏雄主. 跨文化管理. 北京大学出版社，2011.

[7] 百度知道. http://zhidao.baidu.com/link?url=tT-uQl5iX9VuLgeEH0YuKTXIUUhhcphYJQHvC9vtP1Dg2cNaZ_ymnQFVLXPQReRT9Maek1Fsn8BSOr1et1yqfa.

# 德国大众公司跨文化管理案例分析

> **摘要**：随着经济全球化步伐的加快，跨国企业在全球经营的时候必然后受到当地文化的冲击。因此，跨文化管理在跨国企业经营中至关重要。德国大众公司作为一家跨国企业，在多年的跨国经营中取得了丰厚的经验。本案例以德国大众在中国、巴西成功经营，在美国经营失利为案例，结合德国大众公司的背景、财务控制、企业资源，包括卓越的企业文化，先进的工艺设备，严谨的质量管理，雄厚的开发能力等方面的内容，重点分析研究德国大众在跨文化管理上的成功与失败。
>
> **关键词**：跨国企业；经营；跨文化管理

## 1. 相关背景介绍

### 1.1 公司简介

德国大众集团目前是德国最大企业，2010 年打败日本丰田、美国通用汽车公司成为世界最大汽车公司。大众汽车公司是一个在全世界许多国家都有生产厂的跨国汽车集团，名列世界十大汽车公司之首。公司总部曾迁往柏林，现在仍设在沃尔夫斯堡，目前有雇员 35 万人。

### 1.2 企业资源

大众汽车的资源优势主要体现在以下几个方面。

#### 1.2.1 卓越的企业文化

大众汽车在推进企业发展的同时，对文化进行了梳理，形成了以"尊重民主、自由；注重诚信，遵守法律；博爱、平等、勤俭、节制；以人为本，注重提高员工素质，开发人力资源"为主要内容的企业文化。合理的薪酬体系及对人力资源开发的重视，加强了员工的主人翁意识，员工积极性高，创造力强，充分提出合理化建议，为企业创造最好的业绩。

#### 1.2.2 先进的工艺设备

公司拥有世界一流的生产设备和工艺。先进的全自动化冲压生产线、2000T全封闭快速成型多工位压机、大量采用的机械手,确保冲压件的制作精度;先进的激光焊接技术、大量的焊接机器人,大大提高了车身结构的钢性强度和表面的光洁度;双面镀锌钢板、先进的空腔注蜡工艺,结合先进的轿车涂装工艺和自动喷涂设备,保证车身多年防腐;精密的水珩磨工艺、自动化的生产线和装配线冷测试技术,保证了发动机的优良性能;模块化生产方式的总装线、先进的激光在线检测设备,确保轿车制造质量稳定可靠。

#### 1.2.3 严谨的质量管理

德国大众秉持着"像制作工艺品那样精工细致制造轿车"的精神,建立了完善的质量保证体系和质量评估体系,持之以恒地贯彻和坚持产品技术含量高、安全性强、制造精益的标准。

#### 1.2.4 雄厚的开发能力

自1998年收购了布加迪、兰博基尼、宾利和奥迪之后,大众的理念被贯穿到豪华车和超级跑车的生产中。先进技术的大量运用证明了公司的创新潜力,目前已开发出了于1999年上市的3升路波TDI,这是世界上第一辆每百公里平均油耗只有3升的汽车。2000年夏,大众汽车公司又推出了路波FSI。

### 1.3 企业管理

#### 1.3.1 企业外部文化

德国企业的文化特点之一是其企业培训。德国企业培训的突出特点是注重能力的培养,提高解决实际问题的能力,通过探讨和实验,寻求解决问题的最佳途径和方法,试图给每个职员充分的自由发挥空间。其他还有:牢固的质量意识。德国企业对产品质量一向最为重视,它们认为没有物美价廉的产品,只有精品和次品。德国企业精益求精的价值观已深入人心,成为员工的一种自觉行为。注重独创性研究开发。德国人相信研究与开发决定企业未来,因而不论经济如何不景气,也不削减开发费用,并在研究中重视独创性和高度专业性,最大限度发挥个人创造潜力,这是德国研究与开发体制的长处。

#### 1.3.2 人力资源管理

大众的人力资源管理的核心是"两个成功"。

第一个成功是指使每个员工获得成功,人尽其才,个人才能充分发挥;让员工提合理化建议,增强主人翁意识,参与企业管理。第二个成功是指企业的成功,使企业创造出一流的业绩,使企业像雪球一样越滚越大。具体措施包括:"时间有价证券"的人力资源管理方法。"时间有价证券"是将员工加班、休假时间及其应得劳动报酬等转换成未来收入的一种书面契约,职工通过使用增值的

"时间有价证券"可以缩短一生的工作时间（资金转换成时间）并得到免除工作的工资收入，或增加退休后的养老保险待遇。构建了动态薪酬体系。大众公司现行的动态薪酬体系是经过七八年的动态调整，特别是根据"两个成功"的哲学理念和动态薪酬体系的"两层含义"逐步建立起来的。包括基本报酬、参与性退休金、奖金、"时间有价证券"、员工持股计划、企业补充养老保险六项。以人为本，注重人力资源开发。注重员工再教育，重视员工培训；积极吸收管理人才、科研专家，充实人才队伍；提供优厚的待遇，提高员工工作积极性。

### 1.3.3 财务管理及控制

大众公司在财务管理及控制方面有以下优势和特点：

- 控制理念先进，引导有效。
- 管理架构合理，流程顺畅。
- 重视财务控制工作，财务控制是企业经营管理核心。
- 业务分工科学细致，关联度高。
- 财务与业务联系紧密，形成合力。
- 注重积累储备，持续改进。
- 管理信息系统发达，事半功倍。

## 2. 案例分析

### 2.1 德国大众公司在华成功经营

#### 2.1.1 在华成功经营案例概述

1978年中国实行改革开放，开始推行经济体制改革和开放政策，引进国外的资金和先进的科学技术，加速中国的现代化进程提高国际上的竞争能力。而汽车工业无疑具有举足轻重的地位。中国具有广阔的市场，大量的人力资源；德国具有大量的资金，先进的生产技术。在优势互补的基础上中德两国政府积极推进两国在汽车产业上的合作。先后建立了上海大众公司、一汽大众公司、大众汽车上海变速器公司及其他一些生产汽车零部件的合资公司。其中一汽大众公司在短短20多年的时间里取得了骄人的业绩。

一汽大众公司的主导产品是捷达系列、奥迪系列、宝来系列、速腾及迈腾轿车。捷达轿车本是德国大众集团的主力车型，一汽大众引进后根据我国国情对该车进行了持续不断的改进，使之更适合中国运行环境和使用条件。自1991年投放市场来，其优良的整车动力性、经济性、操作可靠性及安全性得到全国广大客户的认可，并在2002年、2003年连续两年获得国内单一品牌销售冠军。1995年12月，一汽、德国大众和奥迪三方签订合同，将奥迪系列产品纳入公司生产。

1999年，奥迪A6中国型高级轿车顺利下线。2003年5月9日，高尔夫轿车在一汽大众公司下线。2006年和2007年，随着中国市场的不断成熟，一汽大众投产了迈腾和速腾。2008年，一汽大众自主研发的新宝来问世，它的问世很大程度上标志着一汽大众的成功。经过快速的发展，一汽大众生产、销售每年都以30%~50%的速度递增。目前一汽大众全员劳动生产率为31.6辆/每人每年，达到国际汽车工业劳动生产率水平。

#### 2.1.2 在华成功经营案例的分析

德国大众公司在华能够成功经营，这与公司成立时的组织结构、人员任用、产品生产运营管理是密不可分的。一汽大众公司作为中德合资企业，一汽集团占60%股份，大众20%，奥迪占20%的股份。在合作中，中方具有市场、人才和管理上的优势，德方具有技术和资金上的优势。为了推进公司本土化经营，公司总经理和人事部经理由中方担任。通过这样的合作经营，双方各发挥其长，能够较好地实现互利双赢，取得了良好的效益，在跨文化管理方面是成功的典范。

在人员任用方面公司确立了"以人为本，追求卓越"的核心价值观，提出人力资源是公司最重要的资产，人力资源投资是公司发展的源泉，为员工提供广阔的发展空间是公司的责任的观点。这与德国大众公司的企业文化是一脉相承的。在实践中，注重引进德国先进的人事管理经验，与企业实际相结合，不断地提高企业人事管理水平。同时德方会慎重选择外派人员，对一些外派人员提前进行课程培训，让他们了解中德文化差异，以便中国员工能够更好地与同事相处工作。

在产品生产运营流程方面，德方虽然有先进的技术和设备，但是德方不会"一刀切"。德方会注重中国文化的差异和中国人消费习惯、消费偏好的差异，在前期进行市场调研，根据调研结果在公司内部讨论后，确定一个市场预期较好的车型。在生产过程中，德国会派一些工程师来中国进行指导，直到中方人员完全掌握熟练技术后德方人员才会撤出中国。在指导的过程中可能会因文化的差异产生摩擦，但是中德双方人员会积极交流沟通，消除隔阂，避免这种摩擦。

### 2.2 大众公司在巴西的成功经营

#### 2.2.1 案例概述

大众公司把中国当作它的第二故乡，但相比巴西，身为第二故乡的中国对于大众而言，战略意义远远大于亲情。如果把大众形容成一个客居异乡的人，它在中国是30年，而在巴西是60年。大众在巴西早已不是"外人"。大众汽车巴西公司于1953年成立，是大众第一个海外工厂，现在是巴西最大的汽车制造商，拥有4家工厂（3个整车厂和1个发动机厂），每天生产3 500辆整车和3 800台发动机。2011年，大众在巴西的产量为82万辆，包括乘用车和商务车共22款不同车型，其中，高尔和FOX系列是大众在巴西的"当家花旦"，高尔连续25年保持巴西最畅销车型的地位。2011年，巴西汽车市场销售了300万辆各类汽车。大众总销量排名第二位，第一位是菲亚特，雪佛兰排第三位。

#### 2.2.2 在巴西成功经营案例分析

受巴西政府税收政策的影响，巴西汽车市场中以紧凑型车型为主力。巴西对不同排量小汽车的征税方案是：1.0及以下征税7%，1.0~2.0征收13%，2.0以上征收30%。在2011年调整后的征税方案里，排量小于1.0的车免税。因此，巴西人偏爱紧凑型车型。紧凑型车受欢迎的另一个原因，可以用一个坊间传言作解释，这个传言与社会治安有关：据圣保罗当地导游介绍，巴西人不喜欢买高档车，因为在圣保罗的街头会有持枪打劫的人。这些人会在红绿灯附近转悠，如果开车等红绿灯，高档车太扎眼，危险系数高于普通车。

据大众巴西公司市场总监阿莱克斯·施罗德介绍，大众在巴西的主打产品系列是高尔、FOX和POLO，高尔相当于巴西的国民车，平均价格在2.6万雷亚尔（合人民币7万元左右）；FOX吸引的是讲求品位的人群，平均价格在3万雷亚尔（合人民币10万元左右）；POLO则是小车的精品，均价在3.5万~3.9万雷亚尔（合人民币11万~12万元）。由此可见，大众公司因地制宜，根据巴西政府的政策和巴西人的个人偏好，推出不同的车型来满足消费者的需求，因此取得巨大成功。

### 2.3 德国大众在美国经营失利

#### 2.3.1 案例分析

德国大众公司虽然很早入驻美国市场，但是在美国市场的销售业绩不佳。2005年，大众公司宣布停止在美国销售该车厂当时的旗舰车款Phaeton。这个由大众品牌全球总裁Wolfgang Bernhard所做的决定，意味着该车厂在美国豪华品牌的市场竞争上遭遇了挫败。2006年，缺乏个性外观设计和品牌认知度的辉腾黯然退出美国车市。据大众公司2012年上半年度销售报告显示，德国大众的帕萨特的销量远远不及丰田凯美瑞、本田雅阁、日产天籁，甚至不及韩国现代索塔纳的一半。德国大众在美国经营可谓惨淡。

2015年，德国大众造假丑闻震惊世界。据美国环境保护署近日披露，在美国销售的约1100万辆大众柴油车被安装了用于专门应付汽车尾气排放检测的软件，当汽车在接受汽车尾气检测时，该软件会秘密启动，调控汽车所排放的尾气以达到环保标准的要求，而在平时行驶过程中该软件则处于关闭状态，平时汽车行驶过程中的排放污染物则达到美国法定标准的40倍。

德国大众为什么要造假？这是因为柴油车的造价和售价比汽油车低，买得起的人也多，但柴油车排放的尾气如要达到美国的环保标准，造价和售价就会大大提高，因此，德国大众为了提高在美国的汽车销量，一句话，为了要多赚钱，就在应付汽车尾气排放检测上作弊。

### 2.3.2 经营失利案例分析

德国大众为了抢占美国市场,基本拿出了最好、最先进的技术供美国人使用,但其销量却极为惨淡,这到底是为什么呢?一些人认为造成帕萨特在美国难以畅销的原因,不是来自售后,而是来自"售前"。美国是追求自由的国家,私人的一切几乎神圣而不可侵犯。自由散漫的美国人对相对古板的一体化家族式前脸设计显然提不起兴趣。最典型的就是"拉长的帕萨特"辉腾早在2006年就退出了美国市场,显然就与其毫无个性的外观设计有很大关系。虽然德国大众的涡轮增压发动机燃油经济性能更高,但涡轮增压器显然不及自然吸气的发动机可靠,而且涡轮增压发动机的烧机油梦魇一直困扰着德国人。而喜欢自由、追求高舒适性生活的美国人,显然不喜欢过多的修车、更不喜欢车走到半路还要停车添加机油的感觉。由此可见,未能充分了解美国文化和美国人民的消费偏好是德国大众公司在美国失利的重要原因。

【思考题】
1. 德国大众集团的主力车型是什么?
2. 大众的人力资源管理的核心即"两个成功"是什么?
3. 德国大众公司在人员任用方面确立了什么的核心价值观?

【资料来源】

[1] 孙玉梅. 时何有价证券——德国大众汽车公司人力资源管理的创新[J]. 北京市计划劳动管理干部学院学报,2000(8).

[2] 徐振斌. 德国大众公司的动态薪酬体系[J]. 职业,2003(2).

[3] 王晓东. 德国大众公司的财务控制及其启示[J]. 企业研究,Business Research,编辑部邮箱,2010(9).

[4] 范杭. 一汽大众公司跨文化管理研究[D]. 吉林大学,2009.11.

[5] 一汽大众外事协调科. 奥迪公司——跨文化培训,2005.3.

[6] 一汽大众外事协调科. 跨文化培训(中国中心),2005.3.

[7] 王澈. 德国大众在巴西不是"外人"[N]. 北京青年报,2012.10.31.

[8] 国际车讯,http://www.pcauto.com.cn/newcar/csdt/0511/350736.html.

[9] 郎永强. 为什么德国大众在美国不畅销?[J]. 车市博览,2012.

# 雀巢公司跨文化管理案例分析

> **摘要：** 并购重组是企业扩大规模、提升竞争力的重要战略手段，也是快速扩张最有效和便捷的途径，诸多企业希望通过并购提升自身实力，更有企业意欲通过跨国并购跻身国际企业的行列。但纵观企业跨国并购的历程，不少企业非但没有实现核心竞争力的提升，反而陷入了跨国并购的泥潭难以自拔。但国际食品巨头雀巢集团1867年诞生之后，它一路并购发展，迅速壮大，成为世界最大的食品制造商。在100多年的发展历程中，并购已成为雀巢发展血液中的基因，被称为"并购来的食品帝国"。虽然遇到了并购之后产生的"文化肌体排斥效应"，却妥善地予以解决。不仅仅在中国，在世界范围内，在上百年漫长的发展历史中，雀巢并购的成功率是非常高的。
>
> **关键词：** 并购；文化整合；本土化

## 1. 相关背景介绍

### 1.1 雀巢公司介绍

1867年，雀巢公司创始人、一位居住在瑞士的化学家亨利·内斯特尔（Henri Nestle）先生，用他研制的一种将牛奶与麦粉科学地混制而成的婴儿奶麦粉，成功地挽救了一位因母乳不足而营养不良的婴儿的生命，于是他以他的名字Nestle为其产品的品牌名称，并以鸟巢图案为商标图形，创立了育儿奶粉公司，从此开创了雀巢公司的百年历程。

### 1.2 雀巢公司发展历程

1905年，雀巢育儿奶粉公司与现在雀巢公司另一源头英瑞炼乳公司合并，取名雀巢英瑞炼乳公司，成为当时世界级食品巨头。1949年与瑞士美极公司合并，改为现名雀巢食品公司。20世纪初，公司开始实行多样化生产，并在世界各地收购并建立企业，成为世界规模最大的食品制造商，其分支机构开设在美国、日本、德国等20多个国家和地区已有1 200多家工厂、商号，总部设在瑞士的沃韦。

目前，雀巢公司年销售额达到 477 亿美元以上，其中大约 95% 来自食品的销售，因此雀巢可谓是世界上最大的食品制造商，其规模之大已到了无法确切统计其产品种类和数量的程度。8 500 种食品、饮料和医药用品均使用雀巢这一品牌，加上各种不同的包装、规格，雀巢公司产品的种类已多达 22 000 余种。雀巢在五大洲的 60 多个国家和地区中共建有 400 多家工厂，所有产品的生产和销售由总部领导下的 200 多个部门完成。雀巢销售额的 98% 来自国外，因此被称为"最国际化的跨国集团"。

### 1.3 赶超第一

2011 年 12 月 7 日，徐福记国际集团在新加坡交易所发布公告称，中国商务部批准了雀巢以 17 亿美元收购其 60% 股权的交易。尘埃落定。就此，雀巢将超过玛氏成为国内糖果和巧克力行业的第一。

### 1.4 并购企业

回顾 2011 年，关于雀巢的新闻，除了并购还是并购。在收购徐福记之前不久，雀巢将中国国内最大的蛋白饮料生产商银鹭的 60% 股权买下。

### 1.5 并购成为主要发展手段

时间再往前回溯，雀巢进入中国内地市场后，并购不断。1998 年，雀巢收购太太乐 80% 的股权。2001 年，雀巢与鸡精生产厂家四川豪吉食品有限公司组建合营公司，加上自己的美极品牌，雀巢几乎独占了中国鸡精市场。1999 年，雀巢收购广州冷冻食品公司 97% 的股权，将其旗下享誉中国岭南地区的雪糕冰淇淋品牌广州五羊收入囊中。2010 年，雀巢收购了中国瓶装水十强企业之一云南矿泉水第一品牌云南大山 70% 股权。可以看出，雀巢在国内市场的发展，并购成为重要的手段。

## 2. 案例分析

### 2.1 雀巢深谙并购中的文化整合

并购重组是企业扩大规模、提升竞争力的重要战略手段，也是快速扩张最有效和便捷的途径，诸多企业希望通过并购提升自身实力，更有企业意欲通过跨国并购跻身国际企业的行列。但纵观企业跨国并购的历程，不少企业非但没有实现核心竞争力的提升，反而陷入了跨国并购的泥潭难以自拔。并购形式的完成，并不是一次跨国并购的结束，并购后的整合才是一次成功跨国并购的"七寸"。跨国并购后如何对产品、经营模式、人才团队、管理模式以及文化进行有效的整合，是跨国并购成功与否的关键。显然，雀巢集团深谙此道。

## 2.2 并购来的食品帝国

1867年诞生之后，雀巢一路并购发展，迅速壮大，成为世界最大的食品制造商。在100多年的发展历程中，并购已成为雀巢发展血液中的"基因"，被称为"并购来的食品帝国"。

## 2.3 并购之乐

为何雀巢的跨国并购能"一路绿灯、屡战屡胜"？究其原因，是雀巢集团在并购之路上完美上演着"并购之乐"的三部曲：并购前，对并购必要性分析透彻；并购中，并购方向、策略明晰；并购后，因地制宜，化解"水土"冲突。

### 2.3.1 并购前目的明晰

对集团企业来说，任何一次并购行为都不是无本之木、无源之水，必然有着清晰的目的和意义，对跨国并购行为来说更是如此。跨国并购行为不但会投入的巨大的人力、财力，更会由于跨国企业间的文化、习俗之间的差异形成并购的障碍，因此，并购行为发生之前必然会经过翔实的论证，确保并购发生的必要性和可行性，否则就为并购失败埋下了隐患。

### 2.3.2 并购中策略明晰，稳扎稳打

首先是雀巢从不敌意收购，遵循双方自愿原则。雀巢确认成功的并购前提是双方都有意愿从对方获得利益；其次是竞争优势原则，雀巢都把自己的优势带进每一次并购后的公司，也保留原公司的优势，形成优势融合；最后，产品同构原则，不盲目收购，保证产品序列在多元化的框架之内。

### 2.3.3 并购后整合有道

注重整合，实施本土化策略，防止消化不良。本土化策略是雀巢集团跨国并购后整合的精髓。组织整合上，雀巢集团一般会沿用被并购企业的组织结构，在此基础上优化对方的管理模式。雀巢还特别慎重地对待对方的管理者。安排好被并购方的管理层，尽可能地消除他们在被收购后的危机感与动荡不安，使得企业继续稳定发展。在并购银鹭的案例中，雀巢让银鹭的经营班子继续保持原来的经营管理团队，继续沿用"银鹭"品牌和银鹭农业产业化经营模式，继续聘用现有银鹭员工，以最大限度保证银鹭企业、广大员工和当地社会经济的利益。

在文化整合方面，雀巢打破了著名的"七七定律"：70%的并购未能实现当初设定和期望的战略目标，其中70%是由于文化整合不成功导致并购失败。雀

巢一直奉行"创造共享价值"的价值观，坚持"永远不因短期利益而牺牲长远计划"的核心理念。由于食品与不同地域饮食和社会习惯高度相关，雀巢对不同地域企业的文化整合采取更多的整合方式是尊重，保留原企业好的企业文化，并尽可能地融入不同地域的文化和传统，与雀巢认同的价值观融为一体。

### 2.4 注重食品地域性

食品行业有明显的地域特性，即本土的消费者更适应本地的口味。本土品牌企业的现状已经充分说明该地区消费者对该产品的适应度和欢迎度。收购本土品牌企业后，基本无须进行产品调整或更改，就能快速地进入和融合当地市场，继续保持产品在本地良好的口碑和忠实的消费者。

### 2.5 创造共享价值

雀巢一直奉行"创造共享价值"的价值观，坚持"永远不因短期利益而牺牲长远计划"的核心理念，尊重其他文化及其传统的价值观，深知食品与不同地域饮食和社会习惯的特殊关系。因此，雀巢要尽可能融入不同地域的文化和传统，与雀巢认同的价值观融为一体。

"君子和而不同。"在雀巢看来，中国本土化合作，就是对中国文化始终充分尊重，以开放的心态和诚意，努力融合——不仅仅是选择本地的合作伙伴、原材料，生产本地化和员工本地化，更重要的是心态本地化和文化本地。

### 2.6 并购业务拖后腿

对于雀巢集团2014年的业绩不佳，外界普遍认为是并购业务拖了后腿。

2014年4月，雀巢公司的大中华区董事长兼总裁狄可为从雀巢离职，而他钦点的继任者张国华来自狄可为所主导的并购业务中的公司之一——辉瑞公司的惠氏营养业务（以下简称"惠氏"）。

在狄可为任职的3年中，雀巢经历了收购狂潮。2011年11月，狄可为上任不到一年，就先后收购了银鹭与徐福记各60%股份。2012年4月，又以118亿美元收购惠氏。狄可为曾公开表示银鹭是他最看好的被收购公司。

2013年雀巢中国销售额达到70亿美元，其中1/3来自雀巢的品牌，2/3来自并购的公司。虽然在这一年，中国成为雀巢集团的第二大市场，仅次于美国。但是2012年91.4%的销售额增长率却已降至27.6%，缩水至不到1/3。

此前，银鹭食品集团2010年实现销售收入53.53亿元，同比增长52.54%。据媒体报道，银鹭2013年实现销售额同比增长15%。虽然在雀巢中国接手之后，银鹭并没有更加惊人的表现，却在雀巢集团2013年年报中被特别提及，成为当年中国区业绩的主要支撑者。同年，惠氏也成为当年"进步"最大的外资奶粉企业，销售额升至全国第二位。

然而银鹭后劲不足，仅在 2014 年就出现了销售疲软现象。雀巢集团首席财务官龚万仁坦承，这是银鹭"最困难的一年"。有分析人士称，娃哈哈等强势对手进入花生牛奶行业，同时核桃露等替代竞品快速发展，挤压了银鹭的传统市场。

"雀巢的投入为银鹭铺设了更广的销售渠道，却没有得到理想的增长情况。"食品战略定位专家徐俊雄说道。

同期被收购的徐福记境况更糟，仍然位居国内糖果类等产品市场第三位的徐福记，市场份额连年下降，销售额下滑，甚至出现了徐福记"逐渐脱离主流消费，趋向边缘化"的说法。

"扬长避短，定期修剪品牌是世界 500 强跨国集团的一贯作风。"徐俊雄说到，品客薯片是宝洁公司 1970 年创设的品牌，也曾经是宝洁各品牌中"10 亿美元俱乐部"的成员之一，"在遭遇整个薯片产业销量下滑之后，2011 年宝洁就放弃了这个品牌。当投入大量的精力和资本却没有达到预期的增效时，集团可能就会放弃这个品牌。当然，银鹭和徐福记目前还没有达到这种情况。"

2014 年 6 月，雀巢集团与可口可乐公司合资生产的雀巢冰爽茶，在经营 13 年后退出中国市场，而其市场占有率自 2008 年起逐年下滑，最终跌出主要检测品牌名单。

对于雀巢集团接下来的发展，雀巢集团首席执行官保罗·薄凯表示："尽管要在短期内达成业绩，但我们仍以长期业务为重点，加强今后增长的基础。我们预计 2015 年的情况将与 2014 年类似，我们的目标是实现约 5% 的有机增长，同时盈利空间、固定汇率下每股基本收益以及资本效率都得到改善。"

【思考题】

1. 雀巢对文化整合采取的方式是什么？
2. 雀巢奉行的价值观是什么？
3. 雀巢集团跨国并购后整合的精髓是什么？

【资料来源】

[1] 牛海姣，肖斐. 雀巢跨国并购三部曲：为何能"一路绿灯、屡战屡胜"？[J]. 国企，2013.

[2] 刘元煌等. 加速度——跨国企业全球攻略 8 种模式. 北京：电子工业出版社，2004.

[3] 张丽华，李元墩，杨德礼. 合资企业的跨文化冲突及其管理 [J]. 大连

理工大学学报（社会科学版），1999（2）.

［4］赵曙明. 跨国公司在华面临的挑战：文化差异与跨文化管理［J］. 管理世界，1997（3）.

［5］李燕. 文化创造与文化管理的战略思维［J］. 管理世界，1997（5）.

［6］郭咸纲. 跨国公司跨文化管理问题探讨［J］. 经济管理，1998（7）.

［7］牛春巧. 文化板块的构建及其在跨文化管理中的应用研究［D］. 中国海洋大学，2006.

# 联合利华跨文化管理案例分析

> **摘要**：联合利华的双重国籍深化了它的"国际化"特点，自 1929 年合并成立以来，联合利华一直保留着两大控股公司的结构。Unilever PLC 是一家英国公司，以英国货币作为资本形式。Unilever NV 是由荷兰人开办，以荷兰盾作为资本形式。联合利华的双属国、双母公司、双董事长、双重总部结构，跨行业经营和发展过程中经历过多次合并和收购等特征，使得其决策过程极其复杂。联合利华可以轻松地在两种文化中穿行，并且得到英国、荷兰两国的外交支持，可以在这两个国家聘请到高素质的管理人才，他们会在各自的国家为实现公司的最高目标而不懈努力。
>
> **关键词**：国际化；跨行业；跨文化

## 1. 相关背景介绍

联合利华集团是由荷兰 Margrine Unie 人造奶油公司和英国 Lever Brothers 香皂公司于 1929 年合并而成。总部设于荷兰鹿特丹和英国伦敦，分别负责食品及洗剂用品事业的经营。在全球 75 个国家设有庞大事业网络，拥有 500 家子公司，员工总数近 30 万人，是全球第二大消费用品制造商，年营业额超过 400 亿美元，是全世界获利最佳的公司之一。

联合利华的发展历史，使之成为跨国企业中最富国际化特色的公司之一，但同时也使它成为诸多跨国企业中经营模式最为分散的公司。联合利华曾有过多次并购经历，被并购的公司往往将原公司的名称和品牌保留，因而极大地鼓舞和深化了"地方主动性和分散性控制"的理念。"成为本地化的跨国公司"是联合利华的全球经营宗旨和长期以来的传统。联合利华认识到结合国际化的科学技术和经营经验的"本地化"才会有生命力。

### 1.1 联合利华公司介绍

1929 年，英国 Lever 公司与荷兰 Margarine Unie 公司签订协议，组建 Unilever（联合利华）公司。经过 80 年的发展，联合利华公司已经成为世界上最大的日用消费品公司之一，在全球 100 个国家和地区拥有 163 000 名雇员。2009 财政年度，公司全年销售额约 398 亿欧元。

### 1.2 历史沿革

1986 年联合利华重返上海，第一家合资企业上海利华有限公司继续生产"力士"香皂。

1999 年，把 14 个独立的合资企业合并为 4 个由联合利华控股的公司，使经营成本下降了 20%。

2000 年购入的 bestfood 百仕福使联合利华在调味品界处于领先地位。

2011 年 9 月 1 日，联合利华宣布联合利华大中华区地区总部升级为北亚区地区总部，负责管理中国大陆、香港、台湾地区以及韩国和日本地区业务，总部设在上海。

2011 年《财富》英文网发布了 2011 年《财富》世界 500 强企业最新排名第 136 位。

### 1.3 公司宗旨

联合利华公司的宗旨是：以最高企业行为标准对待员工、消费者、社会和我们所生活的世界。

19 世纪 90 年代，William Heskith Lever，联合利华的创始人之一，便提出了"减轻家务负担，让使用者生活更美好"的理念。

联合利华的全球愿景："每一天，我们都致力于创造更美好的未来。我们的优质产品和服务，使人心情愉悦、神采焕发，享受更加完美生活；我们将激发人们：通过每天细微的行动，积少成多而改变世界；我们致力于减少对环境的不利影响，并提高积极的社会影响，引领负责任的增长方式，启发人们通过每天的小行动创造大不同。"

联合利华相信，"成功的企业必须以负责任的态度对社会产生积极的影响。我们与社会共同创造财富、分享财富，支持当地经济发展，为社会培养人才，并积极担负企业社会责任。联合利华可持续行动计划旨在帮助超过 10 亿人口改善健康和提高生活状况；将联合利华产品的碳足迹减少一半以及实现联合利华农业原料 100% 的可持续采购。"

### 1.4 目标与原则

#### 1.4.1 诚信永远第一

"我们企业的核心责任永远是：以诚信的态度运作我们的企业；尊重他人，其他企业及组织；尊重我们所处的环境。"

#### 1.4.2 积极的影响

"我们希望通过多方面为我们所处的社会带来积极的影响：如通过我们的品牌；我们的企业运作和关系；通过自发的捐献，以及其他各种方式。"

#### 1.4.3 持续的承诺

"我们在完成企业发展的远大目标的过程中，还致力于改善我们对环境的管理。"

#### 1.4.4 设立我们的目标

"我们的企业目标为企业运作作指引。我们的商业准则记述了每个联合利华人应当遵循的标准，是企业目标的坚实基础。商业准则也是我们的管理工作及企业责任的支撑。"

#### 1.4.5 合作伙伴

"我们愿意与和我们有着相同价值观并有相同标准的供应商合作。我们的商业伙伴准则，其精神与我们的商业准则相一致，包含了十条准则，涵盖了商业诚信、对员工、消费者及环境的责任等方面。"

## 2. 案例分析

联合利华依赖人与人的关系和非正式的接触来对附属公司实施控制，没有采用以正式组织结构和体系为基础的控制模式。同时，一些大的公司则被视为独立单位加以管理。这不仅反映了联合利华的历史发展模式，也从一定程度上折射出欧洲在专业化管理方面的缓慢发展和以关系为重的商业文化趋势。

### 2.1 并购班杰瑞

2000年，当联合利华并购班杰瑞冰淇淋公司时，很多人担心这家一向善于打破旧习的冰淇淋公司可能会自此变成一个普通的附属物。然而正相反，这两家公司分享着彼此的文化，而且依然保持了各自的独特之处。能够成功创造今天这种和谐共处的关系得益于双方的妥协和让步。

2001年年初，当联合利华的联席董事长安东尼·勃格曼视察其一年前并购的班杰瑞冰淇淋制造商时，让这位荷兰籍商业领袖感到困惑的是，该公司员工竟然在办公室中穿着宽长袍式的衣服，而联合利华的员工绝不会那样。

然而5年后，从伦敦和鹿特丹总部来视察的联合利华执行经理们已经学会期待着看到班杰瑞的员工身着宽长袍、宽长裤、戴着水珠等饰品。时间证明这是一次成功的并购。班杰瑞由之前所拥有的23 700万美元销售额和340万美元年收入到现在，业务扩展至13个新国家，全球销售额增加了37%。

联合利华北美冰淇淋业务部HR主管Sharyn Kolstad认为，与其他并购对象最终都沦落为母公司的附属物不同，联合利华和班杰瑞的结合"在每个方面都与众不同"。

#### 2.1.1 尊重班杰瑞的特色文化

"从第一天起，每个人就认识到我们不是单纯购买了一个冰淇淋业务，"Kolstad说，"如果我们想让这个品牌继续成长、保持震撼力，我们就必须保持其原有的文化，因为正是这种文化创造了现在这样的品牌。"

鉴于班杰瑞的年收入不及联合利华全部销售额的1%，这笔交易也显示了联合利华的显著让步。比如，班杰瑞将在联合利华的美国冰淇淋业务之外独立运作；将拥有一个独立的董事会，目的是保护和坚持班杰瑞的社会使命；联合利华承诺"未来2年内不裁员"，若违反这一承诺，班杰瑞的主管们可以控诉对方；班杰瑞将动员联合利华其他业务部门进行社会使命的变革；两位创建者将继续参与班杰瑞的业务运作，公司继续以佛蒙特州为基地。

在并购班杰瑞之初，联合利华确实花费了一段时间费力地让班杰瑞工人们信服一家大型跨国公司能够继续保持这家冰淇淋制造商的品牌价值。

联合利华证明自己对进步性的事业有贡献：每年，联合利华至少贡献110万美元来弥补员工制造的麻烦，它还一次性捐助500万美元用于班杰瑞基金会。

另一方面，联合利华也在包容着班杰瑞独特的幽默和传统。

#### 2.1.2 微调班杰瑞

"并购带给我们的挑战是：我们如何保持自己的本色。联合利华有一套好的程序，但我们还需要把它变为我们自己的。"班杰瑞的发言人海莫特说。

尽管班杰瑞的劳动力熟练于制作高质量的精美冰淇淋，并善于推销产品和创造市场，但他们还没有迅速重视起诸如公司财务这些要素。联合利华希望促进班杰瑞更多关注财政状况。库爱特劝解班杰瑞员工说，要在商业世界中弘扬班杰瑞的文明道德规范和社会使命，最好方法就是让自己成功。"班杰瑞正在通往更加组织化、更善于分析的轨道上，是并购带来了这些变化。"海莫特说。

联合利华习惯于通过说服、而非通过威压来推动改变。班杰瑞给每位员工进行了一项有关财务基本原理的补救课程。

### 2.2 跨文化人力资源管理

#### 2.2.1 国际化人才培养方式

在联合利华拥有的一整套人才培养和发展体系中，最独特的一点，也是使联合利华获得竞争优势的一点是，它提出并实施了"国际化"人才发展的主题目标。联合利华公司长久以来就树立了人力资源的高度重要性，并且在所有地区和国家市场都建立了一个专注于发展内部人才和未来热门领导人的组织。这样做的结果就是，联合利华300位高层管理者中95%完全是内部培养的。通过工作内容以及外派任务将国际化视野和理念灌输给经理人们。从 1989 年开始，联合利化就将其 75% 的管理职位贯之以与"国际"名称，并倍增了外派经理人的数量。

### 2.2.2 极限式培养方式

联合利华通过培训课程帮助经理人们获得国际化的视野。其发展规划体系包括教育训练计划（由初、中、高三个阶段课程组成。内容侧重于商业认识、专业能力和综合素质三方面的提升），以及国内轮调计划、海外轮调或参与跨国项目计划、教练支持和绩效考评。

各国的文化不同导致了各个国家品牌的定位不同，文化的特征影响着品牌定位。

与西方国家重视品牌感情相比，新兴市场更重视品牌的质量保证。与北欧和北美国家强调个人主义的文化不同，很多亚洲、非洲和拉丁美洲的文化更注重集体主义。它们更重视家庭和社会群体的观点，讲究"面子"。

联合利华要想继续发展壮大，必须尊重不同地区的不同文化，从公司自身出发，针对不同文化研究不同的发展战略，以此拓展更大的新兴市场。

【思考题】
1. 联合利华跨文化管理的成功之处主要体现在哪些方面？
2. 联合利华对跨国员工独特的培训方法好处是什么？
3. 联合利华为什么要尊重别人的文化方式呢？

【资料来源】
[1] 韩睿，田志龙. 联合利华的全球化与本土化 [J]. 经济管理，2003 (3).
[2] 王寅，胡玲静. 联合利华公司双元战略决策研究 [J]. 前沿，2013 (6).
[3] 联合利华官方网站.
[4] 赵治皓. 企业文化与企业战略的关系——以联合利华为例 [J]. 商业文化（下半月），2012 (3).
[5] 严文华，荣继文，石文典. 跨文化企业管理心理学 [J]. 东北财经大学，2000 (9).

# 诺基亚公司跨文化管理案例分析

> **摘要**：诺基亚进入中国市场的文化初衷是："诺基亚致力于在中国的长期发展并成为最佳的合作伙伴。"这句话在诺基亚的外宣文本里几乎每篇都有，在诺基亚（中国）的领导团队成员的口中也是频繁出现。通过"投资于人"这一业绩管理系统，员工的责任心得到激发，从而积极影响员工的工作目标、表现评定、个人发展及奖励。诺基亚坚持文化的国际本土化和本土国际化相融合，在诺基亚看来良好的道德规范是全世界都应接受的准则：中国人的智慧灵活和芬兰人的不屈不挠并不存在矛盾。
>
> **关键词**：以人为本；文化变革

## 1. 相关背景介绍

### 1.1 创业的三个根基

诺基亚的历史始于1865年，当时一个叫弗莱德里克·艾德斯坦的工程师在芬兰北部的一条河边建立了一家木浆工厂。随着工业化浪潮在欧洲兴起，纸板的消费量迅速增加，工程师定名为诺基亚的工厂不久便一炮打响，在工厂的周围形成了一个社区，后来命名为诺基亚。艾德斯坦还建立了一个国际销售网，使诺基亚的产品出口到了俄国、英国和法国，到了20世纪30年代，中国也成为诺基亚的重要贸易合作伙伴之一。

芬兰橡胶加工厂始创于1898年，主要生产套靴。这家加工厂很快成了诺基亚的邻居，因为工厂的两名行政人员周游这个地区时发现，诺基亚周围不但风景优美，而且可为工厂提供水电。到了20世纪20年代，这家工厂开始以诺基亚作为其品牌。除了皮靴和轮胎外，工厂继续开发其他橡胶产品，如工业用橡胶制品、雨衣、地毯、球类及橡胶玩具等。

芬兰电缆厂始创于1912年，位于赫尔辛基中心。随着人们对电力运输、电报电话网络需求的日益增加，电缆需求量也随之激增。起初工厂员工仅有几个人，但工厂发展迅速。第二次世界大战以后，芬兰电缆厂开始和苏联进行贸易，

20 世纪 60 年代对西方国家的出口迅速增加。

1922 年，芬兰橡胶加工厂购买了芬兰电缆厂的大部分股份，三个工厂的所有权逐渐转移到同一个业主手中，最后到了 1967 年，三大工厂合并为诺基亚集团。

自那时以来，公司首先发展成为一个包括造纸、化工、橡胶等几个领域的集团公司。

### 1.2 诺基亚电信部门的发展

1969 年，诺基亚首先引进符合国家电报电话咨询委员会（CCITI）标准的 PCM 传输设备。通过提前迈入数字时代，诺基亚作出了自己历史上最重要的战略抉择。

20 世纪 70 年代，诺基亚的目标逐渐转变为向完全数字化的电信网络提供设备。随后，移动电话和更多的电信基础设施产品相继被开发出来，以满足国内和国际客户的要求。

在 20 世纪 80 年代和 90 年代，诺基亚成为全球数字通信技术的先驱。

### 1.3 诺基亚电信部门的产品

#### 1.3.1 移动电话

北欧移动电话服务网络（NMT）于 1981 年开通，频率为 450 兆赫兹。这是当时世界上第一个，同时也是横跨数国覆盖面最大的蜂窝式电话公用网络，随着 NMT 的开通，移动电话也开始迅猛发展。诺基亚第一台 NMT450 移动电话 Senator1982 年生产的。随后开发的 MobiraTalkman，是当时最先进的产品。

#### 1.3.2 全球通——全球移动电话通信体系

20 世纪 80 年代末，随着欧洲市场的逐渐统一，欧洲邮电、电话、电报咨询委员会决定制定移动电话业的统一标准，并以数字技术推广。从一开始，诺基亚就一直是全球通技术的主要开发商，首次全球通对话就是用诺基亚电话，于 1991 年通过芬兰诺基亚 Radiolinja 网络进行的。全球通技术为诺基亚在全球的拓展奠定了基础。

## 2. 案例分析

诺基亚从来不把文化的问题当成矛盾去解决，"这只是沟通出现了差错"，这是诺基亚对于文化问题的判定。在公司内部，诺基亚提倡开放的文化氛围，在文化融合方面，诺基亚往往从很实际的地方去考虑，像弹性上班时间、创建环保的工作环境、帮助个人发展等，都是和员工切身利益直接相关的问题，在微观中体现以人为本的公司文化。文化问题在公司中的激化很多时候是在中外籍员工之间产生。由于语言、文化、习惯、思维方式、生活经历、教育背景、价值观念、收入等诸多方面的悬殊差异，外籍员工与本地员工常常会在工作中产生误解，甚至发生冲突。

### 2.1 诺基亚的价值观

诺基亚高效的全球化运营、领先的核心技术、远见卓识以及统一的价值观是使其成为业界领先者的重要保证。诺基亚始终遵循以下价值理念：
- 客户满意：发现客户需求，给客户带来价值，尊重和关心客户。
- 尊重个人：公开和诚实的沟通，时刻公平对待，相互信任、相互支持，接受不同事物。
- 成就感：共同的眼光和目标，责任感，为胜利而奋斗的决心，赞誉。
- 不断学习：创新和勇气，支持发展、容忍失败，永不自满，保持开放的思维。

这不仅是每个员工的行为准则，也是大家共同信守的企业哲学。诺基亚宽松灵活、相互协作的组织结构鼓励和提倡每个员工在不同的岗位充分发挥其潜力、共同迎接挑战并获得事业发展。诺基亚公司董事长兼首席执行官约玛·奥利拉说："价值观是一个国际公司保持凝聚力的关键所在，实现承诺的过程比金钱和其他奖励更为有效。"价值观、企业文化和工作方式是建立竞争优势的有效手段。在专业公司里价值观的作用尤为重要。

为实现诺基亚的价值观，诺基亚一直贯彻以下管理方针：
- 扁平、非集中制的组织机构，令决策更有效。
- 建立在主要业务发展需求之上的一套精练有效的系统和程序。
- 有效的团队协作和企业家的奋斗精神。
- 建立核心竞争力。
- 公司上上下下开诚布公的沟通和协作。
- 确立目标、训练团队、表彰成绩的领导作风。
- 鼓励员工内部流动、发扬光大每个人的技能和诺基亚价值观。

诺基亚的成功有很大一部分取决于员工精湛的技术与饱满的热情。挑选合适的员工，放手工作，并关心其个人需求。这是一个很大的挑战，但也蕴含着更大的机会。诺基亚的聘用体系是基于一套完整的薪酬方案，既考虑当地市场情况，也考虑相关人员的技能与表现。诺基亚支持个人承担责任、鼓励其职业发展。采用不同的聘用方案，如灵活的工作时间、在家办公、周期性休息，当然，也包括使用移动通信进行工作。

## 2.2 诺基亚的客户服务理念

中国消费者普遍认可诺基亚的广告语"科技以人为本"。科学的主体是人类,如果科技应用不能为人类带来价值的话,再尖端的科技也是无效的。所以,诺基亚"以人为本",致力于个性化的观念受到人们的欢迎。"科技以人为本"的理念也启发了其他手机,如康佳的广告语"创意科技,沟通无限",中兴通讯的"自由生活,源于科技"。因此单论广告语,诺基亚就已胜人一筹了。

## 2.3 以人为本的公司文化

通过"投资于人"这一业绩管理系统,员工的责任心得到激发,从而积极影响员工的工作目标、表现评定、个人发展及奖励。

诺基亚的职业保健服务着重于工作场所的健康与安全,还有应急反应计划与员工救助服务,以满足更多个人需要,或应付突发事件。诺基亚鼓励员工从进入公司第一天起,就能够通过员工入职培训计划、"投资于人"业绩管理系统、工作轮换和培训计划不断取得进步。诺基亚拥有遍及全球的培训中心网络、管理与领导培训网络,同时,诺基亚还拥有各种电子学习工具。

强大的内部沟通能帮助诺基亚的员工更好地管理信息,加强组织关系,从而使公司的战略能够在公司内部顺利传达。诺基亚相信,共同的观点、共同的认识、开放性、高速度与整体性是使之实现的必要条件。每日在线新闻、内部杂志及内部网络提供的公司信息,是对业务部门和区域性沟通渠道的良好补充。

志愿行动在公司生活中起着举足轻重的作用。通过诺基亚的援助倡议,已经有数千名员工投身于各种公益事业,包括在澳大利亚清洁自然环境,在中国植树造林,在加拿大和波兰募集基金,在韩国救助孤儿以及在德国担任青年顾问。

诺基亚的力量源泉之一就是多元化的员工队伍。诺基亚尊重多元化,通过"倾听您的意见"民意调查、焦点集体讨论、在线论坛以及"投资于人"业绩管理系统,鼓励每个员工反馈自己的意见。

## 2.4 诺基亚文化变革

诺基亚进入中国市场的文化初衷是"诺基亚致力于在中国的长期发展并成为最佳的合作伙伴。"

这种文化类型叫作灵活创新文化导向,它有以下几个要素:

(1) 典型特征:这种文化强调变通性和变革,组织最关心的是能否有能力迅速适应环境,因此在结构和人员安排上都敞开与外部的联系。组织高度重视员工创新与获取资源：寻求合适的供应商、了解顾客的需求、招聘有特长的员工、开拓融资的渠道、观察对手的活动。组织领导具有企业家精神，敢冒风险，能提出未来发展远景并让员工也理解。目标是建立一种灵活、机敏、外部取向的、创造性的文化，实现增长不断获取资源。

（2）基本假设：革新和先驱式地创始能够导致成功，组织的主要事务是开发新产品和服务，并为未来做好准备，管理的主要任务是培养企业家精神、创造力，适应和革新能够获得新的资源和利润。

（3）领导类型：革新者、企业家、幻想家。

从文化的初衷上，模型的"组织最关心的是能否有能力迅速适应环境"就是诺基亚"成为最佳的合作伙伴"的深层基本假设。

1977年，诺基亚的总裁卡拉莫提出了诺基亚的企业愿景现在依然在激励着诺基亚人——让现实的发展服务于理想。而这个愿景就是模型"幻想家"的表现，诺基亚也坚信自己"现实理想主义"的发展特征。

有什么样的初衷就会有什么样的文化扦插方式，也会有什么样的成长历程。诺基亚中国的20年，就是"革新和先驱式地创始能够导致成功，组织的主要事务是开发新产品和服务，并为未来做好准备，管理的主要任务是培养企业家精神、创造力，适应和革新能够获得新的资源和利润"的基本假设（核心价值导向），不断地适应环境和创造市场的20年。

诺基亚在中国的20年，还给了我们一个非常有意义的文化提示：企业文化非常简单，也非常科学，它源于初衷又回归初衷，需要长期的恪守、秉持，只有这样才能保证基业的常青。

## 2.5 诺基亚文化的本土化和国际化

诺基亚喜欢具有独立性，有工作热情，能发展自己的员工。可以说，你有多大的潜质就能在公司发挥多大的才能。

诺基亚公司的文化理念是公开和坦诚。

在诺基亚，每个人都有分享知识的职责。公司鼓励员工公开坦率地与经理沟通。在诺基亚，向经理提出挑战是可行的。员工应是有创造力的，有时承担风险的能力也是必要的。

【思考题】
1. 诺基亚出现问题的原因主要是什么？
2. 对于文化问题我们应该怎么看待？
3. 诺基亚对待问题的态度是什么？

【资料来源】

[1] 从诺基亚的经营看什么是本土化.中国培训,2000(4).

[2] [美国] 拉里·A·萨默瓦等著,闵惠泉等译.跨文化传播 [M].中国人民大学出版社,2013.

[3] 王琼楼.诺基亚战略定位及其在中国本土化进程的启示 [J].价格与市场,2010(8).

# 丰田公司跨文化管理案例分析

**摘要**：积极开拓海外市场是丰田能成为全球最成功的汽车厂商的一个关键因素。作为一个本土市场有限，却能在近年实现销量的不断在增长的汽车企业，这种结局并不是偶然的驱使，而是必然的结果。从近几年的成功来看，丰田的经验值得各国自主品牌汽车企业借鉴。

丰田近年来的迅速发展离不开其海外市场的成功。截至2007年年底，丰田公司在海外共有29家整车生产厂家。其中，北美有5家、南美4家、欧洲5家、亚洲（除日本外）有13家，其他地区2家。至今为止，丰田汽车公司仍在实行一系列的策略进入各国市场，不断地拓宽海外市场。

本案例分析了丰田对于不同文化背景，不同国情的各国在进入其市场时所采取的截然不同的方法及策略，充分显示了丰田作为一家超大型跨国汽车制造业巨头在面对进入不同国家市场及取得成功的对外投资策略，为各国汽车制造业提供了借鉴之处。

**关键词**：丰田战略；海外市场；对外投资

## 1. 相关背景介绍

丰田公司是世界十大汽车工业公司之一，是日本最早的汽车公司，创立于1933年，现在已发展成为以汽车生产为主，业务涉及机械、电子、金融等行业的庞大工业集团。

丰田公司早期以制造纺织机械为主，创始人丰田喜一郎1933年在纺织机械制作所设立汽车部，从而开始了丰田汽车公司制造汽车的历史。1935年，丰田AI型汽车试制成功，第二年即正式成立汽车工业公司。但在整个20世纪30年代和40年代，该公司发展缓慢，只是到了第二次世界大战之后，丰田汽车公司才加快了发展步伐。它通过引进欧美技术，在美国的汽车技术专家和管理专家的指导下，很快掌握了先进的汽车生产和管理技术，并根据日本民族的特点，创造了著名的丰田生产管理模式，并不断加以完善提高，大大提高了工厂生产效率和产品汽车在20世纪60年代末即大量涌入北美市场。1972年，该公司累计生产汽车

1 000万辆。

20世纪70年代是丰田汽车公司飞速发展的黄金期，1972~1976年仅4年时间，该公司就生产了1 000万辆汽车，年产汽车达到200多万辆。进入80年代，丰田汽车公司的产销量仍然直线上升，到90年代初，它年产汽车已经接近500万辆，击败福特汽车公司，汽车产量名列世界第二位。丰田汽车公司在六七十年代完成了在日本国内的自我成长期，80年代之后，开始了它全面走向世界的国际战略。它先后在美国、英国以及东南亚建立独资或合资企业，并将汽车研究发展中心合建在当地，实施当地研究开发设计生产的国际化战略。

## 1.1 企业简介

日本丰田汽车公司是一家总部设在日本爱知县丰田市和东京都文京区的汽车工业制造公司，隶属于日本三井财阀。英语标记为"TOYOTA"，在丰田集团内简写为"TMC"。

## 1.2 基本理念

遵守法律及法规精神，通过公开、公正的企业活动争做得到国际社会信赖的企业市民。

遵守各国、各地区的文化和风俗习惯，通过扎根于当地社会的企业活动为当地经济建设和社会发展作出贡献。

以劳资相互信赖、共同承担责任为基础，造就出能够最大限度发挥个人创造力和团队力量的企业文化。

通过全球化的创造性经营努力实现与社会的协调发展。

以开放性的业务往来关系为基础，致力于相互切磋与创新，实现共生共存、长期稳定发展的良好关系。

## 1.3 发展历史

丰田喜一郎是丰田汽车公司的创始人，他缔造了丰田汽车工业股份有限公司，实现了他父亲的遗愿：生产"日本制造"的汽车。

### 1.3.1 产汽车之前

丰田的历史可以追溯到1896年。那一年，29岁的丰田佐吉发明了"丰田式汽动织机"。他发明的这台织机不仅是日本有史以来第一台不依靠人力的自动织机，而且与以往织机不同的是，可以由一名挡车工同时照看3~4台机器，极大地提高了生产力。

### 1.3.2 进军汽车领域

丰田佐吉的长子丰田喜一郎对日本以外的世界兴趣十足。他认定汽车必然是未来举足轻重的交通工具。当丰田喜一郎开始研制汽车时，美国的通用汽车公司和福特汽车公司早已成为举世闻名的大企业了。然而，丰田喜一郎并没有把美国两大汽车巨头的举动过多地放在心上。他全身心地投入到以大量生产为基础的国产汽车工业的创立。

### 1.3.3 受到战争摧残

1941年12月，太平洋战争爆发，到1945年8月"二战"结束时，日本的工业生产设施几乎毁坏殆尽，丰田的工厂也在战争中受到了惨重的破坏。战后头几年，日本经济处于一片混乱之中，对于原本就相当落后的日本汽车工业，公司员工无不对其发展前景深感担忧。

### 1.3.4 进入发展壮大期

1962年，丰田开始进军欧洲。这一年，丰田汽车产量首次突破了百万辆大关。

1965年，名神高速公路（名古屋至神户）的开通揭开了日本公路交通高速时代的序幕。

1966年上市的花冠轿车作为家用轿车深受广大消费者青睐，从而掀起了一场大众汽车热。

1967年国内总生产量达到300万辆，超出了当时的联邦德国而一跃成为世界第二位汽车生产大国。在这种情况下，丰田根据需求将会进一步扩大的预测，持续加大了对新工厂新设备的投资。

1971年，日本政府废除了对于资本投资的政府管理，随之日本几家汽车厂家开始了与美国的三大汽车公司的合作。然而丰田却不甘心随波逐流，无论如何要固守自己作为国产汽车厂家的立场。

1970年年底，丰田推出了小型跑车赛利卡，在2004年年底停产之前，它已经生产了差不多400万辆。

1971年，丰田的年产量达到了200万辆，一跃成为世界第三大汽车制造商。

1972年，日本国内累计汽车产量达到1 000万辆，丰田邀请中国汽车工业代表团访日。

1974年，丰田与日野、大发等16家公司组成了丰田集团，同时与280多家中小型企业组成协作网。

1982年，丰田汽车工业公司与丰田汽车销售公司合并为丰田汽车公司。

1983年，AE86 COROLLA四代投入生产线。

1984年与美国通用的合资公司NUMMI在美国建成投产。

1988年，位于美国肯塔基州的独资生产厂家TMMK建成投产。

1990年，花冠车累计产量达到1 500万辆。

1997年，普锐斯（混合动力汽车）投产上市。

1998年，位于美国印第安纳州的独资生产厂家TMMI和西弗吉尼亚州的独资生产厂家 TMMWV 建成投产。

1999 年，在纽约和伦敦证券市场分别上市。日本国内累计汽车产量达到 1 亿辆。位于印度的生产厂家 TKM 建成投产。

2000 年，中国四川丰田汽车有限公司建成投产，生产考斯特、霸王。

2001 年，位于法国的独资生产厂家 TMMF 建成投产并开始销售。

2005 年，雷克萨斯品牌在中国第一家经销店开业。全新皇冠轿车实现中国制造。广州丰田发动机有限公司 AZ 发动机整机下线出口。第一款在中国生产和销售的混合动力车普锐斯下线。

2006 年，广州丰田汽车有限公司国产凯美瑞轿车下线。雷克萨斯品牌三款重量级车型 ES350、IS300、LS460 登陆中国。

2008 年 6 月 26 日，广汽丰田雅力士在中国上市。

2008 年至今，丰田公司仍在不断地进步中。

## 2. 主题内容

### 2.1 丰田进入中国市场

#### 2.1.1 丰田在华销售问题

2003 年 11 月，两则丰田公司汽车广告在网络上引起不小的波澜。其一为刊登在《汽车之友》第 12 期杂志上的"丰田霸道"广告：一辆霸道汽车停在两只石狮子之前，一只石狮子抬起右爪做敬礼状，另一只石狮子向下俯首，背景为高楼大厦，配图广告语为"霸道，你不得不尊敬"；其二为"丰田陆地巡洋舰"广告：该汽车在雪山高原上以钢索拖拉一辆绿色国产大卡车，拍摄地址在可可西里。"这是明显的辱华广告！"不少市民这样表示。为此，丰田该款汽车的销售在中国惨遭滑铁卢，不仅销售量令人不容乐观，更在中国市场引发了一系列的风波。

#### 2.1.2 案例原因分析

在定位和传达市场策略时，尤其是涉及国际广告信息，必须特别留意相似性和差异性。Luna 和 Gupta 认为在消费者行为和消费者文化的研究领域有两个综合性范式：人类学传统和跨文化心理学传统。这两个传统从不同的路径讨论消费者文化对其认知和行为的影响。这些解释建立在对文化和其中心概念——价值的理解之上。吉尔茨把文化描述为人们不断赋予他们所见和发生在他们身上的事件以意义的过程：他试图通过"深描"来彻底了解文化。Hofstecie 认为，文化通过它的四种表现形式来影响行为，分别是价值、英雄、仪式和符号，其中价值是最中心的表现形式。

看到这两则广告后，立即有人在网上留言，表示了疑义和愤怒。石狮在我国有着极其重要的象征意义，几千年来，在中国的民族文化里，石狮一直是守护人们吉祥、平安的象征。它不畏寒风烈日，脚踏实地，始终如一地与您忠诚相伴；它高贵、尊严，极具王者风范；它威武、吉祥，被奉为护国镇邦之宝。这正是石狮无论历史变迁、无论何时何地，始终守护人们吉祥平安的真实写照。丰田广告用石狮向霸道车敬礼、作揖，极不严肃。还有一些受访者把广告和近期中日两国的政治冲突联系起来。他们联想到了近期围绕钓鱼岛发生的事件：日本政府逮捕了7名前往钓鱼岛举行保钓示威的中国志愿者。"前段时间发生那么多事，我不相信它除了卖东西之外就没想别的。"总的来看，对广告一的民族主义批评集中于两个元素：敬礼的石狮和"霸道"这个词。也有市民将石狮当作卢沟桥的狮子，并认为"霸道，你不得不尊敬"的广告语太过霸气。"霸道"这两个字应用在越野车方面，有着不畏艰险的意思，但在汉语中带有一定的贬义，有商业征服之嫌，损伤了中华民族的感情，不利于该汽车在中国的销售。对于广告二，有人认为卡车是"东风牌"国产卡车或者是军车，所以就认为广告是对民族工业和中国军队的侮辱。由于日本公司方面政治水平不高，未能查出广告画面中出现的一些容易使人产生联想的有伤民族情感的图片，而导致误解的发生。

## 2.2 丰田进入美国市场

### 2.2.1 "召回门"事件发生

2010年起，由于油门踏板和脚垫的原因，丰田在美国召回109万辆汽车，其他国家存在类似问题的好几百万辆汽车的召回也在考虑过程中。两周内，丰田召回已超346万辆。丰田几次全球性召回事件，最终演化成丰田汽车近年来最大的危机。4个月内，丰田汽车全球召回总量接近1 000万辆，除了支付召回费用、停止生产带来的损失外，丰田汽车还面临着前所未有的信任危机，尤其是在美国。丰田汽车"召回门"事件中，丰田章男在听证会上面对国会议员的质问郁闷泪下，一边是拘谨认错，一边是严词咄咄。丰田章男以"旧式谦恭"对阵美国人的直截了当，他绕着圈子与面红耳赤、举着板斧的美国议员周旋，谈歉意、谈和解、谈出路。文化差异碰撞出一场有关汽车安全隐患的听证会。在日本人眼中，或许态度可以解决问题；但在美国人看来，丰田只需回答是或不是。虽然日本方面管理人员作出了道歉，却仍摆脱不了在美销售遇到"瓶颈"的结果发生。

### 2.2.2 丰田在美国失败案例分析

随着世界联系的不断加强，东西方国家的交往日益频繁。然而，来自不同文化背景的人们往往缺乏对异质文化的了解，因而在政治、经济等各个领域的交流中遭遇不少误解与挫折，碰撞时有发生。丰田"召回门"事件何尝不是这么一个鲜活的案例。美国文化学家萨姆瓦认为：对跨文化交际产生影响的文化因素包括文化的思维方式、价值观念、风俗习惯等方面的差异。日本民族具有农耕民族的某些文化特征，基本上属于东亚的儒家文化圈，而美国民族则被认为是属于古希腊的西方文明，由于地理位置、历史背景、发展过程等诸多因素的影响，两国文化间存在巨大的差异。并且日美文化差异主要体现在价值观不同。价值观处于文化核心地位，是人们在社会化的过程中逐渐获得的，体现人的理想和评价标准，形成价值取向并"影响人们从现有的种种行动模式、方式和目的中做出选择。"不同国家、民族的价值观念受到政治、经济、历史、文化的影响，即便同一事物也可能存在不同的评判标准。在此次危机开始时，丰田领导阶层未能符合国际媒体与受害消费者的期望，明快处理问题，却沿袭日本一贯的拖泥带水回应方式，以至于雪球越滚越大，完全不同于美国人的高效决策。在日本，企业秉承"凡事先求建立共识"的文化，决策的过程实质上是规划的过程，鲜有就策略性问题作出明快的回应。通常采用自上而下的方式，即"U"形决策。然而美国文化属于西方文化范畴，强调制度的作用，美国的法制体系比较完善，且执法严格。

在这个案例中，一方面，丰田章男和北美公司总裁稻叶良习惯性地保持着他们的冷静，顾左右而言其他；另一方面，美国国会众议员激动地挥舞着手中的文件，语气强硬地向接受质问的对象大吼大叫，高声咆哮地指责丰田公司，这将日美双方语言表达方式与行事风格的巨大差异呈现无遗，日本应对事件的低调和谨慎让美国部分议员产生更多的疑虑，这无疑会让矛盾加剧。此外，日美的媒体也有很大差异，日本记者在采访过程中避免让身份比较高的采访对象感到恼火，而在西方国家，越大的企业越容易成为攻击对象，这种采访方式也让丰田公司的高层招架不住。另外，肢体语言也包含着巨大的文化差异，可能产生误解。在日本，道歉需要谦卑，为了得到原谅，道歉者往往避免正视别人的眼睛或电视镜头，在西方国家，这种表现却被解读为故意隐藏真相，心里有鬼。由于种种文化因素的差异，从而造成了丰田公司在美国"召回门"事件中损失惨重。

面对复杂多变的市场形势，汽车行业的竞争力愈发激烈。在这种情形下，丰田公司为了实现做世界汽车市场老大的目标进行了大规模的海外扩张。其中必然会遇到极大的困难和挑战，然而在面对不同国家带来的挑战时，不能够故步自封，一成不变，要根据不同国情分析，结合实际，在最佳时间做出最适合的决定。要想实现全球化的目标，路途还很遥远，但在国际化的道路上仍需根据各国的不同情况制定恰当的战略，了解各国之间的文化差异。

【思考题】

1. 丰田出现问题的原因主要是什么？
2. 对于文化问题我们应该怎么看待？
3. 丰田对待问题的态度是什么？

【资料来源】

[1] Munson, J. M. & McIntyre, S. H. (1978). Personal values: A cross cultural assessment of self values and value sattributed to a distant cultural stereotype: Advance in Consumer ltesearcli. Vol. 5. pp. 160 – 166.

[2] Geertz. C. (1973). Tlie Interpretation of Cultures. Basic Books, New York. NY.

[3] Hofstede, G. (1997). Cultures and Organizations: Softwaie. of the Mind, McGraw – Hill, New York, NY.

[4] L. A. Samovar. Corrnnunication Between Cultures [M]. Beijing: Foreign Language Teaching and Research Press, 2000.

[5] 李红等. 传统文化孕育日本企业质量管理 [J]. 中外企业文化, 2000.

[6] 贾玉新. 跨文化交际学 [M]. 上海: 上海外语教育出版社, 1997.

[7] 汪德毕. 英汉文化差异及思维方式 [J]. 西安外国语学院学报, 2002.

# 雷诺—尼桑联盟跨文化管理案例分析

**摘要**：随着国内企业与外商合资的不断深入，企业价值观以及国家文化的差异阻碍着合资企业的经营与管理。合资企业的经营环境比单纯的国内公司更加复杂，面临着与国内截然不同的政治环境、经济环境、法律环境以及文化环境。这些环境的差异，尤其是不同国家和地区文化的冲突，成为合资企业发展的巨大挑战。文化的冲突不仅影响着合资企业的经营战略、竞争战略，而且直接影响合资企业是否能够成功。跨国公司的跨文化管理问题已成为国际化经营管理中的重要课题，合资企业不仅需要资本、技术以及管理的整合，同时也需要企业文化的整合。因此，运用跨文化理论和企业文化等相关理论分析优秀的企业文化重塑案例，为企业获得真正的竞争优势以及持续发展的能力，具有十分重要的理论价值和现实意义。

作为世界汽车业两大巨头的法国雷诺和日本尼桑，其联盟十分引人关注，两国的文化迥异，管理经验方式不同，但最终成功地进行了文化整合，本文选取雷诺—尼桑联盟为案例，阐述了其合作背景、过程、效果，并对这一成功案例进行了分析。

**关键词**：尼桑；雷诺；跨文化

## 1. 相关背景介绍

### 1.1 尼桑公司发展历程

"NISSAN"是日语"日产"两个字的罗马音形式，是日本产业的简称，其含义是"以人和汽车的明天为目标"。尼桑的商标是将NISSAN放在一个火红的太阳上，既表明了公司名称，又突出了国家形象。尼桑汽车公司创立于1933年，是日本三大汽车制造商之一，它在全世界17个国家有21个制造中心，年产总量约240万辆汽车，在全世界191个国家和地区销售汽车。尼桑拥有堪称世界一流的技术和研发中心，被车界称作"技术尼桑"。

## 1.2 企业文化简介

日本的文化主要来源于东方的儒家文化和西方文化，并在吸收的过程中加以改造，形成了以"和"的精神与武士道精神为特点的日本文化。根据霍夫斯泰德的理论，这种文化所表现的特性是：高权力距离、集体主义、男性主义和高不确定性规避。尼桑作为一家日本企业，其文化性自然遵循日本的文化特点。

## 1.3 高权力距离

由于武士道精神的盛行，日本民众有着较强的阶级观念，日本企业中，下属绝对服从上级，即使上级犯错下属也只会替上级隐瞒，员工习惯处于从属地位，听命于他们的上司，他们期望被管理和赋予他们明确的职责。人际关系往往带有强烈的情绪化色彩和极端倾向，下级对上级不是过分倾慕就是蔑视，企业容易形成集权结构和专制制度。日本企业视权利为公共财产以维护企业利益。

尼桑汽车公司制定严格的"年功序列"制度，实施严格的人员晋升资格审查制度，以保障员工以个人综合素质为核心的纵向升迁和权力交接。

## 1.4 集体主义

日本自称大和民族，"和"的核心在于重视国家之间、家庭及团体内部成员间的集体合作和相互合作。在企业管理中，"和"的精神使日本企业更加重视互相合作、协调发展，而个人才能表现则不受鼓励。这个特征一方面促进了企业、部门之间的合作，使资源利用更充分；另一方面也使日本企业麻木地与生意伙伴维持友好关系，过度强调集体决策和意见一致，导致了合作者间不断的讨论和妥协。

## 1.5 男性主义

在男性主义社会中，男女角色有着明显的差异性。男性自信、顽强、注重成就。女性往往温和、谦逊和关注生活的质量。日本一直以来都是一个男性主义的国家。社会比较功利化，财富和地位成为目前衡量成功标志的重要标准，权力和关系成为衡量一个人能力的重要尺度。在男性社会中，男性和女性的角色存在较大差距。女性在企业的管理层任职的比例大大低于男性。

## 1.6 高不确定性规避

霍夫斯泰德将"不确定性规避"定义为：一个社会感受到的不确定性和较模糊情景的威胁程度，并试图以提供较大的职业安全，建立更正式的规则，不容忍偏离观点和行为，相信绝对知识和专家评定等手段来避免这些情景，其强弱通过不确定性规避指数来表示。日本长期以来处于一种高不确定规避的环境，不推崇冒险精神，喜欢遵守秩序，不喜欢特立独行。日本企业倾向于制定规范和准则以提供更多的保障与更高的工作稳定性。管理者的决策倾向于低风险，员工的竞争欲望不强烈，终生雇用相对普遍。

## 2. 案例分析

### 2.1 雷诺—尼桑联盟简介

如许多日本大型企业一样，尼桑公司的管理也内充斥着严重的官僚主义，内部成本控制极为不利，虽然公司经历着规模上的高速扩张，盈利能力却没有得到有效的提升。从1991年起，尼桑公司的经营状况每况愈下，到1999年连续7年亏损，背负债务高达21 000亿日元，市场份额由6.6%下降到不足5%。整个尼桑公司濒临破产。1999年5月，雷诺公司与尼桑公司达成了一项战略联盟的重大协议，雷诺按照每股400日元的价格，以54亿美元收购尼桑汽车36.8%股权，承担尼桑公司高额的债务，成为该公司的大股东，组建了雷诺—尼桑联盟。两家公司合并后，跃升为世界第四大汽车制造商。2003年，雷诺日产实现全球产量300万辆，营业利润率达11.1%以上。

### 2.2 雷诺—尼桑联盟的跨文化管理

雷诺公司一直很关注尼桑的公司文化，主持此次联合管理的卡洛斯·戈恩将雷诺文化与尼桑文化进行了很好的结合，植于日本文化的精髓，发展了新的企业文化。雷诺对尼桑的跨文化管理表现在对企业文化中不利于企业发展因素进行改革，关键在于经营理念由"品质过剩"向"效益第一"的转变。

### 2.3 组织系统整合

戈恩组建跨部门小组，成员包括尼桑及雷诺的骨干精英，小组以事业发展、改善收益和削减成本为目的，打破了日本固有企业文化，各组员在讨论即提出方案时都明白若要解决问题，就必须贯彻始终，只有这样，新方案才不会因与日本领导下的措施或尼桑传统文化产生利害冲突而夭折。跨部门小组打破了尼桑传统由上而下的沟通模式，使当时尼桑的症结能通过不同部门反映出来。

### 2.4 晋升与薪酬制度

与其他日本公司一样，尼桑根据员工的工龄和年龄给予报酬和晋级，而不管实际的工作绩效。员工工龄越长，他们得到的权力就越大，报酬也越高。这不可避免地使员工滋生出一定程度的自满情绪，结果削弱了尼桑的竞争力。戈恩在尊重文化差异的基础上，进行了一些变革，废除了论资排辈的制度。当然，并不是说戈恩就此开始有计划地选择最年轻的员工加以提拔。事实上，戈恩任命的高级副总裁，虽说不都是公司里的老前辈，但也都在公司里工作了很多年。

例如，到1999年年底，销售方面仍然不见起色，尼桑销售部门为此提供了一份分析报告，戈恩的反应是"请你在一个月之内提出改革方案，包括预算和组织方面的改革"。48岁的销售业务部部长富井于次年1月28日，从500个方案中精选若干方案，提交董事会。1999年2月的董事会上通过了富井小组的方案。3月戈恩宣布，从4月起任命富井为常务董事兼市场部本部长。富井小组的工作得到应有的评价，而富井的晋升毫无疑问是"功至名归"，富井的任命一举突破日本传统的"年功序列"，使他成为日产历史上最年轻的常务董事。

此外，戈恩还修改了薪酬制度，把重点放在绩效上。绩效突出的人员可以得到现金奖励，数额超过他们年薪的1/3，而高层管理者也可获得公司的股票期权。

### 2.5 挑战终身雇用制

尼桑扭亏的过程中，戈恩还开出了一些"猛药"——在日本本土关闭一些制造厂并实施裁员。此事不可避免地在日本新闻界引起了反响，他们把关注的焦点集中在戈恩对日本商业传统的挑战以及裁员问题上。在一个习惯于终身雇用制的社会，裁员被认为是冒天下之大不韪的革命行为。然而，这些变革的确势在必行，它们对挽救尼桑至关重要。作为负责这一计划的外国人，一开始戈恩遭到了猛烈的攻击。不过，在尼桑公司的内部，人们都明白戈恩的目的并不是要接管公司，而是力求重铸尼桑昔日的辉煌。戈恩得到了员工的信任。其中的原因很简单：戈恩尊重日本及尼桑的文化和员工。尽管戈恩大刀阔斧地变革了尼桑的经营之道，戈恩一直十分注意维护尼桑作为一个公司的身份和尊严。

### 2.6 明确职责范围

在尼桑内部，公司管理人员通常没有明确的职责范围，导致了尼桑公司的员工不愿意承担责任，出了问题后相互推诿、互相指责。销售部门指责产品规划部门，产品规划部门指责工程技术部门，工程技术部门指责财务等部门。东京总部指责欧洲分部，而欧洲分部反过来又指责东京总部。为了解决这一弊病，戈恩废除了日式"顾问"这一职位，把所有顾问人员都放在承担直接经营管理职责的岗位上。重新界定了尼桑其他管理人员以及戈恩从雷诺带来的人员的角色。使他们都承担了一定的业务职责，清楚自己对尼桑的价值。一旦什么地方出了差错，他们也会负起解决问题的责任。

## 2.7 "白纸策略"

在整合过程中，面对日本的传统文化，戈恩认为必须维护公司的地位及员工的尊严，他自己说过："我认为跨文化领导者取得成功的基本要素之一是要拥有同理心。尽管现在这个词已不再像以往那么流行，但我还是要说：要学习喜爱你所处的国家和文化。应该多了解它的长处，而不要死咬着它的短处，还要确保随行的手下与你同步。"

效率至上的戈恩不否定"日本式经营"的社会文化，相反，他高度评价"单一所属"之下所产生的忠诚心、组织力、守纪律，并称之为"最大的资本"。确实，如果没有"单一所属"所提供的这一条件，戈恩无法顺利推行"效率中心"的改革，建立起新型的日产生产方式。"日本式经营"的改革主要是突破公司内的决策制度，戈恩改革利用"外来人"优势，做到了这一点。"我是这个国家的一部分""日产的最大敌人是自己""日本的第一线是最优秀的，只需要正确的经营"，戈恩的这些表述反映出他不与"日本式经营"为敌，而且充分发挥领导权力。而且，为了融合日籍员工的生活圈，戈恩参加了不同的日本文化培训班，学习日常技巧，如使用筷子，还与家人一起去现场观看足球赛、相扑赛等，更获日本团体颁予的"模范父亲"的荣誉称号。这为戈恩后来成功地对尼桑进行文化整合提供了基础。

## 2.8 整合结果

从案例的分析中，我们不难看出戈恩的改革策略与日本传统"和式文化"截然不同，他以大刀阔斧的决断态度推进改革，使尼桑呈现新的气象，又改变了尼桑的"和式"处事方法，使尼桑内部以明快、高效的方式沟通和工作。戈恩对日产文化的整合直接关系到了日产企业的存亡，可以说戈恩对日本传统文化的改造已经深入了人心，直接导致了日产的复兴，税后利润由 -6 000 亿日元急速上升至 5 000 亿日元，股价自收购后也稳步上升，借贷率和资本负债率也明显下降。文化整合是企业核心能力提升和竞争优势强化的必由之路，也是运营整合的基础，整合的效果直接导致并购的成败。

本案例分析描述了雷诺—尼桑联盟所遇到的企业文化差异以及两者的文化整合。其中，文化价值观差异的分析运用了霍夫斯泰德的文化价值维度理论，从个人/集体主义、权力距离、回避不确定性及男性化和女性化四方面比较了双方企业的文化差异。在文化整合过程中，雷诺的成功整合的核心在于充分尊重对方的文化，在此基础上，整合措施才得以贯彻实施，因此，我们也可以从中得出以下几点经验：第一，在并购初期，充分调查研究，了解双方的民族心态、性格特点及工作方式、企业文化等，以融入者的身份来接纳和管理新团队。第二，抓住并购初期的短暂优势期，尽快形成新公司的长远战略及企业文化。第三，必须进行长期的、系统的跨文化培训，统一各级管理者及全体员工的工作方式、思想状态，即形成全公司上下一心，共同努力的局面。第四，打造国际化的核心团队，同时储备各级具备多方能力国际化管理者。

**【思考题】**
1. 企业实现跨文化发展的意义。
2. 企业进行跨文化合并需要考虑哪些因素？
3. 跨文化并购的企业与单一文化企业比较具有的优势与劣势有哪些？

**【资料来源】**
[1] 陈梦丽. "东风日产"企业文化重塑的跨文化研究 [D]. 武汉理工大学，2012.

[2] 东风日产的文化融合之路 [J]. 企业文明，2004（9）：56-59.

[3] 倪前林. 跨国并购的关键是企业文化的整合 [D]. 对外经济贸易大学，2007.

[4] 宋淑运. 雷诺公司靠创新不断发展壮大 [J]. 上海汽车，2003（12）：43-44.

[5] 法国雷诺汽车公司 [J]. 家用汽车，2007（4）：140-145.

[6] 王翠英. 跨国公司的跨文化管理 [J]. 现代物业（中旬刊），2011（7）：98-100.

[7] 罗建华. 日本企业文化对儒家思想的吸收及启示 [J]. 企业经济，2011（11）：184-186.

[8] 王平. Besam公司跨文化管理案例研究 [D]. 大连理工大学，2012.

[9] 操凌嘉，丁艳平. 从肯德基（中国）看跨国公司的跨文化管理 [J]. 科技信息，2010（3）：534-535.

[10] 贾岩. 日产汽车公司质量管理见闻录 [J]. 汽车研究与开发，1995（6）：15-16.

[11] 刘绮霞. 现代日本企业文化战略及其启示 [J]. 中南财经政法大学学报，2012（5）：83-87.

# 三星集团跨文化管理案例分析

> **摘要**：在经济全球化的大背景下，中国的改革开放进一步深入，越来越多的跨国公司进入中国。在引进外资，引进国外先进技术和管理的过程中，企业文化作为一种管理模式也被引入中国的企业中。不同国家、不同民族存在着各种文化，企业文化作为一个企业的生存之本，忽视文化差异会给公司带来巨大的损失。
>
> 本案例选择在华投资颇为成功的韩国三星集团作为范例，试图通过对其独特的企业文化建设、管理成功经验的探讨，能够对中国企业在跨文化建设方面提供有益的帮助。本案例将对三星企业文化、管理与文化间的关系进行分析，深入分析三星集团与在华子公司的文化差别，以及子公司中国发展经营状况、文化差异带来的影响，并提出三星克服文化差异的方法。
>
> **关键词**：三星集团；跨国公司；跨文化管理

## 1. 相关背景介绍

### 1.1 三星集团介绍

三星创立于1938年，20世纪80年代后逐渐强大起来，成为世界级大企业。三星在韩语中具有"天长地久，强大兴旺"之意。美国《时代》周刊评论："三星凭借'简约、新奇、亲和力'的产品理念，已经在消费者心中牢固地树立起了'科技、时尚、数字先锋'的品牌形象。"目前，三星电子集团集电子、化工、机械、金融以及贸易服务于一身，已跻身于国际特大型企业之中。其中，电子行业是三星集团中的重中之重，其盈利约占公司总盈利的1/3。在《财富》2012年世界500强企业名单中，三星电子公司排名第20位。

### 1.2 历史发展沿革

1938年，三星创始人李秉喆在韩国大邱市成立三星商会，开始了三星公司的创业之路。

1969 年，三星电子成立，标志着三星公司涉足电子行业。

1974 年，三星重工业公司成立，标志着三星公司正式涉足重工业。同年，收购韩国半导体公司50%的股份，由此进入全球半导体行业。

1983 年，三星公司开发出 64K DRAM，掀起了三星公司不断追赶世界先进水平的浪潮。

1988 年，会长李健熙提出"二次创业"宣言，开始大规模业务调整。三星电子、三星半导体和三星通信公司合并。

1993 年，在全公司范围内开展新经营运动，开始将产品质量提到战略的高度上。

1997 年，"经营原则的革新方案"。

1998 年，三星公司与国际奥委会签订合作协议，正式成为长野冬奥会的 TOP 10 计划成员。

2008 年，连续九个季度全球电视产品市场占有率排名第一。

2010 年，三星公司发布了世界上第一款全高清 3D LED 电视机。

2012 年，在美国取得 5 081 项专利，全球排名第二位，仅次于 IBM。成为全球最大的智能手机厂商。

### 1.3 公司经营理念

"事业报国，人才第一，合理追求"是三星公司的创业经营理念。三星认为，实现人类的共同利益，提高人类的工作生活质量是三星义不容辞的责任。为了实现"为人类社会做贡献"的理想，达到"创造最佳产品和服务"的目标，三星以人才和技术为基础，放眼世界寻找更多的人才，不遗余力地加快技术开发的投资步伐。

### 1.4 新经营哲学

（1）注重品质的经营。新经营运动的核心是从传统的关注数量转变为关注质量的经营，视产品质量为企业生存的关键。

（2）最高效率。

（3）危机意识及自我反省。在 21 世纪，不能做到一流就不能生存。过去二流、三流的企业在自己的领域也能够生存，但在全球化的时代，这是不可能的，要时刻保持高度的危机意识。

（4）自身变化。世界万物都处于变化之中。小到一个人、一个企业，大到一个国家、整个世界均是如此。"变"是不可阻挡、无法抗拒的。正如李健熙会长所说的那样，"除了妻儿一切都要变"，"创新中求变"成为三星企业文化的灵魂所在，三星总是在前进中寻找变化，在变化中寻求发展，在变中取胜。

（5）信息化、复合化、国际化。信息化：在 21 世纪，企业的成败在很大程度上取决于计算机技术和信息技术的使用程度。所以三星必须建立一流的信息系统，以加强企业的竞争力。国际化：国际化是创建世界超一流企业，实践贡献人类崇高使命的必由之路。三星坚持本土化、最佳化、复合化的国际化策略。复合化：复合化是 21 世纪市场竞争的核心。通过复合化，能够提高组织的系统运行效率，增强组织的竞争力，为顾客提供最优的产品与服务。三星坚决走复合化的道路，努力实现从业务选择、产品计划、设计、采购、生产，以至售后服务的多重组合，以此获得在市场竞争的优势。

## 1.5　企业文化核心价值观

### 1.5.1　人才第一
三星秉承"企业即人"这一信念，重视人才，为人才打造可以充分发挥实力的舞台。

### 1.5.2　最高指向
三星人凭借无限的热情及挑战精神，在所有的领域都要追求第一，成为这些领域最先进、最好的企业。

### 1.5.3　变化先导
树立不变化就无法生存的危机意识，迅速并主动引领变化及创新。

### 1.5.4　正道经营
以正直和真诚维护名誉及品格，在任何情况下都有追求正道。

### 1.5.5　互利共赢
三星人作为社会的一分子，追求共同发展，为了社区、国家及人类的共同发展做出不懈努力。

## 1.6　三星的五大精神

创造性——敢于做他人未做过的事；
道德性——办事要讲信用，要诚实；
第一主义——无论做什么事情都要比别人好，力求第一；
完备主义——做事要周密细致，滴水不漏；
共存共荣——相互信任，互助合作。

## 1.7　三星的文化战略

三星电子企业在形成自己独特的文化价值体系的同时，也使自身的企业文化具备了不可替代的特点。

首先是源源不断的创造力。经过长期的发展和管理经营，三星电子企业已形成强势的企业文化。公司对员工的文化管理和人文关怀，使得员工对企业的忠实度和主动性都极其高，企业内部形成的不仅是一种互助互爱、和谐奋进、积极健康的氛围，更是一种高度的企业文化认同感。

其次是"人才第一"的经营理念。"人才第一"的经营理念为企业的发展带来了无止境的活力和动力，为企业的发展注入了新鲜的血液和生机。用李健熙会长的话说："一名优秀人才能使十万名普通人受益。将十名一级水平围棋手力量汇聚到一起，也战胜不了一名围棋初段选手。"这正体现了三星的"人才至上"的理念。为了更好地利用和发挥中国的人才优势，三星在中国设立了研发基地——三星电子中国通信研究所及博士后工作站。三星还与清华大学和北京邮电大学签署共同培养博士后的协议，并在中国多所大学设立三星奖学金。培养并吸纳富于智慧、勇于挑战、开拓进取的创新型人才，为三星人才体系提供了强有力的保障。为了让中国员工和韩国员工一样为三星效忠，三星进行了卓有成效的跨文化培训。除了比较学习中韩文化的差异和三星的企业文化外，公司经常选派中国员工到韩国三星总部学习、进修，总部也经常选派高层领导来视察指导，给中国员工上一堂跨文化培训课。三星的人才本土化战略为三星注入了更多的新鲜元素，更好地了解中国人的消费习惯及中国市场的需求，进而更方便地开拓中国市场。

### 1.8　团队精神和集体主义

三星电子企业用团队和集体理念来打造凝聚力，不管市场多么大的冲击和挑战，企业内部的文化深深地影响着每一个"三星人"，所有人都会为迎接市场的挑战而尽自己最大的努力去搏取，为公司尽全力，团队的凝聚力所发挥出来的对企业的推力是不可估量的。

## 2.　案例分析

### 2.1　管理与文化间的关系

#### 2.1.1　管理是一种文化

"管理不只是一门学科，还是一种文化，它有自己的价值观、信仰、工具和语言"。管理是受文化制约的，一定意义上管理就是文化。管理文化是指管理哲学，管理的指导思想及管理风格等。

#### 2.1.2　文化也是一种管理手段

在企业管理过程中，内化为"企业文化"的文化也是一种管理手段。企业文化是用来培训职工、增强凝聚力的良好手段，也是企业进行改革创新、适应新环境的思想基础，是公司对外宣传、提高声誉的有效工具。

#### 2.1.3 文化与管理的共生性

管理随着文化的发展而发展。文化的发展方向、水平和模式影响和决定着管理的发展，而管理的发展反过来又影响文化。例如，东西方管理可以运用相同的管理技术，但其管理思想、管理理念、管理哲学却不同，其根本原因就在于其所依存的东西方社会、文化基础不同。

### 2.2 文化差异对企业经营管理方式的影响

#### 2.2.1 行为方式

由于人们的价值取向不同，市场机会损失和组织机构的低效率必然导致不同文化背景的人采取不同的行为方式，而同一企业内部便会产生文化冲突。这种文化冲突会对公司内部管理和外部经营产生影响，使企业在竞争中处于被动地位，甚至丧失许多大好的市场机会。

#### 2.2.2 经营模式

跨国经营企业全球战略的实施陷入困境从一般的市场战略、资源战略向全球战略的转变，是国际企业在世界范围内提高经济效益、增强全球竞争力的重要步骤。但是，目前大多数合资企业的组织机构由于文化冲突和缺乏集体意识，导致组织程序混乱，信息阻塞，各部门职责不分，从而造成企业结构复杂，运转不灵，大大不利于全球战略的实施。

#### 2.2.3 外部经营环境日趋复杂

由于语言文字、风俗习惯、价值观念等文化差异，合资企业的外部经营环境变得异常复杂。首先，不同国家的政治经济体制有所不同，这将直接影响跨国经营企业的行为规范。其次，不同国家的法律文化有所不同。企业必须在东道国既定法律制度下才能从事生产经营活动。最后，不同国家的社会文化因素也影响着跨国企业的经营管理，处理不当，可能会导致商业活动各方误解，甚至导致商业活动的失败。

### 2.3 三星在华投资——"21世纪，三星公司的两个关键词是数码和中国"

#### 2.3.1 在华业务发展历程

三星在中国的发展可追溯到20世纪70年代，在中韩还没有建交的历史背景下，三星经中国香港从中国内地进口煤炭，这是韩国企业在新中国成立以后和中国进行的第一笔贸易。1992年4月，三星康宁公司在天津成立了三星第一家在华合资企业。1992年8月，中韩两国建交以后，三星在中国的发展开始加速。1995年1月，为加强三星在华业务，三星成立了三星公司中国总部。次年，三星（中国）投资有限公司成立。三星在中国的职员数达到 38 000 人，累计投资总额达 23 亿美元，中国已经成为三星公司全球发展战略的一个重要部分，也是除韩国本土外全球最大的投资对象国。除了人们熟悉的电子领域、高技术领域，金融在三星已经占有重要比重。例如，三星火灾（保险公司）已经在上海成立了分公司，正在开展部分财险业务。三星生命（主要经营寿险业务）、三星证券也在中国建立了办事处。随着中国市场的开放，三星将加快进入中国的金融领域。

### 2.3.2 在华的业务概况

三星公司在中国的投资主要由三星公司、三星电机、三星 SDI、三星康宁、三星 SDS 等相关公司构成。此外，第一毛织、三星 TECHWIN（三星航空）、三星重工业、三星物产、第一企划、三星生命、三星火灾等公司在中国也有投资。目前三星公司在中国经营的产品主要包括：CDMA 手机、CDMA 系统、激光打印机、TFT—LCD 显示器等通信及办公产品。半导体（1C、TR）、34 英寸纯平显像管等核心零部件；背投大屏幕电视、DVD、家庭影院等 AV 产品。数码相机等光电子产品；大型双开门冰箱、中央空调及柜式空调等白色家电产品。

### 2.3.3 克服和弥合文化差异的方法和对策

三星为了克服文化差异，选择"当地人才战略"和"本土化战略"，成为中国人民所热爱、信赖的伙伴。"本土化"的实质是跨国公司将生产、营销、管理、人事等经营诸方面全方位融入东道国经济中的过程，也是在承担着东道国公民责任，并将企业文化融入和根植于当地文化的过程。"本土化"有利于跨国公司降低海外派遣人员和跨国经营的高昂费用，与当地社会文化融合，减少当地社会对外来资本的危机情绪，有利于东道国经济安全，增加就业机会，加速与国际接轨。企业实施"本土化"战略，除了包括尽可能雇用中国当地的员工，培养他们对企业的忠诚之外，最重要的是可以聘用到能够胜任的中方经理，这样可以很好地避免文化冲突，顺利开展业务。"人才"是企业发展的活力之源，而外商到中国投资办企业，管理人才本地化是成功的大前提。只有根据中国的国情，依靠中国员工实行本地化管理，让本地的优秀人才参与各种管理活动，并不断地提供机会提高这些人才的管理能力，公司才能充满生机与活力。三星所希望的人才是在相关领域具有极高的专业水平的人才（如市场运作、产品销售、技术开发、管理人才），具有良好的道德修养及人格魅力的人才，具有创造力及合作精神的、能够担负起开拓 21 世纪重任的人才，具有国际化意识及相关能力的人才。所以三星高度重视对在海外子公司工作的当地员工进行系统培训，以求他们切实理解三星精神、三星理念、三星文化和三星追求，在此基础上强化他们作为三星一员的文化共同体意识。

三星公司于 1992 年开始进入中国市场以来，不仅对中国的经济发展做出贡献，而且通过推进各项社会公益活动，真诚地为支持与参与解决中国当地的困难及问题献出了一分力量。随着三星公司在全球范围内推广的第二次经营革新活动，即"新经营Ⅱ期"，三星中国为了更加系统地推进公益活动，重新策划、构筑了中国境内的社会公益活动组织机构。三星中国的全体员工以对社会的责任和义务为荣，一如既往地在环境保护、社会福利、捐款捐赠领域、学术教育、文化艺术、体育和国际交流等几大领域里为当地社会做出贡献。比如，2003年7月1日，三星中国创建了"三星中国社会公益团"，并且在华北地区、华东地区、华南地区各设立了"地区社会公益团"，在全中国范围内有条不紊地进行着各种社会贡献活动。还有在北京，从2003年7月起，北京地区全体员工分成6个组，每周六轮流到北京人民非常喜爱的香山进行捡拾垃圾活动。

近年来，三星在中国设立了各种模式的研发中心和生产工厂，制定了本土化经营理念。以最好的产品和服务，为提高中国人民的生活水平提供便利，与中国经济共同成长。

【思考题】
1. 对于三星集团来讲在进行跨文化并购前后，经济效益的变化情况如何？
2. 跨文化发展对于企业的优越性体现在哪里？
3. 实行跨文化并购前需要考察哪些方面？

【资料来源】
[1] 陈宇峰．三星为什么这么牛[M]．北京．中国经济出版社，2014．
[2] KMA．中国南车核心管理人才韩国培训项目[M]．HKPC，2014（8）．
[3] 郭莲．文化的定义与综述[J]．中共中央党校学报，2002（1）．
[4] 李昇妍．韩国在华企业的跨文化管理研究——韩国三星案例分析[D]，2004．
[5] 赵景华．跨国公司在华子公司战略研究[M]．经济管理出版社，2002．
[6] 姜汝祥．榜样——中国企业向世界级企业学什么[M]．机械工业出版社，2005．
[7] 姚孝军．国际商务中的跨文化管理研究[D]．华中农业大学，2006．
[8] 赵曙明．跨国公司在华面临的挑战：文化差异与文化管理[J]．管理世界，1997（3）．

# 法波集团跨文化管理案例分析

> **摘要：** 法波电子控股集团在与中国坚石电子的融合之路上走得很成功。但合资企业法波坚石取得的丰硕成果也非一蹴而就、一帆风顺的，其中经历了双方的辛勤工作以及持续的相互适应。要在中国市场取得成功，是一个长期的过程，即使双方关系再融洽，很多文化层面上的问题也难以回避。双方积极的学习、反馈、相互分享经验是为自身问题寻求快速解决办法的有效手段。
>
> **关键词：** 法波坚石；跨文化；人事沟通

## 1. 相关背景介绍

法波电子控股集团是一家创新与设计导向型公司。众所周知，中国市场正在迅速崛起，受到了很多国外企业的关注，但是由于它们对中国商业环境缺乏系统了解，来到中国举步维艰。法波电子拥有70多年成功的市场知识和经验，发展道路上走过的每个里程碑都代表着知识与经验的不断积累。通过中意双方管理人员与技术人员之间的有效交流，这些知识和经验在法波坚石得到了传承。双方在思维模式的不同上克服了很多困难，积极地一步步迈向成功。

### 1.1 法波的发展历程

1936年，法波电子控股集团成立于意大利佛罗伦萨，前身是一家生产小电器的小作坊。创立者法波·维比特的雄心壮志使当初的小作坊成长为"如今拥有3 500多种产品，子公司以及分支机构遍布全球55个国家和地区的企业集团，历经4个领导者。截至2009年，法波营业额已经达到3.5亿欧元，拥有5 000多名员工，其中一半在意大利工作，一半在其他国家。"

法波电子子公司以及分支机构达22家之多，核心业务涉及范围较大的电子设备生产领域，如电子材料和线路防护物、照明设备、声控与数字连接器、导线管等，这些先进技术为诸多家庭、企业及公共空间提供了舒适安全的解决方案。

## 1.2 法波的国际化道路

法波的国际化道路开始于20世纪60年代，在占领了绝大部分意大利市场后，决定开始开拓意大利以外的市场。通过不懈的努力，法波电子在1968年与一家德国电子公司建立了战略合作伙伴关系。20世纪90年代陆续进入了葡萄牙、法国、摩洛哥、阿根廷以及巴西等国家。目前，不仅在意大利本地拥有了近一半的份额，而且还在法国、葡萄牙、摩洛哥、中国、突尼斯等多个国家设立了国际代表处、分支机构以及生产工厂。

根据法波电子的经验，不同国家拥有不同的自身特点。因此，法波认为进入目标市场时，寻求本地合作伙伴非常重要。且对于法波来说，选择合作伙伴时，双方具有共同的价值观以及相似的经营领域尤为重要。

## 1.3 法波坚石——法波的中国道路

法波电子进入中国市场，机遇性与目的性兼具。一方面，中国市场是其不愿意错失的良机；另一方面，其又不想单枪匹马闯入中国市场，倒不是担心资金或者技术方面的问题，而是在采取何种销售与市场手段上还犹豫不决。因此，法波电子在旅华意大利人的帮助下，列出了一个潜在合作伙伴进行了联系，最后选择了位于浙江宁波的一家民营企业——坚石电子有限公司，开始了这桩跨国"婚姻"，选择坚石电子的主要目的是它们具有良好的行业背景与商业政策。

1996年，意大利法波电子控股集团与中国坚石电子公司正式联合成立了一家合资企业——法波坚石电子有限公司，其中55%股份属于法波电子，45%属于坚石电子。

## 2. 案例分析

### 2.1 跨文化管理

法波坚石目前结构类似于法波电子控股集团。执行董事会由6人组成，负责制定战略决策与修订财务报告。瑞斯先生作为执行董事之一，经常要来中国列席年度董事会会议，有时与法波电子总部的其他成员一同前来，以负责审查上一年度的财务账目以及下一季度的投资规划和预算。除此之外，通常情况下，每隔两个月举行一次小型会议，解决经营中出现的问题。

1998年以来，法波电子控股集团全球运营总监马奇先生加入了中国项目的组建过程，此后一直作为中间的连接纽带，协调子母公司的国际经营事务。他带领一个全能型团队，拥有市场、产品、技术等多方面的知识。他们每月或者一个半月来中国一次，与法波坚石中方管理人员一起工作，为中方人员提供所需要的各项支持。"中国属于权力差距较大，集体主义、男性化较强，回避不确定性较弱和长期取向的国家。"他们深知中方管理团队享有高度的自主性，但是法波电子在选择财务控制人员以及战略方向抉择上仍然非常严格。

"从我国东道国角度来看，本土化的经营管理在对劳动力市场、产品分销渠道、专业知识和信息的控制能力上被普遍认可，中国合作方出于直接或间接的利益考虑，认为标准化会由于文化差异或不熟悉国情而不能在本土环境中发挥效用。然而，我们必须看到，中外合资企业的合作双方由于具有不同的文化背景，利益诉求、价值观念、经营理念、决策思维、管理方式、规章制度等也有着很大的差异，单一的标准化或本土化策略在具体实践中并不可行。"标准化与本土化有机结合是企业管理发展战略的决定性力量，企业共同的战略目标、统一的经营理念、和谐的管理思想和融洽的工作氛围，凝聚向心力，才可以帮助实现互惠。

### 2.2　中意跨文化人事沟通

法波电子的哲学是："聚集的人越多，事情就越好办。"尽管法波电子并没有为中国子公司的员工制订培训方案，但是中方员工一直都有机会到意大利接受正式或非正式的培训。培训需求主要来源于实际工作，申请流程非常简单。培训申请一旦被接受可以直接飞往佛罗伦萨，接受特定领域的专有技术培训。此外，这个流程中最为关键的部分是回顾性地比较总部与中国子公司之间的异同，理解意大利工厂的运作方式以及了解意大利总部工作人员的做事方式。

如果技术性问题上具有复杂性，中方技术人员会在意大利停留足够长的时间，双方近距离工作，以便频繁交流意见直至问题解决。经过艰苦卓绝的努力，再根据中国本土市场的不同需求，开发了许多完全不同的电子材料目录。

但如果是销售与沟通风格的理解上有困难，问题就来了。"双方语言和文化感知的不同，让不同情境中对颜色、风格、标语等都有不同的含义。"为了让中方市场人员理解这些方案，他们往往会被送到意大利进行学习。并非简单复制法波的模式，而是通过解读意大利人做事的方式，以及分析中意双方的差异，明确中国需要做哪些事情。

### 2.3　员工队伍跨文化走向

法波坚石的员工队伍已经实现完全本土化。在1996年公司起步阶段，意大利管理人员扮演了财务控制者的角色。但是，工业投资的回报期往往比较长，意大利人几乎没人愿意作为外派人员，在异国他乡生活超过4年。"难以挑选出合适的外籍雇员"是根本问题。而且，任用本土人员担任经理其实是有好处的，这样可以提高他们对公司的认同度。

在意大利懂英汉两种语言的意大利管理人员非常稀少，招聘到合适的高级经理难度非常大，支付条件也比较苛刻。加之他们的管理方式"与中国相异的西方领导风格不适用"，因此法波非常欢迎拥有相似资历与能力的中方管理人员，只要他们具有透明性，工作意愿与激情，拥有相应的经营能力与管理技能。

其职业生涯发展与整合的企业文化也有助于激励并留住合格的员工，而"一定水平的波动有利于保持工作团队的活力与健康。"

【思考题】
1. 如何使不同文化背景的企业之间更好融合？
2. 跨文化发展在目前市场环境中的优越性是什么？
3. 跨文化发展的企业应该在哪些领域加以发展促进经济效益增长？

【资料来源】
[1] Hamburg – Eine Brücke zwischen China und Europa. China Radio.
[2] 郭莲. 霍夫斯泰德及其"文化维度"[N]. 学习时报, 2010年11月20日.
[3] 朱简. 基于跨文化管理的中外合资企业标准化与本土化选择[J]. 人力资源管理, 2009.
[4] 合资企业中的跨文化差异. 门商网.
[5] Journal of Chinese Culture and Management, Volume1.

# 出版说明

  本书作者对相关企业管理情况的分析、评议，不代表出版方的立场和观点。未经本书作者和出版方同意，严禁转载本书中的内容。

  本书案例撰写者对案例中所涉及的企业情况及数据来源的可靠性、真实性负完全法律责任，由此而引起的法律纠纷与出版方无关。